Chemie
für Fachoberschulen

Ausgabe B

von Oberstudienrat Manfred Hackl
und Studiendirektor Hans Volkmann,

unter Mitarbeit von
StD Werner Eisner, StD Paul Gietz
und StD Dr. Werner Schierle

Ernst Klett Verlag für Wissen und Bildung
Stuttgart · Dresden

Vorwort

Dieses Fachbuch richtet sich an Schülerinnen und Schüler von Fachoberschulen. Es ist in besonderem Maße auf Fachoberschulen der Ausbildungsrichtung Technik zugeschnitten.

Der Chemieunterricht an Fachoberschulen besitzt weiterführenden Charakter und muß deshalb einen Grundstock chemischer Kenntnisse voraussetzen. Aufgrund seiner Anlage kann dieses Buch aber auch Lernenden mit nicht durchweg ausreichenden Vorkenntnissen dazu verhelfen, sich erfolgreich am Unterricht zu beteiligen.

Das Kernwissen jedes Abschnittes ist in Merksätzen enthalten, die durch Rasterunterlegung hervorgehoben sind. Am Schluß eines jeden Kapitels geben Wiederholungsfragen dem Benutzer Gelegenheit, seine Lernfortschritte selbst zu überprüfen — eine zusätzliche Hilfe hierfür leisten die Antworten im Anhang. Vertiefungsfragen gehen zum Teil über die behandelten Lerninhalte hinaus. Sie können — insbesondere in Verbindung mit den am Schluß des Werkes eingefügten Tabellen und der Übersicht über weiterführende Literatur — die Schüler zu selbständigem Studium anregen oder dem Unterrichtenden als Ausgangspunkte für einen leistungsdifferenzierten Unterricht dienen.

Ein Tabellenanhang sowie ein umfangreiches Sachregister erleichtern das Arbeiten mit diesem Buch.

Die Verfasser

Sicherheitshinweise

Um Unfälle bei chemischen Experimenten zu vermeiden, müssen zuvor mögliche Gefahrenquellen besprochen werden.

Es wird auf die TRGS 450 „Umgang mit Gefahrstoffen im Schulbereich" und die Gefahrstoffverordnung hingewiesen. Die Gefahrensymbole, Hinweise auf besondere Gefahren und Sicherheitsratschläge auf den Verpackungen gefährlicher Stoffe sind zu beachten.

Alle Versuche sind grundsätzlich nur nach Anweisung des Lehrers durchzuführen. Als Lehrerversuche gekennzeichnete Versuche erfordern besondere Sicherheitsvorkehrungen.

1. Auflage   1⁵ 4 3 2 1 | 1994 93 92 91 90

Alle Drucke dieser Auflage können im Unterricht nebeneinander benutzt werden. Die letzte Zahl bezeichnet das Jahr des Druckes.
© Ernst Klett Verlag für Wissen und Bildung GmbH, Stuttgart 1990.
Alle Rechte vorbehalten.
Zeichnungen: Hans-Hermann Kropf, Königsbronn.
Satz: Zechnersche Buchdruckerei, Speyer.
Druck: Druckhaus Götz, Ludwigsburg
ISNB 3-12-804300-0

Inhaltsverzeichnis

1 Das Orbitalmodell

1.1 Die Bausteine des Atoms

Bis in die Mitte des 19. Jahrhunderts war die Existenz von Atomen in der Wissenschaft umstritten. Als John Dalton* im Jahre 1805 die Ansicht verfocht, daß die Materie aus kleinen Teilchen bestünde, war dies zunächst nur eine Hypothese. Er nannte diese kleinen Teilchen Atome**. Heute ist die Existenz von Atomen eine gesicherte Tatsache. Man weiß auch, daß Atome nicht unteilbar sind, sondern aus kleineren Bausteinen bestehen.

1.1.1 Die Elektronen

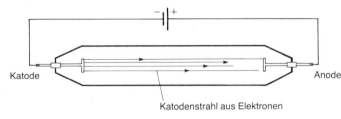

Abb. 1.1 Darstellung der Elektronen im Katodenstrahlrohr.

Katode

Anode

Katodenstrahl aus Elektronen

An den Enden einer luftleer gepumpten Glasröhre sind Elektroden eingeschmolzen. Legt man an den beiden Elektroden eine hohe Gleichspannung an, so erhält man Strahlen, welche aus der Katode austreten und sich mit hoher Geschwindigkeit zur Anode bewegen. Man nennt diese Strahlen Katodenstrahlen. Sie bestehen aus Elektronen.
Der exakte Nachweis, daß es sich bei den Katodenstrahlen um Strahlen aus Elektronen handelt, gelang dem Physiker Thomson*** im Jahr 1897.

Eigenschaften des Elektrons:
- Masse: $9,1095 \cdot 10^{-28}$ g $\triangleq \frac{1}{1823}$ u****
- Ladung: $-1,6022 \cdot 10^{-19}$ C***** $\triangleq -1$ e******

Da die Masse des Elektrons nur $\frac{1}{1836}$ der Masse eines Wasserstoff-Atoms entspricht, werden Elektronen als praktisch masselos bezeichnet. Die Masse des Elektrons wird ermittelt, indem man die Ablenkung von Katodenstrahlen durch elektrische oder magnetische Felder mißt. Die dabei benutzten Geräte werden Massenspektrographen genannt.

---

    * Dalton, John, englischer Chemiker und Physiker; 1766 ... 1844.
   ** atomos (griechisch) unteilbar.
  *** Thomson, Sir Joseph John, englischer Physiker; 1856 ... 1940.
 **** atomare Masseneinheit, Einheitenzeichen u (u von „unified atomic mass unit").
 ***** Coulomb, Einheitenzeichen C. 1 C = 1 As.
****** Elementarladung, Einheitenzeichen e. 1 e = $1,6022 \cdot 10^{-19}$ C.

1.1.2 Die Protonen

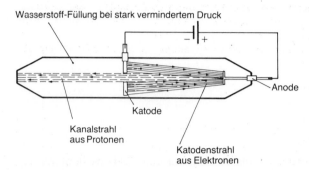

Wasserstoff-Füllung bei stark vermindertem Druck

Anode

Katode

Kanalstrahl aus Protonen

Katodenstrahl aus Elektronen

Abb. 1.2 Darstellung der Protonen im Kanalstrahlrohr.

Beim Katodenstrahlrohr (**Abb. 1.1**) wird die Katode in die Mitte des Rohrs gerückt und mit einer Bohrung versehen (**Abb. 1.2**). Das Rohr wird mit Wasserstoff gefüllt. Der Gasdruck beträgt allerdings nur wenige Millibar. Beim Anlegen der Spannung erhält man zwei verschiedene Strahlungen. Die an der Katode austretenden Elektronen bewegen sich mit großer Geschwindigkeit zur Anode (Katodenstrahlen). Auf ihrem Weg prallen sie jedoch mit Wasserstoffteilchen zusammen. Dadurch entstehen Teilchen, welche mit so großer Kraft in entgegengesetzter Richtung beschleunigt werden, daß sie durch die Bohrung der Katode hindurchtreten. Die hinter der Katode auftretenden Strahlen nennt man Kanalstrahlen. Sie bestehen aus Protonen. Die Anordnung wird als Kanalstrahlrohr bezeichnet.

Um diesen Vorgang zu verstehen, muß man wissen, daß Wasserstoff-Atome nur aus einem Proton und einem Elektron bestehen. Beim Zusammenstoß zwischen Elektronen des Katodenstrahls und Wasserstoffteilchen werden die Elektronen aus den Atomen herausgeschlagen und dadurch die Protonen freigesetzt.

Protonen wurden erstmals von E. Goldstein[*] im Jahre 1886 auf diese Weise beobachtet und von W. Wien[**] (1898) und J. J. Thomson (1906) genauer untersucht.

Eigenschaften des Protons:

- Masse: $1{,}6726 \cdot 10^{-24}$ g $\hat{=}$ $1{,}0072$ u
- Ladung: $+1{,}6022 \cdot 10^{-19}$ C $\hat{=}$ $+1$ e

Die Protonenmasse kann, ähnlich wie die Elektronenmasse, durch Ablenkung der Protonen im elektrischen oder magnetischen Feld bestimmt werden.

1.1.3 Die Neutronen

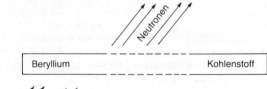

Neutronen

Beryllium   Kohlenstoff

α-Strahlen

Abb. 1.3 Darstellung der Neutronen. Die Kerngleichung für diesen Prozeß lautet: $^{9}_{4}\text{Be} + ^{4}_{2}\text{He} \rightarrow ^{12}_{6}\text{C} + ^{1}_{0}\text{n}$.

---

[*] Goldstein, Eugen, deutscher Physiker; 1850 ... 1930.
[**] Wien, Wilhelm, deutscher Physiker; 1864 ... 1928.

Die Neutronen wurden 1932 von J. Chadwick* entdeckt. Man erhält sie, wenn man das Element Beryllium der α-Strahlung eines radioaktiven Präparates aussetzt. Diese α-Strahlung besteht aus α-Teilchen. Das sind zweifach positiv geladene Kerne von Helium-Atomen, die etwa die Masse 4 u besitzen (chemisches Symbol $_2^4$He).
Beryllium wandelt sich dabei in Kohlenstoff um und gibt selbst wieder eine Strahlung ab, die aus Neutronen besteht (**Abb. 1.3**).

Eigenschaften des Neutrons:
- Masse: $1,6749 \cdot 10^{-24}$ g $\widehat{=} 1,0086$ u
- Ladung: elektrisch neutral

Tabelle 1 Elementarteilchen im Atom

	Symbol	Ladung	Masse in u	Masse in g
Proton	p^+	$+1$ e	1,0072	$1,6726 \cdot 10^{-24}$
Neutron	n	0	1,0086	$1,6749 \cdot 10^{-24}$
Elektron	e^-	-1 e	$\frac{1}{1823}$	$9,1095 \cdot 10^{-28}$

1.2 Das Kern-Hülle-Modell des Atoms

1.2.1 Der Streuversuch nach Rutherford**

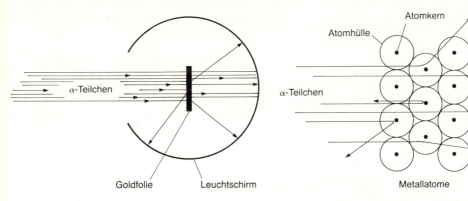

Abh. 1.4 Der Streuversuch nach Rutherford.

Abb. 1.5 Durchgang von α-Teilchen durch eine Metallfolie. Ablenkung von α-Teilchen in der Nähe der Atomkerne.

Eine dünne Goldfolie, die aus etwa 1000 Atomschichten besteht, — das entspricht einer Dicke von etwa $2 \cdot 10^{-7}$ m — wird mit einem parallelen Bündel von α-Teilchen beschossen.

---

* Chadwick, James, englischer Physiker; 1891 ... 1974.
** Rutherford, Ernest, englischer Physiker und Chemiker; 1871 ... 1937.

Die meisten α-Teilchen durchdringen die Goldfolie, ohne abgelenkt oder zurückgehalten zu werden. Nur eines von 100 000 α-Teilchen wird auf seinem Weg durch die Folie behindert. Die Atome sind also nicht einheitlich mit Masse angefüllt.

> Die Masse eines Atoms ist im Atomkern konzentriert. Die Atomhülle ist praktisch masselos.

1.2.2 Der Atomkern

> Der Atomkern besteht aus positiv geladenen Protonen und elektrisch neutralen Neutronen.

Protonen und Neutronen werden *Nukleonen* genannt. Je nach ihrer Anzahl von Nukleonen haben die Atomkerne Durchmesser von 10^{-13} cm ... 10^{-12} cm. Die Nukleonen werden durch besondere Kernkräfte zusammengehalten.

1.2.3 Die Atomhülle

> Die Atomhülle wird von den negativ geladenen und praktisch masselosen Elektronen gebildet.

Man nennt die Atomhülle deshalb auch *Elektronenhülle*. Je nach ihrer Anzahl von Elektronen erreichen die Elektronenhüllen Durchmesser von 10^{-8} cm ... 10^{-7} cm. Das ist das 100 000fache des Kerndurchmessers.
Atome sind nach außen elektrisch neutral. Darum muß in jedem Atom die Anzahl der Elektronen gleich der Anzahl der Protonen sein.

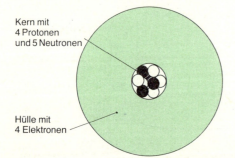

Kern mit
4 Protonen
und 5 Neutronen

Hülle mit
4 Elektronen

Abb. 1.6 Das Kern-Hülle-Modell des Beryllium-Atoms.

1.2.4 Die Bedeutung von Modellvorstellungen

Da es unmöglich ist, ein Atom zu untersuchen, wie z. B. eine Tier- oder Pflanzenzelle unter dem Mikroskop, ist es sehr schwer, sich eine Vorstellung vom Aufbau eines Atoms zu machen. Trotzdem ist es natürlich möglich, das Verhalten des Atoms experimentell zu beobachten und sich daraus ein „Bild" von seinem Aufbau zu machen. Das „Bild", welches man auf diese Weise vom Bau des Atoms erhält, wird jedoch der Wirklichkeit nie ganz entsprechen. Es wird sich darüber hinaus mit der Zunahme experimenteller Erkenntnisse laufend ändern.
Eine derartige Vorstellungshilfe nennt man ein Modell. Bei der Betrachtung von Atomkern und Elektronenhülle muß man sich also stets der Tatsache bewußt sein, daß es sich um Modelle von der Realität handelt und nicht um milliardenfach vergrößerte Wirklichkeit.

1.3 Der Aufbau der Elektronenhülle

Jedes Elektron in der Elektronenhülle besitzt Energie. Sie setzt sich aus kinetischer und potentieller Energie zusammen. Die kinetische Energie kommt durch die Bewegung des Elektrons zustande, die potentielle Energie beruht auf dem Abstand des Elektrons zum Atomkern. Wenn sich das Elektron in großer Nähe des Atomkerns befindet, so muß es sich sehr heftig bewegen, um die starke Anziehungskraft des Atomkerns zu kompensieren. Seine kinetische Energie ist entsprechend groß. Die potentielle Energie des Elektrons ist jedoch aufgrund des geringen Abstands zum Atomkern klein. Wenn das Elektron seinen Abstand zum Atomkern vergrößert, so nimmt seine kinetische Energie ab, die potentielle Energie aber zu. Die Zunahme an potentieller Energie ist aber größer als die Abnahme an kinetischer Energie, d.h., die Gesamtenergie des Elektrons nimmt mit größer werdendem Abstand zum Atomkern zu.

1.3.1 Die Hauptenergieniveaus

Im Wasserstoff-Atom befindet sich nur ein Elektron in der Elektronenhülle. Im *Grundzustand* entstammt seine Energie dem System Elektron-Atomkern selbst. Wenn man Wasserstoff-Atome durch hohe Temperaturen, elektrische Funken oder Lichtbogen anregt, so nehmen die Elektronen Energie in Form kleinster Energiemengen auf. Sie werden *Energiequanten** genannt. Die derart angeregten Elektronen erhöhen dabei ihren Energiegehalt um ganz bestimmte Beträge.
Die Elektronen werden so auf höhere Energiezustände angehoben. Diese Zustände sind jedoch instabil. Die Elektronen springen sofort wieder auf ihren Grundzustand oder wenigstens auf einen tieferen Energiezustand zurück. Bei diesen *Quantensprüngen* wird die aufgenommene Energie in Form von Licht wieder frei.

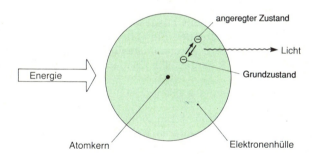

Abb. 1.7 Die Lichtemission eines angeregten Wasserstoff-Atoms.

Das Licht der angeregten Wasserstoff-Atome kann mit einem Spektroskop analysiert werden. Man erhält ganze Serien von Spektrallinien. Sie reichen vom ultravioletten bis in den infraroten Bereich. Jede Linie entspricht einem Licht bestimmter Wellenlänge bzw. Frequenz (**Abb. 1.8**). Die Serien sind nach den Erforschern dieser Zusammenhänge benannt (**Abb. 1.9**).

---

* „Sowohl Materie als auch Energie ist nicht beliebig teilbar. Die kleinsten Materieteilchen sind die Atombausteine, die kleinsten Energiemengen sind die Quanten" (Planck, Max, 1899).

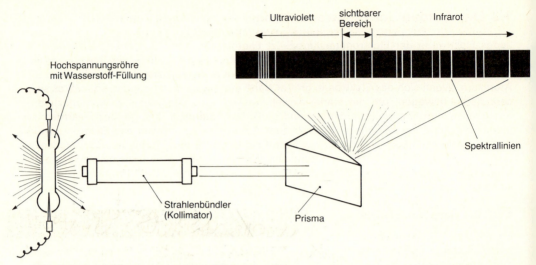

Abb. 1.8 Das Linienspektrum des Wasserstoffs.

Der physikalische Zusammenhang zwischen Energie, Frequenz und Wellenlänge des ausgesandten Lichts stellt sich wie folgt dar:

$$E = h \cdot \nu \qquad c = \lambda \cdot \nu$$

E Energie $\qquad\qquad$ λ Wellenlänge
c Lichtgeschwindigkeit $\qquad$ ν Frequenz
h Plancksches Wirkungsquantum

Die Wellenlängen des ausgesandten Lichts lassen Rückschlüsse darauf zu, zwischen welchen Energiezuständen die Quantensprünge erfolgen, bzw. wie viele solcher Energiezustände es in der Elektronenhülle überhaupt gibt. Aus dem Wasserstoffspektrum ergibt sich die in **Abb. 1.9** dargestellte Gliederung der Elektronenhülle.

> Die Elektronenhülle gliedert sich in sieben Hauptenergieniveaus (Schalen).

Jedes Hauptenergieniveau symbolisiert einen bestimmten Energiebereich, in welchem sich bei Atomen mit mehreren Elektronen immer ganze Gruppen von Elektronen gleichzeitig aufhalten können.

> Die Hauptenergieniveaus werden durch die Hauptquantenzahl $n = 1 \ldots 7$ gekennzeichnet.

Mit der Hauptquantenzahl $n = 1$ bezeichnet man das kernnächste (energieärmste) Hauptenergieniveau. Damit nimmt der Energiegehalt der Hauptenergieniveaus mit steigender Hauptquantenzahl zu.
Auch die Bezeichnung K-, L-, M- ... Q-Schale ist üblich. Sie wurde vom älteren Bohrschen[*] Modell übernommen.

---

[*] Bohr, Niels, dänischer Physiker; 1885 ... 1962; entwickelte 1913 das erste brauchbare Atommodell.

Nach diesem Modell gliedert sich die Elektronenhülle in maximal sieben Schalen, die den Elektronen für ihre Bewegung um den Atomkern zur Verfügung stehen.

$n=1$ — K-Schale; $n=2$ — L-Schale usw.

Die Hauptenergieniveaus (Schalen) stellt man sich am besten als Kugelschalen vor, welche mit immer größer werdenden Durchmessern um den Atomkern liegen.

Innerhalb eines Hauptenergieniveaus n sind $2n^2$ Elektronen möglich — mehr als 32 sind jedoch nicht bekannt.

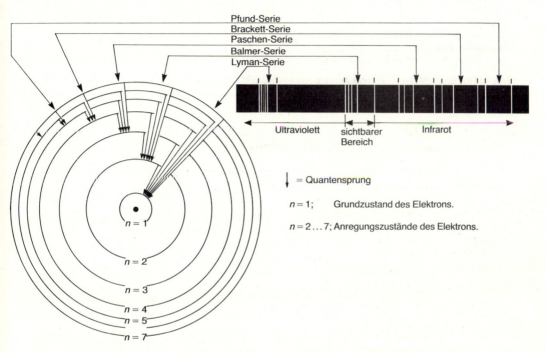

Abb. 1.9 Die Gliederung der Elektronenhülle aufgrund des Wasserstoffspektrums. Links: Hauptenergieniveaus $n=1 \ldots 7$. Rechts: Linienspektrum des Wasserstoffs.

1.3.2 Die Unterniveaus

Wenn man Elemente, deren Atome mehrere Elektronen besitzen — z.B. Sauerstoff — spektralanalytisch untersucht, so erhält man viele Spektrallinien, welche mit Quantensprüngen zwischen den sieben Hauptenergieniveaus nicht mehr zu erklären sind. Bei solchen Atomen müssen noch weitere Sprungmöglichkeiten bestehen. Sie sind auf Wechselwirkungen von Elektronen innerhalb des Atoms zurückzuführen und deuten auf eine noch weitergehende Gliederung der Elektronenhülle hin.

Die Hauptenergieniveaus (Schalen) gliedern sich in Unterniveaus (Unterschalen). Innerhalb des Hauptenergieniveaus n gibt es n Unterniveaus.

Mehr als vier Unterniveaus sind jedoch auch für $n > 4$ nicht bekannt.

1. Hauptenergieniveau   ($n=1$)   — ein Unterniveau;
2. Hauptenergieniveau   ($n=2$)   — zwei Unterniveaus;
3. Hauptenergieniveau   ($n=3$)   — drei Unterniveaus;
4. ... 7. Hauptenergieniveau ($n=4...7$) — vier Unterniveaus.

> Zur Kennzeichnung der Unterniveaus setzt man die Buchstaben s, p, d und f hinter die entsprechende Hauptquantenzahl n.

Beispiele:

1 s — s-Unterniveau des 1. Hauptenergieniveaus;
2 s — s-Unterniveau des 2. Hauptenergieniveaus;
2 p — p-Unterniveau des 2. Hauptenergieniveaus usw.

Mit dem Buchstaben s bezeichnet man jeweils das energieärmste Unterniveau eines Hauptenergieniveaus. Der Energiegehalt der Unterniveaus innerhalb eines Hauptenergieniveaus nimmt in der Reihe s-p-d-f→ zu.

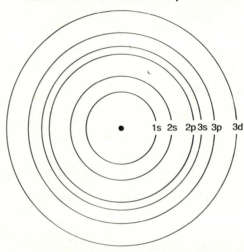

Abb. 1.10 Gliederung der Hauptenergieniveaus in Unterniveaus am Beispiel der ersten drei Schalen.

1 s → K-Schale ($n=1$);

$\genfrac{}{}{0pt}{}{2s}{2p}$ → L-Schale ($n=2$);

$\genfrac{}{}{0pt}{}{3s}{\genfrac{}{}{0pt}{}{3p}{3d}}$ → M-Schale ($n=3$).

Die Unterniveaus können ebenfalls als Kugelschalen aufgefaßt werden. Jedes Unterniveau symbolisiert ein bestimmtes Energieniveau, d.h. den genauen Energiegehalt von Elektronen innerhalb eines Hauptenergieniveaus.

1.3.3 Die Orbitale

In den Unterniveaus bewegen sich die Elektronen um den Atomkern. Das ältere Bohrsche Modell nahm an, daß diese Elektronenbewegung mit sehr hohen Geschwindigkeiten auf Kreisbahnen erfolgt. Heute weiß man, daß die Elektronen sich in wesentlich aufwendigeren räumlichen Gebilden bewegen.

> Die Bewegungsräume für die Elektronen werden Orbitale* genannt.
> Zur Kennzeichnung der Orbitale verwendet man dieselben Symbole wie für die entsprechenden Unterniveaus.

---

* orbit (englisch) Planetenbahn.

Beispiele:
Der Bewegungsraum eines Elektrons im 1s-Unterniveau heißt 1s-Orbital.
Der Bewegungsraum eines Elektrons im 2s-Unterniveau heißt 2s-Orbital.
Der Bewegungsraum eines Elektrons im 2p-Unterniveau heißt 2p-Orbital.

Der Bewegungsablauf eines Elektrons in seinem Orbital ist so kompliziert, daß er nicht mehr in allen Einzelheiten beschrieben werden kann. Man spricht daher nur noch von der Wahrscheinlichkeit, mit der ein Elektron an einer bestimmten Stelle im Orbital anzutreffen ist. Im 1s-Orbital des Wasserstoff-Atoms — das ist der Bewegungsraum des Wasserstoff-Elektrons im Grundzustand — ist diese Wahrscheinlichkeit z.B. in einem Kernabstand von $0{,}53 \cdot 10^{-10}$ m am größten. Darüber und darunter nimmt die Wahrscheinlichkeit rasch ab.

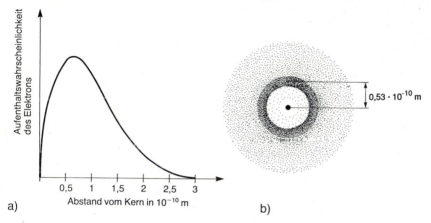

a) b)

Abb. 1.11 Radiale Elektronendichte im 1s-Orbital des Wasserstoff-Atoms.
a) Graph für die Wahrscheinlichkeit, mit der das Wasserstoff-Elektron in einem bestimmten Kernabstand anzutreffen ist.
b) Bereiche mit hoher bzw. niedriger Aufenthaltswahrscheinlichkeit im 1s-Orbital des Wasserstoff-Atoms.

Man kann ein Orbital als einen Wahrscheinlichkeitsraum auffassen, welcher an den Stellen größter Aufenthaltswahrscheinlichkeit des Elektrons seine größte „Dichte" besitzt. Nach außen ist ein solcher Wahrscheinlichkeitsraum an keiner Stelle scharf begrenzt. Seine „Dichte" nimmt vielmehr beständig ab. Scharf gezogene Ränder zeichnerisch dargestellter Orbitale können daher der Wirklichkeit nie ganz entsprechen.
Die Darstellung von Orbitalen ist sehr schwierig. Bisher konnten lediglich die *Orbitalformen des Wasserstoff-Elektrons* und seiner Anregungszustände genau bestimmt werden. Dies ist kein Zufall, denn das Wasserstoff-Atom hat als einziges Atom nur ein Elektron in seiner Hülle. Ein solches *Einelektronensystem* ist natürlich mathematisch viel leichter zu beherrschen, als die anderen Atome mit ihren vielen Elektronen *(Mehrelektronensysteme)*.
Innerhalb eines Hauptenergieniveaus n gibt es n^2 Orbitale — mehr als 16 sind jedoch nicht bekannt.

Die Orbitale des s-Unterniveaus haben Kugelschalenform.

Im Mittelpunkt eines s-Orbitals befindet sich der Atomkern. In jedem s-Unterniveau gibt es immer nur ein s-Orbital, welches das gesamte Unterniveau erfüllt. 1s-, 2s-, 3s- ... Orbitale

19

unterscheiden sich in ihrem Durchmesser. Er nimmt mit ansteigender Energie in der Reihe 1s-2s-3s→ zu (**Abb. 1.12**).

In jedem p-Unterniveau gibt es drei senkrecht aufeinander stehende hantelförmige p-Orbitale.

Die p-Oribtale werden — nach den drei Achsen eines rechtwinkligen Koordinatensystems — mit p_x, p_y und p_z bezeichnet. Die Überlagerung aller drei p-Orbitale eines p-Unterniveaus ergibt wieder ein annähernd kugelschalenförmiges Gebilde, in dessen Mittelpunkt sich der Atomkern befindet. Die Durchmesser überlagerter p-Orbitale vergrößern sich ebenfalls mit ansteigender Energie in der Reihe 2p-3p-4p→ usw. (**Abb. 1.13**).

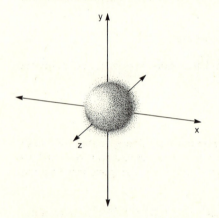

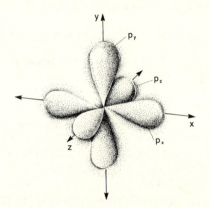

Abb. 1.12 Räumliche Darstellung eines s-Orbitals.

Abb. 1.13 Drei senkrecht aufeinander stehende p-Orbitale (p_x-, p_y-, p_z-Orbital) in räumlicher Darstellung.

Die Orbitale der d- und f-Unterniveaus haben zunehmend kompliziertere Formen. Entsprechend ihren räumlichen Anordnungsmöglichkeiten gibt es fünf verschiedene d-Orbiale in einem d-Unterniveau und sieben verschiedene f-Orbitale in einem f-Unterniveau.
Die d-Orbitale sind vorwiegend vierfache, „rosettenförmige" Gebilde in einer Ebene. Die f-Orbitale sind räumliche Gebilde, die meistens eine achtstrahlige, sternförmige Form aufweisen.

Da für Mehrelektronensysteme die Orbitalformen noch nicht bestimmt sind, ist es üblich — und auch vertretbar — die am Wasserstoff-Elektron und seinen Anregungszuständen bestimmten Orbitalformen (**Abb. 1.12** und **1.13**) auch auf die Hüllen anderer Atome zu übertragen. Es darf dabei jedoch nicht übersehen werden, daß dies eine starke Vereinfachung darstellt.

1.4 Der Elektronenspin und das Pauli-Prinzip

1.4.1 Der Elektronenspin

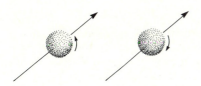

Abb. 1.14 Der Elektronenspin.

Die Elektronen bewegen sich in ihren Orbitalen nicht nur um den Atomkern, sondern drehen sich auch um ihre eigene Achse.

> Die Eigendrehung der Elektronen bezeichnet man als Spin*.

Sie kann — in bezug auf die Bewegungsrichtung — im Uhrzeigersinn oder entgegengesetzt erfolgen.

1.4.2 Das Pauli-Prinzip

Das von W. Pauli** formulierte Prinzip besagt:
In einer Elektronenhülle können niemals zwei Elektronen in ihrem Energiegehalt und in ihrem Bewegungsablauf vollkommen gleich sein. In diesem Sinne gleich wären zwei Elektronen dann, wenn sie sich im gleichen Orbital aufhalten würden und den gleichen Spin hätten. Dies bedeutet:

> Ein Orbital kann höchstens mit zwei Elektronen entgegengesetzten Spins besetzt sein.

Der Spin eines Elektrons wird mit ↑ bzw. ↓ symbolisiert. Ein Orbital, welches mit zwei Elektronen mit entgegengesetztem Spin besetzt ist, wird so dargestellt: ↑↓. Diese symbolische Darstellung geht auf einen Vorschlag des amerikanischen Chemikers Linus Pauling zurück (vgl. Abschnitt 1.7).

1.5 Das Energieniveauschema

Im Energieniveauschema (**Abb. 1.15**, S. 22) ist der Aufbau der Elektronenhülle schematisch dargestellt. Es zeigt:
- die Gliederung der Elektronenhülle in Hauptenergieniveaus und Unterniveaus,
- die relative Lage der Energieniveaus zueinander,
- die Anzahl der Orbitale eines Unterniveaus,
- die möglichen Elektronenzahlen der Hauptenergieniveaus und Unterniveaus.

---

* spin (englisch) Drall.
** Pauli, Wolfgang, österreichischer Physiker; 1900 ... 1958.

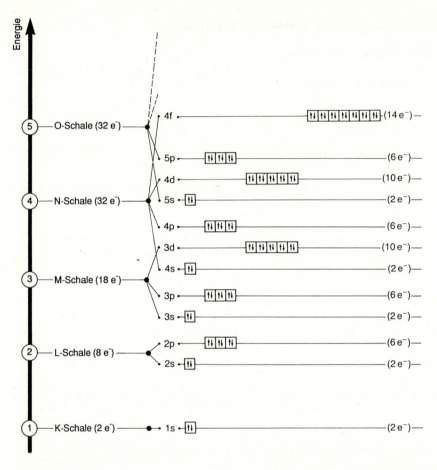

Abb. 1.15 Das Energieniveauschema. Jedes Orbital kann von zwei Elektronen mit entsprechender Energie und entgegengesetztem Spin besetzt werden. Das Energieniveauschema ist jedoch nicht in der Lage, den Energiezustand eines Orbitals — bzw. den seiner Elektronen — als tatsächlichen Betrag anzugeben. Diese Beträge ändern sich mit den unterschiedlichen Protonenzahlen der einzelnen Atome. Man müßte dann praktisch für jedes Atom ein eigenes Energieniveauschema erstellen.

In gewissen Energiebereichen überlappen sich die Unterniveaus von verschiedenen Hauptenergieniveaus.

Beispiele:
Das 4 s-Unterniveau ist energieärmer als das 3 d-Unterniveau.
Das 5 s-Unterniveau ist energieärmer als das 4 d-Unterniveau.

1.6 Die Besetzung der Orbitale mit Elektronen

Aus dem Energieniveauschema geht hervor, welche Orbitale den Elektronen in der Elektronenhülle zur Verfügung stehen. Beim Wasserstoff-Atom ist davon nur das 1s-Orbital mit einem Elektron besetzt. Bei Atomen mit mehreren Elektronen werden auch die anderen Orbitale aufgefüllt.

> Die Besetzung der Orbitale mit Elektronen erfolgt stets nach dem Prinzip geringster Energie.

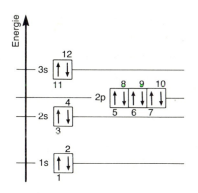

Abb. 1.16 Die Besetzung der Orbitale mit Elektronen. 1, 2, 3 ... = Reihenfolge der Besetzung.

Nach dem Prinzip geringster Energie werden zunächst immer die energieärmeren Orbitale mit Elektronen besetzt. Dabei entsteht ein möglichst energiearmer (stabiler) Gesamtzustand.

> Ein energiereicheres Orbital wird erst dann mit einem Elektron besetzt, wenn alle energieärmeren Orbitale bereits doppelt besetzt sind.

Beispiel:
Ein 2p-Orbital wird erst dann mit einem Elektron besetzt, wenn das 1s- und das 2s-Orbital bereits doppelt besetzt sind.

Für die Besetzung energetisch gleichwertiger Orbitale (z.B. der drei 2p-Orbitale oder der fünf 3d-Orbitale) gilt die *Hundsche* Regel:*

> Energetisch gleichwertige Orbitale werden zunächst einfach und dann erst doppelt mit Elektronen besetzt.

Eine sofortige Doppelbesetzung wäre wegen der Abstoßung der beiden Elektronen aufgrund ihrer gleichartigen Ladung energetisch ungünstiger.

---

* Hund, Friedrich, deutscher Physiker; geb. 1896.

1.7 Die Zellenschreibweise

Der Chemiker Pauling* hat eine Schreibweise entwickelt, mit deren Hilfe man die Elektronenhüllen der Atome sehr einfach darstellen kann.

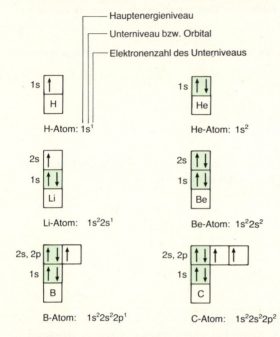

Abb. 1.17 Einfache Atome in der Zellenschreibweise.
H-Atom $1s^1$ (man liest: eins – s – eins) bedeutet: Das Wasserstoff-Atom hat ein einfach besetztes 1s-Orbital.

Die Orbitale werden als Quadrate gezeichnet. Man bezeichnet diese Quadrate als Zellen. Orbitale des gleichen Hauptenergieniveaus werden hintereinander gezeichnet und zu Blöcken zusammengefaßt. Die Zellen und Blöcke schichtet man nach steigendem Energieniveau übereinander.
Die Elektronen werden als Pfeile dargestellt. Zur Symbolisierung des Elektronenspins sind die Pfeilspitzen nach oben ↑ oder unten ↓ gerichtet (vgl. Abschnitt 1.4).

1.8 Die zeichnerische Darstellung einfacher Atome

Es ist noch nicht möglich, Orbitale von Mehrelektronensystemen — das sind Atome mit mehreren Elektronen in ihren Elektronenhüllen — genau zu bestimmen. Die vielfachen Wechselbeziehungen zwischen den verschiedenen Elektronen lassen sich bisher mathematisch nicht bewältigen.
Bei der Darstellung von Mehrelektronensystemen muß man deshalb ein Näherungsverfahren anwenden:

> Die für das Wasserstoff-Elektron und seine Anregungszustände bestimmten Orbitale verwendet man auch zur Darstellung von Mehrelektronensystemen. Die Verformung der Orbitale durch die Elektron-Elektron-Wechselbeziehungen bleibt unberücksichtigt.

---

* Pauling, Linus, amerikanischer Chemiker; geb. 1901.

Abb. 1.18 Zeichnerische Darstellung einfacher Atome.
Einfach besetztes Orbital ohne Rasterunterlegung; doppelt besetztes Orbital mit Rasterunterlegung.
Beachten Sie: Da die drei 2p-Orbitale energetisch gleichwertig sind, kann nicht unterschieden werden, in welcher Reihenfolge sie besetzt werden.

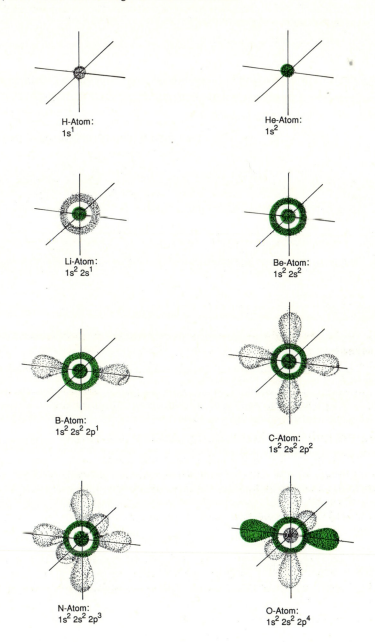

H-Atom:
$1s^1$

He-Atom:
$1s^2$

Li-Atom:
$1s^2\, 2s^1$

Be-Atom:
$1s^2\, 2s^2$

B-Atom:
$1s^2\, 2s^2\, 2p^1$

C-Atom:
$1s^2\, 2s^2\, 2p^2$

N-Atom:
$1s^2\, 2s^2\, 2p^3$

O-Atom:
$1s^2\, 2s^2\, 2p^4$

1.9 Übungsaufgaben

Zur Wiederholung

W 1. Was haben ein Proton und ein Elektron gemeinsam?

W 2. Welche Aussagen des Bohrschen Modells über die Gliederung der Elektronenhülle sind auch im Orbitalmodell wiederzufinden?

W 3. Wieviele Unterniveaus, Orbitale und Elektronen sind allgemein zu einem Hauptenergieniveau(n) möglich?

W 4. Was bedeutet die Bezeichnung Modell (Bohrsches Modell bzw. Orbitalmodell)?

W 5. Wie kann man beweisen, daß sich die Elektronen in der Atomhülle nur auf ganz bestimmten Energiestufen befinden können?

W 6. Welcher Zusammenhang besteht zwischen den Spektrallinien und den Energiezuständen der Elektronen?

W 7. Warum ist es willkürlich, wenn man sagt, das 1 s-Orbital des Wasserstoffs hat einen Durchmesser von 10^{-10} m?

W 8. Das Aluminium-Atom hat 13 Elektronen. Mit welcher Schreibweise kann der Aufbau seiner Elektronenhülle dargestellt werden?

W 9. Warum ist eine Elektronenhülle mit der Besetzung $1s^2 2s^2 2p^4 3s^1$ nicht möglich?

W 10. Wie viele d-Orbitale sind doppelt besetzt, wenn sich auf einem 3 d-Unterniveau acht Elektronen befinden?

Zur Vertiefung

V 1. Würde man in einem Kanalstrahlrohr mit einer anderen Gasfüllung als mit Wasserstoff ebenfalls Protonen erhalten?

V 2. Ermöglichen die Rutherfordschen Streuversuche Rückschlüsse auf die Protonenzahl eines Elements?

V 3. Warum wäre es unsinnig, aus den Rutherfordschen Streuversuchen eine negative Ladung des Atomkerns abzuleiten?

V 4. Freie, d. h. nicht an den Atomkern gebundene Neutronen sind instabil und zerfallen unter Freisetzung von Energie. In was könnten sie zerfallen?

V 5. Wie viele Atome finden in einem Würfel Platz, dessen Kantenlänge 1 cm beträgt. (Zur Lösung der Aufgabe soll angenommen werden, daß ein Atom gerade einen Würfel mit der Kantenlänge 10^{-8} cm ausfüllt.) Welche Strecke würde sich ergeben, wenn man alle diese Atome hintereinanderreihen würde?

V 6. Nach dem Bohrschen Modell bewegen sich die Elektronen auf Kreisbahnen um den Kern, ähnlich wie Planeten um die Sonne. Warum ist diese Vorstellung nach den Gesetzen des Elektromagnetismus nicht haltbar?

V 7. Abb. 1.11 zeigt die radiale Elektronendichte im 1 s-Orbital des Waserstoff-Atoms auf. Steht die in der Abb. herausgestellte Längenangabe $0,53 \cdot 10^{-10}$ m in irgendeiner Beziehung zu dem Bohrschen Modell?

2 Das Periodensystem der Elemente (PSE)

2.1 Der Elementbegriff und die Elementenreihe

2.1.1 Der Elementbegriff

Chemische Grundstoffe oder Elemente sind Stoffe, welche man mit chemischen Mitteln nicht mehr weiter zerlegen kann. Die Bausteine der Elemente sind Atome mit gleicher Protonenzahl und gleicher Elektronenzahl.

Zur Kennzeichnung der Elemente verwendet man *Elementsymbole**. Die Protonenzahl, auch Kernladungszahl genannt, schreibt man unten links vor das Elementsymbol.

Beispiel: Natrium

Elementsymbol ⟶ $_{11}Na$

Protonenzahl ⟶

Die Zahl der Neutronen in den Atomen eines bestimmten Elements kann in gewissen Grenzen schwanken. Atome eines bestimmten Elements, welche sich in ihrer Neutronenzahl unterscheiden, nennt man *Isotope***.

Abb. 2.1 Isotope des Sauerstoffs (Elektronenhülle nicht gegliedert); p^+ = Proton; n = Neutron.

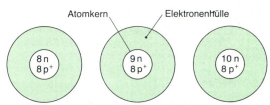

Atomkern   Elektronenhülle

8 n
$8 p^+$

9 n
$8 p^+$

10 n
$8 p^+$

Die verschiedenen Isotope eines Elements können durch die *Nukleonenzahl* unterschieden werden. Sie wird oben links vor das Elementsymbol geschrieben und nennt die Summe der Protonen und Neutronen der betreffenden Atome.

Beispiel: Isotope des Sauerstoffs

Nukleonenzahl ⟶

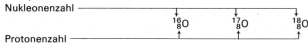

$^{16}_{8}O$ $^{17}_{8}O$ $^{18}_{8}O$

Protonenzahl ⟶

Eine durch Protonenzahl und Nukleonenzahl gekennzeichnete Atomsorte wird auch *Nuklid* genannt.

---

* Elementsymbole leiten sich von den lateinischen oder griechischen Namen der Elemente ab.
** iso (griechisch) gleich; topos (griechisch) Platz, Ort. Damit ist gemeint, daß die Isotope eines Elements aufgrund ihrer gleichartigen Elektronenhüllen chemisch nicht unterscheidbar sind und deshalb im Periodensystem den gleichen Platz einnehmen.

2.1.2 Die Elementenreihe

Das Element mit dem einfachsten Atombau ist der Wasserstoff. Seine Atome enthalten nur ein Proton und ein Elektron. Die Atome aller anderen Elemente kann man so anordnen, daß — abgesehen von den Neutronen — von einem Atom zum anderen je ein Proton im Kern und ein Elektron in der Hülle hinzukommen. So erhält man die Elementenreihe.

In der Elementenreihe sind die Elemente nach steigender Protonenzahl angeordnet. Sie beginnt mit dem Wasserstoff ($_1$H) und umfaßt derzeit 107 Elemente.

Die Elemente 104 ... 107 haben laut IUPAC* noch keinen Namen, deshalb werden ihre vorläufigen Symbole eingeklammert geschrieben: Unnilquadium (Unq), Unnilpentium (Unp), Unnilhexium (Unh) und Unnilseptium (Uns). Für Element 104 findet man in der Literatur die inoffiziellen Namen „Kurtschatovium" und „Dubnium", für Element 105 „Hahnium" und „Nielsbohrium":

$$_1H \quad _2He \quad _3Be \quad _5B \quad _6C \quad _7N \quad \ldots \quad _{107}(Uns)$$

Über achtzig Elemente kommen in der Natur vor. Weitere etwa zwanzig Elemente wurden bisher künstlich hergestellt.

2.2 Der Aufbau des Periodensystems

2.2.1 Von der Elementenreihe zum Ordnungssystem der Elemente

Die Elementenreihe ist ein sehr einfaches Ordnungsschema aller heute bekannten Elemente. Sie hat allerdings keinen weiteren Aussagewert. Im Periodensystem der Elemente ist diese Elementenreihe in ein übersichtlicheres Ordnungssystem mit höherem Informationsgehalt übergeführt.

Die Grundlagen hierfür lieferten schon vor 100 Jahren die Arbeiten von D. Mendelejew** und L. Meyer***. Sie ordneten die damals bekannten 63 Elemente ihren Eigenschaften entsprechend zu einer Verwandtschaftstafel chemischer Elemente.

2.2.2 Der Atombau als Ordnungsprinzip

Die Anordnung der Elemente im Periodensystem wird durch den Aufbau ihrer Elektronenhüllen bestimmt. Das Energieniveauschema liefert die Grundlage für den Aufbau des Periodensystems (**Abb. 2.2**).

Jedem Elektron im Energieniveauschema entspricht ein Element. Die Zahlen unter den Elementsymbolen sind die Protonenzahlen der Elemente. Sie kennzeichnen zugleich die Reihenfolge der Auffüllung der Orbitale. Orbitale mit ähnlichen Energiewerten werden zu waagerechten Gruppierungen (Blöcken) zusammengefaßt.

---

    * IUPAC Abkürzung für: INTERNATIONAL UNION of PURE and APPLIED CHEMISTRY (Internationale Union für Reine und Angewandte Chemie).
   ** Mendelejew, Dimitrij, russischer Chemiker; 1834 ... 1907.
 *** Meyer, Lothar, deutscher Chemiker; 1830 ... 1895.

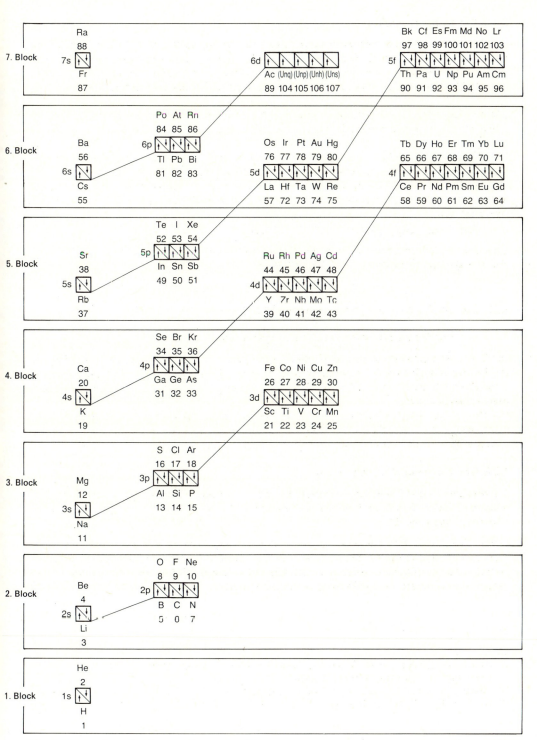

Abb. 2.2 Das Energieniveauschema der Elemente.

Aus dem Energieniveauschema läßt sich der Aufbau des Periodensystems direkt ableiten:

1. Block

H	He
1	2

2. Block

Li	Be	B	C	N	O	F	Ne
3	4	5	6	7	8	9	10

3. Block

Na	Mg	Al	Si	P	S	Cl	Ar
11	12	13	14	15	16	17	18

4. Block

K	Ca	Sc	Ti	V	Cr	Mn	Fe	Co	Ni	Cu	Zn	Ga	Ge	As	Se	Br	Kr
19	20	21	22	23	24	25	26	27	28	29	30	31	32	33	34	35	36

5. Block

Rb	Sr	Y	Zr	Nb	Mo	Tc	Ru	Rh	Pd	Ag	Cd	In	Sn	Sb	Te	I	Xe
37	38	39	40	41	42	43	44	45	46	47	48	49	50	51	52	53	54

6. Block

Cs	Ba	La	Ce	Pr	Nd	Pm	Sm	Eu	Gd	Tb	Dy	Ho	Er	Tm	Yb	Lu	
55	56	57	58	59	60	61	62	63	64	65	66	67	68	69	70	71	

	Hf	Ta	W	Re	Os	Ir	Pt	Au	Hg	Tl	Pb	Bi	Po	At	Rn
	72	73	74	75	76	77	78	79	80	81	82	83	84	85	86

7. Block

Fr	Ra	Ac	Th	Pa	U	Np	Pu	Am	Cm	Bk	Cf	Es	Fm	Md	No	Lr	(Unq)	(Unp)	(Unh)	(Uns)
87	88	89	90	91	92	93	94	95	96	97	98	99	100	101	102	103	104	105	106	107

Abb. 2.3 s-, p-, d- und f-Elemente. s- und p-Elemente ohne Rasterunterlegung; d-Elemente mit grauer Rasterunterlegung; f-Elemente mit grüner Rasterunterlegung.

Man ordnet die Elemente eines jeden Blockes nach steigender Protonenzahl von links nach rechts an. Die Elemente des 1. Blockes liefern die 1. Zeile usw.

Die Protonenzahl ist die Ordnungszahl für die Elemente im Periodensystem.

2.2.3 Die s-, p-, d- und f-Elemente

In jedem Block stehen Elemente, deren Atome die von Element zu Element hinzukommenden Elektronen zur Auffüllung von s- und p-Orbitalen verwenden. Man nennt diese Elemente kurz s- und p-Elemente.
Im 4., 5., 6. und 7. Block stehen Elemente, bei denen zuletzt die d-Orbitale aufgefüllt werden. Diese Elemente heißen d-Elemente.
Im 6. und 7. Block stehen Elemente, bei denen zuletzt die f-Orbitale gefüllt werden. Diese Elemente heißen f-Elemente.

Nach dem Auffüllungsschema ihrer Atome unterscheidet man s- und p-Elemente, d-Elemente und f-Elemente.

2.2.4 Die Perioden und Gruppen

Die waagerecht angeordneten Elemente (**Abb. 2.3**) werden — ohne dabei die Reihenfolge zu verändern — so verschoben, daß Elemente mit gleichem Auffüllungsschema der Elektronenhülle untereinander zu stehen kommen. Helium wird zusätzlich so verschoben, daß es über dem mit ihm chemisch verwandten Neon steht. Man erhält auf diese Weise das *Periodensystem* (PSE) der Elemente (s. Anhang S. 322).

Das Periodensystem besteht aus sieben waagerechten *Perioden*. Sie entsprechen den sieben Elektronenschalen und werden von oben nach unten mit arabischen Ziffern bezeichnet.

> Elemente mit gleicher Schalenzahl bilden im Periodensystem jeweils eine der sieben Perioden. Die Anzahl der Schalen entspricht der Periodennummer.

Senkrecht unterscheidet man acht *Hauptgruppen* und acht *Nebengruppen*; ferner die Gruppen der *Lanthanoide** und *Actinoide***.

2.2.5 Die Hauptgruppen

Die Hauptgruppen werden mit den römischen Ziffern I ... VIII und zusätzlich mit dem Buchstaben a gekennzeichnet.

> Die s- und p-Elemente bilden die acht Hauptgruppen des Periodensystems. Alle Elemente innerhalb einer Hauptgruppe haben die gleiche Anzahl von Außenelektronen. Die Anzahl der Außenelektronen entspricht der Hauptgruppennummer.

Die ersten beiden Hauptgruppen bestehen aus s-Elementen. Bei den Elementen der übrigen sechs Hauptgruppen handelt es sich — Helium ausgenommen — um p-Elemente. Den Hauptgruppen werden Namen zugeordnet:

Ia	— Alkalimetalle,	Va	— Stickstoffgruppe,
IIa	— Erdalkalimetalle,	VIa	— Chalkogene oder Sauerstoffgruppe,
IIIa	— Borgruppe,	VIIa	— Halogene,
IVa	— Kohlenstoffgruppe,	VIIIa	— Edelgase.

2.2.6 Die Nebengruppen

Die Nebengruppen werden mit den römischen Ziffern I ... VIII und zusätzlich mit dem Buchstaben b gekennzeichnet.

> Die d-Elemente bilden die acht Nebengruppen des Periodensystems.

Man unterscheidet:

Ib	— Kupfergruppe,	Vb	— Vanadiumgruppe,
IIb	— Zinkgruppe,	VIb	— Chromgruppe,
IIIb	— Scandiumgruppe,	VIIb	— Mangangruppe,
IVb	— Titangruppe,	VIIIb	— Eisen- und Platinmetalle.

Die Atome der Nebengruppenelemente haben im allgemeinen zwei Elektronen auf ihren Außenschalen. Sie benutzen die von Element zu Element hinzukommenden Elektronen zur

---

* Lanthanoide — benannt nach dem Element Lanthan ($_{57}$La).
** Actinoide — benannt nach dem Element Actinium ($_{89}$Ac).

Auffüllung der d-Orbitale ihrer vorletzten Schalen. Diese d-Orbitale liegen energetisch zwischen den s- und p-Orbitalen der Außenschalen. Deshalb stehen die Nebengruppen zwischen der zweiten und dritten Hauptgruppe des Periodensystems.

Die Atome der Nebengruppenelemente füllen die d-Orbitale der 3., 4., 5. und — bisher noch unvollständig — der 6. Schale mit je zehn Elektronen. Das ergibt drei Zeilen zu je zehn Elementen und eine vierte unvollständige Zeile.

Da in einer Periode zehn Elemente der Nebengruppen stehen, wären eigentlich zehn Nebengruppen zu erwarten. Von den je zehn Elementen der Nebengruppen sind aber je drei einander sehr ähnlich, nämlich Fe, Co, Ni / Ru, Rh, Pd / Os, Ir, Pt. Diese drei Elemente jeder Periode sind zur Nebengruppe VIIIb zusammengefaßt. Dadurch ergeben sich nur acht Nebengruppen. Die Elemente der Nebengruppen werden auch als *Übergangselemente* bezeichnet.

2.2.7 Die Gruppen der Lanthanoide und Actinoide

Die f-Elemente bilden im Periodensystem die Gruppen der Lanthanoide und Actinoide.

Ihre Atome besetzen zuletzt die f-Orbitale ihrer drittletzten Schalen. Sie stehen zwischen der dritten und vierten Nebengruppe des Periodensystems und haben alle 2 Elektronen auf ihren Außenschalen.
Entsprechend der Auffüllung der f-Orbitale der 4. und 5. Schale mit je 14 Elektronen ergeben sich zwei Zeilen zu je 14 Elementen.
Auch die Elemente der Lanthanoiden- und Actinoiden-Gruppe bezeichnet man als *Übergangselemente*.

2.3 Elementeigenschaften und Periodensystem

Die Eigenschaften der Elemente sind abhängig vom Bau ihrer Atome. Stark vereinfacht gilt: Gemeinsamkeiten im Atombau — besonders im Bau der Elektronenhülle — lassen Ähnlichkeiten im Verhalten erwarten und umgekehrt.
Im Periodensystem sind die Elemente nach steigender Protonenzahl geordnet und nach dem Auffüllungsschema der Elektronenhülle zu Perioden und Gruppen zusammengefaßt. Deshalb ermöglicht das Periodensystem auch Aussagen über den Verlauf von Elementeigenschaften in den Perioden und Gruppen.

Die Hauptgruppenelemente haben Eigenschaften mit besonders deutlichem Perioden- und Gruppencharakter.

2.3.1 Elementeigenschaften und Perioden

In einer Periode stehen Elemente, die — abgesehen von der gleichen Schalenzahl — im Aufbau ihrer Atome verschieden sind. Entsprechend unterschiedlich sind ihre Eigenschaften (**Abb. 2.4**).

Innerhalb der Perioden ändern sich die Eigenschaften der Elemente gesetzmäßig. In jeder Periode werden die Eigenschaften in ähnlicher Form wiederholt.

Diese periodische Wiederkehr von ähnlichen Eigenschaften in der fortlaufenden Reihe der Elemente gab dem gesamten System seinen Namen.

Periode																	
3. Periode	$_{11}$Na 0,97	$_{12}$Mg 1,74											$_{13}$Al 2,7	$_{14}$Si 2,33	$_{15}$P 1,82	$_{16}$S 2,07	$_{17}$Cl 1,57
4. Periode	$_{19}$K 0,86	$_{20}$Ca 1,54	$_{21}$Sc 2,99	$_{22}$Ti 4,50	$_{23}$V 6,12	$_{24}$Cr 7,2	$_{25}$Mn 7,43	$_{26}$Fe 7,87	$_{27}$Co 8,9	$_{28}$Ni 8,91	$_{29}$Cu 8,96	$_{30}$Zn 7,13	$_{31}$Ga 5,91	$_{32}$Ge 5,33	$_{33}$As 5,73	$_{34}$Se 4,46	$_{35}$Br 3,12
5. Periode	$_{37}$Rb 1,53	$_{38}$Sr 2,67	$_{39}$Y 4,47	$_{40}$Zr 6,50	$_{41}$Nb 8,55	$_{42}$Mo 10,22	$_{43}$Tc 11,50	$_{44}$Ru 12,3	$_{45}$Rh 12,5	$_{46}$Pd 12,1	$_{47}$Ag 10,50	$_{48}$Cd 8,64	$_{49}$In 7,30	$_{50}$Sn 7,30	$_{51}$Sb 6,68	$_{52}$Te 6,25	$_{53}$I 4,93

Abb. 2.4 Verlauf der Dichte (in g/cm^3) bei den Elementen der 3., 4. und 5. Periode. In den Perioden nimmt — von links nach rechts gelesen — die Dichte zunächst kräftig zu und dann wieder deutlich ab. Bei $_{17}$Cl bezieht sich die Angabe der Dichte auf flüssiges Chlor (bei $-35\,°C$).

2.3.2 Elementeigenschaften und Hauptgruppen

> Die Elemente einer Hauptgruppe haben die gleiche Anzahl von Außenelektronen.

Die Anzahl der Außenelektronen bestimmt in besonderem Maß das chemische Verhalten der Elemente. Entsprechend sind die Elemente einer Hauptgruppe chemisch miteinander verwandt. Man bezeichnet die Hauptgruppen deshalb auch als Elementfamilien.

Beispiele:
Alkalimetalle bilden sehr starke Laugen.
Halogene sind ausgesprochene Säurebildner. Mit Metallen erzeugen sie unmittelbar Salze (Halogene = Salzbildner).

Innerhalb der Hauptgruppen wird der Bau der Atomrümpfe* von oben nach unten immer komplizierter. Als Folge davon ändern sich auch die Elementeigenschaften:

Tabelle 2 Änderung der Schmelz- und Siedetemperaturen bei Alkalimetallen

Alkalimetall	Atommasse in u	Schmelztemp. in °C	Siedetemp. in °C
Lithium	6,94	181	1317
Natrium	22,99	98	889
Kalium	39,10	63	754
Rubidium	85,47	39	701
Caesium	132,91	28	685

(Atommasse: zunehmend; Schmelztemp.: abnehmend; Siedetemp.: abnehmend)

Tabelle 3 Änderung der Schmelz- und Siedetemperaturen bei Halogenen

Halogen	Atommasse in u	Schmelztemp. in °C	Siedetemp. in °C
Fluor	18,99	− 220	− 188
Chlor	35,45	− 101	− 34
Brom	79,90	− 7	+ 59
Iod	126,90	+ 114	+ 184

(Atommasse: zunehmend; Schmelztemp.: zunehmend; Siedetemp.: zunehmend)

---

* Atomrumpf = Atom ohne Außenschale.

In den Hauptgruppen ändern sich die Eigenschaften der Elemente gleichlaufend mit steigender Atommasse*.

2.4 Die Atomradien der Hauptgruppenelemente

2.4.1 Bestimmung der Atomradien

Atome sind keine starren Kugeln mit einem ganz bestimmten Durchmesser. Die Hülle ist vielmehr eine „Elektronenwolke", deren Dichte nach außen kontinuierlich abnimmt. Es ist daher unmöglich, den Atomradius an einem freien Atom eindeutig festzulegen. Er kann nur über den Kernabstand zweier gebundener Atome ermittelt werden.

2.4.2 Verlauf der Atomradien im Periodensystem

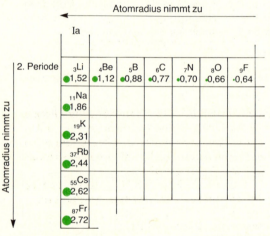

Abb. 2.5 Verlauf der Atomradien (in 10^{-10} m) bei den Hauptgruppenelementen der 2. Periode und 1. Hauptgruppe.

Innerhalb einer Periode ist die Anzahl der Schalen gleich. Die Protonenzahl wird aber von rechts nach links kleiner. Dadurch wird die Anziehungskraft der Atomkerne auf die Elektronenhülle immer schwächer:

Die Atomradien nehmen in den Perioden von rechts nach links zu.

In den Hauptgruppen nimmt die Anzahl der Schalen von oben nach unten zu. Dadurch wird die Elektronenhülle immer größer:

Die Atomradien nehmen in den Hauptgruppen von oben nach unten zu.

---

* Unter Atommasse versteht man die durchschnittliche Masse der Atome eines Elements, ausgedrückt in der atomaren Masseneinheit u.

2.5 Metall-, Halbmetall- und Nichtmetallcharakter der Hauptgruppenelemente

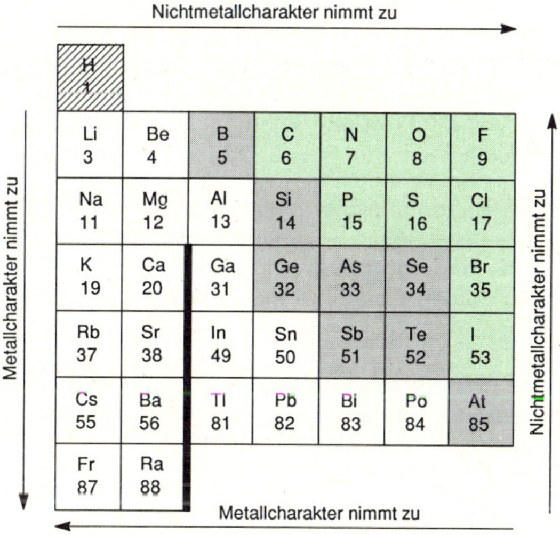

Abb. 2.6 Metalle, Halbmetalle und Nichtmetalle im Periodensystem der Hauptgruppenelemente.
Metalle ohne Rasterunterlegung; Halbmetalle mit grauer Rasterunterlegung; Nichtmetalle mit grüner Rasterunterlegung; Wasserstoff nimmt innerhalb dieser drei Gruppierungen eine Sonderstellung ein.

Nichtmetallcharakter nimmt zu →

Metallcharakter nimmt zu ↓

↑ Metallcharakter nimmt zu

↑ Nichtmetallcharakter nimmt zu

← Metallcharakter nimmt zu

H 1						
Li 3	Be 4	B 5	C 6	N 7	O 8	F 9
Na 11	Mg 12	Al 13	Si 14	P 15	S 16	Cl 17
K 19	Ca 20	Ga 31	Ge 32	As 33	Se 34	Br 35
Rb 37	Sr 38	In 49	Sn 50	Sb 51	Te 52	I 53
Cs 55	Ba 56	Tl 81	Pb 82	Bi 83	Po 84	At 85
Fr 87	Ra 88					

2.5.1 Der Metallcharakter

Der *Metallcharakter* eines Elements ist durch den elektropositiven Charakter seiner Atome geprägt. Darunter versteht man die Neigung eines Atoms, seine Außenschale durch Abgabe von Außenelektronen aufzulösen (d.h. positiv geladene Ionen* zu bilden). Ein Atom kann seine Außenschale um so leichter auflösen, je weniger Außenelektronen vorhanden sind, je kleiner seine Protonenzahl und je größer sein Atomradius ist.

In den Perioden wird die Anzahl der Außenelektronen von rechts nach links kleiner, und die Protonenzahl nimmt ab. Gleichzeitig werden die Atomradien in dieser Richtung größer:

> Der Metallcharakter nimmt in den Perioden von rechts nach links zu.

Die Übergangselemente (die Elemente der Nebengruppen sowie die Elemente der Lanthanoiden- und Actinoidengruppe) besitzen ausschließlich Metallcharakter.

In den Hauptgruppen werden die Atomradien von oben nach unten hin größer (**Abb. 2.5**). Die gleichzeitige Zunahme der Protonenzahl ist demgegenüber von untergeordneter Bedeutung.

> Der Metallcharakter nimmt in den Hauptgruppen von oben nach unten zu.
> Elemente mit ausgeprägtem Metallcharakter stehen im Periodensystem links unten.

---

* ion (griechisch) wandernd.

2.5.2 Der Nichtmetallcharakter

Der *Nichtmetallcharakter* eines Elements ist durch den elektronegativen Charakter seiner Atome geprägt. Darunter versteht man die Neigung eines Atoms, seine Außenschale durch Aufnahme von Fremdelektronen aufzufüllen (d. h. negativ geladene Ionen zu bilden). Ein Atom kann seine Außenschale um so leichter auffüllen, je mehr Außenelektronen bereits vorhanden sind, je größer seine Protonenzahl und je kleiner sein Atomradius ist.
In den Perioden (**Abb. 2.5**) wird die Anzahl der Außenelektronen von links nach rechts größer, und die Protonenzahl nimmt zu. Gleichzeitig werden die Atomradien in diese Richtung hin kleiner:

Der Nichtmetallcharakter nimmt in den Perioden von links nach rechts zu.

In den Hauptgruppen werden die Atomradien von unten nach oben kleiner (**Abb. 2.5**). Die gleichzeitige Abnahme der Protonenzahl ist demgegenüber von untergeordneter Bedeutung.

Der Nichtmetallcharakter nimmt in den Hauptgruppen von unten nach oben zu.
Elemente mit ausgeprägtem Nichtmetallcharakter stehen im Periodensystem rechts oben.

2.5.3 Elemente mit Halbmetallcharakter

Der *Halbmetallcharakter* liegt zwischen dem Metall- und Nichtmetallcharakter. Die Elemente mit Halbmetallcharakter stehen im Periodensystem in der Nähe der Diagonale:
Bor — Silicium — Arsen — Tellur — Astat (**Abb. 2.6**).

2.6 Die Edelgase und die Oktettregel

2.6.1 Die Edelgase

Das erste Edelgas, das Argon, wurde erst 1894 entdeckt, nachdem die meisten natürlichen Elemente bereits bekannt waren. Die Entdeckung von Helium, Neon, Krypton, Xenon und Radon erfolgte dann allerdings innerhalb von 15 Jahren.
Die Edelgase sind vollkommen farb- und geruchlos. Im Gegensatz zu Gasen, z. B. Sauerstoff und Stickstoff, welche aus zweiatomigen Molekülen bestehen, treten die Edelgase ausnahmslos atomar auf. Auffallend niedrige Schmelz- und Siedetemperaturen sind die Folge:

Tabelle 4 Schmelz- und Siedetemperaturen der Edelgase

Edelgas	Schmelztemp. in °C	Siedetemp. in °C	Edelgas	Schmelztemp. in °C	Siedetemp. in °C
Helium	−270	−269	Krypton	−157	−153
Neon	−249	−246	Xenon	−112	−108
Argon	−189	−186	Radon	− 71	− 62

Die Edelgase sind so reaktionsträge, daß man lange Zeit annahm, sie wären überhaupt nicht in der Lage, Bindungen einzugehen. Erst im Jahre 1962 gelang es, Krypton und Xenon

wenigstens mit dem aggressiven Fluor zur Reaktion zu bringen. (Fluor ist das reaktionsfähigste aller Elemente.)
Verantwortlich für die Reaktionsträgheit der Edelgasatome ist ihre besonders stabile Elektronenanordnung:

- Beim Helium eine mit zwei Elektronen vollständig gefüllte K-Schale — ein *Elektronendublett.* Elektronenkonfiguration $1s^2$.
- Bei Neon bis Radon eine mit acht Elektronen vollständig gefüllte Außenschale — ein *Elektronenoktett.* Elektronenkonfiguration der Außenschale $s^2 p^6$.

> Die besonders stabile Elektronenanordnung bei den Edelgasen wird Edelgaskonfiguration genannt.

Die enorme Reaktionsträgheit machte die Edelgase sehr bald technologisch interessant. Helium verwendet man anstelle des explosiven Wasserstoffs für Ballonfüllungen. Argon braucht man als Schutzgas beim Elektro-Schweißen. Krypton und Xenon verhindern in Glühlampen das Abdampfen des Glühfadenmetalls.
Radon steht der Technik nicht zur Verfügung. Es entsteht nur in geringsten Mengen durch die natürliche Radioaktivität.

2.6.2 Die Oktettregel

Abgesehen von den Edelgasen zeigen alle Elemente eine mehr oder weniger große Reaktionsbereitschaft. Im Jahre 1916 stellten W. Kossel* und G. N. Lewis** eine Theorie auf, die einen Erklärungsversuch für diese Reaktionsbereitschaft darstellt.

> Nach der Oktettregel reagieren Elemente miteinander, weil ihre Atome bestrebt sind, Elektronenhüllen mit Edelgaskonfiguration zu erreichen.

Dabei werden vorzugsweise zwei Wege beschritten:

- Zwischen den reagierenden Atomen kommt es zur Bildung gemeinsam genutzter Elektronen.
  Beispiel: Wasserstoff H_2.
  Wenn zwei Wasserstoff-Atome miteinander reagieren und dabei ihre beiden Elektronen zusammenlegen, erreichen beide das Dublett des Heliums (vgl. Abschnitt 3.1).
- Die reagierenden Atome tauschen untereinander Elektronen aus.
  Beispiel: Natriumchlorid NaCl.
  Das Natrium-Atom erreicht Edelgaskonfiguration, wenn es sein Außenelektron abgibt. Seine Elektronenhülle gleicht dann der des Neons.
  Das Chlor-Atom erreicht Edelgaskonfiguration, wenn es dieses Fremdelektron aufnimmt. Seine Elektronenhülle gleicht dann der des Argons (vgl. Abschnitt 4.1).

Es muß jedoch deutlich gesagt werden, daß es — namentlich bei der Ionenbindung — eine Anzahl von Fällen gibt, in denen die Oktettregel nicht anwendbar ist. Es handelt sich bei ihr also nicht um ein naturwissenschaftliches Gesetz. Trotzdem erleichtert die Oktettregel das Verständnis der chemischen Bindung und stellt eine wichtige Arbeitshilfe dar.

---

* Kossel, Walter, deutscher Physiker; 1888 ... 1956.
** Lewis, Gilbert Newton, amerikanischer Chemiker; 1875 ... 1946.

2.7 Übungsaufgaben

Zur Wiederholung

W 1. Warum haben Atome mit gleicher Protonenzahl gleiche chemische Eigenschaften?

W 2. Was kann über die Eigenschaften verschiedener Isotope eines Elements gesagt werden?

W 3. In welcher Beziehung stehen Atome zueinander, welche die Protonenzahl 17 und die Nukleonenzahl 35 bzw. 37 besitzen?

W 4. Wäre es zulässig, Halbmetalle als Übergangselemente zu bezeichnen?

W 5. Wodurch unterscheiden sich zwei im PSE benachbarte Hauptgruppen- bzw. Übergangselemente im Aufbau ihrer Elektronenhüllen?

W 6. Elemente einer Hauptgruppe sind einerseits chemisch miteinander verwandt, zeigen aber andererseits eine deutliche Abstufung ihrer Eigenschaften. Wie ist dies zu erklären?

W 7. Begründen Sie aus dem Energieniveauschema, warum in der 1. Periode des Periodensystems nur zwei Elemente stehen.

W 8. Ordnen Sie die Elemente Rb, C, O, Ge und Ca nach ansteigendem Atomradius.

W 9. Ordnen Sie die Elemente S, F, O, Si, P nach zunehmendem Nichtmetallcharakter.

W 10. Ist Silicium chemisch näher mit Phosphor oder mit Germanium verwandt?

Zur Vertiefung

V 1. Als Mendelejew sein PSE aufstellte, waren viele Elemente, auch das $_{32}Ge$, noch unbekannt. Mendelejew ließ für dies Element nicht nur einen Platz im System frei, er machte auch sehr treffende Vorhersagen über seine Eigenschaften. Wie war dies möglich?

V 2. Die Hauptgruppenelemente zeigen eine sehr strenge Periodizität ihrer Eigenschaften. Wie verhält es sich mit den Übergangselementen?

V 3. Natriumoxid hat die Formel Na_2O, Kohlenstoffdioxid die Formel CO_2. Was kann nach diesen Formeln über die Oxide der 1. und 4. Hauptgruppe ausgesagt werden?

V 4. Die Hydride der Elemente der 2. Periode haben folgende Formeln: LiH, BeH_2, BH_3, CH_4, NH_3, H_2O, HF. Was kann nach diesen Formeln über die Hydride der 3. Periode ausgesagt werden?

V 5. Es liegen die Verbindungen N_2O und NO_2 vor. Was kann man aufgrund dieser Verbindungen über die Oktettregel aussagen?

3 Die Atombindung oder kovalente Bindung

Der Zusammenhalt der Atome innerhalb von Molekülen ist ein Problem, das die Wissenschaft seit sehr langer Zeit beschäftigt. Obwohl schon im 19. Jahrhundert verschiedene Anschauungen darüber entstanden, konnte man erst in den ersten Jahrzehnten des 20. Jahrhunderts — nach Klärung des Baus der Atomhülle — die große Bedeutung der Elektronen beim Zustandekommen einer chemischen Bindung erkennen.

3.1 Die Entstehung der Atombindung

3.1.1 Die Entstehung des Wasserstoff-Moleküls

Ein Wasserstoff-Molekül besteht aus zwei Wasserstoff Atomen:

$$H_I + H_{II} \rightarrow H_2$$

Bei Annäherung der beiden Atome treten folgende Kräfte auf:

- Anziehung zwischen — dem Elektron von Atom H_I und dem Proton von Atom H_{II},
  — dem Elektron von Atom H_{II} und dem Proton von Atom H_I.
- Abstoßung zwischen — dem Proton von Atom H_I und dem Proton von Atom H_{II},
  — dem Elektron von Atom H_I und dem Elektron von Atom H_{II}.

Zu einer chemischen Bindung kommt es dann, wenn die anziehenden und abstoßenden Kräfte sich gegenseitig aufheben. Dabei überlappen sich die einfach besetzten (= bindungsfähigen) Atomorbitale. Das entstandene Molekül befindet sich dann in einem Zustand *minimaler Gesamtenergie*. Die beiden Atomkerne besitzen einen ganz bestimmten Abstand. Die Verringerung oder die Vergrößerung dieses Kernabstandes ist mit Energiezufuhr verbunden.

Abb. 3.1 Überlappung und Durchdringung der bindungsfähigen Atom-Orbitale.

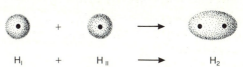

Es entsteht eine Atombindung, bei der sich die bindungsfähigen Atom-Orbitale der beiden Atome durchdringen und überlappen.

Das Molekül-Orbital vereinigt die Elektronen beider Atom-Orbitale und umgibt beide Atomkerne.

Die größte Aufenthaltswahrscheinlichkeit der beiden Elektronen liegt zwischen den beiden positiven Atomkernen.

Die Bildung des Wasserstoff-Moleküls ist ein energiefreisetzender oder *exothermer* Vorgang, die Spaltung dagegen ist ein energieverbrauchender oder *endothermer* Vorgang.

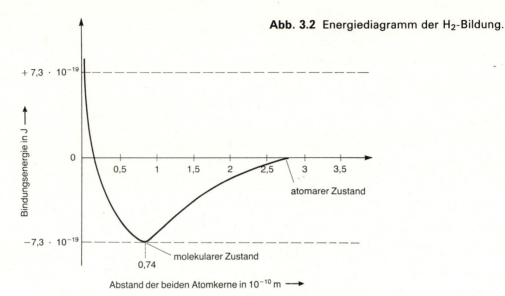

Abb. 3.2 Energiediagramm der H_2-Bildung.

Die Bindungsenergie beträgt beim Wasserstoff-Molekül $-7,3 \cdot 10^{-19}$ J.
Das Vorzeichen bei der Energieangabe bedeutet:

- − Energie wird frei. Das System wird energieärmer.
- + Energie wird benötigt. Das System wird energiereicher.

Die Bindungsenergie ist ein Maß für die Stabilität eines Moleküls:

> Je größer die Bindungsenergie ist, die bei der Entstehung eines Moleküls frei wird, um so energieärmer und damit reaktionsträger ist das betreffende Molekül.

3.1.2 Das Schema der Molekülbildung

Atome mit Nichtmetallcharakter verbinden sich miteinander, indem ihre einfach besetzten Orbitale *gemeinsame Elektronenpaare* bilden:

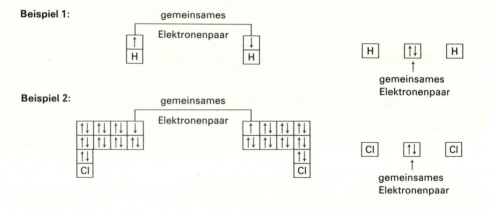

40

Beispiel 3:

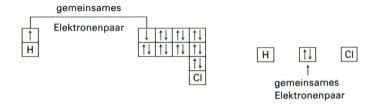

Diese Bindungsart heißt *Atombindung* oder kovalente Bindung.
Dabei erzielen die Atome in den allermeisten Fällen einen edelgasähnlichen Zustand.

> Durch Atombindung entstehen Moleküle: Einfach besetzte, d. h. bindungsfähige Atom-Orbitale schließen sich zu doppelt besetzten Molekül-Orbitalen zusammen.

Die an der Bildung von Molekül-Orbitalen beteiligten Elektronen bezeichnet man als *Valenzelektronen*.

3.1.3 Schreibweise und Atombindigkeit (Wertigkeit)

- Bindungsfähiges Atom-Orbital: $1e^-$ → · (Punkt am Symbol);
- Nichtbindungsfähiges Atom-Orbital: $2e^-$ → | (Strich am Symbol);
- Molekül-Orbital: $2e^-$ → — (Strich zwischen den Symbolen); (Valenzstrich).

> Die Atombindigkeit oder Wertigkeit eines Atoms ergibt sich aus der Anzahl seiner bindungsfähigen Atom-Orbitale.

Beispiele:

Wasserstoff H· — 1 Außenelektron ⟨ ein bindungsfähiges AO / kein nichtbindungsfähiges AO
Atombindigkeit = 1, d. h. einwertig

Chlor |C̄l· — 7 Außenelektronen ⟨ ein bindungsfähiges AO / drei nichtbindungsfähiges AO
Atombindigkeit = 1, d. h. einwertig

Sauerstoff |Ō· — 6 Außenelektronen ⟨ zwei bindungsfähige AO / zwei nichtbindungsfähiges AO
Atombindigkeit = 2, d. h. zweiwertig

Stickstoff |Ṅ· — 5 Außenelektronen ⟨ drei bindungsfähige AO / ein nichtbindungsfähiges AO
Atombindigkeit = 3, d. h. dreiwertig

3.2 Arten der Atombindung

3.2.1 Die Einfachbindung

Bei der Einfachbindung befindet sich zwischen zwei Atomen eines Moleküls nur ein Molekül-Orbital. Es überlappen sich je ein bindungsfähiges Atom-Orbital.

Es gibt drei Möglichkeiten:

$H\cdot + \cdot H \rightarrow H\text{—}H$

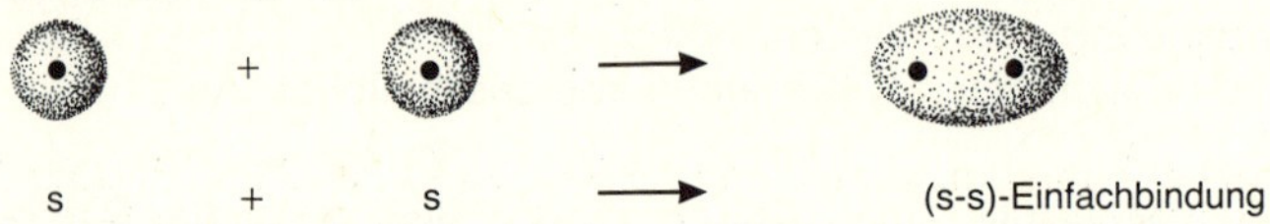

s + s $\longrightarrow$ (s-s)-Einfachbindung

Abb. 3.3 Überlappung von zwei s-Orbitalen (nur beim Wasserstoff-Molekül).

$H\cdot + \cdot \overline{Cl}| \rightarrow H\text{—}\overline{Cl}|$

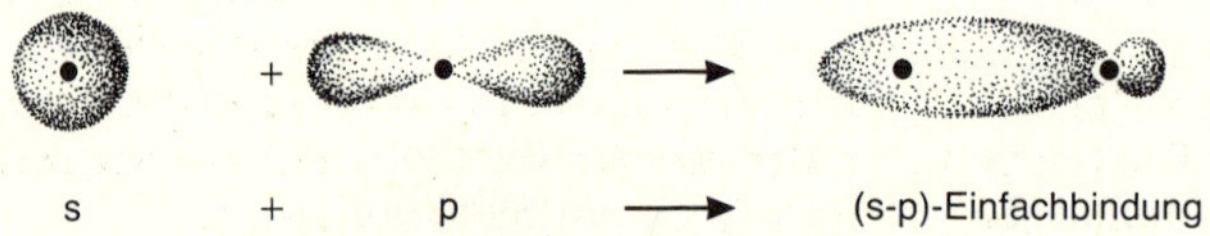

s + p $\longrightarrow$ (s-p)-Einfachbindung

Abb. 3.4 Überlappung von s- und p-Orbitalen.

$|\overline{Cl}\cdot + \cdot\overline{Cl}| \rightarrow |\overline{Cl}\text{—}\overline{Cl}|$

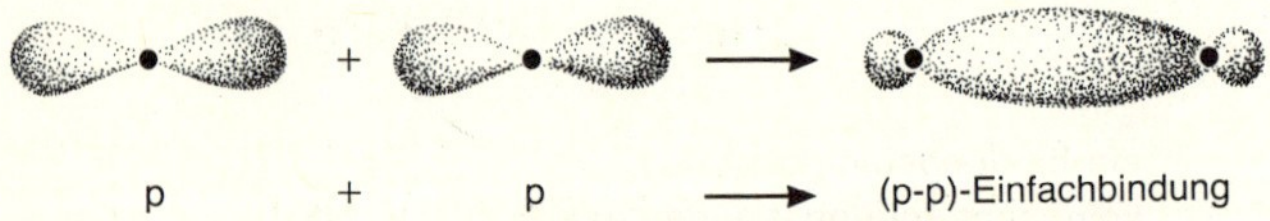

p + p $\longrightarrow$ (p-p)-Einfachbindung

Abb. 3.5 Überlappung von zwei p-Orbitalen.

Bei allen drei Möglichkeiten liegt das Molekül-Orbital in der Bindungsachse der beiden Atomkerne. Die Elektronendichte des Molekül-Orbitals ist entlang der gedachten Verbindungslinie zwischen den beiden Atomkernen am größten.

3.2.2 Die Doppelbindung

Bei der Doppelbindung befinden sich zwischen zwei Atomen eines Moleküls zwei Molekül-Orbitale. Es überlappen sich je zwei bindungsfähige Atom-Orbitale zweier Atome.

Anhand des Sauerstoff-Moleküls kann die Doppelbindung erklärt werden (**Abb. 3.6**).

Zwei bindungsfähige Atom-Orbitale überlappen sich, es entstehen zwei Molekül-Orbitale. Die Form der Molekül-Orbitale ergibt sich durch das Auftreten von zwei entgegengesetzt wirkenden Kräften: Die *abstoßende Wirkung* der Elektronen der beiden Molekül-Orbitale untereinander und die *Anziehung* zwischen den Elektronen der beiden Molekül-Orbitale ei-

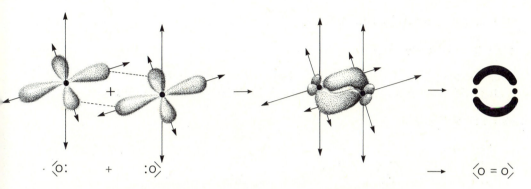

Abb. 3.6 Zwei Sauerstoff-Atome reagieren miteinander. (Ein Sauerstoff-Atom besitzt in seiner Außenschale zwei bindungsfähige und zwei nichtbindungsfähige Atom-Orbitale. Es wurden nur die bindungsfähigen Atom-Orbitale gezeichnet.)

nerseits und den beiden positiven Kernen der Sauerstoff-Atome andererseits. Diese beiden entgegengesetzt wirkenden Kräfte biegen bei dieser Modellvorstellung die Molekül-Orbitale seitlich aus; die Form dieser Molekül-Orbitale ist der von Bananen nicht unähnlich („Bananenbindung"). Die größte Elektronendichte der Molekül-Orbitale liegt bei der Doppelbindung *seitlich* von der gedachten Verbindungslinie der beiden Atomkerne.
Damit eine Doppelbindung entstehen kann, müssen sich die beiden Atome wesentlich stärker annähern, als dies zum Aufbau einer Einfachbindung nötig ist. Die durchschnittliche Bindungslänge ist daher bei einer Doppelbindung stets geringer als bei einer vergleichbaren Einfachbindung. Da sich bei einer Doppelbindung zwischen den beiden Atomen zwei Molekül-Orbitale befinden, muß man auch mehr Energie als bei einer Einfachbindung aufwenden, um eine Doppelbindung gänzlich wieder aufzulösen (vgl. Tabelle 5).

Tabelle 5 Bindungslänge und Bindungsenergie für Fluor und Sauerstoff			
Stoff	Bindungsart	Bindungslänge in 10^{-10} m	Bindungsenergie in 10^{-19} J pro Molekül
$|\overline{F}-\overline{F}|$	Einfachbindung	1,42	−2,64
$\langle O{=}O\rangle$	Doppelbindung	1,21	−8,27

3.2.3 Die Dreifachbindung

Bei der Dreifachbindung befinden sich zwischen zwei Atomen eines Moleküls drei Molekül-Orbitale. Es überlappen sich je drei bindungsfähige Atom-Orbitale zweier Atome.

Anhand des Stickstoff-Moleküls kann die Dreifachbindung erklärt werden (**Abb. 3.7**, S. 44).

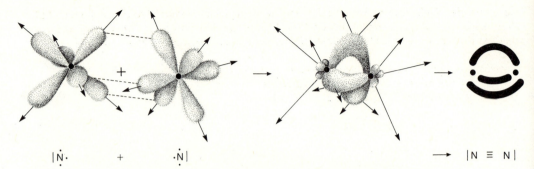

$|\dot{\overline{N}}\cdot$ + $\cdot\dot{N}|$ $\longrightarrow$ $|N \equiv N|$

Abb. 3.7 Zwei Stickstoff-Atome reagieren miteinander. (Ein Stickstoff-Atom besitzt in seiner Außenschale drei bindungsfähige und ein nichtbindungsfähiges Atom-Orbital. Es wurden nur die bindungsfähigen Atom-Orbitale gezeichnet.)

Bei einer Dreifachbindung muß im Vergleich zur Doppelbindung die Bindungslänge noch geringer sein; eine Dreifachbindung gänzlich aufzulösen bedarf einer noch höheren Energiezufuhr, als dies bei einer Doppelbindung der Fall ist (vgl. Tabelle 6).

Tabelle 6 Bindungslänge und Bindungsenergie für Fluor, Sauerstoff und Stickstoff			
Stoff	Bindungsart	Bindungslänge in 10^{-10} m	Bindungsenergie in 10^{-19} J pro Molekül
$|\overline{F}—\overline{F}|$	Einfachbindung	1,42	− 2,64
$\langle O{=}O\rangle$	Doppelbindung	1,21	− 8,27
$|N{\equiv}N|$	Dreifachbindung	1,10	−15,7
$>\!\overline{N}—\overline{N}\!<$	Einfachbindung	1,46	− 2,72
$—\overline{N}{=}\overline{N}—$	Doppelbindung	1,25	− 6,97
$|N{\equiv}N|$	Dreifachbindung	1,10	−15,7

3.3 Die Hybridisierung beim Kohlenstoff-Atom

3.3.1 Das Bindungsverhalten des Kohlenstoff-Atoms

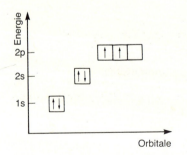

Abb. 3.8 Grundzustand des Kohlenstoff-Atoms.

Aufgrund der Elektronenformel $1s^2 2s^2 2p^2$ wäre das Kohlenstoff-Atom zweibindig. Mit Wasserstoff ergäbe sich das Teilchen CH_2. Experimentelle Untersuchungen zeigten aber, daß ein derartiges CH_2-Teilchen unstabil ist und nur eine äußerst kurze Lebensdauer besitzt.

Experimentell kann jedoch bewiesen werden, daß es ein sehr stabiles CH_4-Molekül gibt; in dieser Verbindung ist der Kohlenstoff vierbindig.

Die Vierbindigkeit wird in zwei Schritten erreicht:

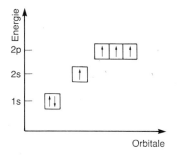

Abb. 3.9 Angeregter Zustand des Kohlenstoff-Atoms.

Durch Energiezufuhr wird ein Elektron des $2s^2$-Niveaus entkoppelt und in das freie, energetisch höher liegende $2p$-Orbital gehoben. Das Kohlenstoff-Atom besitzt nun vier Orbitale mit je einem Elektron.

Grundzustand   angeregter Zustand
$1s^2 2s^2 2p^2$ $\xrightarrow{\text{Energiezufuhr}}$ $1s^2 2s^1 2p^3$

vier einfach besetzte Atom-Orbitale

Die Vierbindigkeit des Kohlenstoffs läßt sich aus der Elektronenformel $1s^2 2s^1 2p^3$ leicht ableiten, der räumliche Aufbau des CH_4-Moleküls stimmt jedoch nicht mit den experimentell gefundenen Tatsachen überein.

Wegen der beiden unterschiedlichen Atom-Orbitaltypen — $2s$ und $2p$ — würden zwei unterschiedlich lange Bindungsabstände entstehen: 3mal Überlappung s—p; 1mal Überlappung s—s. Das tatsächlich existierende CH_4-Molekül ist symmetrisch gebaut.

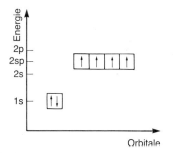

Abb. 3.10 Hybridisierter Zustand des Kohlenstoff-Atoms.

Durch Mischen der vier einfach besetzten Atom-Orbitale — unter nochmaliger geringer Energiezufuhr — erhält man vier gleichartige Misch-Orbitale. Dieser Vorgang heißt *Hybridisierung**.

---

* hybrida (lateinisch) gemischt, Mischling.

Die Vierbindigkeit des Kohlenstoff-Atoms wird durch die Hybridisierung erklärt.

Die Misch-Orbitale bezeichnet man als *Hybrid-Orbitale.* Das Energieniveau der Hybrid-Orbitale liegt zwischen dem des 2s- und dem der 2p-Atom-Orbitale.

Da die vier Hybrid-Orbitale aus einem s-Orbital und drei p-Orbitalen entstanden sind, spricht man von der sp^3-Hybridisierung.

$$2s^1 2p_x^1 2p_y^1 2p_z^1 \xrightarrow{\text{Hybridisierung}} \text{vier } 2sp^3\text{-Hybrid-Orbitale}$$

Bei der sp^3-Hybridisierung entstehen vier bindungsfähige sp^3-Hybrid-Orbitale.

Atomkern

Abb. 3.11 Form eines Hybrid-Orbitals.

Das Hybrid-Orbital ist wegen seiner auf der einen Seite weit in den Raum greifenden Form zur Überlappung mit anderen Orbitalen besonders gut geeignet.

Die vier Hybrid-Orbitale des Kohlenstoff-Atoms sind tetraedrisch angeordnet.

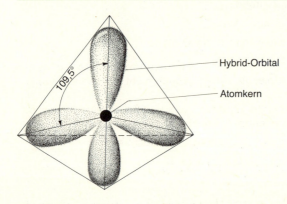

109,5°

Hybrid-Orbital

Atomkern

Abb. 3.12 Hybridisierter Zustand des Kohlenstoff-Atoms.

Der Winkel zwischen jeweils zwei Hybrid-Orbitalen beträgt dabei 109,5°; die Hybrid-Orbitale haben voneinander den größtmöglichen Abstand, ihre Wechselwirkung ist somit am geringsten.
Im CH_4-Molekül (Methan-Molekül) überlappen sich die vier sp^3-Hybrid-Orbitale mit je einem s-Orbital der vier Wasserstoff-Atome (**Abb. 3.13**).

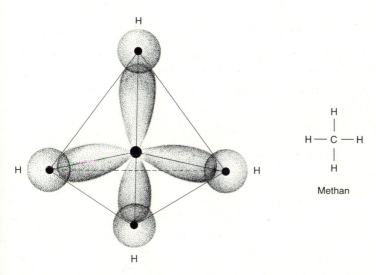

Abb. 3.13 Tetraedermodell und Strukturformel des Methan-Moleküls.

Es können sich aber auch zwei Hybrid-Orbitale von zwei Kohlenstoff-Atomen überlappen:

Abb. 3.14 Raummodell und Strukturformel des Ethan-Moleküls.

Beim Ethan besteht eine Kohlenstoff-Kohlenstoff-Verknüpfung. An jedem Kohlenstoff-Atom sind noch jeweils drei Wasserstoff-Atome gebunden. Von der Raumstruktur her betrachtet, entsteht das Ethan-Molekül dadurch, daß die beiden Tetraeder der Kohlenstoff-Atome eine *gemeinsame Spitze* besitzen.

3.3.2 Doppelbindung zwischen zwei Kohlenstoff-Atomen

Zwei Kohlenstoff-Atome können miteinander auch eine Doppelbindung eingehen; damit diese entstehen kann, müssen die beiden Tetraeder der Kohlenstoff-Atome *eine gemeinsame Kante* besitzen. Die restlichen Orbitale jedes Kohlenstoff-Atoms werden durch andere Atome abgesättigt. Im einfachsten Falle ist dies der Wasserstoff.

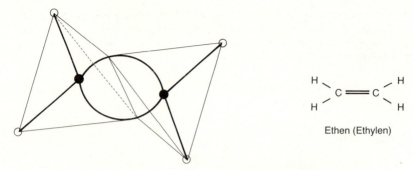

Ethen (Ethylen)

Abb. 3.15 Raummodell und Strukturformel des Ethen-Moleküls.

Räumlich betrachtet liegen die vier Wasserstoff-Atome und die zwei Kohlenstoff-Atome des C_2H_4-Moleküls (Ethen-Moleküls) in einer Ebene; die Doppelbindung befindet sich über und unter der Molekülebene. Durch die gemeinsame Kante der beiden Tetraeder wird der Abstand der Kohlenstoff-Atome, im Vergleich zur Einfachbindung, verringert.

3.3.3 Dreifachbindung zwischen zwei Kohlenstoff-Atomen

Bei der Dreifachbindung lagern sich die beiden Tetraeder der Kohlenstoff-Atome so aneinander, daß sie eine *gemeinsame Fläche* besitzen. Die beiden restlichen Orbitale bilden mit anderen Atomen jeweils eine Einfachbindung.

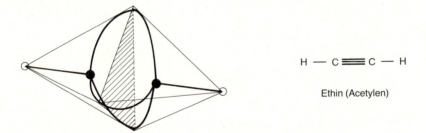

Ethin (Acetylen)

Abb. 3.16 Raummodell und Strukturformel des Ethin-Moleküls.

Das Ethin-Molekül ist linear aufgebaut: Die vier Atome liegen auf einer Geraden. Durch eine gemeinsame Tetraederfläche wird der Abstand der beiden Atomkerne noch weiter zusammengepreßt als beim Ethen-Molekül.

3.3.4 Das Atomgitter von Diamant

Mit der Dreifachbindung sind für die Moleküle die Möglichkeiten ausgeschöpft, Bindungen zu bilden. Bei einer Vierfachbindung müßten die Atome so weit zusammenrücken, bis ihre Kerne zusammenfielen. Vierfach gebundene C_2-Moleküle sind daher nicht existent.

Kohlenstoff-Atome bilden untereinander keine Moleküle.

Damit Kohlenstoff aber dennoch die Konfiguration einer Edelgasschale erreicht, verbindet sich ein Kohlenstoff-Atom mit vier weiteren, wobei die Tetraederstruktur erhalten bleibt. Diese Anordnung kann sich unendlich fortsetzen; die einzelnen Ecken des Tetraeders berühren sich mit den Ecken benachbarter Kohlenstoff-Tetraeder.

> Kohlenstoff bildet ein regelmäßiges tetraedrisches Gitter aus, das Atomgitter von Diamant.

Abb. 3.17 Das Atomgitter von Diamant.

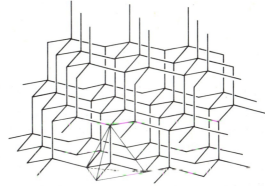

3.4 Die Hybridisierung bei anderen Atomen

Die Hybridisierung ist nicht nur auf das Kohlenstoff-Atom beschränkt. Man nimmt an, daß Hybrid-Orbitale bei allen Molekülen auftreten, wenn diese Moleküle aus mehr als zwei Atomen bestehen.

3.4.1 Die Hybridisierung beim Sauerstoff-Atom — Das Wasser-Molekül

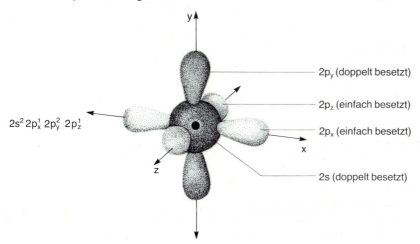

$2s^2 2p_x^1 2p_y^2 2p_z^1$

$2p_y$ (doppelt besetzt)

$2p_z$ (einfach besetzt)

$2p_x$ (einfach besetzt)

$2s$ (doppelt besetzt)

Abb. 3.18 Grundzustand des Sauerstoff-Atoms. Nur die Außenelektronen sind berücksichtigt.

Bei der Reaktion zwischen Sauerstoff und Wasserstoff wäre zu erwarten, daß die beiden einfach besetzten 2p-Orbitale des Sauerstoff-Atoms sich mit je einem s-Orbital der Wasserstoff-Atome überlappen; die beiden entstehenden Molekül-Orbitale müßten einen Winkel von 90° einschließen.

Der experimentell festgestellte Bindungswinkel innerhalb des Wasser-Moleküls beträgt 104,5°. Er weicht vom Tetraederwinkel (109,5°) nur geringfügig ab.

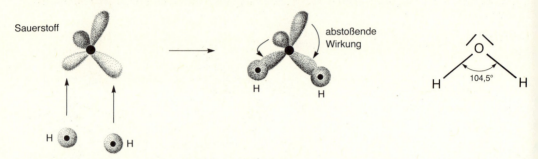

Abb. 3.19 Raummodell und Strukturformel des Wasser-Moleküls.

Die räumliche Struktur des Wasser-Moleküls läßt sich mit der sp^3-Hybridisierung des Sauerstoff-Atoms erklären:

Grundzustand der   hybridisierter Zustand
Außenschale

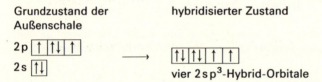

vier $2sp^3$-Hybrid-Orbitale

Sauerstoff-Atome befinden sich in mehratomigen Molekülen im Zustand einer sp^3-Hybridisierung.

Von den vier $2sp^3$-Hybrid-Orbitalen sind zwei einfach und zwei doppelt mit Elektronen besetzt. Die Hybrid-Orbitale sind aufgrund ihrer Abstoßung tetraedrisch angeordnet. Die einfach besetzten Hybrid-Orbitale überlappen mit je einem s-Orbital des Wasserstoff-Atoms. Daß der Winkel zwischen diesen beiden Bindungen vom Tetraederwinkel etwas abweicht, ist auf die unterschiedliche Größe der Hybrid-Orbitale zurückzuführen: Die beiden nichtbindungsfähigen Hybrid-Orbitale (doppelt besetzt) sind größer als die ehemals einfach besetzten Hybrid-Orbitale. Durch die Abstoßungskräfte der nichtbindungsfähigen Hybrid-Orbitale auf die Molekül-Orbitale der H—O-Bindungen wird deren Winkel auf 104,5° verkleinert (**Abb. 3.19**).

3.4.2 Die Hybridisierung beim Stickstoff-Atom — Das Ammoniak-Molekül

Auch beim Ammoniak-Molekül wird angenommen, daß das Stickstoff-Atom im Zustand einer sp^3-Hybridisierung vorliegt.

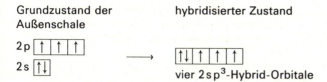

Grundzustand der
Außenschale

hybridisierter Zustand

2p [↑|↑|↑]

2s [↑↓]

$\longrightarrow$

[↑↓|↑|↑|↑]

vier $2sp^3$-Hybrid-Orbitale

Die vier $2sp^3$-Hybrid-Orbitale sind tetraedrisch angeordnet, eines davon ist doppelt besetzt:

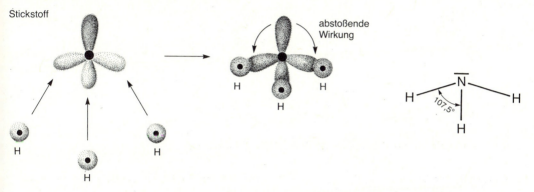

Abb. 3.20 Raummodell und Strukturformel des Ammoniak-Moleküls (NH_3-Molekül).

> Stickstoff-Atome befinden sich in mehratomigen Molekülen im Zustand einer sp^3-Hybridisierung.

Die Abstoßungskräfte des einen nichtbindungsfähigen Hybrid-Orbitals sind nicht so groß wie innerhalb des Wasser-Moleküls, bei dem zwei doppelt besetzte Hybrid-Orbitale vorhanden sind. Die Winkel zwischen den Molekül-Orbitalen der H—N-Bindungen werden daher auf nur 107,5° verkleinert.

3.5 Die polare Atombindung

3.5.1 Experimenteller Nachweis von Dipoleigenschaften

Versuch 1   Verhalten von Wasser und Tetrachlormethan im inhomogenen elektrischen Feld (Abb. 3.21, S. 52)

Zwei Metallplatten werden so angeordnet, daß die Kante der einen Metallplatte der Fläche der anderen Platte gegenübersteht. Beide Platten werden mit den Polen einer Gleichspannungsquelle von ca. 10 000 V verbunden. Durch diese Anordnung der Metallplatten entsteht ein inhomogenes elektrisches Feld.
Wird nun ein dünner Strahl von Tetrachlormethan (CCl_4) bzw. von dest. Wasser (H_2O) durch dieses inhomogene Kondensatorfeld geleitet, so stellt man fest, daß nur der Wasserstrahl zur Kante der einen Metallplatte hin abgelenkt wird.

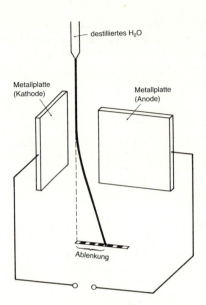

destilliertes H_2O

Metallplatte
(Kathode)

Metallplatte
(Anode)

Ablenkung

Abb. 3.21 Versuchsanordnung. Verhalten von Wasser und Tetrachlormethan im inhomogenen elektrischen Feld.

Wasser-Moleküle sind elektrisch neutral; die Ablenkung des feinen Wasserstrahls innerhalb des inhomogenen elektrischen Feldes zur Metallkante hin, kann nur dadurch erklärt werden, daß innerhalb eines jeden Wasser-Moleküls ein positiver und ein negativer Pol existiert. Ein derartiges Molekül wird innerhalb eines inhomogenen elektrischen Feldes so ausgerichtet, daß dessen Pole zu den entgegengesetzten Ladungen des betreffenden elektrischen Feldes hinweisen.

Auf das Molekül wirken dann unterschiedlich starke Kräfte ein, denn die Kraft, die von der Kante der Metallplatte her wirkt, ist größer als die von der anderen Metallplatte. Die Folge ist, daß der Wasserstrahl zur Kante hin abgelenkt wird.

Da bei der Durchführung des Versuches mit Tetrachlormethan keine Ablenkung beobachtet wird, kann man daraus schließen, daß innerhalb der Tetrachlormethan-Moleküle keine negativen und positiven Pole vorhanden sind.

Moleküle mit Dipoleigenschaften werden in einem inhomogenen elektrischen Feld abgelenkt; Moleküle, die keine Dipoleigenschaften besitzen, werden nicht abgelenkt.

3.5.2 Die Entstehung von Dipol-Molekülen

Bei der Atombindung erfolgt die Bindung zwischen den einzelnen Atomen durch ein oder mehrere Molekül-Orbitale. Die einzelnen Atome können nun, je nach Art, auf die Elektronen von Molekül-Orbitalen unterschiedliche oder gleiche Anziehungskräfte ausüben.

Das Maß für die Anziehungskräfte der Atome auf die Bindungselektronen ist die Elektronegativität, Kurzzeichen EN.

Die Größe der Elektronegativität eines Atoms hängt davon ab, wie sehr die Bindungselektronen vom positiven Atomkern angezogen und wie sehr sie von inneren Elektronen abgestoßen werden.

52

Der EN-Wert eines Atoms ist allgemein um so größer, je größer die Protonenzahl und je kleiner der Atomradius ist. Das Atom mit dem höchsten EN-Wert ist Fluor; ihm wurde willkürlich die Zahl 4,0 zugeordnet. Für Edelgase existieren keine EN-Werte, da sie als einatomige Gase auftreten und in der Regel keine Verbindungen eingehen.

H 2,1						
Li 1,0	Be 1,5	B 2,0	C 2,5	N 3,0	O 3,5	F 4,0
Na 0,9	Mg 1,2	Al 1,5	Si 1,8	P 2,1	S 2,5	Cl 3,0
K 0,8	Ca 1,0	Ga 1,6	Ge 1,8	As 2,0	Se 2,4	Br 2,8
Rb 0,8	Sr 1,0	In 1,7	Sn 1,8	Sb 1,9	Te 2,1	I 2,5
Cs 0,7	Ba 0,9	Tl 1,8	Pb 1,8	Bi 1,9	Po 2,0	At 2,2
Fr 0,7	Ra 0,9	Nebengruppenelemente EN von 1,1 bis 2,4				

Abb. 3.22 Elektronegativität der Elemente des PSE (nach Pauling). Metalle: ohne Rasterunterlegung; Halbmetalle: graue Rasterunterlegung; Nichtmetalle: grüne Rasterunterlegung.

Je größer bei den Nichtmetallen die Werte der Elektronegativität sind, desto intensiver werden die Bindungselektronen von dem betreffenden Atom angezogen.

3.5.3 Polare und unpolare Atombindungen

Betrachtet man Atombindungen zwischen gleichen Atomen oder Atomgruppen, so befindet sich die größte Elektronendichte der Molekül-Orbitale genau in der Mitte zwischen den Atomkernen. Die Bindungselektronen werden von beiden Atomen mit derselben Kraft angezogen. Die Elektronendichteverteilung ist symmetrisch.

Beispiele: H_2 Cl_2 N_2 C_2H_6

H—H $|\overline{Cl}—\overline{Cl}|$ $|N\equiv N|$ $H_3C—CH_3$

Moleküle, die aus gleichen Atomen oder Atomgruppen bestehen, weisen keine elektrischen Pole auf. Die Atombindung ist unpolar oder nicht polarisiert.

Sind an einer Atombindung zwei Atome beteiligt, deren EN-Werte verschieden sind, so werden die Bindungselektronen von dem Atom mit einer höheren Elektronegativität stärker angezogen als vom anderen Atom.

Beispiele: HCl HF

H—$\overline{Cl}|$ H—$\overline{F}|$

Das Chlor-Atom übt im Chlorwasserstoff eine stärkere Anziehungskraft auf die beiden bindenden Elektronen aus als das Wasserstoff-Atom. Die größte Elektronendichte des Molekül-Orbitals ist näher am Chlor-Atom.

Moleküle, die aus zwei Atomen bestehen, deren EN-Werte unterschiedlich sind, besitzen zwei Pole. Derartige Moleküle bezeichnet man als Dipol-Moleküle. Die Atombindung ist polar.

Wegen der Polarisierung des Hydrogenchlorids besitzt das Chlor-Atom eine negative Teil-ladung, das Wasserstoff-Atom eine positive. Diese Teilladungen bezeichnet man als *Parti-alladungen*; sie werden mit δ+ und δ− angegeben.

Beispiele:

$$\overset{\delta+}{H}\!\!-\!\!\overset{\delta-}{\overline{\underline{Cl}}} | \qquad\qquad \overset{\delta+}{H}\!\!-\!\!\overset{\delta-}{\overline{\underline{F}}} |$$

Diese Teilladungen sind wesentlich geringer als die Ladungen der Ionen. Die Verschiebung der bindenden Elektronen auf die Seite des elektronegativeren Atoms innerhalb eines Mole-kül-Orbitals kann auch noch dadurch symbolisch wiedergegeben werden, daß anstelle des Valenzstriches für das Molekül-Orbital ein Keil verwendet wird, dessen breite Seite die größere Elektronendichte anzeigt.

Beispiele: H ◀ $\overline{\underline{Cl}}$| H ◀ $\overline{\underline{F}}$|

> Bei polaren Atombindungen erfolgt eine Verschiebung der Elektronendichte des Mole-kül-Orbitals auf die Seite des elektronegativeren Atoms.

3.6 Die Abhängigkeit der Polarisierung

3.6.1 Von unterschiedlichen EN-Werten der Atome

> Je größer die Differenz zwischen den Elektronegativitäten (ΔEN) der an der Atombin-dung beteiligten Atome ist, desto stärker ist die Atombindung polarisiert.

Beispiel:

Polarität nimmt zu ↑

H—$\overline{\underline{F}}$|	F:	EN = 4,0
	H:	EN = 2,1
		ΔEN = 1,9
H—$\overline{\underline{Cl}}$|	Cl:	EN = 3,0
	H:	EN = 2,1
		ΔEN = 0,9
H—$\overline{\underline{Br}}$|	Br:	EN = 2,8
	H:	EN = 2,1
		ΔEN = 0,7

3.6.2 Von der Raumstruktur der Moleküle

> Besteht ein Molekül aus mehr als zwei Atomen, so ist neben den unterschiedlichen EN-Werten der Bindungspartner auch die räumliche Anordnung der Atome innerhalb eines Moleküls von Bedeutung.

Das Methan-Molekül (CH_4) ist ebenso wie das Tetrachlormethan-Molekül kein Dipol-Mole-kül, obwohl die Bindungspartner unterschiedliche Elektronegativitäten aufweisen, die ein-zelnen Bindungen also polar sind.

Beispiele:

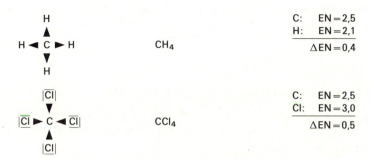

C:	EN = 2,5
H:	EN = 2,1
	ΔEN = 0,4

CH₄

C:	EN = 2,5
Cl:	EN = 3,0
	ΔEN = 0,5

CCl₄

> Innerhalb eines symmetrisch gebauten Moleküls fallen die Ladungsschwerpunkte zusammen. Das Molekül ist kein Dipol-Molekül.

Die Tatsache, daß das Tetrachlormethan-Molekül kein Dipol-Molekül ist, ist auch letztlich der Grund dafür, daß ein CCl₄-Strahl in einem inhomogenen elektrischen Feld nicht abgelenkt wird.
Auch beim Wasser- und beim Ammoniak-Molekül spielt der räumliche Bau des Moleküls eine wichtige Rolle. Die Polarisierung der Bindungen hat auch eine Polarisierung des Gesamtmoleküls zur Folge.

Beispiele:

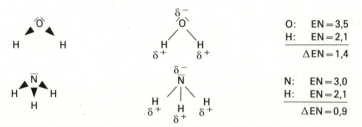

O:	EN = 3,5
H:	EN = 2,1
	ΔEN = 1,4

N:	EN = 3,0
H:	EN = 2,1
	ΔEN = 0,9

> Innerhalb eines asymmetrisch gebauten Moleküls fallen die Ladungsschwerpunkte nicht zusammen. Das Molekül ist ein Dipol-Molekül.

3.7 Die Eigenschaften von Stoffen mit unpolaren Molekülen

Durch die Atombindung können Stoffe mit sehr unterschiedlichen Eigenschaften entstehen. Der einfachste Fall der Atombindung liegt bei den zweiatomigen Molekülen der elementaren Gase vor, z.B. Wasserstoff H_2; Stickstoff N_2; Fluor F_2; Sauerstoff O_2. Es gibt jedoch auch Moleküle, die einige Hundert bis einige Tausend Atome enthalten.
Bei Stoffen mit vergleichbarer Zusammensetzung, z.B. bei Stoffen, die aus Kohlenstoff und Wasserstoff bestehen (vgl. Abschnitt 9.2.3), oder bei Stoffen aus zweiatomigen Molekülen kann man einen sehr deutlichen Zusammenhang zwischen Aggregatzustand und Molekülmasse erkennen.

Beispiel:
Von den Halogenen sind bei 20°C Fluor (Molekülmasse 38 u) und Chlor (Molekülmasse 71 u) gasförmig, Brom (Molekülmasse 160 u) ist flüssig, und Iod (Molekülmasse 254 u) ist fest.

Die bei Zimmertemperatur gasförmigen Stoffe lassen sich bei hinreichender Abkühlung auch in den festen Zustand überführen. Sie bilden dann *Molekülgitter*.

Die in den Molekülgittern zwischen den einzelnen Teilchen wirkenden Kräfte treten nicht nur hier, sondern zwischen den Teilchen jeder Materie auf. Sie werden nach ihrem Entdecker van-der-Waals-Kräfte* genannt.

3.7.1 Die Entstehung der van-der-Waals-Kräfte

Van-der-Waals-Kräfte beruhen auf Anziehungskräften zwischen dem positiv geladenen Atomkern eines Stoffteilchens und der negativ geladenen Elektronenhülle benachbarter Stoffteilchen. Diese Kräfte sind elektrostatischer Natur.

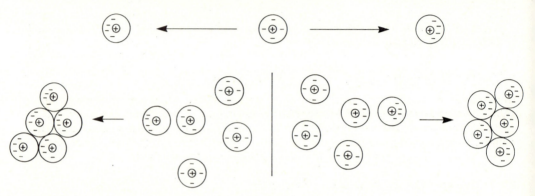

Abb. 3.23 Entstehung der van-der-Waals-Kräfte.

Van-der-Waals-Kräfte entstehen durch ständig wechselnde, kurzfristige asymmetrische Ladungsverteilungen infolge der Elektronenbewegungen in den Elektronenhüllen.

3.7.2 Die Abhängigkeit der van-der-Waals-Kräfte von der Elektronenzahl der Stoffteilchen

Bei Stoffen, die aus unpolaren Molekülen bestehen, sind die Siedetemperaturen ein Maß für die Größe der van-der-Waals-Kräfte. Je höher die Siedetemperatur eines solchen Stoffes ist, desto größer sind die van-der-Waals-Kräfte, denn Sieden bedeutet, diese zwischenmolekularen Kräfte zu überwinden.

Aus der Tabelle 7 geht hervor, daß die Siedetemperaturen mit steigender Molekülmasse ansteigen. Der Grund hierfür liegt darin, daß mit steigender Molekülmasse auch die Elektronenzahl zunimmt und damit auch die Wahrscheinlichkeit asymmetrischer Ladungsverteilung wächst. (Abhängigkeit der van-der-Waals-Kräfte von der Oberfläche der Moleküle vgl. Abschnitt 9.2.3).

Die van-der-Waals-Kräfte eines Stoffes sind um so größer, je größer die Elektronenzahl seiner Stoffteilchen ist.

---

* Waals, Johannes Diderek van der, niederländischer Physiker; 1837 ... 1923.

Tabelle 7	Siedetemperaturen einiger Stoffe in Abhängigkeit von ihren Molekülmassen		
Stoff	Molekülmasse	Elektronenzahl	Siedetemperatur in °C
F_2	38 u	18	−188
Cl_2	71 u	34	−34
Br_2	160 u	70	+59
I_2	254 u	106	+184
CH_4	16 u	10	−162
CF_4	88 u	42	−128
CCl_4	154 u	74	+77
CBr_4	332 u	146	+190

3.7.3 Weitere Auswirkungen der van-der-Waals-Kräfte

Unpolare Stoffe besitzen im festen Zustand ein Molekülgitter, das nur noch durch die sehr schwachen van-der-Waals-Kräfte zusammengehalten wird. Die Kristalle unpolarer Stoffe sind daher meist weich und blättrig (z. B. Iod). Viele derartige Stoffe gehen bereits bei geringer Erwärmung sofort vom festen in den gasförmigen Zustand über (Sublimation*); dies ist ein weiterer Beweis für die geringe Stärke der van-der-Waals-Kräfte.

3.7.4 Molekülgitter von Phosphor und Schwefel

Bei einer Reihe von Stoffen sind die Molekülgitter schon bereits bei Zimmertemperatur ausgebildet, während andere, chemisch vergleichbare Stoffe bei Zimmertemperatur gasförmig sind (vgl. Tabelle 8).

Tabelle 8	Schmelz- und Siedetemperaturen von Stickstoff, weißem Phosphor, Sauerstoff und Schwefel	
Stoff	Schmelztemperatur in °C	Siedetemperatur in °C
Stickstoff	−210	−196
weißer Phosphor	+44	+281
Sauerstoff	−219	−183
Schwefel	+119	+445

Stickstoff ist bei Zimmertemperatur gasförmig, weißer Phosphor dagegen fest.
Beide Elemente stehen in derselben Gruppe des Periodensystems, beide Atome besitzen fünf Außenelektronen.

Strukturformel des Stickstoff-Moleküls: |N≡N|
Die Stickstoff-Atome sind durch die Dreifachbindung nach außen hin abgesättigt. Die hohe Bindungsenergie der Dreifachbindung innerhalb des Stickstoff-Moleküls ist der Grund für die geringe Reaktionsfähigkeit des Gases.

---

* sublimare (lateinisch) emporschweben.

Wegen der hohen Reaktionsfähigkeit des weißen Phosphors — bei Anwesenheit von Luftsauerstoff entzündet er sich von selbst — können die Bindungsverhältnisse nicht mit denen des Stickstoffs identisch sein. Es müssen beim weißen Phosphor völlig andere vorliegen. Molekülmassenbestimmungen haben ergeben, daß der weiße Phosphor aus P_4-Molekülen aufgebaut ist.

Außenschale des Phosphor-Atoms: $_{15}P$ $3s^2$ ⟨↑↓⟩ $3p^3$ ⟨↑ ↑ ↑⟩

Eine Absättigung des einzelnen Phosphor-Atoms wird erreicht, wenn jedes Phosphor-Atom durch drei Einfachbindungen mit drei weiteren Phosphor-Atomen verknüpft ist.

Weißer Phosphor besteht aus tetraedrisch gebauten P_4-Molekülen. Diese befinden sich auf räumlich geordneten Gitterplätzen und bilden ein Molekülgitter.

Schwefel ist wie Sauerstoff ein Nichtmetall; beide Elemente stehen in der sechsten Hauptgruppe des Periodensystems. Das Sauerstoff-Molekül besitzt eine Doppelbindung zwischen zwei Sauerstoff-Atomen.
Molekülmassenbestimmungen des festen Schwefels ergeben 256 u. Die Atommasse des Schwefels beträgt jedoch 32 u; ein Schwefel-Molekül muß daher aus acht Schwefel-Atomen bestehen. Diese acht zweibindigen Schwefel-Atome sind durch Einfachbindungen zu einem ringförmigen Molekül zusammengeschlossen.

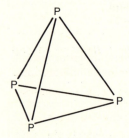

Abb. 3.24
Strukturformel des P_4-Moleküls.

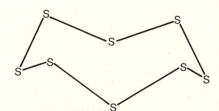

Abb. 3.25
Strukturformel des S_8-Moleküls.

Schwefel kristallisiert in einem Molekülgitter bestehend aus S_8-Ringen.

Anhand der Beispiele von Phosphor und Schwefel wird deutlich:

Nur die Elemente der ersten Achterperiode bilden Mehrfachbindungen aus. Elemente der weiteren Achterperioden kristallisieren häufig bereits bei Zimmertemperatur in Molekülgittern und gehen dabei nur Einfachbindungen ein.

3.8 Die Eigenschaften von Stoffen mit polaren Molekülen

Auch Stoffe mit polaren Molekülen besitzen im festen Zustand Molekülgitter.

3.8.1 Siedetemperaturerhöhung durch Polarisierung der Moleküle

Tabelle 9 Vergleich der Siedetemperaturen von Stoffen mit polaren und unpolaren Molekülen			
Stoff	Elektronenzahl	Art der Moleküle	Siedetemperatur in °C
Ne	10	—	−246
CH_4	10	unpolar	−162
NH_3	10	polar	−33
HF	10	polar	+19
H_2O	10	polar	+100
F_2	18	unpolar	−188
Ar	18	—	−186
SiH_4	18	unpolar	−112
PH_3	18	polar	−88
HCl	18	polar	−85
H_2S	18	polar	−62

Ein Vergleich der Siedetemperaturen von Stoffen mit jeweils gleicher Elektronenzahl (vgl. Tabelle 9) zeigt:

Stoffe mit polaren Molekülen besitzen wesentlich höhere Siedetemperaturen als vergleichbare Stoffe mit unpolaren Molekülen.

Es müssen zwischen diesen Molekülen stärkere Anziehungskräfte vorliegen, als dies durch die van-der-Waals-Kräfte der Fall ist. Solche Kräfte entstehen, wenn sich die Dipol-Moleküle mit ihren jeweils gegensätzlich polarisierten Enden gegenüberstehen.

Abb. 3.26 Entstehung von Dipolkräften.

Die *Dipolkräfte* sind ebenfalls — wie die van-der-Waals-Kräfte — elektrostatischer Natur.

3.8.2 Siedetemperaturerhöhung in Abhängigkeit vom Polarisierungsgrad der Moleküle

In Tabelle 10 (s. S. 60) sind zwei Gruppen von Hydriden* aufgeführt, die jeweils gleiche Raumstruktur besitzen. In beiden Gruppen erkennt man die auffällig hohen Siedetemperaturen von H_2O bzw. HF.

---

* Hydrid = chemische Verbindung des Wasserstoffs mit anderen chemischen Elementen, wobei die Verbindungspartner metallischen oder nichtmetallischen Charakter haben können.

Tabelle 10 Siedetemperaturen von zwei Hydridgruppen*

Stoff	ΔEN	Siedetemperatur in °C
H_2O	1,4	+100
H_2S	0,4	−62
H_2Se	0,3	−41
H_2Te	0	−2
HF	1,9	+19
HCl	0,9	−85
HBr	0,7	−67
HI	0,4	−35

Bei Stoffen mit gleicher Raumstruktur der Moleküle steigt die Siedetemperatur mit dem Polarisierungsgrad der Moleküle an.

3.8.3 Siedetemperaturerhöhung durch Wasserstoffbrückenbindung

Allgemein sind die Siedetemperaturen der Hydride einer Hauptgruppe um so höher, je größer ihre Molekülmassen sind. Die Verbindungen Wasser (H_2O) und Fluorwasserstoff (HF) und auch Ammoniak (NH_3) zeigen ein von den übrigen Verbindungen abweichendes Verhalten (vgl. Tabelle 9 und **Abb. 3.27**).

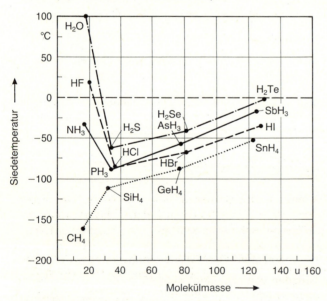

Abb. 3.27 Die Siedetemperaturen der Hydride der 4. ... 7. Hauptgruppe des Periodensystems.

Das abweichende Verhalten hat seinen Grund darin, daß sich die einzelnen Moleküle dieser Stoffe jeweils zu größeren Einheiten, den *Assoziaten**, zusammenschließen. Diese Assozia-

---

* associatio (lateinisch) Vereinigung.

tion erfolgt über die sogenannte *Wasserstoffbrückenbindung*. Darunter versteht man Bindungskräfte, die zwischen einem positiv polarisierten Wasserstoff-Atom eines Moleküls und einem negativ polarisierten Atom (u. a. O, F, N, Cl) eines Nachbarmoleküls auftreten, wenn sich diese gegenüberstehen. Die dabei auftretenden Anziehungskräfte sind die stärksten, die zwischen polaren Molekülen überhaupt möglich sind.

$$\underset{H}{\overset{\delta^+}{}} — \underset{F|}{\overset{\delta^-}{}} \text{-------} \underset{H}{\overset{\delta^+}{}} — \underset{F|}{\overset{\delta^-}{}} \text{-------} \underset{H}{\overset{\delta^+}{}} — \underset{F|}{\overset{\delta^-}{}} \text{-------} \underset{H}{\overset{\delta^+}{}} — \underset{F|}{\overset{\delta^-}{}}$$

Abb. 3.28 Wasserstoffbrückenbindungen zwischen Fluorwasserstoff-Molekülen.

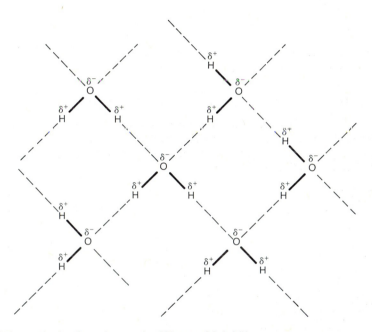

Abb. 3.29 Schematische Anordnung der Wasser-Moleküle.

Die Wasserstoffbrückenbindung ist beim H_2O-Molekül und beim HF-Molekül besonders groß. Die Atome O und F weisen eine sehr hohe Elektronegativität auf. Das jeweilige Molekül ist daher mit Wasserstoff sehr stark polarisiert.

> Beruhen die elektrostatischen Anziehungskräfte polarer Moleküle auf Wasserstoffbrückenbindungen, sind die Siedetemperaturen der entsprechenden Stoffe besonders hoch.

Beim Übergang vom flüssigen in den gasförmigen Aggregatzustand müssen diese Wasserstoffbrückenbindungen zuerst gelöst werden. Es muß daher eine größere Energie zugeführt werden als bei den Stoffen, zwischen deren Molekülen keine oder schwächere Wasserstoffbrückenbindungen vorhanden sind. Daher ist die Siedetemperatur von Fluorwasserstoff und Wasser vergleichsweise hoch (**Abb. 3.27**).

3.8.4 Die besondere Stellung des Wassers

Eine chemische Urwahrheit lautet: „Similia similibus solvantur" — übersetzt „Ähnliches wird durch Ähnliches gelöst". Das bedeutet: Polare Lösemittel lösen polare Stoffe, unpolare Lösemittel lösen unpolare Stoffe.
Wasser ist das bekannteste polare Lösemittel. Es löst neben polaren Stoffen vor allem viele Salze. Besonders erwähnenswert ist das Lösevermögen von Wasser für die polaren Gase HCl und NH_3.

> Der Grund für das gute Lösevermögen des Wassers für polare Stoffe und Salze ist dessen polarer Molekülbau.

Zwischen den Wasserdipolen und den gelösten Stoffteilchen sind elektrostatische Anziehungskräfte wirksam, welche die Stoffteilchen „in Lösung halten".
Alkane (unpolare Moleküle) hingegen lösen sich in Wasser *nicht*. Sie lösen sich aber sehr gut in Benzin, dem bekanntesten unpolaren Lösemittel.
Aus dem Alltag ist bekannt, daß das Lösevermögen des Wassers (mit Ausnahme bei den Gasen) mit steigender Temperatur zunimmt. Dies hängt damit zusammen, daß das Lösevermögen von Wasser vom Vorhandensein freier Wasserdipole abhängt. Deren Anzahl ist jedoch durch die Neigung des Wassers zur Bildung von Assoziaten begrenzt. Mit Erhöhung der Temperatur geht die Bildung von Assoziaten zurück, die Anzahl freier Dipole erhöht sich, und das Lösevermögen steigt.

3.9 Die Bindung zwischen Metallatomen

Nichtmetalle besitzen — mit Ausnahme des Wasserstoffs — in ihren äußersten Schalen relativ viele Elektronen. Sie können die Oktett-Regel durch Ausbilden von Molekül-Orbitalen erfüllen. Ein Molekül-Orbital beinhaltet dann jeweils ein Elektron des einen und ein Elektron des anderen Atoms.
Metalle besitzen dagegen in ihren äußersten Schalen nur wenige Elektronen. Diese Elektronen sind relativ leicht abspaltbar, was an den geringen EN-Werten der Metalle erkennbar ist.
Bei Verbindungen von Metallatomen miteinander kann ein edelgasähnlicher Zustand nicht durch Ausbildung von Molekül-Orbitalen erreicht werden. Man nimmt an, daß die Metallatome die Elektronen der äußersten Schalen abgeben. Dadurch entstehen Atomrümpfe, die Edelgascharakter besitzen.

> Die positiv geladenen Rümpfe der Metallatome lagern sich zu einem Metallgitter zusammen.

Die abgegebenen Elektronen halten sich innerhalb dieses Gitters auf. Sie gehören zu keinem bestimmten Atom und sind auch nicht mehr an einen bestimmten Ort gebunden. Weil sie sich wie Gas in einem Behälter frei innerhalb des Metallgitters bewegen, werden sie auch als *Elektronengas* bezeichnet.

Die negativ geladenen Elektronen des Elektronengases halten die positiv geladenen Atomrümpfe im Metallgitter zusammen.

Die Anzahl der Elektronen des Elektronengases und die der positiven Ladungen der Atomrümpfe ist gleich, so daß ein Metall nach außen elektrisch neutral ist. Die Art des Zusammenhalts von Metallatomen untereinander heißt *Metallbindung*.

Mit Hilfe des Modells der Metallbindung können typische Eigenschaften der Metalle erklärt werden:
Die gute *elektrische Leitfähigkeit* der Metalle beruht auf dem Vorhandensein von frei beweglichen Elektronen innerhalb des Elektronengases. Da sie mit keiner stofflichen Veränderung verbunden ist, sind Metalle Leiter 1. Ordnung. Wird ein Metall erwärmt, schwingen die Atomrümpfe intensiver. Die Elektronen können sich dann schlechter bewegen, die elektrische Leitfähigkeit wird verringert. Beste Leiter für den elektrischen Strom sind Silber und Kupfer.
Die ausgezeichnete *Wärmeleitfähigkeit* hat ebenfalls ihren Grund in der großen Beweglichkeit der Elektronen innerhalb des Elektronengases. Metalle werden daher häufig als Wärmeaustauscher oder Wärmeüberträger benutzt.
Metalle zeichnen sich durch eine gute *Verformbarkeit* aus. Sie lassen sich durch Einwirken von äußeren Kräften verformen, wobei das Prinzip des Gitterbaus erhalten bleibt. Die einzelnen Gitterebenen innerhalb des Metallgitters werden dabei lediglich gegeneinander verschoben. Während dieses Vorganges ist der Zusammenhalt der Atomrümpfe durch das gemeinsame Elektronengas immer gewährleistet.

3.10 Übungsaufgaben

Zur Wiederholung

W 1. Was haben Molekül-Orbitale und nichtbindungsfähige Atom-Orbitale gemeinsam, wodurch unterscheiden sie sich?

W 2. Wodurch entsteht eine Einfachbindung? Welche Atom-Orbitale können daran beteiligt sein?

W 3. Welche Bedeutung hat in der Strukturformel ein Punkt? Was bedeutet ein Strich am Elementsymbol?

W 4. Welche Erklärung liefert das Tetraedermodell dafür, daß eine $C\equiv C$-Bindung eine geringere Bindungslänge besitzt als eine $C=C$-Bindung?

W 5. Wie müssen wegen des Tetraedermodells die Atome des C_2H_4-Moleküls räumlich angeordnet sein?

W 6. Wie entsteht ein Dipol-Molekül? Geben Sie ein Beispiel an, und zeigen Sie an diesem Beispiel auf, wie man den Dipolcharakter eines Moleküls in der chemischen Formelschreibweise zum Ausdruck bringt.

W 7. Untersuchen Sie die Moleküle H_2, NH_3 und CH_4 im Hinblick auf ihre Bindungsart und auf ihren möglichen Dipolcharakter.

W 8. Was versteht man unter van-der-Waals-Kräften? Wie entstehen sie?

Zur Vertiefung

V 1. Ist die Schreibweise $\cdots -\overset{|}{\underset{|}{C}}-\overset{|}{\underset{|}{C}}-\overset{|}{\underset{|}{C}}-\overset{|}{\underset{|}{C}}-\overset{|}{\underset{|}{C}}- \cdots$ für eine Kohlenstoffkette ganz korrekt?

V 2. Warum ist Sauerstoff bei Raumtemperatur ein Gas, Schwefel dagegen ein Feststoff?

V 3. Zeichnen Sie die Strukturformeln für folgende Moleküle: a) CS_2, b) PCl_3, c) N_2H_4, d) Cl_2O, e) H_2S.

V 4. Vergleichen Sie das Sauerstoff-Molekül mit dem Chlor-Molekül hinsichtlich der Reaktionsfähigkeit. Begründen Sie Ihre Aussage.

V 5. Zwei Fluor-Atome reagieren miteinander zum Fluor-Molekül. a) Welche Kräfte treten auf, wenn sich die Atome einander annähern? b) Wann kommt es zur chemischen Bindung? c) Geben Sie die Elektronenkonfiguration des Fluor-Atoms an. d) Welche Orbitale des Fluor-Atoms sind bindungsfähig? Geben Sie eine Begründung an.

V 6. Folgende Stoffe liegen vor: a) CCl_4, CH_4, CBr_4, CF_4 und b) NH_3, H_2O, CH_4. Ordnen Sie die Stoffe unter a) und b) jeweils so an, daß deren Siedetemperaturen nach rechts ansteigen. Begründen Sie Ihre Entscheidung.

4 Die Ionenbindung

Versuch 2 Darstellung von Natriumchlorid aus den Elementen

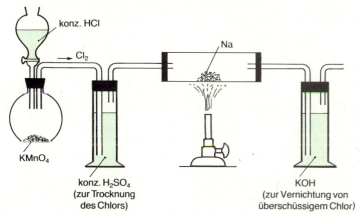

konz. HCl

Cl₂

Na

KMnO₄

konz. H₂SO₄
(zur Trocknung
des Chlors)

KOH
(zur Vernichtung von
überschüssigem Chlor)

Abb. 4.1 Versuchsanordnung. Darstellung von Natriumchlorid aus den Elementen.

Lehrerversuch!
In einem Verbrennungsrohr wird über einige Körnchen getrocknetes Natrium ein Strom von getrocknetem Chlor geleitet. Nachdem man das Metall mit dem Bunsenbrenner etwas erhitzt hat, beginnt es zu brennen.

Wenn man metallische Elemente mit Elementen mit starkem Nichtmetallcharakter, z. B. Halogenen, zur Reaktion bringt, finden zwischen den Metall- und den Nichtmetall-Atomen heftige exotherm verlaufende *Synthesen*** statt. Bei den dabei entstehenden Verbindungen handelt es sich immer um feste Stoffe.

Beispiele: Natrium   + Chlor ⟶ Natriumchlorid
Magnesium + Iod   ⟶ Magnesiumiodid
Aluminium + Brom ⟶ Aluminiumbromid

4.1 Die Ionen

4.1.1 Die Entstehung von Ionen

Metall-Atome haben wenige Elektronen auf ihren Außenschalen, Nichtmetall-Atome dagegen viele. Gleichzeitig herrscht zwischen Metall- und Nichtmetall-Atomen eine große Elektronegativitätsdifferenz (ΔEN).

---

* synthesis (griechisch) Zusammensetzung, Verknüpfung.

65

Beispiel: Natrium: 1 Außenelektron $EN = 0,9$
Chlor: 7 Außenelektronen $EN = 3,0$
$$\Delta EN = 2,1$$

Bei der Reaktion von Metall-Atomen mit Nichtmetall-Atomen kommt es daher nicht mehr zur Ausbildung von Molekül-Orbitalen. Die Nichtmetall-Atome ziehen die bindenden Elektronenpaare vielmehr ganz auf ihre Seite. Dadurch ergibt sich für die Metall-Atome ein Elektronenverlust, für die Nichtmetall-Atome eine Elektronenzufuhr.

> Bei der Reaktion von Metall-Atomen mit Nichtmetall-Atomen finden Elektronenübergänge statt.

Die Elektronen, welche zwischen den Reaktionspartnern für die Elektronenübergänge aktiviert werden, heißen *Valenzelektronen.*

> Die Metall-Atome geben Elektronen ab und werden zu positiv geladenen Ionen (Kationen). Die Nichtmetall-Atome nehmen Elektronen auf und werden zu negativ geladenen Ionen (Anionen).

Die Metall-Atome sind dabei Elektronenspender (Elektronendonatoren*), die Nichtmetall-Atome Elektronenempfänger (Elektronenakzeptoren**).

4.1.2 Kennzeichnung der Ionen

Zur Kennzeichnung von Ionen verwendet man das entsprechende Elementsymbol mit einem hochgestellten Ladungszeichen (Ionenladung). Für ein abgegebenes Elektron wird ein Pluszeichen und für ein aufgenommenes Elektron ein Minuszeichen gesetzt. Wenn mehrere Elektronen abgegeben bzw. aufgenommen worden sind, wird dies mit einer hochgestellten arabischen Zahl und dem Ladungszeichen angegeben.

Beispiele:
Na^+, K^+, Ca^{2+}, ..., Cl^-, F^-, S^{2-} ...

4.1.3 Ionenbindung und Oktettregel

In vielen Fällen erfolgen die Elektronenübergänge so, daß die *Oktettregel* erfüllt wird.

> Kationen haben oft die gleiche Elektronenhülle wie das Edelgas, welches im Periodensystem dem entsprechenden Element vorangeht.

Beispiel:
Mg^{2+} hat die Elektronenhülle des Neon-Atoms.

Ausnahmen zeigen z. B. die Kationen der Hauptgruppenelemente Gallium, Indium, Germanium, Zinn, Blei ... und besonders die Kationen von Nebengruppenelementen. Dies wird schon daraus ersichtlich, daß diese Kationen häufig mit unterschiedlichen Ionenladungen auftreten, z. B. Cu^+/Cu^{2+}, Fe^{2+}/Fe^{3+}.

---

* donare (lateinisch) geben.
** accipere (lateinisch) annehmen.

Anionen haben stets die gleiche Elektronenhülle wie das Edelgas, welches im Perioden-system dem entsprechenden Element nachfolgt.

Beispiel:
S^{2-} hat die Elektronenhülle des Argon-Atoms.

4.1.4 Ionenbildung am Beispiel Natrium — Chlor

Elektronenübergang

Na $\longrightarrow$ Na$^+$ Cl $\longrightarrow$ Cl$^-$

Aus dem Natrium-Atom wird ein einfach positiv geladenes Natrium-Ion mit der Elektronenhülle des Neons.

Aus dem Chlor-Atom wird ein einfach negativ geladenes Chlorid-Ion mit der Elektronenhülle des Argons.

Das für den Elektronenübergang aktivierte Außenelektron des Natrium-Atoms ist ein Valenzelektron.

4.1.5 Elektronengleichungen

Die Reaktionen von Metall-Atomen mit Nichtmetall-Atomen kann man mit Hilfe von Elektronengleichungen darstellen. Valenzelektronen bzw. Außenelektronen einfach besetzter Orbitale werden als Punkte dargestellt. Außenelektronen eines doppelt besetzten Orbitals symbolisiert man durch einen Strich.

Beispiele: *Natrium — Chlor:*   Na$\cdot$ $\rightarrow$ Na$^+$ $\;+\;$ e$^-$

$$|\overline{Cl}\cdot \;\; + \;\; e^- \rightarrow |\overline{Cl}|^-$$

Magnesium — Iod: M$\dot{g}\cdot$ $\rightarrow$ Mg^{2+} $+$ 2e$^-$

$$2\,|\overline{I}\cdot \;\; + \;\; 2e^- \rightarrow 2\,|\overline{I}|^-$$

Magnesium-Atome haben zwei Valenzelektronen. Jedes Iod-Atom kann aber nur ein Fremdelektron aufnehmen. Deshalb reagiert immer ein Magnesium-Atom mit zwei Iod-Atomen.

4.1.6 Ionenradien

Für Ionen kann ebenso wie für Atome eine kugelschalenförmige Gestalt angenommen werden. Die *Ionenradien* unterscheiden sich aber beträchtlich von den Radien der entsprechenden Atome (**Abb. 4.2**, S. 68).

- Metall-Ionen (Kationen) sind kleiner als ihre Atome, weil ihre Hüllen durch den Verlust von Elektronen schrumpfen.
- Nichtmetall-Ionen (Anionen) sind dagegen größer als ihre Atome, weil die Elektronenhüllen durch die Aufnahme von Fremdelektronen aufquellen.

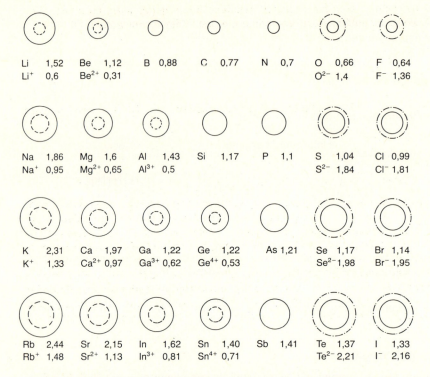

Abb. 4.2 Atom- und Ionenradien. Die Angabe der Radien erfolgt in 10^{-10} m, z. B. Li $1,52 \cdot 10^{-10}$ m, Li$^+$ $0,6 \cdot 10^{-10}$ m.

Die Atome sind mit einer Vollinie (————) dargestellt, die Kationen mit einer Strichlinie (— — — —), die Anionen mit einer Strich-Punkt-Linie (— · — · —).

4.2 Ionenverbindungen

4.2.1 Die Bildung von Ionengittern

Kationen und Anionen ziehen sich durch ihre unterschiedliche elektrische Ladung gegenseitig elektrostatisch an. Die Ionen binden sich aneinander. Es kommt zur Bildung sogenannter *Ionenaggregate*, welche im ganzen gesehen elektrisch neutral sind.

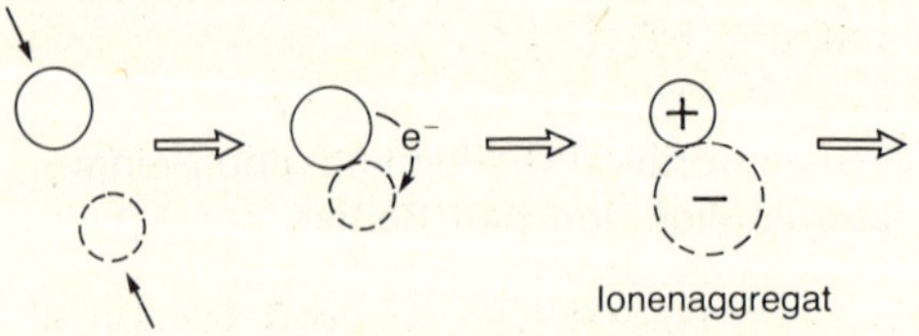

Ionenaggregat

Abb. 4.3 Die Bildung von Ionenaggregaten am Beispiel des Stoffpaares A (Vollinie ————) und B (Strichlinie — — — —).

Der durch elektrostatische Anziehung bewirkte Zusammenhalt entgegengesetzt geladener Ionen wird Ionenbindung genannt.

Die Kraft F, mit der sich zwei unterschiedlich geladene Ionen gegenseitig anziehen, kann mit Hilfe des *Coulombschen Gesetzes** errechnet werden. Das Gesetz lautet:

$$F = k \cdot \frac{Q_1 \cdot Q_2}{r^2} ; \quad k = \frac{1}{4\pi \cdot \varepsilon} ;$$

F Kraft $\left(\text{in N} = \dfrac{\text{V As}}{\text{m}} \right)$

ε Permittivität (Dielektrizitätskonstante = Materialkonstante des Stoffes zwischen den Körpern) $\left(\text{in } \dfrac{\text{F}}{\text{m}} = \dfrac{\text{As}}{\text{Vm}} \right)$

Q_1 Ladung des Kations (in As)

Q_2 Ladung des Anions (in As)

r Abstand der beiden Ladungszentren (in m)

Neben der elektrostatischen Anziehung der entgegengesetzt geladenen Ionen wirken auch Abstoßungskräfte zwischen den gleichgeladenen Elektronenhüllen. Als Folge beider Kraftwirkungen stellt sich in jedem Ionenaggregat ein ganz bestimmter Kern-Kern-Abstand zwischen den entgegengesetzt geladenen Ionen ein. Es ergibt sich ein Gleichgewicht zwischen Anziehung und Abstoßung.

Die elektrische Ladung von Ionen wirkt immer gleichmäßig nach allen Seiten des Raumes — sie ist *ungerichtet*. Deshalb wirken Ionenaggregate wie extrem starke Dipole. Sie ziehen sich selbst wieder untereinander an und zwar so, daß nach keiner Seite mehr freie elektrische Kräfte auftreten. So entstehen ganze Ionenverbände, mit einer streng räumlichen Anordnung vieler Ionen.

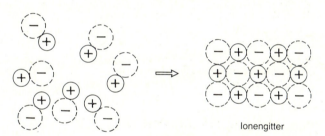

Abb. 4.4 Die Zusammenlagerung von Ionenaggregaten am Beispiel des Stoffpaares A (Vollinie ———) und B (Strichlinie - - - -).

Ionengitter

Kationen und Anionen bilden durch elektrostatische Anziehung Ionengitter.

4.2.2 Das Ionengitter des Natriumchlorids

Beim Natriumchlorid handelt es sich um ein Ionengitter, welches aus einatomigen Ionen besteht (mehratomige Ionen wären z. B. NO_3^-, SO_4^{2-}, PO_4^{3-}).

Der Aufbau eines Ionengitters (Gittertyp) ist abhängig von den Ionenladungen und den Größenverhältnissen der Ionen.

Die Ionenladungen bestimmen das Verhältnis der Kationen und Anionen im Gitter. Da ein Ionengitter nach außen elektrisch neutral erscheint, ist dieses Verhältnis immer so ange-

---

* Coulomb, Charles Augustin de, französischer Physiker; 1736 ... 1806.

legt, daß die Summe aller Ionenladungen Null ergibt. Bei Natriumchlorid ist das Verhältnis $Na^+ : Cl^- = 1:1$.

Die Größenverhältnisse der Ionen bestimmen, wie viele Anionen sich um ein Kation anlagern (koordinieren) und umgekehrt. Bei Natriumchlorid finden um ein Natrium-Ion ($r = 0,9 \cdot 10^{-10}$ m) gerade sechs Chlorid-Ionen ($r = 1,8 \cdot 10^{-10}$ m) Platz. Sie stehen an den Ecken eines das Natrium-Ion umgreifenden Oktaeders.

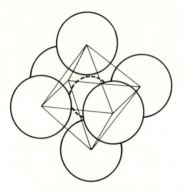

Abb. 4.5 Oktaedrische Anordnung von Chlorid-Ionen um ein Natrium-Ion. Die Chlorid-Ionen sind als breite Vollinie (――――) gezeichnet, das Natrium-Ion als Strichlinie (– – – –).

Da zwischen den Kationen und Anionen ein Verhältnis 1:1 gewahrt bleiben muß, sind auch um jedes Chlorid-Ion sechs Natrium-Ionen koordiniert (Platz wäre eigentlich für wesentlich mehr Natrium-Ionen). Damit beträgt beim Natriumchlorid die *Koordinationszahl* aller Gitterbausteine 6.

Aus dem Ionenverhältnis 1:1 und der Koordinationszahl 6 ergibt sich:

Natriumchlorid besitzt ein kubisch-flächenzentriertes Gitter.

Für die zeichnerische Darstellung eines Ionengitters stehen das Kugelmodell (**Abb. 4.6a**) und das Gittermodell (**Abb. 4.6b**) zur Verfügung:

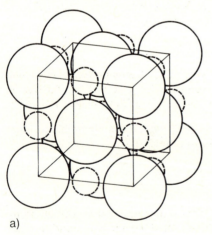

a)

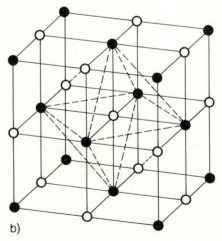

b)

Abb. 4.6 a) Kugelmodell und b) Gittermodell des Ionengitters von Natriumchlorid (Erklärungen auf S. 71).

Erklärungen zu **Abb. 4.6**:

a) Kugelmodell. Es zeigt die räumliche Anordnung der Ionen unter Berücksichtigung ihrer Größenverhältnisse, verwehrt aber den Blick ins Innere des Gitters. Die Chlorid-Ionen sind mit breiten Vollinien (——) gezeichnet, die Natrium-Ionen mit Strichlinien (----).

b) Gittermodell. Hier werden nur noch die Zentren der Ionen dargestellt und durch Gitterlinien verbunden. Dadurch erkennt man die oktaedrischen Koordinationsverhältnisse und den würfelförmigen Aufbau des Gitters. Die Chlorid-Ionen sind als Punkte (●), die Natrium-Ionen als Kreise (o) dargestellt.

Der bei Natriumchlorid vorliegende Gittertyp ist auch bei vielen anderen Ionenverbindungen anzutreffen, z.B. bei Kaliumiodid und Silberchlorid. Er wird gewöhnlich *Steinsalzgitter* genannt (Natriumchlorid = Steinsalz). Andere Gittertypen ergeben sich aus anderen Koordinationszahlen und Ionenverhältnissen.

4.2.3 Formeln von Ionenverbindungen

In den chemischen Formeln für Ionenverbindungen schreibt man links das Symbol des metallischen und rechts das Symbol des nichtmetallischen Bestandteils. Das Ionenverhältnis im Gitter wird durch angehängte arabische Zahlen zum Ausdruck gebracht. Die Zahl 1 wird allerdings weggelassen.

Beispiele:

Natriumchlorid (NaCl) aus Na^+-Ionen und Cl^--Ionen im Verhältnis 1:1.
Magnesiumiodid (MgI_2) aus Mg^{2+}-Ionen und I^--Ionen im Verhältnis 1:2.
Aluminiumbromid ($AlBr_3$) aus Al^{3+}-Ionen und Br^--Ionen im Verhältnis 1:3.

> Ionenverbindungen werden durch Verhältnisformeln gekennzeichnet.

Die Verhältnisformel darf nicht mit der Formel für ein Molekül verwechselt werden.
Die Bildung von Ionenverbindungen aus den Elementen wird in Formelgleichungen wie folgt dargestellt:

Natriumchlorid:	$2\,Na + Cl_2 \longrightarrow 2\,NaCl$	Calciumsulfid:	$Ca + S \longrightarrow CaS$
Magnesiumiodid:	$Mg + I_2 \longrightarrow MgI_2$	Aluminiumoxid:	$4\,Al + 3\,O_2 \longrightarrow 2\,Al_2O_3$
Aluminiumbromid:	$2\,Al + 3\,Br_2 \longrightarrow 2\,AlBr_3$		

4.3 Die Eigenschaften der Salze

Unter Salzen verstand man ursprünglich Feststoffe, welche aus Kationen und anionischen Säureresten aufgebaut sind und ein Ionengitter aufweisen, z.B. NaCl, $CaCO_3$, K_2SO_4. Da jedoch auch die meisten Metalloxide und Hydroxide im festen Zustand Ionengitter besitzen, gilt heute:

> Alle Feststoffe mit einem Ionengitter werden als Salze bezeichnet.

4.3.1 Die Kristallisation

Versuch 3 Kristallisation verschiedener Salze

In verschiedenen Reagenzgläsern bereitet man heißgesättigte Lösungen von Natriumchlorid (NaCl), Kupfersulfat ($CuSO_4$) und Kaliumalaun ($KAl(SO_4)_2$). Dann gießt man von jeder Lösung ein wenig auf ein Uhrglas und läßt das Wasser verdunsten. Die Rückstände werden unter einer Lupe untersucht.

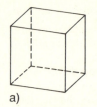 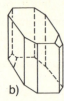 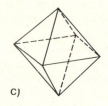

a) b) c)

Abb. 4.7 Kristalle von a) Natrium-chlorid, b) Kupfersulfat und c) Kali-umalaun. In der Kristallform des Na-triumchlorids spiegelt sich die kubi-sche Anordnung seiner Gitterbau-steine wieder.

Salze bilden Kristalle*

Kristalle sind Körper, welche alle den gleichen geometrischen Aufbau besitzen. Sie sind von ebenen Flächen begrenzt, die in bestimmten Winkeln aufeinanderstoßen. Gut sichtbare Salzkristalle erhält man sehr einfach dadurch, daß man das Lösemittel einer Salzlösung ungestört verdunsten läßt. Verantwortlich für die Kristallisation eines Salzes und die Form der Kristalle ist sein Ionengitter. Ionengitter werden deshalb auch als *Kristallgitter* bezeich-net. Das bedeutet jedoch nicht, daß alle Kristallgitter auch Ionengitter sind!

4.3.2 Das Schmelzen und Sieden

Salze zeigen hohe Schmelz- und Siedetemperaturen.

Zur Überwindung der elektrostatischen Anziehungskräfte zwischen den unterschiedlich ge-ladenen Ionen wird viel Energie benötigt. Die Ionen müssen durch Wärmezufuhr in eine so starke Bewegung versetzt werden, daß sie im Augenblick des Schmelzens ihre Gitterplätze verlassen können. Dadurch bricht die strenge geometrische Ordnung in den Salzkristallen zusammen. Die einzelnen Ionen sind dann frei beweglich, üben aber immer noch so starke Anziehungskräfte aufeinander aus, daß ein gewisser Zusammenhalt der Schmelze beste-henbleibt.
Beim Sieden der Schmelze muß die Wärmebewegung der Ionen schließlich so stark sein, daß die einzelnen Ionen — häufig aber auch ganze Ionenaggregate — in den Gaszustand übertreten können, wo sie sich völlig unabhängig voneinander bewegen.

Tabelle 11 Schmelz- und Siedetemperaturen einiger Salze

Salz	Schmelztemperatur in °C	Siedetemperatur in °C
Natriumhydroxid (NaOH)	322	1 390
Natriumchlorid (NaCl)	800	1 465
Lithiumfluorid (LiF)	844	1 681
Aluminiumoxid (Al_2O_3)	2 050	3 300

4.3.3 Die Sprödigkeit

Salze sind spröde und nicht verformbar.

Wenn auf einen Salzkristall zunehmend stärker werdende Kräfte einwirken, so hält das Io-nengitter der Krafteinwirkung bis zu einer gewissen Grenze stand. Wenn die Krafteinwir-kung allerdings zu groß wird, kommt es zu Verschiebungen entlang der Gitterebenen.

---

* krystallos (griechisch) Eis.

Schon geringfügige derartige Veränderungen führen aber zu starken Abstoßungskräften, weil plötzlich gleichgeladene Ionen einander gegenüberstehen.

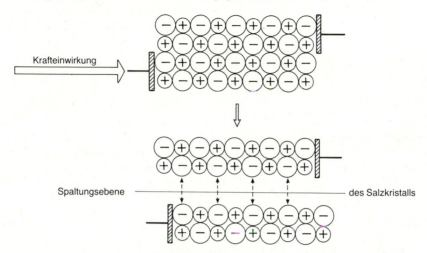

Abb. 4.8 Spaltung eines Salzkristalls.

4.3.4 Das Verhalten der Salze im elektrischen Feld

Versuch 4 Elektrische Leitfähigkeit von geschmolzenem Magnesiumnitrat*

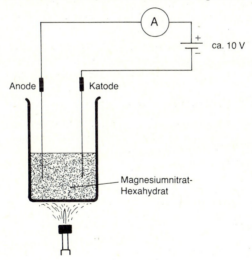

Abb. 4.9 Versuchsanordnung. Elektrische Leitfähigkeit von geschmolzenem Magnesiumnitrat (Erläuterung auf S. 74).

---

* Magnesiumnitrat ($Mg(NO_3)_2 \cdot 6\,H_2O$) „schmilzt" schon bei 95°C, d. h., es löst sich im eigenen Kristallwasser.

Ein Becherglas füllt man mit kristallisiertem Magnesiumnitrat und führt zwei Elektroden ein, an denen eine schwache Gleichspannung angelegt ist. Nun beginnt man, das Salz zu schmelzen und beobachtet über ein Meßgerät (Amperemeter) den Stromfluß. Im Augenblick des Schmelzens wird das Magnesiumnitrat leitfähig. Der Zeiger des Meßgeräts schlägt aus.

Salzschmelzen leiten — im Gegensatz zu festen Salzkristallen — den elektrischen Strom.

Verantwortlich für die elektrische Leitfähigkeit einer Salzschmelze sind die frei beweglichen Ionen.

Taucht man zwei Elektroden, zwischen denen eine Gleichspannung besteht, in eine Salzschmelze, so wandern die Kationen zur negativen Elektrode (Katode) und werden dort unter Aufnahme von Elektronen entladen. Gleichzeitig wandern die Anionen zur positiven Elektrode (Anode), wo sie unter Abgabe von Elektronen entladen werden. Es kommt zu einem Stromfluß, welcher auf der Wanderung freier Ionen beruht.

Die freie Beweglichkeit der Ionen kann bei vielen Salzen auch sehr leicht durch Auflösen des Salzes in Wasser herbeigeführt werden.

Wäßrige Salzlösungen leiten den elektrischen Strom.

Durch die Entladungsvorgänge an den Elektroden erfahren Salzschmelzen und Salzlösungen bei Stromdurchgang eine stoffliche Veränderung. Dieser Vorgang wird als *Elektrolyse** bezeichnet. Stoffe, welche durch den elektrischen Strom einer Elektrolyse unterzogen werden können, nennt man *Elektrolyte* (vgl. Abschnitt 8.4).

4.4 Energetische Zusammenhänge

4.4.1 Die Energiebilanz der Natriumchloridbildung

Die Bildung von Natriumchlorid aus den Elementen Natrium und Chlor ist nur dann möglich, wenn als Reaktionspartner freie Natrium- und Chlor-Atome zur Verfügung stehen. Deshalb müssen zu Beginn der Reaktion die Natrium-Atome aus ihrem Zusammenhang im Metallgitter gelöst werden. Der Vorgang ist vergleichbar mit einem Übergang von festem Natriummetall in Natriumdampf (sublimieren**). Die dazu nötige Energie wird deshalb *Sublimationsenergie* genannt.

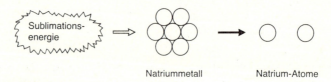

Natriummetall   Natrium-Atome

Abb. 4.10 Sublimationsenergie.

---

* lyein (griechisch) lösen.

** sublimare (lateinisch) erhöhen. Im Bereich der Chemie: unmittelbar vom festen in den gasförmigen Zustand übergehen und umgekehrt.

Entsprechend müssen die Chlor-Moleküle in Chlor-Atome gespalten werden. Der erforderliche Energiebedarf ist genauso groß wie die Energie, welche bei der Bildung der Moleküle abgegeben wurde und wird als *Bindungsenergie* bezeichnet.

Abb. 4.11 Bindungsenergie.

Nun kann zwischen den freien Natrium- und Chlor-Atomen der Elektronenübergang stattfinden.

Dazu wird einmal *Ionisierungsenergie* benötigt, um den Natrium-Atomen ihre Valenzelektronen zu entziehen. Andererseits wird Energie abgegeben, wenn die Chlor-Atome die Fremdelektronen aufnehmen. Diese Energie wird *Elektronenaffinität* genannt.

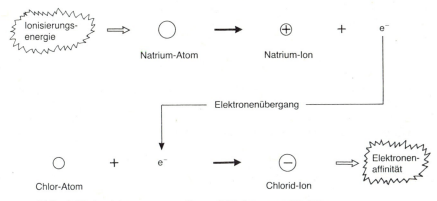

Abb. 4.12 Ionisierungsenergie und Elektronenaffinität.

Die durch den Elektronenübergang entstandenen Natrium- und Chlorid-Ionen bilden schließlich ein Ionengitter. Dabei wird *Gitterenergie* abgegeben.

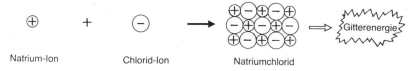

Abb. 4.13 Gitterenergie.

Bei der Bildung von Natriumchlorid aus den Elementen Natrium und Chlor werden Sublimationsenergie, Bindungsenergie und Ionisierungsenergie aufgenommen, Elektronenaffinität und Gitterenergie hingegen abgegeben.

Wenn man die einzelnen energieaufnehmenden und energieabgebenden Teilschritte der Natriumchloridbildung gegeneinander aufrechnet, so verbleibt ein beträchtlicher Energieüberschuß. Er bedingt einen exothermen Gesamtverlauf der Reaktion.

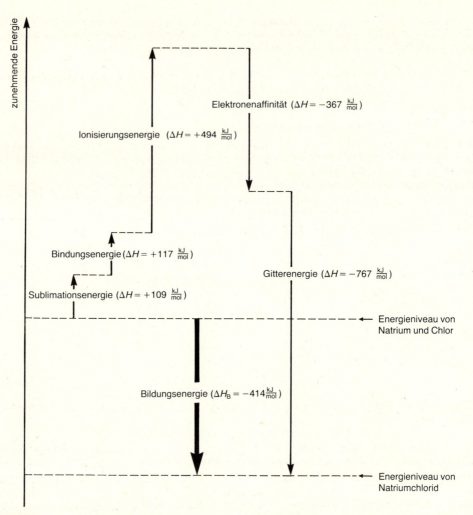

Abb. 4.14 Die Bildungsenergie von Natriumchlorid; positives Vorzeichen: Energie wird aufgenommen; negatives Vorzeichen: Energie wird abgegeben.

Die beim Gesamtverlauf einer Reaktion aus den Elementen entstehende Differenz der inneren Energie wird Bildungsenergie ($\approx$ Bildungsenthalpie) genannt.

Sie ist praktisch mit der Bildungsenthalpie ΔH_B gleich, so lange bei der Reaktion keine großen Druck- oder Volumenänderungen auftreten.

Die Elektronenaffinität des Chlors ist kleiner als die Ionisierungsenergie beim Natrium. Da zusätzlich noch Sublimations- und Bindungsenergie benötigt werden, ist die Entstehung der Ionen ein endothermer Prozeß. Das Erreichen von Oktetten kann damit nicht allein als die Triebkraft dieser Reaktion angesehen werden. Erst bei der Bildung des Ionengitters wird ein so beträchtlicher Betrag an Gitterenergie abgegeben, daß die Natriumchloridbildung schließlich freiwillig exotherm abläuft.

Die Gitterbildung und die Bildung von Oktetten sind die Triebkräfte der Natriumchloridbildung aus den Elementen.

4.4.2 Die Gitterenergie

Wenn sich Kationen und Anionen zu einem Ionengitter vereinigen, wird *Gitterenergie* abgegeben. Je größer die Kraftwirkung ist, welche die Gitterbausteine aufeinander ausüben, um so größer ist auch die Gitterenergie und um so stabiler ist das Ionengitter.

Ein Maß für die Stabilität eines Ionengitters — und damit für die Größe der Gitterenergie — ist in der Regel die Schmelztemperatur eines Salzes.

Tabelle 12 Abhängigkeit der Schmelztemperatur von der Gitterenergie

Salz	Schmelztemperatur in °C	
Kaliumiodid (KI)	677	
Kaliumbromid (KBr)	742	
Natriumbromid (NaBr)	747	zunehmende Gitterenergie
Natriumchlorid (NaCl)	800	
Natriumfluorid (NaF)	992	
Calciumoxid (CaO)	2570	
Magnesiumoxid (MgO)	2642	

Die Gitterenergie ist um so größer, je größer die Ladungen und je kleiner die Radien der Ionen sind.

KBr hat eine größere Gitterenergie als KI (vgl. Tabelle 12). Die einander entsprechenden Kationen und Anionen haben die gleiche Ladung. Das Br^--Ion ist aber kleiner als das I^--Ion und besitzt damit ein stärkeres Ladungsfeld. Entsprechendes gilt zwischen NaF, NaCl und NaBr, sowie zwischen MgO und CaO.

CaO hat eine größere Gitterenergie als NaF (vgl. Tabelle 12). Die einander entsprechenden Kationen und Anionen sind etwa gleich groß. Die Ladungen der Ca^{2+}- und O^{2-}-Ionen sind aber jeweils doppelt so groß, wie die der Na^+- und F^--Ionen. Entsprechend stärker sind ihre Ladungsfelder.

Eine mathematische Begründung hierfür liefert wieder das *Coulombsche Gesetz* (vgl. Abschnitt 4.2.1):

$$F = k \cdot \frac{Q_1 \cdot Q_2}{r^2}.$$

Danach ist die Anziehungskraft zwischen zwei entgegengesetzt geladenen Ionen um so größer, je größer die Ladungen Q_1 und Q_2 der Ionen sind und je kleiner der Abstand r ihrer beiden Ladungszentren ist. Je kleiner die Radien der beiden Ionen sind, desto kleiner ist der Abstand r der beiden Ladungszentren.

4.5 Salzlösungen

4.5.1 Die Hydratation

Im Ionengitter eines Salzkristalls befinden sich alle Ionen in Schwingung. Die dazu benötigte Energie beziehen sie aus der Wärme des sie umgebenden Raumes. Der Energiegehalt der Gitterbausteine ist jedoch sehr unterschiedlich.

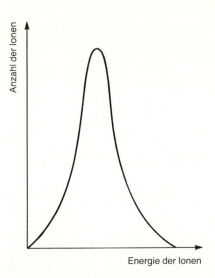

Abb. 4.15 Energiegehalt der Ionen in einem Salzkristall.

Ein kleiner Teil von Ionen ist sehr energiereich, ein kleiner Teil sehr energiearm. Der größte Teil der Ionen befindet sich in einem mittleren Energiezustand.
Die Ionen eines Salzkristalls werden nicht alle mit gleicher Kraft an ihren Gitterplätzen festgehalten. Die Gitterbausteine an der Oberfläche eines Salzkristalls sind nicht allseitig abgeschirmt und daher lockerer gebunden als alle übrigen. Befindet sich ein solches locker gebundenes Oberflächen-Ion auch noch zusätzlich in einem hochenergetischen Zustand, so bedarf es nur noch geringer Kräfte, um es aus seinem Verband zu lösen. Derartige Kräfte werden wirksam, wenn man Salz und Wasser vereinigt. Wasserdipole hängen sich an die Salzkristalle, zerren energiereiche Oberflächen-Ionen aus dem Gitterverband heraus und umhüllen sie sofort allseitig. Die Hülle aus Wasserdipolen wird *Hydrathülle* genannt.

Die Umhüllung von Ionen mit Wasserdipolen nennt man Hydratation.

Zur Kennzeichnung hydratisierter Ionen kann man das Symbol aq* verwenden.

Beispiele:
$Na^+{}_{aq}$, $Ca^{2+}{}_{aq}$, $Cl^-{}_{aq}$, $SO_4{}^{2-}{}_{aq}$.

Häufig bleiben die Hydrathüllen in chemischen Gleichungen jedoch unberücksichtigt.

Die Hydratation ermöglicht das Lösen von Salzen in Wasser.

---

* aqua (lateinisch) Wasser.

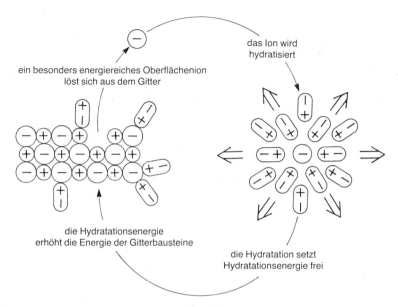

ein besonders energiereiches Oberflächenion
löst sich aus dem Gitter

das Ion wird
hydratisiert

die Hydratationsenergie
erhöht die Energie der Gitterbausteine

die Hydratation setzt
Hydratationsenergie frei

Abb. 4.16 Vorgänge beim Lösen eines Salzes in Wasser.

Durch die Hydratation wird eine erneute Zusammenlagerung der Ionen verhindert. Dieser Vorgang setzt Energie frei, welche man als *Hydratationsenergie* bezeichnet (**Abb. 4.16**). Sie erhöht den Anteil hochenergetischer Gitterbausteine und begünstigt damit die Ablösung weiterer Oberflächen-Ionen. Der Lösungsprozeß schreitet lawinenartig voran; das Ionengitter wird vollständig zerstört.

Die Hydratation ist der hauptsächliche Energielieferant zur Überwindung der bei der Bildung des Ionengitters abgegebenen Gitterenergie.
Die Hydrathüllen der Kationen und Anionen schirmen die entgegengesetzt geladenen Teilchen stark voneinander ab. Die Rückbildung eines Ionengitters wird dadurch unmöglich gemacht. Erst beim Verdunsten oder Verdampfen des Wassers kann das Salz erneut kristallisieren.
Je größer die Kraftwirkung zwischen den Ionen und den Wasserdipolen in einer Lösung ist, desto dichter werden die Hydrathüllen und desto mehr Hydratationsenergie wird freigesetzt (**Abb. 4.17**, S. 80).

> Bei Ionen mit unterschiedlichen Ladungen ist die Hydratationsenergie um so größer, je größer die Ladungen der Ionen sind.

Beispiel:
Dio Hydratationsenergie ist bei Magnesium-Ionen (Mg^{2+}) größer als bei Lithium-Ionen (Li^+).

> Bei Ionen mit gleicher Ladung ist die Hydratationsenergie um so größer, je kleiner die Radien der Ionen sind.

Beispiel:
Die Hydratationsenergie ist bei Fluorid-Ionen (F^-) größer als bei Iodid-Ionen (I^-).

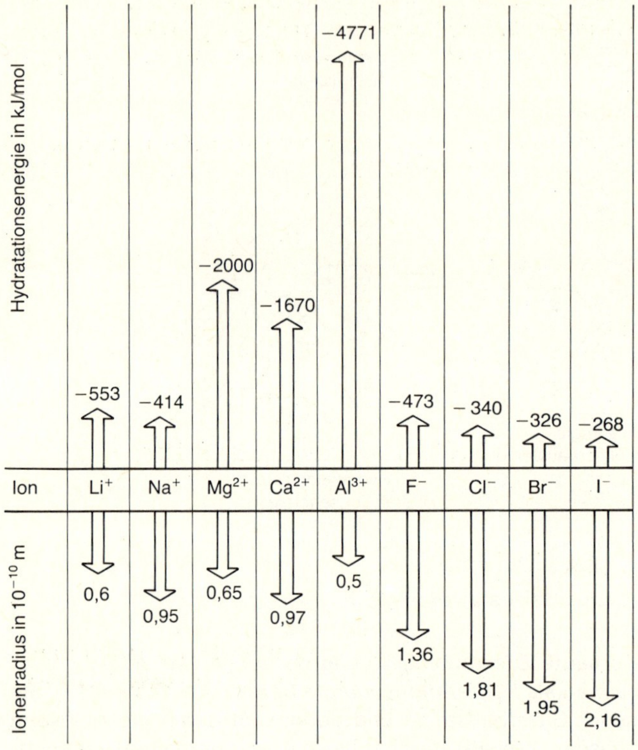

Abb. 4.17 Hydratationsenergien einiger Kationen und Anionen.

Hydratationsenergie in kJ/mol

Ion	Li⁺	Na⁺	Mg²⁺	Ca²⁺	Al³⁺	F⁻	Cl⁻	Br⁻	I⁻

Hydratationsenergien (nach oben): −553, −414, −2000, −1670, −4771, −473, −340, −326, −268

Ionenradius in 10⁻¹⁰ m (nach unten): 0,6; 0,95; 0,65; 0,97; 0,5; 1,36; 1,81; 1,95; 2,16

4.5.2 Energiebilanzen von Lösungsvorgängen

Versuch 5 Lösen von Salzen

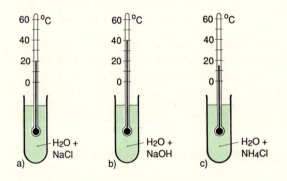

a) H₂O + NaCl b) H₂O + NaOH c) H₂O + NH₄Cl

Abb. 4.18 Versuchsanordnung. Lösen von a) Natriumchlorid, b) Natriumhydroxid, c) Ammoniumchlorid in Wasser.

Drei Reagenzgläser werden mit Wasser der gleichen Temperatur gefüllt. Dann gibt man in je eines der drei Reagenzgläser einen Spatellöffel a) Natriumchlorid (NaCl), b) Natriumhydroxid (NaOH) und c) Ammoniumchlorid (NH₄Cl). Nach dem vollständigen Auflösen der Salze werden die Temperaturen der Lösungen gemessen.

Löst man NaCl in Wasser, ändert sich die Lösungstemperatur nicht. Wenn man Natriumhydroxid in Wasser löst, steigt die Temperatur der Lösung; es tritt *Lösungswärme* auf. Löst man dagegen Ammoniumchlorid in Wasser, sinkt die Temperatur der Lösung; es tritt *Lösungskälte* auf.

Beim Lösen eines Salzes in Wasser laufen der energieverbrauchende Gitterabbau und die energiefreisetzende Hydratation immer gleichzeitig ab.

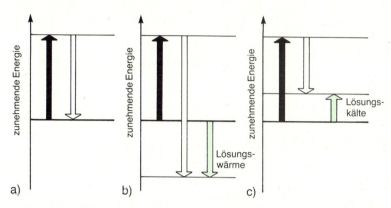

Abb. 4.19 Verhältnis von Gitterenergie und Hydratationsenergie beim Lösen von a) Natriumchlorid, b) Natriumhydroxid, c) Ammoniumchlorid. Gitterenergie ⟶; Hydratationsenergie ⟹; Lösungswärme bzw. Lösungskälte ⟹.

Beim Lösen von Natriumchlorid in Wasser sind Gitterenergie und Hydratationsenergie etwa gleich groß. Bei Natriumhydroxid ist die Hydratationsenergie größer als die Gitterenergie. Bei Ammoniumchlorid überwiegt dagegen die Gitterenergie.

In Abhängigkeit davon, ob der Gitterabbau oder die Hydratation überwiegt, stellt man eine Erwärmung oder Abkühlung fest. Erfolgt keine Temperaturänderung, so halten sich die beiden Vorgänge die Waage.

Wenn bei einem Salz die Gitterenergie sehr viel größer ist als die Hydratationsenergie, so zeigt dieses Salz so gut wie keine Löslichkeit mehr in Wasser. Solche praktisch wasserunlöslichen Salze* sind z.B. Bleisulfat ($PbSO_4$), Calciumcarbonat ($CaCO_3$) und Quecksilbersulfid (HgS).

---

* Streng genommen sind aber auch solche Salze wenigstens in Spuren in Wasser löslich. Von Bleisulfat lösen sich z.B. immer noch $4{,}3 \cdot 10^{-2}$ g pro Liter Wasser. Es gibt daher eigentlich keine unlöslichen, sondern nur schwerlösliche Salze.

4.5.3 Fällungsreaktionen

Versuch 6 Fällung von Bariumsulfat
Zu einer Lösung von Bariumchlorid ($BaCl_2$) gießt man Natriumsulfatlösung (Na_2SO_4). Es fällt ein weißer Niederschlag aus. Es handelt sich um Bariumsulfat ($BaSO_4$).

Versuch 7 Fällung von Bleichromat
Zu einer Lösung von Bleinitrat ($Pb(NO_3)_2$) gießt man Kaliumchromatlösung (K_2CrO_4). Es bildet sich ein gelber Niederschlag von Bleichromat ($PbCrO_4$).

> Eine Fällungsreaktion ist die Vereinigung von Kationen und Anionen eines schwerlöslichen Salzes unter Bildung eines festen Niederschlags.

Die Kationen und Anionen eines schwerlöslichen Salzes kann man dadurch zusammenführen, daß man zwei Salzlösungen vereinigt, welche diese beiden Ionenarten getrennt enthalten. Die Fällungsreaktion verläuft nach dem folgenden Schema:
Salzlösung I + Salzlösung II $\rightarrow$ Salz III$\downarrow$ + Salzlösung IV
(Das Zeichen $\downarrow$ bedeutet, daß dieses Salz ausfällt.)

Beispiele (vgl. Versuch 6 und 7):

$$Ba^{2+}{}_{aq} + 2\,Cl^-{}_{aq} \quad + 2\,Na^+{}_{aq} + SO_4{}^{2-}{}_{aq} \longrightarrow BaSO_4\downarrow \quad + 2\,Na^+{}_{aq} + 2\,Cl^-{}_{aq}$$

| Bariumchloridlösung | Natriumsulfatlösung | | Bariumsulfat | Natriumchloridlösung |

$$Pb^{2+}{}_{aq} + 2\,NO_3{}^-{}_{aq} + 2\,K^+{}_{aq} + CrO_4{}^{2-}{}_{aq} \longrightarrow PbCrO_4\downarrow \quad + 2\,K^+{}_{aq} + 2\,NO_3{}^-{}_{aq}$$

| Bleinitratlösung | Kaliumchromatlösung | | Bleichromat | Kaliumnitratlösung |

Fällungsreaktionen haben große Bedeutung in der analytischen Chemie.
Die Tatsache, daß viele Ionen mit geeigneten Fällungsmitteln charakteristische Niederschläge bilden, kann auch zum Nachweis dieser Ionen herangezogen werden. Die Fällungsmittel werden in diesem Zusammenhang als Nachweisreagenzien bezeichnet.

Beispiel:
Silbernitratlösung ($AgNO_3$) ist ein bekanntes Nachweisreagenz für Chlorid-Ionen und Phosphat-Ionen.
Bei Anwesenheit von Chlorid-Ionen bildet sich ein weißer, käsiger Niederschlag, welcher sich unter Lichteinwirkung langsam dunkel färbt:
$$Ag^+{}_{aq} + Cl^-{}_{aq} \rightarrow AgCl\downarrow$$
Bei Anwesenheit von Phosphat-Ionen bildet sich ein gelber Niederschlag:
$$3\,Ag^+{}_{aq} + PO_4{}^{3-}{}_{aq} \rightarrow Ag_3PO_4\downarrow$$

4.6 Übungsaufgaben

Zur Wiederholung

W 1. Ein Teilchen hat die Elektronenkonfiguration des Neons und ist zweifach negativ geladen. Worum handelt es sich?

W 2. Gibt es in den Verbindungen $PbCl_2$, BaF_2, Ga_2O_3, $FeCl_3$, CaO, Mg_3N_2 Ionen ohne Edelgaskonfiguration?

W 3. Formulieren Sie in Elektronengleichungen die Bildung von Magnesiumnitrid aus den Elementen.

W 4. Im Natriumchloridkristall sind um ein Chlorid-Ion sechs Natrium-Ionen angelagert. Was ist dafür verantwortlich?

W 5. Wird für die Ionisierung des Calciums mehr oder weniger Energie benötigt, als für die Ionisierung des Magnesiums?

W 6. Was kann bei einem Vergleich von Natriumchlorid und Magnesiumoxid über den Aufbau des Magnesiumoxidgitters ausgesagt werden?

W 7. Was kann bei einem Vergleich von Natriumfluorid und Calciumoxid über deren Gitterenergie ausgesagt werden?

W 8. Vergleichen Sie die freigesetzte Hydratationsenergie beim Lösen von Natriumchlorid und Kaliumchlorid.

Zur Vertiefung

V 1. Stellen Sie die Verhältnisformeln für folgende Verbindungen auf:
a) Magnesiumphosphat, b) Ammoniumsulfat, c) Natriumcarbonat, d) Calciumsulfit, e) Kaliumnitrat, f) Aluminiumchlorid.

V 2. Wie werden folgende Verbindungen genannt? a) $BaSO_4$, b) $Ca_3(PO_4)_2$, c) $Fe_2(SO_4)_3$, d) $FeSO_4$, e) K_2S, f) $AgCl$.

V 3. In welche Ionen zerfallen folgende Verbindungen beim Lösen in Wasser?
a) $Pb(NO_3)_2$, b) $(NH_4)_2CO_3$, c) $KSCN$, d) $Al(NO_2)_3$.

V 4. Ein Salzkristall ist um so stabiler, je höher geladen seine Ionen sind. Warum wird dann bei der Bildung von Natriumchlorid nicht mehr als ein Elektron übertragen?

V 5. Welche Ausgangsstoffe wären geeignet, um Blei(II)-iodid durch eine Fällungsreaktion herzustellen?

5 Das chemische Rechnen

5.1 Größen und Einheiten beim chemischen Rechnen (Teil I)

5.1.1 Vorbemerkungen

Versuch 8 Herstellung von Eisen(II)-sulfid
Drei Gemische aus Eisen- und Schwefelpulver werden vorbereitet:

Gemisch	1	2	3
Eisen	15,6 g	12,7 g	9,3 g
Schwefel	4,4 g	7,3 g	10,7 g

Von jedem Gemisch wird ungefähr das gleiche Volumen in je ein trockenes Reagenzglas gefüllt (Vorsicht: Beim Schütten Entmischungsgefahr!).
Zuerst wird das Glas mit Gemisch 2 mit einem Gasbrenner am Boden vorsichtig erhitzt. Das Reagenzglas sollte senkrecht eingespannt und die Arbeitsfläche durch eine Blechplatte geschützt sein. Nach Einsetzen der Reaktion wird die Flamme entfernt, und das Gemisch durchglüht dabei von unten nach oben.
Vorsicht: Das Glas kann dabei zerspringen!
Nach Auskühlen liegt eine gleichmäßige grauschwarze Substanz vor.
Bei den Gemischen 1 und 3 gelingt es sehr viel schwerer, ein Durchreagieren der Substanz zu erreichen. Meist muß zwischendurch mehrmals erneut mit dem Brenner nachgeholfen werden.
Im Glas des ausreagierten Gemisches 3 sieht man deutlich den übriggebliebenen (geschmolzenen) Schwefel.
Das ausreagierte Gemisch 1 wird noch deutlich von einem kräftigen Magneten angezogen: Es ist Eisen übriggeblieben.

Der Versuch zeigt, daß es beim Ablaufen einer chemischen Reaktion auf die richtigen Mengenverhältnisse der Reaktionspartner ankommt. Die alten Alchimisten und Praktiker haben in vielen Fällen die richtigen Mischungsverhältnisse durch Versuche herausgefunden. Heute ist das aufgrund exakter Berechnungen möglich. Dazu benötigt man eine Reihe bestimmter Größen und deren Einheiten.

5.1.2 Stoffportion — Größen — Einheiten

Größen beschreiben quantitativ Eigenschaften von Objekten. In der Physik hat sich für die Bezeichnung eines Objekts der Begriff Körper durchgesetzt. In der Chemie wurde der Begriff *Stoffportion* eingeführt.
Die meisten der beim chemischen Rechnen benutzten Größen sind aus der Physik bekannt. Dazu gehören insbesondere die Masse (Formelzeichen: m) und das Volumen (Formelzeichen: V).

Relative Größen geben das Verhältnis zwischen der zu messenden Größe und einer vereinbarten Vergleichsgröße, die dann *Bezugsgröße* heißt, an:

$$\text{relative Größe} = \frac{\text{Größe}}{\text{Bezugsgröße}}$$

Aus einer Bezugsgröße wird eine *Einheit*, wenn sie allgemein benutzt wird und anerkannt ist. Für eine solche (absolute) Größe gilt:

$$\text{Größe} = \text{Zahlenwert mal Einheit}$$

Unsere Einheiten entsprechen dem Internationalen Einheitensystem SI*. Für einige Größen sind neben der SI-Einheit in beschränkten Anwendungsbereichen noch andere Einheiten zugelassen, z.B. in der Atomphysik die atomare Masseneinheit (u) und die Energieeinheit Elektronvolt (eV).

5.1.3 Atommasse und Molekülmasse — atomare Masseneinheit

Die Atome sind winzig klein, sie haben unvorstellbar kleine Massen.

Beispiele:

Fluor-Atom: $\quad m(F) = 31{,}5481 \cdot 10^{-24}$ g
Natrium-Atom: $\quad m(Na) = 38{,}1760 \cdot 10^{-24}$ g
Aluminium-Atom: $\quad m(Al) = 44{,}8046 \cdot 10^{-26}$ g

In der Praxis wäre es unzweckmäßig, mit den negativen Zehnerpotenzen solch kleiner Massen rechnen zu müssen.

Bereits der englische Naturwissenschaftler J. Dalton** versuchte, die „Gewichte der Atome" durch Vergleich mit dem leichtesten Atom, dem Wasserstoff-Atom, zu bestimmen. Heute gilt 1/12 der Masse des Nuklids ^{12}C als Bezugsgröße. Die darauf basierenden *relativen Atommassen* haben das Formelzeichen A_r:

$$A_r(X) = \frac{m(X)}{\dfrac{1}{12}\, m(^{12}C)}$$

Aus der Bezugsgröße der relativen Atommassen ist im Internationalen Einheitensystem die *atomare Masseneinheit* (Einheitenzeichen: u) geworden:

$$1\,u = \frac{1}{12}\, m(^{12}C) = 1{,}660\,565\,5 \cdot 10^{-24}\text{ g}$$

Die Massen von Atomen, Nukliden und anderen Teilchen (Moleküle, Ionen, Elementarteilchen) werden entweder als relative Atommasse oder in atomaren Masseneinheiten angegeben.

Beispiele:

$m(F) = 18{,}998\,403$ u
$m(Na) = 22{,}989\,77$ u

Da die atomare Masseneinheit (Einheitenzeichen: u) und die Bezugsgröße der relativen Atommasse (Formelzeichen: A_r) identisch sind, sind in beiden Fällen die Zahlen gleich groß.

---

* Système International d'Unités.
** Dalton, John, englischer Chemiker und Physiker; 1766 ... 1844.

Etwa 4/5 aller natürlichen chemischen Elemente sind Mischelemente, das heißt, ihre Atome ‹sind Isotopengemische. Als „Masse eines Atoms des Elementes" wird bei Mischelementen die durchschnittliche Masse der Atome des Isotopengemisches angegeben.

Beispiel:
Die Atome des Elements Chlor bestehen zu 75,77 % aus dem Isotop ^{35}Cl ($m(^{35}$Cl$) = 34,968853$ u) und zu 24,23 % aus dem Isotop ^{37}Cl ($m(^{37}$Cl$) = 36,965903$ u). Daraus resultiert für Chlor die durchschnittliche Masse eines Chlor-Atoms:

$$m_{med}(Cl)^* = 35,453 \text{ u} \quad \text{oder} \quad A_r(Cl) = 35,453$$

Die Massen zusammengesetzter Teilchen können durch Addition der Massen der in ihnen enthaltenen Atome bestimmt werden.

Beispiel: [**]
$$m(CuSO_4) = m(Cu) + m(S) + 4 \cdot m(O) = 63,546 \text{ u} + 32,066 \text{ u} + 4 \cdot 15,9994 \text{ u} = 159,610 \text{ u}$$

Die gleiche Rechnung kann ebenso auch mit den relativen Atommassen zur Ermittlung der relativen Molekülmassen (Formelzeichen: M_r) durchgeführt werden, also z. B.:

$$M_r(H_2O) = 2 \cdot A_r(H) + A_r(O) = 2 \cdot 1,00794 + 15,9994 = 18,0153$$

Für elektrisch geladene Teilchen (Ionen) besteht die Absprache, daß die Veränderungen der Teilchenmasse durch fehlende oder zusätzliche Elektronen nicht berücksichtigt wird.

5.1.4 Teilchenzahl und Stoffmenge — Avogadro-Konstante

Die chemische Umsetzung von Eisen und Schwefel erfolgt nach der Reaktionsgleichung:

$$Fe + S \rightarrow FeS$$

Will man Eisen und Schwefel vollständig umsetzen, so ist es nötig, die Eisen- und Schwefelportion so zu bemessen, daß gleich viele Atome Eisen und Atome Schwefel vorliegen.

> Die Teilchenzahl (Formelzeichen: N) gibt die Anzahl der Teilchen (Atome, Moleküle, Ionen, Atomgruppen u. a.) in einer Stoffportion an.

Für die Bildung von Eisen(II)-sulfid gilt gemäß der Reaktionsgleichung:

$$N(Fe) = N(S) = N(FeS)$$

$N(Fe)$, z. B., wird gelesen: „Teilchenzahl von Eisen(-Atomen)" oder kürzer „N von Fe". Aus den Stoffportionen der drei unterschiedlichen Gemische von Versuch 8 (vgl. S. 84) können mittels der Atommassen von Eisen ($m(Fe) = 55,847$ u) und Schwefel ($m(S) = 32,066$ u) die Teilchenzahlen berechnet werden:

Gemisch	1	2	3
Eisen Schwefel	$N_1(Fe) = 1,68 \cdot 10^{23}$ $N_1(S) = 0,82 \cdot 10^{23}$	$N_2(Fe) = 1,37 \cdot 10^{23}$ $N_2(S) = 1,37 \cdot 10^{23}$	$N_3(Fe) = 1,00 \cdot 10^{23}$ $N_3(S) = 2,01 \cdot 10^{23}$

---

* med = mittel, medial.

** Die Teilchenmassen dürfen nur mit maximal so vielen Dezimalstellen angegeben werden, wie diese bei allen zu addierenden Atommassen bekannt sind. Die Summen sind deshalb entsprechend gerundet.

Mit derartig großen Teilchenzahlen wird in der Chemie nur in Ausnahmefällen gerechnet. Den Umgang mit großen Zahlen kann man durch geeignete große Einheiten erleichtern. In der Chemie rechnet man mit der *Stoffmenge*.

> Die Stoffmenge (Formelzeichen: *n*) gibt die Anzahl der Teilchen in einer Stoffportion in Mol (Einheitenzeichen: mol) an.

Die Stoffmenge wird wie folgt definiert:
„Das Mol ist die Stoffmenge eines Systems, das aus ebensoviel Einzelteilchen besteht, wie Atome in 0,012 Kilogramm des Kohlenstoffnuklids ^{12}C enthalten sind".[*] Diese Definition führt zu der Frage, wie viele Teilchen denn nun ein Mol sind.
- Ein Mol des Kohlenstoffnuklids ^{12}C hat die Masse von 12 g.
- Ein Atom des Kohlenstoffnuklids ^{12}C hat die Masse von 12 u.

Bezeichnet man die Anzahl der Teilchen, die ein Mol ergeben, mit N_0, so kann man die beiden Aussagen als Gleichungen schreiben:

$$N_0 \cdot m(^{12}C) = 12 \text{ g}$$
$$1 \cdot m(^{12}C) = 12 \text{ u}$$

Bildet man den Quotienten der beiden Gleichungen, so erhält man:

$$N_0 = 1 \frac{g}{u}$$

Die Zahl N_0 ist heute mit $N_0 = 6,022045 \cdot 10^{23}$ bekannt. Sie wird manchmal noch *Loschmidtsche*[**] *Zahl* genannt.

> Die Avogadro[***]-Konstante (Formelzeichen: N_A) ist der Quotient aus der Teilchenzahl und der Stoffmenge einer Stoffportion.

$$N_A = \frac{N_i(X)}{n_i(X)} = 6,022045 \cdot 10^{23} \text{ mol}^{-1}$$

Mit der Avogadro-Konstanten kann für eine Stoffportion aus der Teilchenzahl die Stoffmenge und umgekehrt ausgerechnet werden. Für die drei Gemische von Versuch 8 (vgl. S. 84) ergeben sich somit die Stoffmengen:

Gemisch	1	2	3
Eisen Schwefel	$n_1(Fe) = 0,279$ mol $n_1(S) = 0,137$ mol	$n_2(Fe) = 0,227$ mol $n_2(S) = 0,228$ mol	$n_3(Fe) = 0,167$ mol $n_3(S) = 0,334$ mol

---

[*] 14. Conférence Générale des Poids et Mesures, 1971.
[**] Loschmidt, Josef, österreichischer Physiker; 1821 ... 1895. Ihm gelang 1865 die erste Berechnung dieser Zahl.
[***] Avogadro, Amadeo Graf von Quaregna und Ceretti, italienischer Physiker; 1776 ... 1856.

Der Zahlenwert der Avogadro-Konstanten ist der Umrechungsfaktor für Gramm in atomare Masseneinheiten und umgekehrt:

$$1\,g = \{N_A\}\,u^* \qquad \text{und} \quad 1\,u = \frac{1}{\{N_A\}}\,g$$

$$1\,g = 6,022\,045 \cdot 10^{23}\,u \qquad 1\,u = \frac{1}{6,022\,045 \cdot 10^{23}}\,g$$

$$= 1,660\,565\,5 \cdot 10^{-24}\,g$$

Beispiele:

$$m(\text{Na}) = 22,989\,77\,u = \frac{22,989\,77}{6,022\,045 \cdot 10^{23}}\,\frac{u \cdot g}{u} = 38,176\,018 \cdot 10^{-24}\,g$$

$$m(\text{Al}) = 44,804\,61 \cdot 10^{-24}\,g = 44,804\,61 \cdot 10^{-24} \cdot 6,022\,045 \cdot 10^{23}\,\frac{g \cdot u}{g} = 26,981\,54\,u$$

5.1.5 Die molare Masse

Die *molare Masse* (Formelzeichen: M) ist die stoffmengenbezogene Masse:

$$M(\text{X}) = \frac{m_i}{n_i(\text{X})} \qquad \left(\text{Einheit: } \frac{g}{mol}\right)$$

Der Index i weist darauf hin, daß Masse und Stoffmenge Größen derselben Stoffportion (i) sein müssen. Bei der molaren Masse und der Stoffmenge muß zusätzlich noch gekennzeichnet sein, auf welche Teilchen X sich beide Größen beziehen.

Die molaren Massen sind Stoffkonstanten. Die molaren Massen der Elemente können der Tabelle A1 (vgl. S. 286 ff.) entnommen werden. Die molaren Massen von zusammengesetzten Teilchen (Molekülen, Ionen, Atomgruppen) können durch Addition der molaren Massen der enthaltenen Atome gebildet werden.

Die molare Masse eines Stoffes kann über seine Teilchenmasse berechnet werden, denn es gilt:

$$M(\text{X}) = m(\text{X}) \cdot N_A$$

Beispiel:

$$M(\text{Al}) = m(\text{Al}) \cdot N_A = 44,804\,61 \cdot 10^{-24} \cdot 6,022\,045 \cdot 10^{23}\,\frac{g}{mol}$$

$$= 26,981\,54\,\frac{g}{mol}$$

Geht man bei obiger Rechnung nicht von der Teilchenmasse in Gramm, sondern in atomaren Masseneinheiten aus, so erhält man:

$$M(\text{Al}) = \frac{26,981\,54}{6,022\,045 \cdot 10^{23}} \cdot 6,022\,045 \cdot 10^{23}\,\frac{u \cdot g}{u \cdot mol} = 26,981\,54\,\frac{g}{mol}$$

Dabei kürzt sich der Zahlenwert der Avogadro-Konstanten heraus und es gilt folgende Aussage:

> Der Zahlenwert der molaren Masse, gemessen in g/mol, ist gleich dem Zahlenwert der Teilchenmasse, gemessen in u.

Mit der molaren Masse kann von der Masse einer Stoffportion ihre Stoffmenge bzw. umgekehrt berechnet werden.

---

* Geschweifte Klammern um ein Formelzeichen bezeichnen den Zahlenwert der Größe, also die Größe ohne ihre Einheit.

Beispiel 1:

Eine Aluminiumplatte wiegt 425 g. Welche Stoffmenge ist das?

$$n(Al) = \frac{m}{M(Al)} = \frac{425}{26,981\,54}\,\frac{g \cdot mol}{g} = 15,75\ mol$$

Beispiel 2:

Welche Masse hat die Stoffmenge $n(FeS) = 0,227$ mol?

$$m(FeS) = n(FeS) \cdot M(FeS) = 0,227 \cdot 87,913\,\frac{mol \cdot g}{mol} = 19,96\ g$$

5.2 Die Berechnung der Masse bei chemischen Reaktionen

Bei einer chemischen Reaktion ist es wichtig, daß die richtigen Stoffportionen der Reaktionspartner zusammengebracht werden. Mit Hilfe der Stöchiometrie* können die miteinander reagierenden Stoffportionen berechnet werden.

5.2.1 Die stöchiometrische Beziehung

Die Berechnung der Stoffportionen, die an einer chemischen Umsetzung beteiligt sind, basiert auf der Reaktionsgleichung. Die Reaktion des Kupfers mit Sauerstoff beim Glühen verläuft nach:

$$2\,Cu + O_2 \longrightarrow 2\,CuO$$

Zwei Atome Kupfer reagieren mit einem Molekül Sauerstoff zu zwei Formeleinheiten Kupfer(II)-oxid. Demnach ist:

$$N(Cu) = 2\ N(O_2) \quad \text{oder} \quad n(Cu) = 2 \cdot n(O_2)$$

> Die stöchiometrische Beziehung ist das Verhältnis der Stoffmengen der an einer chemischen Reaktion beteiligten Stoffportionen.

Die stöchiometrische Beziehung basiert auf einer (mehrgliedrigen) Proportion, hier:

$$n(Cu) : n(O_2) : n(CuO) = 2 : 1 : 2$$

Daraus können die stöchiometrischen Beziehungen der an der Reaktion beteiligten Stoffportionen aufgestellt werden, z. B.:

$$n(O_2) = \frac{1}{2} \cdot n(Cu)$$

5.2.2 Die Ausführung der stöchiometrischen Berechnung

> Die Berechnung der Massen der an chemischen Reaktionen beteiligten Stoffportionen erfolgt in drei Schritten:
>
> 1. Die Masse der gegebenen Stoffportion wird mit Hilfe der molaren Masse dieses Stoffes auf die Stoffmenge umgerechnet.
> $$m(x) \xrightarrow[M(x)]{} n(x)$$
>
> 2. Mit der stöchiometrischen Beziehung (st. B.), die sich aus der Reaktionsgleichung ergibt, wird von der Stoffmenge der gegebenen Stoffportion auf die Stoffmenge der gesuchten Stoffportion umgerechnet.
> $$n(x) \xrightarrow[\text{st. B.}]{} n(y)$$
>
> 3. Die Stoffmenge der gesuchten Stoffportion wird mit Hilfe der molaren Masse dieses Stoffes auf die Masse umgerechnet.
> $$n(y) \xrightarrow[M(y)]{} m(y)$$

---

* stoicheion (griechisch) Grundstoff, Element; metron (griechisch) Maß.

Die Ausführung wird an den folgenden Beispielen verdeutlicht:

Beispiel 1:
Welche Masse hat die Schwefel-Portion, die vollständig mit einer Eisen-Portion, deren Masse 25 g beträgt, reagiert?
Reaktionsgleichung: $Fe + S \longrightarrow FeS$ (vgl. Abschnitt 5.1.4)
Lösung:
Gegeben: $m(Fe) = 25$ g $\qquad\qquad\qquad$ Gesucht: $m(S)$
$\qquad\qquad M(Fe) = 55,847$ g/mol
$\qquad\qquad M(S) = 32,066$ g/mol
Berechnung:

$$m(Fe) \xrightarrow{\;①\;} n(Fe) \xrightarrow{\;②\;} n(S) \xrightarrow{\;③\;} m(S)$$
$$\overline{M(Fe)} \qquad\quad \overline{st.\,B.} \qquad\quad \overline{M(S)}$$

$①\,n(Fe) = \dfrac{m(Fe)}{M(Fe)}$ $\qquad$ $②\,n(S) = n(Fe)$ $\qquad$ $③\,m(S) = n(S) \cdot M(S)$

$\qquad\qquad\qquad\qquad\qquad n(S) = 0,448$ mol $\qquad m(S) = 0,448 \cdot 32,066 \dfrac{mol \cdot g}{mol}$

$\quad n(Fe) = \dfrac{25}{55,847} \dfrac{g \cdot mol}{g}$ $\qquad\qquad\qquad\qquad\quad m(S) = 14,4$ g

$\quad n(Fe) = 0,448$ mol

Die Berechnung kann man auch folgendermaßen zusammenfassen:

$$\dfrac{m(Fe) \overset{①}{\vdots} 1 \overset{②}{\vdots} M(S) \overset{③}{\rfloor}}{M(Fe) \,\vert\, \quad \vert} = m(S) = \dfrac{25}{55,847} \overset{①}{\vdots} 1 \overset{②}{\vdots} 32,066}{} \dfrac{g \cdot mol}{g} \overset{①}{\vdots} 1 \overset{②}{\vdots} \dfrac{g}{mol} \overset{③}{\rfloor} = 14,4 \text{ g}$$

Beispiel 2:
Auf aluminothermem Wege sollen 125 g Eisen hergestellt werden. Welche Masse von Magnetit (Fe_3O_4) und welche Masse von Aluminium müssen (als Pulver vermischt) zur Reaktion gebracht werden?[*]
Reaktionsgleichung: $3\,Fe_3O_4 + 8\,Al \longrightarrow 9\,Fe + 4\,Al_2O_3$ (vgl. Abschnitt 1.2.1).
Lösung:
Gegeben: $m(Fe) = 125$ g $\qquad\qquad\qquad$ Gesucht: $m(Fe_3O_4)$
$\qquad\quad M(Fe) = 55,847$ g/mol $\qquad\qquad\qquad\qquad m(Al)$
$\qquad\quad M(Fe_3O_4) = 231,54$ g/mol
$\qquad\quad M(Al) = 26,981\,54$ g/mol

stöchiometrische Beziehungen: $n(Fe_3O_4) = \dfrac{1}{3} \cdot n(Fe)$ $\qquad$ $n(Al) = \dfrac{8}{9} \cdot n(Fe)$

$$m(Fe) \xrightarrow{\;①\;} n(Fe) \xrightarrow{\;②a\;} n(Fe_3O_4) \xrightarrow{\;③a\;} m(Fe_3O_4)$$
$$\overline{M(Fe)} \qquad\quad \overline{st.\,B.} \qquad\qquad \overline{M(Fe_3O_4)}$$

$$m(Fe) \xrightarrow{\;①\;} n(Fe) \xrightarrow{\;②b\;} n(Al) \xrightarrow{\;③b\;} m(Al)$$
$$\overline{M(Fe)} \qquad\quad \overline{st.\,B.} \qquad\quad \overline{M(Al)}$$

$$\dfrac{m(Fe) \overset{①}{\vdots} 1 \overset{②a}{\vdots} M(Fe_3O_4) \overset{③a}{\rfloor}}{M(Fe) \,\vert\, 3 \,\vert} = m(Fe_3O_4) = \dfrac{125 \overset{①}{\vdots} 1 \overset{②a}{\vdots} 231,54}{55,847 \,\vert\, 3 \,\vert} \dfrac{g \cdot mol}{g} \overset{①}{\vdots} 1 \overset{②a}{\vdots} \dfrac{g}{mol} \qquad m(Fe_3O_4) = 172,75 \text{ g}$$

$$\dfrac{m(Fe) \overset{①}{\vdots} 8 \overset{②b}{\vdots} M(Al) \overset{③b}{\rfloor}}{M(Fe) \,\vert\, 9 \,\vert} = m(Al) = \dfrac{125 \overset{①}{\vdots} 8 \overset{②b}{\vdots} 26,981\,54}{55,847 \,\vert\, 9 \,\vert} \dfrac{g \cdot mol}{g} \overset{①}{\vdots} 1 \overset{②b}{\vdots} \dfrac{g}{mol} \qquad m(Al) = 53,68 \text{ g}$$

---

[*] Diese Reaktion kann als Lehrerversuch vorgeführt werden. Sie muß aber unbedingt — auch bei Anwendung kleinerer Mengen — im Freien und mit großem Sicherheitsabstand von brennbaren und hitzeempfindlichen Objekten durchgeführt werden! Zündung mit Zündpille und Zündschnur!

5.3 Größen und Einheiten beim chemischen Rechnen (Teil II)

5.3.1 Das molare Volumen

Das *molare Volumen* (Formelzeichen: V_m) ist wie die molare Masse stoffmengenbezogen:

$$V_m(X) = \frac{V_i}{n_i(X)} \quad \left(\text{Einheiten: } \frac{cm^3}{mol}, \frac{ml}{mol}, \frac{l}{mol}\right)$$

> Die molaren Volumen sind Stoffkonstanten. Das molare Volumen aller Stoffe ist temperaturabhängig, das der Gase zusätzlich stark druckabhängig.

Mit dem molaren Volumen kann für eine Stoffportion aus dem Volumen die Stoffmenge und umgekehrt ausgerechnet werden.
Bei stöchiometrischen Berechnungen wird das molare Volumen bei festen und flüssigen Stoffen im allgemeinen nur ganz selten benötigt. Bei Gasen wird dagegen fast immer direkt mit den molaren Volumen gerechnet.

5.3.2 Die Stoffmengenkonzentration

Viele chemische Reaktionen verlaufen in Lösungen. In einer *echten* Lösung" liegt eine homogene Mischung des gelösten Stoffes mit einem anderen Medium, dem Lösemittel, vor.
Als *Konzentration* bezeichnet man alle Zusammensetzungsangaben, die sich auf das Volumen [$V(L)$] einer Lösung beziehen.
Die *Massenkonzentration* [Formelzeichen: $\beta(X)$] gibt die Masse eines Stoffes [$m(X)$] im Volumen [$V(L)$] einer Lösung an:

$$\beta(X) = \frac{m(X)}{V(L)} \quad \text{(Einheiten: g/l, mg/l oder µg/l)}$$

Die Massenkonzentration wird zur Beschreibung technisch wichtiger Lösungen (z. B. in der Galvanotechnik und bei photographischen Prozessen), aber auch im Umweltschutz verwendet.

Die *Stoffmengenkonzentration* [Formelzeichen: $c(X)$] gibt die Stoffmenge [$n(X)$] im Volumen [$V(L)$] einer Lösung an:

$$c(X) = \frac{n(X)}{V(L)}$$

Die übliche Einheit der Stoffmengenkonzentration ist mol/l, bei geringen Konzentrationen auch mmol/l und µmol/l. In der Chemie ist die Angabe von Stoffmengenkonzentrationen bei Lösungen, besonders in der *Maßanalyse (Titrimetrie),* sehr gebräuchlich.

Beispiel 1:
0,25 l Natronlauge enthalten 0,5 mol Natriumhydroxid. Dann ist die Stoffmengenkonzentration:

$$c(NaOH) = \frac{0,5 \text{ mol}}{0,25 \text{ l}} = 2,0 \text{ mol/l}$$

---

* Unechte Lösungen sind mehr oder weniger gleichmäßig verteilte kleine bis kleinste Partikel eines festen oder flüssigen Stoffes in einem Lösemittel (Dispersion, Emulsion, Suspension, Kolloide).

Beispiel 2:

142,5 g Magnesiumchlorid werden in Wasser gelöst und zu 5 l fertiger Lösung (L) gebracht. Wie groß ist die Stoffmengenkonzentration?

$$\beta(MgCl_2) = \frac{142,5 \text{ g}}{5 \text{ l}} = 28,5 \text{ g/l}, \quad c(MgCl_2) = \frac{\beta(MgCl_2)}{M(MgCl_2)} = \frac{28,5}{95,21} \frac{\text{g} \cdot \text{mol}}{\text{l} \cdot \text{g}}$$

$$c(MgCl_2) = 0,30 \text{ mol/l}$$

oder:

$$n(MgCl_2) = \frac{m(MgCl_2)}{M(MgCl_2)}, \quad c(MgCl_2) = \frac{m(MgCl_2)}{M(MgCl_2) \cdot V(L)} = \frac{142,5}{95,21 \cdot 5} \frac{\text{g} \cdot \text{mol}}{\text{g} \cdot \text{l}}$$

$$c(MgCl_2) = 0,30 \text{ mol/l}$$

5.4 Das Verhalten der Gase

5.4.1 Der Normzustand

Bei Gasen besteht ein (praktisch) allgemeingültiger Zusammenhang zwischen den einzelnen Zustandsgrößen (Volumen, Druck und Temperatur). Eine Gasportion ist erst vollständig und eindeutig beschrieben, wenn diese drei Zustandsgrößen bekannt sind. Deshalb gibt man die Daten der Gase meist im *Normzustand* an:

> Das Normvolumen (Formelzeichen: V_n) ist das Volumen bei der Normtemperatur $\vartheta_n = 0\,°C \triangleq T_n = 273,15 \text{ K}$ und dem Normdruck $p_n = 1013,25 \text{ mbar}$.

5.4.2 Ideale und reale Gase

Man kann sich ein Gas vorstellen, bei dem das Volumen der Gasteilchen im Verhältnis zum Gesamtvolumen des Gases vernachlässigbar gering ist und dessen Teilchen sich bei ihren Bewegungen gegenseitig nicht beeinflussen. Ein solches Gas wird *ideales* Gas genannt. Es gehorcht exakt allen nachfolgenden Gasgesetzen.

In der Praxis liegen sogenannte *reale Gase* vor. Bei allen realen Gasen muß im Verhalten mit Abweichungen von den Gasgesetzen gerechnet werden. Wendet man bei realen Gasen die nur für ideale Gase streng gültigen Gasgesetze an, so entstehen Ungenauigkeiten. Reale Gase kommen dem Ideal um so näher, je kleiner und leichter ihre Teilchen sind, je symmetrischer sie aufgebaut sind und je weiter ihr Zustand vom Verflüssigungspunkt entfernt ist.

5.4.3 Das Avogadrosche Gesetz

Avogadro formulierte 1811 den nach ihm benannten Satz, der im vorigen Jahrhundert für die Bestätigung der Atomtheorie wichtig war:

> Gleiche Anzahl Teilchen aller (idealen) Gase nehmen unter gleichen Bedingungen den gleichen Raum ein.

Aus diesem Satz wird eine quantitative Aussage, wenn eine bestimmte Anzahl Teilchen bei festgelegten Bedingungen betrachtet wird, oder wenn bei festgelegten Bedingungen der Quotient aus Volumen und Stoffmenge gebildet wird:

> Ein Mol aller (idealen) Gase im Normzustand nimmt 22,414 l ein.
> Das molare Normvolumen idealer Gase ist $V_{m,0} = 22,414 \text{ l/mol}$.

Mit Hilfe des *molaren Normvolumens* kann man von einer Gasportion, deren molare Masse (d.h. deren Formel) man kennt, aus der Masse das Normvolumen und umgekehrt berechnen:

$$m(\text{Gas}) \xleftarrow[M(\text{Gas})]{} n(\text{Gas}) \xrightarrow[V_{m,0}]{} V_n(\text{Gas})$$

Beispiel 1:

Welches Normvolumen haben 15 g Hydrogenchlorid (HCl)?

Lösung:

Gegeben: $m(\text{HCl}) = 15$ g $\qquad\qquad$ Gesucht: $V_n(\text{HCl})$

$\qquad\qquad M(\text{HCl}) = 36{,}461$ g/mol

$$m(\text{HCl}) \xrightarrow[M(\text{HCl})]{①} n(\text{HCl}) \xrightarrow[V_{m,0}]{②} V_n(\text{HCl})$$

$$\frac{m(\text{HCl}) \overset{①}{\vdots} V_{m,0} \overset{②}{}}{M(\text{HCl})} = V_n(\text{HCl}) = \frac{15}{36{,}461} \;\bigg|\; \frac{22{,}414}{} \quad \frac{g \cdot mol}{g} \;\bigg|\; \frac{l}{mol} = 9{,}22 \text{ l}$$

Beispiel 2:

Welche Masse hat eine Phosphin-Portion (PH_3), die im Normzustand das Volumen von 50 ml einnimmt?

Lösung:

Gegeben: $V_n(PH_3) = 50$ ml $\qquad\qquad$ Gesucht: $m(PH_3)$

$\qquad\qquad M(PH_3) = 33{,}998$ g/mol

$$V_n(PH_3) \xrightarrow[V_{m,0}]{①} n(PH_3) \xrightarrow[M(PH_3)]{②} m(PH_3)$$

$$\frac{V_n(PH_3) \overset{①}{\vdots} M(PH_3) \overset{②}{}}{V_{m,0}} = m(PH_3) = \frac{50}{22{,}414} \;\bigg|\; \frac{33{,}998}{} \quad \frac{ml \cdot mol}{l} \;\bigg|\; \frac{g}{mol} = 75{,}8 \text{ mg}$$

Bei derartigen Berechnungen wird üblicherweise das molare Normvolumen der idealen Gase zugrunde gelegt. Dabei muß man sich jedoch der Tatsache bewußt sein, daß man es eigentlich mit realen Gasen zu tun hat und dieses Berechnungsverfahren folglich mit einer gewissen Ungenauigkeit behaftet ist. Werden also besonders exakte Ergebnisse gewünscht, müssen anstelle des molaren Normvolumens idealer Gase ($V_{m,0}$) die molaren Normvolumen der einzelnen realen Gase ($V_{m,n}$) eingesetzt werden. Sie sind aus Tabelle A2, S. 283 ersichtlich.

5.4.4 Das Boyle-Mariottesche Gesetz

Die Gesetzmäßigkeit, nach der eine Gasportion ihr Volumen ändert, wenn ihr Druck verändert wird (und umgekehrt), ist ein rein physikalischer Zusammenhang.

R. Boyle* und E. Mariotte** erkannten, daß bei einer Gasportion, deren Temperatur sich nicht ändert, Druck und Volumen einander umgekehrt proportional sind: Je größer der Druck, desto kleiner das Volumen.

Das Boyle-Mariottesche Gesetz hat folgende Fassung: $p_1 \cdot V_1 = p_2 \cdot V_2$ bei $\vartheta = $ konst.

---

* Boyle, Robert, englischer Chemiker; 1627 ... 1691.

** Mariotte, Edme, französischer Physiker; ca. 1620 ... 1684.

5.4.5 Das Gay-Lussac-Kelvinsche Gesetz

Genau genommen sind es zwei Gesetze, die von J. L. Gay-Lussac* aufgestellt und von Lord Kelvin** erweitert und verallgemeinert wurden. Sie beschreiben entweder bei unverändertem Druck die Abhängigkeit des Volumens von der Temperatur oder bei unverändertem Volumen die Abhängigkeit des Gasdrucks von der Temperatur.

Das Gay-Lussac-Kelvinsche Gesetz hat folgende Fassung:

$$\frac{V_1}{T_1} = \frac{V_2}{T_2} \quad \text{bei } p = \text{konst.}$$

Hält man bei einer Temperaturveränderung das Volumen konstant, so verändert sich im gleichen Maße der Druck:

$$\frac{p_1}{T_1} = \frac{p_2}{T_2} \quad \text{bei } V = \text{konst.}$$

Mit dem Boyle-Mariotteschen und dem Gay-Lussac-Kelvinschen Gesetz liegen die Gleichungen für die Änderung aller drei Zustandsgrößen — Volumen, Druck und Temperatur — vor, aber jeweils mit der Einschränkung, daß eine der Zustandsgrößen unverändert bleibt.

5.4.6 Die allgemeine Zustandsgleichung

Eine Gleichung, die alle drei Zustandsgrößen einer Gasportion erfaßt und die es ermöglicht, von einem Zustand auf einen beliebigen anderen Zustand umzurechnen, erhält man durch Kombination des Boyle-Mariotteschen und des Gay-Lussac-Kelvinschen Gesetzes.

Allgemeine Zustandsgleichung für ideale Gase: $\dfrac{p_1 \cdot V_1}{T_1} = \dfrac{p_2 \cdot V_2}{T_2}$

Bei stöchiometrischen Berechnungen ist meist der eine Zustand der Normzustand, so daß dafür der Index n gesetzt werden kann. Der andere, beliebige Zustand bedarf dann keiner besonderen Kennzeichnung mehr.

$$\frac{p_n \cdot V_n}{T_n} = \frac{p \cdot V}{T}$$

5.4.7 Die molare (allgemeine) Gaskonstante

Wenn man anstatt V_n in die für stöchiometrische Berechnungen zugeschnittene Zustandsgleichung $n \cdot V_{m,0}$ einsetzt, so erhält man mit der Gleichung

$$n \cdot \frac{p_n \cdot V_{m,0}}{T_n} = \frac{p \cdot V}{T}$$

eine Gleichung, in der die drei Größen p_n, T_n und $V_{m,0}$ Konstanten sind, die eine neue Konstante ergeben:

$$\frac{p_n \cdot V_{m,0}}{T_n} = R = 83,1441 \frac{\text{mbar} \cdot \text{l}}{\text{K} \cdot \text{mol}}$$

Diese Konstante R wird *molare Gaskonstante* genannt.

Setzt man die molare Gaskonstante in die Zustandsgleichung ein, erhält man:

$$n \cdot R = \frac{p \cdot V}{T} \quad \text{meist umgestellt zu:} \quad p \cdot V = n \cdot R \cdot T$$

---

* Gay-Lussac, Joseph Louis, französischer Chemiker und Physiker; 1778 ... 1850.
** Thomson, William, ab 1892 Lord Kelvin of Larges, britischer Physiker; 1824 ... 1907.

5.5 Die stöchiometrische Berechnung von Gasvolumen

5.5.1 Stöchiometrische Berechnungen mit Gas-Normvolumen

Ob mit dem molaren Normvolumen des idealen Gases $V_{m,0} = 22,414$ l/mol gerechnet werden kann, oder ob das individuelle molare Normvolumen des realen Gases X, $V_{m,n}(X)$ (vgl. Tabelle A2, S. 283), einzusetzen ist, hängt davon ab, wie weit das reale Gas vom Idealverhalten entfernt ist und welche Genauigkeitsanforderung an die Berechnung gestellt wird.

Beispiel:

Welches Normvolumen von Schwefeldioxid entsteht, wenn 10,0 g Schwefel verbrannt werden?
Reaktionsgleichung: $S + O_2 \longrightarrow SO_2$
Lösung: Ⓐ mit $V_{m,0}$
Gegeben: $m(S) = 10,0$ g   Gesucht: $V_n(SO_2)$
          $M(S) = 32,066$ g/mol
stöchiometrische Beziehung: $n(SO_2) = n(S)$

$$m(S) \xrightarrow[\underset{M(S)}{}]{①} n(S) \xrightarrow[\underset{st.\,B.}{}]{②} n(SO_2) \xrightarrow[\underset{V_{m,0}}{}]{③} V_n(SO_2)$$

$$\overset{①\ ②}{\underset{M(S)}{\frac{m(S)}{}} \cdot 1 \cdot V_{m,0}} \overset{③}{=} V_n(SO_2) = \frac{10,0 \cdot 1 \cdot 22,414}{32,066} \ \frac{g \cdot mol \cdot 1 \cdot l}{g \cdot mol} \qquad V_n(SO_2) = 6,99 \ l$$

Lösung: Ⓑ mit $V_{m,n}(SO_2) = 21,89$ l/mol
Wie Lösung Ⓐ, nur wird statt $V_{m,0}$ jetzt $V_{m,n}(SO_2)$ eingesetzt:
$V_{n,real}(SO_2) = 6,83$ l
Die Abweichung zu Lösung Ⓐ beträgt 2,3%. Das ist sehr viel, weil Schwefeldioxid weit vom Idealgas abweicht.

5.5.2 Berechnungen mit der Zustandsgleichung

Mit Hilfe der *allgemeinen Zustandsgleichung* lassen sich Gasportionen von einem beliebigen Zustand in einen anderen umrechnen.

$$\frac{p_1 \cdot V_1}{T_1} = \frac{p_2 \cdot V_2}{T_2}$$

Wenn mit dem Normvolumen der Gase gerechnet wird, ist einer der beiden Zustände immer der Normzustand. Es ist dann zweckmäßig, mit der auf die Stöchiometrie zugeschnittenen Zustandsgleichung zu rechnen:

$$\frac{p \cdot V}{T} = \frac{p_n \cdot V_n}{T_n}$$

Beispiel:
Welches Volumen nimmt bei 30 °C und 980 mbar eine Schwefeldioxid-Portion ein, deren Normvolumen 6,99 l beträgt?
Lösung:
Gegeben: $V_n(SO_2) = 6,99$ l   Gesucht: $V(SO_2)$
          $p = 980$ mbar
          $\vartheta = 30\,°C \triangleq T = 303,15$ K

$$V(SO_2) = \frac{V_n(SO_2) \cdot p_n \cdot T}{T_n \cdot p} = \frac{6,99 \cdot 1013,25 \cdot 303,15}{273,15 \cdot 980} \ \frac{l \cdot mbar \cdot K}{K \cdot mbar}$$

$V(SO_2) = 8,02$ l

5.5.3 Stöchiometrische Berechnungen mit der allgemeinen Gaskonstanten

Die Zustandsgleichung mit der allgemeinen Gaskonstanten

$$p \cdot V = n \cdot R \cdot T \quad \text{mit } R = 83{,}1441 \, \frac{\text{mbar} \cdot \text{l}}{\text{K} \cdot \text{mol}}$$

ermöglicht eine direkte Berechnung eines beliebigen Gaszustands aus der Stoffmenge der Gasportion und umgekehrt.

Beispiel:

200 g Marmor (Calciumcarbonat $CaCO_3$) werden in Salzsäure aufgelöst. Welches Volumen Kohlenstoff-dioxid bei 22 °C und 1 024 mbar entsteht dabei?
Reaktionsgleichung: $CaCO_3 + 2\,HCl \longrightarrow CaCl_2 + H_2O + CO_2$
Lösung:

Gegeben: $m(CaCO_3) = 200$ g   Gesucht: $V(CO_2)$
          $\vartheta = 22\ °C \triangleq T = 295{,}15$ K
          $p = 1\,024$ mbar
          $M(CaCO_3) = 100{,}087$ g/mol
          $R = 83{,}1441$ mbar $\cdot$ l/(K $\cdot$ mol)

stöchiometrische Beziehung: $n(CO_2) = n(CaCO_3)$

$$m(CaCO_3) \xrightarrow[\underset{M(CaCO_3)}{}]{①} n(CaCO_3) \xrightarrow[\underset{\text{st.B.}}{}]{②} n(CO_2) \xrightarrow[\underset{R}{}]{③} V(CO_2)$$

$$\frac{m(CaCO_3)}{M(CaCO_3)} \overset{①②}{\bigg|} \; 1 \; \bigg| \; \frac{R \cdot T}{p} \overset{③}{=} V(CO_2) = \frac{200}{100{,}087} \; \bigg| \; 1 \; \bigg| \; \frac{83{,}1441 \cdot 295{,}15}{1024} \; \frac{\text{g} \cdot \text{mol}}{\text{g}} \; \bigg| \; 1 \; \bigg| \; \frac{\text{mbar} \cdot \text{l} \cdot \text{K}}{\text{K} \cdot \text{mol} \cdot \text{mbar}}$$

$V(CO_2) = 47{,}9$ l

Anmerkung:

Über das molare Normvolumen (vgl. Abschnitt 5.4.1) und die allgemeine Zustandsgleichung (vgl. Abschnitt 5.4.6) gerechnet, wäre das Rechenschema:

$$m(CaCO_3) \xrightarrow[\underset{M(CaCO_3)}{}]{①} n(CaCO_3) \xrightarrow[\underset{\text{st.B.}}{}]{②} n(CO_2) \xrightarrow[\underset{V_{m,0}}{}]{③} V_n(CO_2) \xrightarrow[\underset{p,\,\vartheta}{}]{④} V(CO_2)$$

In dieses Rechenschema kann anstelle von $V_{m,0}$ aber auch $V_{m,n}(CO_2)$ eingesetzt und damit die Abweichung vom idealen Gas berücksichtigt werden. Man erhält dann $V_{real}(CO_2) = 47{,}6$ l.

5.6 Die Energie bei chemischen Reaktionen

5.6.1 Vorbemerkungen

Seit der Entdeckung des *Gesetzes von der Erhaltung der Energie* (1845)[*] weiß man, daß Energie nur in verschiedene Formen umgewandelt, nicht aber „gewonnen" oder „verloren" werden kann.

Jeder Stoff enthält unterschiedlich viel *innere Energie*. Werden bei chemischen Reaktionen Stoffe in andere umgewandelt, ist das immer mit einem Energieumsatz verbunden:

> Chemische Reaktionen laufen unter Energieumsatz ab.

---

[*] Mayer, Robert von, deutscher Arzt und Naturforscher; 1814 … 1878.

Versuch 9 Reaktion von Natrium mit Wasser

In eine mit Wasser gefüllte Glaswanne wird ein Stück metallisches Natrium gegeben. Es reagiert sofort heftig nach folgender Reaktion: $2\,Na + 2\,H_2O \longrightarrow 2\,NaOH + H_2$. Dabei erwärmt sich das Natrium bis über seine Schmelztemperatur ($\vartheta_m = 98\,°C$), es schmilzt. Ggf. entzündet es sich sogar und brennt mit gelber Flamme.

> Eine Reaktion ist exotherm*,
> wenn Energie abgegeben wird.

Versuch 10
Elektrolytische Zersetzung von Wasser

In einem *Hofmannschen*** *Zersetzungsapparat* wird Wasser, dem zur Erhöhung der elektrischen Leitfähigkeit etwas Schwefelsäure zugesetzt wurde, elektrolysiert. Solange elektrische Energie zugeführt wird, wird Wasser nach der Gleichung
$2\,H_2O \longrightarrow 2\,H_2 + O_2$ zersetzt. An der Katode entsteht Wasserstoffgas, an der Anode Sauerstoffgas (nach dem Avogadroschen Satz halb so viel Sauerstoff wie Wasserstoff).

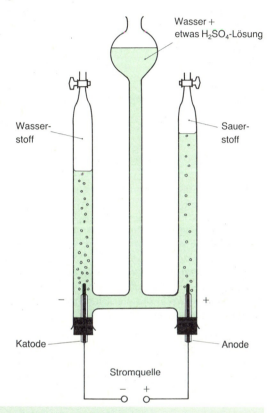

Abb. 5.1 Hofmannscher Zersetzungsapparat.

> Eine Reaktion ist endotherm***, wenn Energie aufgenommen wird.

5.6.2 Die Enthalpie

Die *Enthalpie****** eines Objekts ist im wesentlichen dessen innere Energie (Wärmeinhalt). Sie wird in der Einheit Joule (Einheitenzeichen: J) angegeben.
Praktisch interessiert bei einem Vorgang nie der absolute Wert der Enthalpie (Formelzeichen: H), sondern immer nur die Enthalpieänderung (Formelzeichen: ΔH). Schmelzen und Verdampfen sind z. B. Vorgänge, bei denen sich die Enthalpie des Objekts vergrößert. Sie laufen nur in dem Maße ab, wie Energie zugeführt wird.

---

   * exo- (griechisch) heraus, außen; therme (griechisch) Wärme, Hitze.
  ** Hofmann, August Wilhelm von, deutscher Chemiker; 1818 ... 1892.
 *** endon (griechisch) innen.
**** en- (griechisch) darin, hinein; thalpiao (griechisch) warm sein.

Innere Energie und Enthalpie unterscheiden sich nur um den relativ geringen Betrag der Volumenarbeit (Verdrängungsenergie). Die Vorzeichen der Enthalpiedifferenzen sind:
- positiv, also $\Delta H > 0$ bei Energieaufnahme (chemisch: *endotherm*);
- negativ, also $\Delta H < 0$ bei Energieabgabe (chemisch: *exotherm*).

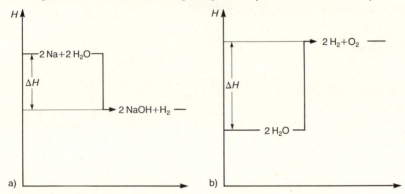

Abb. 5.2 Enthalpieänderung bei einer chemischen Reaktion;
a) exotherme Reaktion, b) endotherme Reaktion.

Die Schmelz- und Verdampfungsenthalpie(-Differenz) ist also immer positiv.

In der Chemie wird meist mit stoffmengenbezogenen Enthalpiedifferenzen gerechnet, also mit *molaren Enthalpiedifferenzen* in der Einheit kJ/mol (Formelzeichen ΔH_m). Der Index m (für molar) wird aber in der Praxis fast immer weggelassen.

Aus dem Energieerhaltungssatz folgt unmittelbar, daß die Umkehrung eines Vorgangs die entgegengesetzte Enthalpiedifferenz ergibt: Beim Erstarren und Kondensieren wird die Enthalpie des Objekts kleiner, es wird Energie abgegeben: ΔH ist negativ.

Schon 1840 wurde im *Hessschen Satz** formuliert: Bei allen chemischen Reaktionen ist die Reaktionsenergie nur vom Anfangs- und Endzustand der Reaktionsteilnehmer abhängig. Sie ist jedoch unabhängig vom Reaktionsweg.

Alle Enthalpien sind druck- und temperaturabhängig. Bei Angaben ohne besondere Nennung eines Zustands wird immer von Standard-Enthalpien ausgegangen.

> Die Standard-Enthalpie(differenz) ist mit der Temperatur von 25 °C und dem Druck 1013,25 mbar festgelegt ($p_{sta} (= p_n) = 1013,25$ mbar und $\vartheta_{std} = 25$ °C ($\widehat{=} T_{std} = 298,15$ K)).

5.6.3 Die Bildungsenthalpie

Man kann sich jede chemische Verbindung — unabhängig davon, ob dieser Weg in der Praxis sinnvoll und möglich ist oder nicht — aus ihren Elementen entstanden denken.

Beispiele:**

$$Fe + S \longrightarrow FeS \qquad\qquad Na + \frac{1}{2}Cl_2 \longrightarrow NaCl$$

$$H_2 + \frac{1}{2}O_2 \longrightarrow H_2O \qquad\qquad 3C + 4H_2 \longrightarrow C_3H_8$$

---

* Hess, Germain Henri, Chemieprofessor in Petersburg; 1802 ... 1850.

** Die Bildungsreaktionen sind so geschrieben, daß immer eine Formeleinheit des gebildeten Stoffes entsteht.

Die Standard-Bildungsenthalpie ist die Enthalpiedifferenz bei der Bildung der Verbindung aus den Elementen (Formelzeichen ΔH_B). Alle Elemente selbst haben die Bildungsenthalpie Null.

Es werden immer die *molaren* (= stoffmengenbezogenen) *Standard-Bildungsenthalpien* angegeben. In den obenstehenden Beispielen betragen sie:

$\Delta H_B (FeS) = -100,5 \text{ kJ/mol}$ $\Delta H_B (NaCl) = -411 \text{ kJ/mol}$
$\Delta H_B (H_2O) = -286 \text{ kJ/mol}$ $\Delta H_B (C_3H_8) = -104 \text{ kJ/mol}$

Alle Stoffe werden dabei, wenn nicht anders angegeben, in dem Aggregatzustand eingesetzt, in dem sie sich im Standardzustand normalerweis befinden.
Die Bildungsenthalpien sind zugleich auch ein Maß für die Stabilität einer Verbindung: Je größer die Bildungsenthalpie ist, desto mehr Energie wird beim Zerfall des Stoffes freigesetzt. Je kleiner (unter Null) sie ist, desto mehr Energie muß zugeführt werden, um ihn zu zerlegen.

5.6.4 Die Reaktionsenthalpie

Die Energieänderung, die bei der Bildung von Stoffen aus Verbindungen (und ggf. Elementen) auftritt, ist die *Reaktionsenthalpie* (Formelzeichen: ΔH_R).

Beispiele:
$CaCO_3 \longrightarrow CaO + CO_2$ $\Delta H_R = 178 \text{ kJ/mol}$
$Fe_2O_3 + 2\,Al \longrightarrow 2\,Fe + Al_2O_3$ $\Delta H_R = -852 \text{ kJ/mol}$

Die Reaktionsenthalpie ist die Enthalpiedifferenz zwischen den entstehenden Stoffen und den Ausgangsstoffen.
Sie ist positiv ($\Delta H_R > 0$) bei endothermen Reaktionen, und
sie ist negativ ($\Delta H_R < 0$) bei exothermen Reaktionen.

Es muß beachtet werden, daß die Reaktionsenthalpie sich auf die Quantitäten der Stoffe bezieht, die die Reaktionsgleichung beschreibt.

Beispiel:
$4\,FeS_2 + 11\,O_2 \longrightarrow 2\,Fe_2O_3 + 8\,SO_2$ $\Delta H_R = -3312 \text{ kJ/mol}$
Das bedeutet: Wenn 4 mol Pyrit (FeS_2) mit 11 mol Sauerstoffgas zu 2 mol Eisen(III)-oxid und 8 mol Schwefeldioxid reagieren, werden 3312 kJ Energie abgegeben.

Wenn nichts anderes angegeben ist, sind die Reaktionsenthalpien auf den Standardzustand bezogen.

5.6.5 Die Berechnung von Reaktionsenthalpien

Da nach dem Hessschen Satz die Reaktionsenthalpie unabhängig vom Reaktionsweg ist, kann man sie wie folgt berechnen:

Man erhält die Reaktionsenthalpie einer Reaktion, indem man von der Summe der Bildungsenthalpien aller entstehenden Stoffe die Summe der Bildungsenthalpien aller Ausgangsstoffe subtrahiert.

$$\Delta H_R = \sum \Delta H_{B,\,2} \text{(Endstoffe)} - \sum \Delta H_{B,\,1} \text{(Ausgangsstoffe)}$$

Beispiel:

$CaC_2 + 2H_2O \longrightarrow Ca(OH)_2 + C_2H_2$

$\Delta H_B(CaC_2) = -60 \text{ kJ/mol}$ $\Delta H_B(Ca(OH)_2) = -986 \text{ kJ/mol}$

$\Delta H_B(H_2O) = -286 \text{ kJ/mol}$ $\Delta H_B(C_2H_2) = 227 \text{ kJ/mol}$

$\sum \Delta H_{B,1} = \Delta H_B(CaC_2) + 2 \cdot \Delta H_B(H_2O) = -632 \text{ kJ/mol}$

$\sum \Delta H_{B,2} = \Delta H_B(Ca(OH)_2) + \Delta H_B(C_2H_2) = -759 \text{ kJ/mol}$

$\Delta H_R = \sum \Delta H_{B,2} - \sum \Delta H_{B,1} = -759 \text{ kJ/mol} - (-632 \text{ kJ/mol}) = -127 \text{ kJ/mol}$

also: $CaC_2 + 2H_2O \longrightarrow Ca(OH)_2 + C_2H_2$ $\Delta H_R = -127 \text{ kJ/mol}$

5.6.6 Die Entropie

Das Streben nach einem möglichst energiearmen Zustand erklärt viele chemische Reaktionen, wie z.B. die Reaktion zwischen Natrium und Wasser. Unverständlich bleibt demgegenüber die Hofmannsche Wasserzersetzung (**Abb. 5.1**). Ihre Triebkraft ist das Streben nach einem Zustand möglichst großer Unordnung, der *Entropie** genannt wird.

So wird erklärbar, warum Verbrennungsreaktionen (Abnahme der Enthalpie, Zunahme der Entropie) so bereitwillig verlaufen. Umgekehrt erfolgt z.B. die Bildung von Zucker in den grünen Pflanzen aus Kohlenstoffdioxid und Wasser nur unter erheblichem Energieaufwand, weil hier gleichzeitig eine Enthalpiezunahme und Entropieabnahme vorliegt.

5.6.7 Stöchiometrische Berechnungen von Energien

Die Bildungs- und Reaktionsenthalpien sind immer molare, also stoffmengenbezogene Größen. Auch der Energieumsatz bei der chemischen Reaktion einer bestimmten Stoffportion kann berechnet werden. Dazu muß die bekannte Größe dieser Stoffportion (meist die Masse) auf die der Reaktionsgleichung entsprechenden Stoffmenge bezogen werden. Dabei ergibt sich oft aus der Fragestellung, daß das Vorzeichen umgekehrt werden muß.

Beispiel:

Welche Wärmemenge wird frei, wenn 250 g Propan vollständig verbrannt werden?

$C_3H_8 + 5O_2 \longrightarrow 3CO_2 + 4H_2O$ $\Delta H_R = -2222 \text{ kJ/mol}$

Lösung:

Gegeben: $m(C_3H_8) = 250 \text{ g}$ Gesucht: $Q = -\Delta H$

          $M(C_3H_8) = 44{,}10 \text{ g/mol}$

          $\Delta H_R = -2222 \text{ kJ/mol}$

Die freigesetzte Wärmemenge ist die negative Reaktionsenthalpie.

$$m(C_3H_8) \xrightarrow[\;M(C_3H_8)\;]{①} n(C_3H_8) \xrightarrow[\;\Delta H_R\;]{②} \Delta H \xrightarrow[\;\cdot(-1)\;]{③} Q$$

$$\frac{m(C_3H_8)}{M(C_3H_8)} \cdot \Delta H_R \cdot (-1) = Q = \frac{250}{44{,}10} \cdot (-2222) \cdot (-1) \; \frac{g \cdot mol}{g} \cdot \frac{kJ}{mol} = 12596 \text{ kJ}$$

---

* entropeia (griechisch) Drehung, Wendung (nach innen).

5.7 Übungsaufgaben

Zur Wiederholung

W 1. Eine Stoffportion enthält die Stoffmenge von Chlor-Atomen $n(Cl) = 4,80$ mol. Welche Stoffmenge von Chlor-Molekülen $n(Cl_2)$ enthält sie?

W 2. Berechnen Sie aus den relativen Atommassen der Elemente (vgl. Tabelle A3, S. 284) die Massen der folgenden Moleküle, Atomgruppen oder Ionen (unter Berücksichtigung der maximal möglichen Dezimalstellen, die angegeben werden können):
a) Hydrogenbromid, HBr
b) Bariumbromid, $BaBr_2$
c) Aluminiumsulfat, $Al_2(SO_4)_3$
d) Ammonium-Ion, NH_4^+
e) Hydrogenphosphat-Ion, HPO_4^{2-}

W 3. Berechnen Sie aus den relativen Atommassen der Elemente (vgl. Tabelle A3, S. 284) die relativen Molekülmassen der folgenden Moleküle (unter Berücksichtigung der maximal möglichen Dezimalstellen, die angegeben werden können):
a) Phosgen, $COCl_2$
b) Essigsäure, CH_3COOH
c) Bleitetraethyl, $Pb(C_2H_5)_4$
d) Dichlordifluormethan, CF_2Cl_2

W 4. Wie groß ist die Masse der Kupfer-Portion, die mit 285 mg Sauerstoff vollständig zu Kupfer(II)-oxid reagiert?

W 5. Welche Masse von Aluminiumoxid entsteht bei der aluminothermen Herstellung von 125 g Eisen aus Magnetit?
Reaktionsgleichung: $3Fe_3O_4 + 8Al \longrightarrow 9Fe + 4Al_2O_3$

W 6. Durch Erhitzen von Steinsalz (NaCl) mit Schwefelsäure entsteht Hydrogenchlorid (HCl) und Glaubersalz (Natriumsulfat Na_2SO_4). Welche Masse von Natriumsulfat entsteht so aus 50 kg Natriumchlorid?

W 7. Welches Volumen Salpetersäure mit $c(HNO_3) = 6,5$ mol/l wird benötigt, um 12,5 g Kupferspäne aufzulösen?
Reaktionsgleichung: $3Cu + 8HNO_3 \longrightarrow 3Cu(NO_3)_2 + 2NO + 4H_2O$

W 8. Welche Normvolumen haben die folgenden Stoffportionen?
a) 20 g Methan CH_4
b) 3,75 kg Argon Ar
c) 0,117 mg Bleitetraethyl $Pb(C_2H_5)_4$*
d) 33 mg Kohlenstoffmonooxid CO*

W 9. Welche Massen haben die Normvolumen folgender Stoffportionen?
a) 50 l Ammoniak NH_3
b) 50 l Kohlenstoffdioxid CO_2
c) 120 m³ Wasserstoff H_2
d) 2 ml Schwefeldioxid SO_2*

W 10. Welches Normvolumen von Schwefeldioxid entsteht in einem Kraftwerk bei der Verbrennung von 200 t Brennstoff mit einem Schwefelanteil von 3,5 %?

W 11. Es sollen im Normzustand 12,5 l Ammoniak erzeugt werden, indem Ammoniumsulfat mit Calciumhydroxid (gelöschter Kalk) umgesetzt wird. Wieviel Ammoniumsulfat muß zur Reaktion gebracht werden?

W 12. Welche Masse von Blei kann man mit der in 2,75 m³ Luft von 19 °C und 0,995 bar enthaltenen Menge Sauerstoff zu Blei(II)-oxid oxidieren? Der Volumenanteil an Sauerstoff in der Luft soll 21 % betragen.

---

* Das ist die Menge, die als maximale Arbeitsplatzkonzentration (MAK) in 1 m³ Luft enthalten sein darf.

W 13. Ethanol (Spiritus) C_2H_5OH wird vollständig, also zu CO_2 und H_2O verbrannt. Das Wasser bleibt dabei dampfförmig. Wie groß ist die Reaktionsenthalpie?

W 14. Bei der Gaskonvertierung (= Stadtgasentgiftung) wird Kohlenstoffmonooxid und Wasser(-dampf) in Kohlenstoffdioxid und Wasserstoff umgesetzt. Welche Reaktionsenthalpie tritt dabei auf? Welche Konsequenzen kann man daraus ziehen?

W 15. Wenn man statt der aluminothermen Reduktion von Eisen(III)-oxid
$Fe_2O_3 + 2Al \longrightarrow 2Fe + Al_2O_3$ $\Delta H_R = -852$ kJ/mol (vgl. Abschnitt 5.5.2, S. 95) Magneteisenstein Fe_3O_4 einsetzt, so daß die Reaktion
$3Fe_3O_4 + 8Al \longrightarrow 9Fe + 4Al_2O_3$ abläuft, läßt sich damit Aluminium einsparen. Wie groß ist die Reaktionsenthalpie dieser Reaktion? Welche Folgerungen sind daraus möglich?

Zur Vertiefung

V 1. Natürliches Kupfer besteht aus zwei Isotopen, deren Atommassen betragen $m(^{63}Cu) = 62{,}929\,599\,2$ u und $m(^{65}Cu) = 64{,}927\,792\,4$ u.
Die natürliche Isotopenmischung enthält $X(^{63}Cu) = 69{,}17\%$ und $X(^{65}Cu) = 30{,}83\%$. Welche durchschnittliche Masse eines Kupfer-Atoms errechnet sich hieraus?
Anmerkung: X ist der Teilchenzahlanteil.

V 2. Welche Masse von Kohlenstoffdioxid entsteht bei der vollständigen Verbrennung von 20 kg Koks, der 86 % Kohlenstoff enthält?

V 3. Zu berechnen ist die Masse an Eisen(III)-oxid (Fe_2O_3), in der ebensoviel Eisen enthalten ist wie in 45 t Magnetit (Fe_3O_4).

V 4. Ein kugelförmiger Luftballon mit 35 cm Durchmesser soll mit Wasserstoff gefüllt werden, die Temperatur beträgt 23 °C und der Gasdruck 1 300 mbar.
Wieviel Aluminium und wieviel Schwefelsäure mit einem Massenanteil von 30 % sind dafür erforderlich? Reaktionsgleichung: $2Al + 3H_2SO_4 \longrightarrow Al_2(SO_4)_3 + 3H_2$

V 5. Ein verbleiter Kraftstoff enthält je Liter 0,22 g Bleitetraethyl $Pb(C_2H_5)_4$, verkürzt: PbEt$_4$. Die maximale Arbeitsplatzkonzentration (MAK) für Bleitetraethyl beträgt 0,01 ml/m^3.
Welches Volumen des Kraftstoffes darf in einem Raum mit 80 m^3 Volumen bei 25 °C und Normdruck höchstens verdunsten, ohne daß die MAK überschritten wird?

V 6. Bei 22 °C und 987 mbar wiegen 390 ml eines Gases 530 mg.
Wie groß ist die molare Masse des Gases?

V 7. Mörtel enthält Calciumhydroxid ($Ca(OH)_2$) und Sand (Siliciumdioxid, SiO_2). Beim Abbinden reagiert das Calciumhydroxid mit Kohlenstoffdioxid:
$Ca(OH)_2 + CO_2 \longrightarrow CaCO_3 + H_2O$
Im Laufe langer Zeit reagiert dann Calciumcarbonat mit Siliciumdioxid:
$CaCO_3 + SiO_2 \longrightarrow CaSiO_3 + CO_2$
Welche Energie wird umgesetzt, wenn a) 50 kg Calciumhydroxid zu Calciumcarbonat reagieren und b) die daraus entstandene Portion Calciumcarbonat zu Calciumsilicat ($CaSiO_3$) reagiert?

V 8. Die aluminotherme Gewinnung von Metallen aus ihren Oxiden gelingt nur, wenn die Reaktion hinreichend exotherm abläuft. Bei einem Metalloxid der Formel $MetO_2$ gelingt die Reduktion mit Aluminium nicht. Es wird erwogen, anstelle von Aluminium metallisches Magnesium oder Calcium einzusetzen. Haben Versuche mit den beiden anderen Metallen Aussicht auf Erfolg und mit welchem der beiden?

6 Der Verlauf chemischer Reaktionen

6.1 Die Reaktionsgeschwindigkeit

Versuch 11 Ausfällen von Bariumsulfat

Zu einer Bariumhydroxid-Lösung gibt man etwas verdünnte Schwefelsäure. Es bildet sich ein schlagartig auftretender, weißer Niederschlag nach der Reaktion:

$$Ba(OH)_2 + H_2SO_4 \longrightarrow BaSO_4 + 2H_2O$$

Versuch 12 Zersetzung von Ameisensäure

Bromwasser wird mit verdünnter Ameisensäure versetzt. Die bräunliche Lösung entfärbt sich langsam nach der Reaktion:

$$Br_2 + HCOOH \longrightarrow 2HBr + CO_2$$

Manche chemische Reaktionen laufen augenblicklich ab (Versuch 11), während andere recht langsam vor sich gehen (Versuch 12). Die Geschwindigkeit einer chemischen Reaktion kann also, je nach Art des betrachteten Vorgangs, sehr verschieden sein.

6.1.1 Die Definition der Reaktionsgeschwindigkeit

Zur Erklärung des Begriffes *Reaktionsgeschwindigkeit* soll eine Reaktion vom Typ $A + B \longrightarrow C + D$ dienen. Es wird angenommen, daß es sich bei den Reaktionspartnern einheitlich um gasförmige oder gelöste Stoffe handelt. Im Verlaufe dieser Reaktion nehmen die Mengen der Endstoffe C und D immer mehr zu, und damit steigen ihre Konzentrationen im Reaktionssystem. Gleichzeitig werden die Ausgangsstoffe A und B laufend weniger und damit sinken deren Konzentrationen.

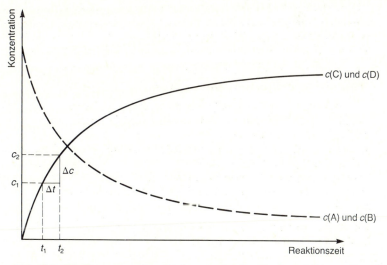

Abb. 6.1 Die Konzentrationsänderung der Stoffe A und B bzw. C und D im Verlaufe der Reaktion $A + B \longrightarrow C + D$.

Wenn man die Zunahme der Konzentration des Stoffes C während der Reaktion betrachtet, gilt: Die Konzentration des Stoffes C zum Zeitpunkt t_1 beträgt c_1. Zum späteren Zeitpunkt t_2 ist die Konzentration des Stoffes C auf c_2 angestiegen.

Der Quotient aus der Konzentrationsänderung $\Delta c = c_2 - c_1$ und dem betrachteten Zeitraum $\Delta t = t_2 - t_1$ ist die Reaktionsgeschwindigkeit:

$$\dot{c} = \frac{\Delta c}{\Delta t} = \frac{c_2 - c_1}{t_2 - t_1}$$

Die Reaktionsgeschwindigkeit ist die zeitbezogene Konzentrationsänderung eines Reaktionspartners.

6.1.2 Die Abhängigkeit der Reaktionsgeschwindigkeit

In einem gasförmigen oder flüssigen System befinden sich die Teilchen der miteinander reagierenden Stoffe in ständiger, regelloser Bewegung. Sie bewegen sich jedoch nicht alle mit gleicher Geschwindigkeit, haben also nicht alle die gleiche *kinetische Energie.* Die meisten Teilchen besitzen eine mittlere Energie, ein kleiner Teil ist energiereicher bzw. energieärmer.

Um miteinander reagieren zu können, müssen die Teilchen der Reaktionspartner zusammenstoßen. Es führen jedoch meist nicht alle Zusammenstöße zu einer Reaktion, sondern nur diejenigen, an denen Teilchen mit einer bestimmten Mindestenergie beteiligt sind. Diese Zusammenstöße werden *wirksame Zusammenstöße* genannt.

6.1.2.1 Die Abhängigkeit der Reaktionsgeschwindigkeit von der Konzentration

Die Anzahl der wirksamen Zusammenstöße — und damit die Reaktionsgeschwindigkeit — wird um so größer sein, je größer die Zahl der vorhandenen Teilchen ist, d. h., je größer die Konzentrationen der Reaktionspartner sind.

Reaktionen des Typs $A + B \longrightarrow C + D$ (Reaktionspartner gasförmig oder gelöst) nennt man *bimolekulare Reaktionen.* Sie beruhen jeweils auf dem Zusammenstoß von einem Teilchen des Stoffes A mit einem Teilchen des Stoffes B.

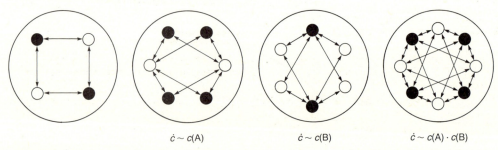

$$\dot{c} \sim c(A) \qquad\qquad \dot{c} \sim c(B) \qquad\qquad \dot{c} \sim c(A) \cdot c(B)$$

Abb. 6.2 Die Abhängigkeit der Teilchenzusammenstöße bzw. der Reaktionsgeschwindigkeit von der Konzentration der Reaktionspartner. Teilchen des Stoffes A: •; Teilchen des Stoffes B: ○.

Für bimolekulare Reaktionen gilt: Die Reaktionsgeschwindigkeit ist proportional dem Produkt der Konzentrationen der Reaktionspartner.

Von bimolekularen Reaktionen unterscheidet man:

- Monomolekulare Reaktionen, welche auf dem Zerfall oder der Umlagerung von Teilchen beruhen.
- Trimolekulare Reaktionen (bereits selten), welche den gleichzeitigen Zusammenstoß von drei Teilchen erfordern.

Auf diese Fälle wird hier jedoch nicht eingegangen.

6.1.2.2 Die Abhängigkeit der Reaktionsgeschwindigkeit von der Temperatur

Versuch 13 Zersetzung von Natriumthiosulfat

In zwei Reagenzgläser füllt man jeweils die gleiche Menge Natriumthiosulfat-Lösung, in zwei andere jeweils die gleiche Menge Salzsäure. Die einen Reaktionspartner (je ein Reagenzglas mit Thiosulfat und Salzsäure) werden im Wasserbad auf 30 °C erwärmt, die anderen auf 40 °C. Gießt man nun die beiden Reaktionspartner zusammen, so erhält man in beiden Fällen eine gelbliche Trübung. Sie tritt jedoch im wärmeren System etwa doppelt so schnell auf wie im kälteren.

Bei der Reaktion zwischen Natriumthiosulfat-Lösung und Salzsäure kommt es zur Ausfällung von elementarem Schwefel:

$$Na_2S_2O_3 + 2\,HCl \longrightarrow H_2S_2O_3 + 2\,NaCl \qquad H_2S_2O_3 \longrightarrow S + H_2O + SO_2$$

Die Geschwindigkeit der Schwefelausfällung ist in starkem Maße temperaturabhängig. In einem System von 40 °C ist sie etwa doppelt so groß wie in einem System von 30 °C. Die beobachtete Erscheinung besitzt allgemeine Gültigkeit.

Nach der van't Hoffschen* Regel gilt: Eine Temperaturerhöhung von 10 °C bewirkt annähernd eine Verdoppelung der Reaktionsgeschwindigkeit.

Die Temperaturabhängigkeit der Reaktionsgeschwindigkeit läßt sich wie folgt begründen:

- Durch Temperaturerhöhung wird die Beweglichkeit der Teilchen erhöht; dadurch wird auch die Anzahl der Zusammenstöße größer.
- Von ungleich größerer Bedeutung ist folgende Wirkung:

Durch Temperaturerhöhung wird die innere Energie der Teilchen größer. Damit wird die Anzahl derjenigen Teilchen größer, die die Mindestenergie für einen wirksamen Zusammenstoß besitzen.
Entsprechend nimmt bei Temperaturverringerung die Anzahl der wirksamen Zusammenstöße ab.

---

* van't Hoff, Jacobus Henricus, niederländischer Physiker und Chemiker; 1852 ... 1911.

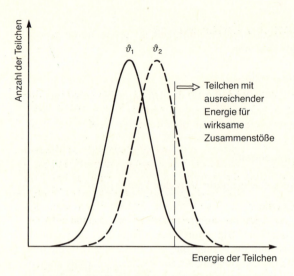

Abb. 6.3 Zusammenhang zwischen kinetischer Energie und Anzahl der Teilchen mit bestimmter kinetischer Energie in gasförmigen und flüssigen Systemen.
Die ausgezogene Linie (————) gilt für die niedrigere Temperatur (ϑ_1),
die unterbrochene Linie (– – – –) gilt für die höhere Temperatur ($\vartheta_2 > \vartheta_1$).

(In der Abbildung:)
Anzahl der Teilchen
ϑ_1 ϑ_2
Teilchen mit ausreichender Energie für wirksame Zusammenstöße
Energie der Teilchen

6.1.3 Die Geschwindigkeitskonstante

Für die bimolekulare Reaktion $A + B \longrightarrow C + D$ gilt

- in einem gasförmigen oder flüssigen System und
- bei einer bestimmten Temperatur:

$$\dot{c} \sim c(A) \cdot c(B)$$

Durch Einführung einer Konstanten erhält man die Gleichung: $\boxed{\dot{c} = k \cdot c(A) \cdot c(B)}$

> Die Geschwindigkeitskonstante (Formelzeichen: k) beschreibt die Abhängigkeit der Reaktionsgeschwindigkeit von den Konzentrationen der Reaktionsteilnehmer.

Sie gilt jeweils nur für ein bestimmtes Stoffpaar A und B (bei deren Reaktion zu C und D) und für eine bestimmte Temperatur.

6.1.4 Die Abhängigkeit der Reaktionsgeschwindigkeit von der Oberfläche

Bei chemischen Vorgängen können auch nicht einheitlich gasförmige oder flüssige (gelöste) Reaktionspartner miteinander reagieren. Da die Teilchenzusammenstöße — und damit die Reaktionen — dann nur an den Berührungsflächen der beteiligten Phasen erfolgen, ist die Reaktionsgeschwindigkeit auch von der Oberfläche der Stoffe abhängig.

> Bei heterogenen Systemen ist die Reaktionsgeschwindigkeit sehr stark von der Größe der Grenzfläche zwischen den Systemen, d.h. von dem Zerteilungsgrad der Stoffe abhängig.

Beispiele:
Zinkpulver entwickelt mit Salzsäure heftiger Wasserstoff als gekörntes Zink.
Holzspäne verbrennen schneller als Holzscheite.
Die Verbrennung eines Benzingas-Luft-Gemisches erfolgt heftiger als die Verbrennung von Benzin auf einem Blechteller.

6.2 Die Aktivierungsenergie und die Katalyse

6.2.1 Die Aktivierungsenergie

Versuch 14 Knallgasreaktion

In einer Woulfeschen Flasche wird leicht angesäuertes Wasser elektrolytisch zerlegt. Das Knallgasgemisch leitet man in eine Seifenlösung. Die entstehenden Schaumblasen werden entzündet.

Wasser hat die Bildungsenthalpie $\Delta H_B = -286$ kJ/mol. Damit ist die Verbindung Wasser wesentlich energieärmer als ein Gemisch aus den beiden Elementen Wasserstoff und Sauerstoff. Es läge deshalb nahe anzunehmen, daß diese beiden Gase unmittelbar bei ihrer Vereinigung nach der Gleichung $2 H_2 + O_2 \longrightarrow 2 H_2O$ heftig exotherm miteinander reagieren. Bei Zimmertemperatur ist keinerlei Reaktion zu beobachten. Erst nachdem dem System Energie, die sogenannte *Aktivierungsenergie,* zugeführt wurde, tritt die erwartete Reaktion ein.

> Unter der Aktivierungsenergie versteht man diejenige Mindestenergie, welche den Teilchen eines Systems zur Verfügung stehen muß, damit sie miteinander reagieren können.

Die Aktivierungsenergie wird am häufigsten durch Erwärmen des Systems zugeführt. Es ist aber auch oft möglich, die Reaktionspartner durch die Zufuhr anderer Energie, z.B. durch Bestrahlung (Lichtenergie) zu aktivieren.

Beim Ablauf einer aktivierten exothermen Reaktion wird Energie frei, die sich in zwei Anteile zerlegen läßt. Diese entsprechen

- der Aktivierungsenergie und
- der Enthalpiedifferenz.

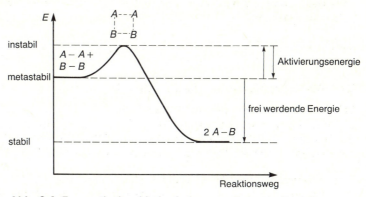

Abb. 6.4 Energetischer Verlauf einer exothermen Reaktion.

Chemische Systeme, wie das Knallgasgemisch, werden *metastabile* Systeme* genannt (**Abb. 6.4**). Sie befinden sich zwischen dem stabilen und dem instabilen Zustand.

---

* meta (griechisch) inmitten.

Metastabile Systeme können durch eine exotherme Reaktion in einen stabilen Zustand übergehen. Zum Start der Reaktion muß Aktivierungsenergie zugeführt werden.

Auch endotherm verlaufende Reaktionen benötigen Aktivierungsenergie. Im Gegensatz zu den exothermen Systemen gibt ein endothermes System seine Aktivierungsenergie jedoch nur teilweise wieder ab. Der andere Anteil verbleibt im System als Enthalpiezunahme (gespeicherte chemische Energie).

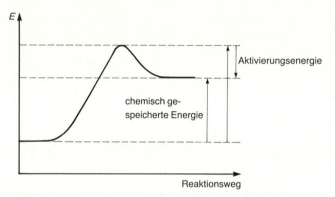

Abb. 6.5 Energetischer Verlauf einer endothermen Reaktion.

6.2.2 Die Katalyse

Versuch 15 Katalysierte Entzündung von Wasserstoff
In einen aus einer Düse austretenden Strahl von Wasserstoffgas hält man etwas Platinasbest* (mit einer Tiegelzange oder mit einer Drahtschleife). Nach kurzer Zeit entzündet sich der Wasserstoff.

Die Reaktion zwischen Wasserstoff und (Luft-)Sauerstoff läßt sich nicht nur durch Zufuhr von Aktivierungsenergie, sondern auch durch eine *Katalyse*** in Gang setzen. Man bringt dazu das System mit *Katalysatoren* in Kontakt, das sind Stoffe wie z. B. Platin, Palladium und Nickel.

Katalysatoren erhöhen die Reaktionsgeschwindigkeit.

Eine katalysierte Reaktion läuft in einem Temperaturbereich ab, in dem normalerweise ihre Reaktionsgeschwindigkeit zu gering wäre, um wahrnehmbar zu sein (**Abb. 6.6**).

Die Wirkung der Katalysatoren beruht auf einer Verringerung der Aktivierungsenergie.

Bei manchen katalysierten Reaktionen, z. B. bei der Knallgasreaktion, ist die verbleibende Aktivierungsenergie dann so gering, daß schon die Energie der Umgebung ausreicht, um die Reaktion in Gang zu setzen.

---

* Frisch ausgeglühten Platinasbest verwenden.
** katalysis (griechisch) Auflösung.

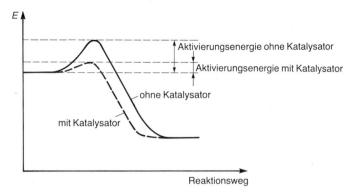

Abb. 6.6 Energetischer Verlauf einer katalysierten und einer nichtkatalysierten Reaktion.

6.2.3 Die Arbeitsweise der Katalysatoren

Katalysatoren entfalten ihre Wirkung auf zweierlei Arten, welche jedoch vielfach nicht streng voneinander zu trennen sind.

Versuch 16 Katalysierte Zersetzung von Wasserstoffperoxid
Zu einer Wasserstoffperoxid-Lösung gibt man eine Spatelspitze Mangan(IV)-oxid (Braunstein). Es setzt eine starke Sauerstoffentwicklung ein (Glimmspanprobe!).

Aus Mangan(IV)-oxid und Wasserstoffperoxid entsteht ein sauerstoffreicheres Manganoxid, möglicherweise Mangan(VI)-oxid (MnO_3): $MnO_2 + H_2O_2 \longrightarrow MnO_3 + H_2O$
Das sauerstoffreichere Manganoxid ist unbeständig und zerfällt unter Sauerstoff-Abgabe wieder in Mangan(IV)-oxid: $2\,MnO_3 \longrightarrow 2\,MnO_2 + O_2$
Beim Zusammenfassen der beiden Reaktionen bleibt übrig:

$2\,H_2O_2 \longrightarrow 2\,H_2O + O_2$ ($\Delta H_R = -196\ kJ/mol$)

- Der Katalysator bildet mit dem Reaktionsgemisch instabile Zwischenprodukte, geht aber schließlich wieder unverändert aus der Reaktion hervor.
  Durch die Bildung von Zwischenprodukten wird die große Aktivierungsenergie in mehrere — auch in ihrer Summe — kleinere Energiebeträge zerlegt. Außerdem können dabei die bestehenden Bindungen der miteinander reagierenden Teilchen gelockert werden, so daß auch Zusammenstöße zwischen energieärmeren Teilchen wirksam werden können.
- Der Katalysator lagert die Reaktionspartner vorübergehend an seiner Oberfläche an. Dies führt zu einer lokalen Erhöhung der Konzentration und damit zu einer Vergrößerung der Reaktionsgeschwindigkeit.

6.2.4 Die Temperaturabhängigkeit der Katalyse

Versuch 17 Katalysierte Bildung von Schwefeltrioxid (Abb. 6.7)

Durch eine Waschflasche, welche mit einer wäßrigen Lösung von schwefliger Säure (H_2SO_3) gefüllt ist, leitet man Sauerstoff. Dadurch wird Schwefeldioxid (SO_2) ausgetrieben und man erhält ein Gemisch aus Schwefeldioxid und Sauerstoff. Dieses Gemisch leitet man durch ein schwerschmelzbares Glasrohr, welches mit Platinasbest gefüllt ist. Zunächst ist keine Reaktion zu beobachten. Nach kräftigem Erhitzen des Platinasbestes in dem Glasrohr mit einer Bunsenflamme bildet sich weißer Rauch von Schwefeltrioxid (SO₃). Nach Entfernen der Flamme kommt die Reaktion rasch wieder zum Erliegen.

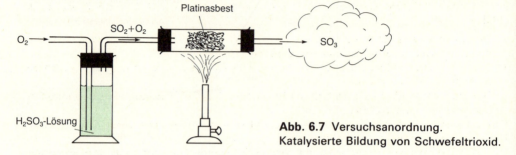

Abb. 6.7 Versuchsanordnung.
Katalysierte Bildung von Schwefeltrioxid.

Bei sehr vielen exothermen Reaktionen ist die Aktivierungsenergie sehr hoch. Der Katalysator ist nicht mehr in der Lage, die Aktivierungsenergie so weit zu senken, daß die Reaktion schon bei gewöhnlicher Temperatur mit zufriedenstellender Geschwindigkeit abläuft. Hier muß dann noch zusätzlich Energie (Wärme) zugeführt werden.

Beispiel:
Das Kontaktverfahren (vgl. Versuch 17). Beim Kontaktverfahren handelt es sich um die katalysierte Herstellung von Schwefeltrioxid, welches weiter zu Schwefelsäure verarbeitet wird.
Die Synthese des Schwefeltrioxids erfolgt aus Schwefeldioxid durch weitere Anlagerung von Sauerstoff nach der Gleichung: $2\,SO_2 + O_2 \longrightarrow 2\,SO_3$ $\Delta H_R = -196\,kJ/mol$
Als Katalysatoren werden Platin oder Vanadiumverbindungen verwendet, welche jedoch erst bei 400 °C zu „arbeiten" beginnen.

6.2.5 Die Bedeutung der Katalyse

Katalysatoren sind wichtige Helfer in der chemischen Technologie. Sie ermöglichen, Reaktionen in industriellen Dimensionen durchzuführen, welche sonst überhaupt nicht — oder nur unter beträchtlichem Aufwand — ablaufen würden. Auch die Herstellung von Stoffen, welche bei hohen Temperaturen überhaupt nicht beständig sind, ist dadurch möglich.

Beispiel:
Schwefeltrioxid zerfällt ab 1000 °C wieder vollständig in Schwefeldioxid und Sauerstoff. Es könnte aufgrund der hohen Aktivierungsenergie, welche die Reaktion $2\,SO_2 + O_2 \longrightarrow 2\,SO_3$ besitzt, gar nicht hergestellt werden, wenn diese Aktivierungsenergie nicht durch die Katalysatorwirkung herabgesetzt würde.

Leider wird die Anwendung von Katalysatoren durch die Existenz von *Katalysatorgiften* erschwert. Man versteht darunter Stoffe, welche (als Verunreinigungen eingeschleppt) die Funktion eines Katalysators blockieren können, z.B. Arsen(III)-oxid (As_2O_3), Hydrogensulfid (H_2S), Hydrogencyanid (HCN).
Auch am tierischen und pflanzlichen Stoffwechsel sind vielfach Katalysatoren beteiligt. Sie werden *Enzyme* oder *Fermente* genannt. Beeindruckend ist, daß die Wirksamkeit der Enzyme von chemischen Katalysatoren nicht einmal annähernd erreicht werden kann.

Beispiel:
Die Zerfallsgeschwindigkeit von Wasserstoffperoxid in Wasser und Sauerstoff ist bei Raumtemperatur sehr klein. In Gegenwart von Platin, dem besten chemischen Katalysator, zerfällt es bereits 10000mal schneller. Verwendet man jedoch das Enzym Katalase, so erhöht sich die Zerfallsgeschwindigkeit auf das 10000000fache.

6.2.6 Der Abgaskatalysator

Die beim Betrieb von Otto-Motoren entstehenden Abgase enthalten als Hauptschadstoff-komponenten Kohlenwasserstoffe (C_mH_n), Kohlenstoffmonooxid (CO) und Stickstoffoxide (NO_x):

- Die Kohlenwasserstoffe stammen entweder aus dem Kraftstoff selbst oder entstehen durch unvollständige Verbrennungsvorgänge.
- Das Kohlenstoffmonooxid entsteht durch unvollständige Verbrennung des im Benzin enthaltenen Kohlenstoffs.
- Die Stickstoffoxide bilden sich durch Reaktionen des Luftstickstoffs mit Sauerstoff an den heißen Zylinderwänden.

Eine Umwandlung dieser Schadstoffkomponenten in unbedenkliche Verbindungen ist mit Hilfe von *Abgaskatalysatoren* möglich.

Das derzeit effektivste Abgasreinigungskonzept bietet der Dreiwegekatalysator. Er ermöglicht die gleichzeitige Umwandlung von Kohlenwasserstoffen, Kohlenstoffmonooxid und Stickstoffoxiden und erreicht einen Umwandlungsgrad* von über 90%.

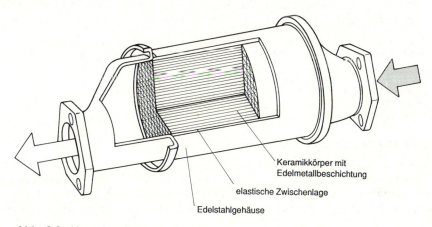

Keramikkörper mit
Edelmetallbeschichtung

elastische Zwischenlage

Edelstahlgehäuse

Abb. 6.8 Abgaskatalysator.

Der Katalysator besteht aus einem mit Kanälen durchzogenen, keramischen Wabenkörper, dessen Oberfläche mit einer katalytisch aktiven Schicht aus Platin und Rhodium belegt ist.

---

* $\text{Umwandlungsgrad} = \dfrac{\text{Eingangskonzentration} - \text{Ausgangskonzentration}}{\text{Eingangskonzentration}} \cdot 100\%$

Die wichtigsten bei der katalytischen Abgasreinigung stattfindenden Reaktionen sind:

(I) $\quad C_mH_n + \left(m + \dfrac{n}{4}\right)O_2 \longrightarrow mCO_2 + \dfrac{n}{2}H_2O$

(II) $\quad CO + \dfrac{1}{2}O_2 \longrightarrow CO_2$

(III) $\quad CO + NO \longrightarrow \dfrac{1}{2}N_2 + CO_2$

(IV) $\quad C_mH_n + 2\left(m + \dfrac{n}{4}\right)NO \longrightarrow \left(m + \dfrac{n}{4}\right)N_2 + \dfrac{n}{2}H_2O + mCO_2$

Die Reaktionen (I) und (II) beschreiben die bei der Umwandlung von Kohlenwasserstoffen und Kohlenstoffmonooxid ablaufenden Oxidationsvorgänge. Sie werden bevorzugt durch Platin katalysiert. Die Umwandlung der Stickstoffoxide erfolgt nach den Reaktionen (III) und (IV). Es handelt sich dabei um Reduktionsvorgänge, welche durch Rhodium katalysiert werden.
Um den hohen Umwandlungsgrad von über 90 % bei allen drei Schadstoffkomponenten zu erreichen, benötigt der Katalysator ein möglichst stöchiometrisch zusammengesetztes Abgas. Dazu wird mit einer sogenannten λ-*Sonde* der Sauerstoffgehalt des Abgases vor dem Katalysator ermittelt. Die λ-Sonde kontrolliert dann ihrerseits die elektronische Einspritzanlage, mit deren Hilfe die Kraftstoff-Luft-Zusammensetzung gesteuert wird.
Der Katalysatorbetrieb ist allerdings nur möglich, wenn das Benzin kein Blei* enthält, denn Blei ist ein Katalysatorgift.

6.3 Umkehrbare und nichtumkehrbare Reaktionen

Versuch 18 Bildung von Essigsäureethylester

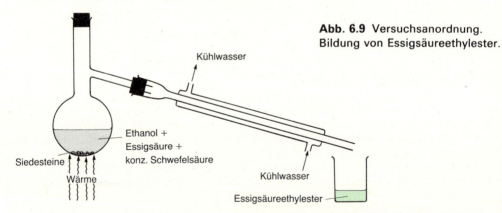

Kühlwasser

Abb. **6.9** Versuchsanordnung.
Bildung von Essigsäureethylester.

Ethanol +
Essigsäure +
konz. Schwefelsäure

Siedesteine

Wärme

Kühlwasser

Essigsäureethylester

In einem Destillierkolben mischt man Ethanol (C_2H_5OH) mit konzentrierter Essigsäure (CH_3COOH) und gibt etwas konzentrierte Schwefelsäure (H_2SO_4) hinzu. Dann wird bei vorsichtigem Erwärmen destilliert. In der Vorlage sammelt sich angenehm aromatisch riechender Essigsäureethylester ($CH_3COOC_2H_5$) (Lösemittel vieler Alleskleber).

---

* Blei wird manchen Benzinsorten als Antiklopfmittel z. B. in Form von Bleitetraethyl [Pb($C_2H_5)_4$] zugesetzt.

Versuch 19 Spaltung von Essigsäureethylester

In einem Kolben versetzt man Essigsäureethylester mit Wasser und gibt wenig verdünnte Natronlauge dazu sowie einige Tropfen Phenolphthalein-Lösung. Anschließend wird kräftig geschüttelt. Nach einiger Zeit verschwindet die Rotfärbung.

Manche Reaktionen, z. B. Fällungsreaktionen, verlaufen nur in einer Richtung.

> Die meisten chemischen Vorgänge sind umkehrbar; sie zeigen eine Hin- und eine Rückreaktion.

- Als Hinreaktion bezeichnet man die Bildung von Endstoffen aus den Ausgangsstoffen (Versuch 18):

$$CH_3CO \boxed{OH + H} OC_2H_5 \longrightarrow CH_3COOC_2H_5 + H_2O$$

Essigsäure Ethanol   Essigsäure-   Wasser
                         ethylester

- Unter Rückreaktion versteht man die Rückbildung von Ausgangsstoffen aus den Endstoffen (Versuch 19):

$$CH_3COOC_2H_5 + H_2O \longrightarrow CH_3COOH + C_2H_5OH$$

Essigsäure-   Wasser Essig-   Ethanol
ethylester   säure

Die rückgebildete Essigsäure neutralisiert die Natronlauge:

$$CH_3COOH + NaOH \longrightarrow CH_3COONa + H_2O$$

Dadurch verschwindet die Rotfärbung von Phenolphthalein*.

Wenn in einem chemischen System Hin- und Rückreaktion gleichzeitig ablaufen, so wird dies durch das Zeichen $\rightleftharpoons$ zum Ausdruck gebracht.

Beispiel:

$$CH_3COOH + C_2H_5OH \rightleftharpoons CH_3COOC_2H_5 + H_2O$$

6.4 Die Bildung chemischer Gleichgewichte

Wenn ein chemisches System zu einer Hin- und einer Rückreaktion fähig ist, so können in einem *geschlossenen System* die Ausgangsstoffe der Reaktion niemals vollständig in die Endstoffe umgesetzt werden und umgekehrt.
Ein geschlossenes System liegt vor, wenn kein am Gesamtvorgang beteiligter Stoff aus dem Reaktionsraum entweichen kann, z. B. wenn

- Gase in einem verschlossenen Glaskolben zur Reaktion gebracht werden,
- Stoffe in einem Lösemittel miteinander reagieren und kein Stoff aus der Lösung entweichen kann.

> Umkehrbare Vorgänge führen in geschlossenen Systemen zur Ausbildung chemischer Gleichgewichte.

Die Einstellung eines chemischen Gleichgewichts kann man am allgemeinen System $A + B \rightleftharpoons C + D$ gut veranschaulichen (**Abb. 6.10**, S. 114).

---

* Phenolphthalein ist ein Indikator für Laugen.

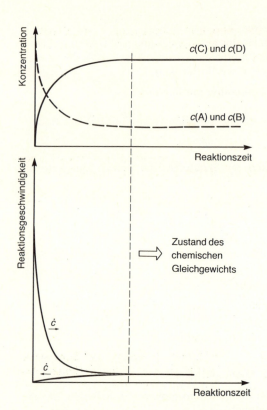

Die Vereinigung der Ausgangsstoffe A und B setzt zunächst die Hinreaktion in Gang. In dem Maße, in welchem dabei Ausgangsstoffe verbraucht werden, wird die Geschwindigkeit dieser Hinreaktion immer kleiner. Da zu Beginn der Reaktion die Endstoffe C und D noch nicht vorliegen, gibt es zunächst auch keine Rückreaktion. Mit fortschreitender Bildung von Endstoffen setzt die Rückreaktion jedoch langsam ein. Ihre Geschwindigkeit wird mit der Zunahme der Konzentration der Endstoffe immer größer.

Im Zustand des chemischen Gleichgewichts ist die Geschwindigkeit der Hinreaktion gleich der Geschwindigkeit der Rückreaktion.

Sobald sich ein System im Zustand des chemischen Gleichgewichts befindet, bleiben die Konzentrationen der Ausgangs- und Endstoffe unverändert. Das System scheint in Ruhe zu sein. Dies ist jedoch in Wirklichkeit nicht der Fall, weil Hin- und Rückreaktion nach wie vor stattfinden.

Jedes chemische Gleichgewicht ist ein dynamisches Gleichgewicht: Es liegt kein Stillstand vor, sondern Hin- und Rückreaktion laufen mit gleicher Geschwindigkeit ab.

Die Einstellung eines chemischen Gleichgewichts läßt sich wie in **Abb. 6.11** darstellen.

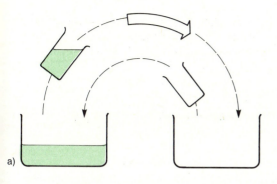

Abb. 6.11 Darstellung des Gleichgewichtszustandes.

a) Beginn der Reaktion: Kräftige Hinreaktion, noch keine Rückreaktion.

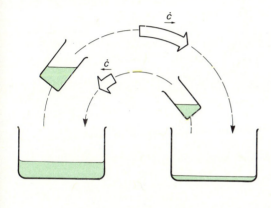

b) Während der Reaktion: Schwächer werdende Hinreaktion, stärker werdende Rückreaktion.

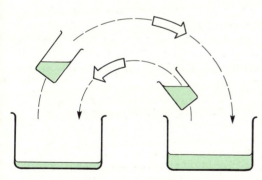

c) Chemisches Gleichgewicht: Hin- und Rückreaktion gleich stark.

Zwei gleich große Glaswannen werden nebeneinander aufgestellt. Die linke Glaswanne wird zu etwa einem Drittel mit Wasser gefüllt. Dieser Zustand versinnbildlicht die Verhältnisse zu Beginn der Reaktion. Zwei verschieden große Bechergläser stellen dar, daß bei der Hin- und Rückreaktion jeweils zwei unterschiedliche Stoffpaare miteinander reagieren. Nun nimmt man jeweils ein Becherglas in eine Hand und beginnt gleichzeitig hin- und herzuschöpfen. Nach einiger Zeit ändert sich an der Höhe der Wasserstände in den beiden Glaswannen nichts mehr — der Gleichgewichtszustand ist erreicht.

6.5 Das Massenwirkungsgesetz

Das *Massenwirkungsgesetz* — kurz *MWG* — stellt die mathematische Beschreibung des Gleichgewichtszustands dar.

6.5.1 Die Beschreibung des Gleichgewichtszustands

Für den Vorgang $A + B \rightleftharpoons C + D$ gilt in einem abgeschlossenen System im Zustand des chemischen Gleichgewichts:

$$\overrightarrow{c} = \overleftarrow{c}$$

(Lies: Geschwindigkeit der Hinreaktion = Geschwindigkeit der Rückreaktion.)

Die beiden Geschwindigkeiten können — bei gasförmigen oder gelösten Reaktionspartnern — für eine bestimmte Temperatur wie folgt ausgedrückt werden:

$$\overrightarrow{c} = \overrightarrow{k} \cdot c(A) \cdot c(B)$$
$$\overleftarrow{c} = \overleftarrow{k} \cdot c(C) \cdot c(D)$$

(Die beiden Geschwindigkeitskonstanten sind verschieden, weil es sich um unterschiedliche Stoffpaare handelt.)

Da $\overrightarrow{c} = \overleftarrow{c}$, erhält man:

$$\overrightarrow{k} \cdot c(A) \cdot c(B) = \overleftarrow{k} \cdot c(C) \cdot c(D)$$

Oder nach Umformung:

$$\frac{\overrightarrow{k}}{\overleftarrow{k}} = \frac{c(C) \cdot c(D)}{c(A) \cdot c(B)}$$

Der Quotient aus den beiden Konstanten $\overrightarrow{k}$ und $\overleftarrow{k}$ ist die Gleichgewichtskonstante K.

Das Massenwirkungsgesetz lautet:

$$K = \frac{c(C) \cdot c(D)}{c(A) \cdot c(B)} \text{ *}$$

Die Gleichgewichtskonstante K gilt jeweils für eine bestimmte Reaktion bei einer bestimmten Temperatur.

Der Betrag der Gleichgewichtskonstanten läßt Rückschlüsse auf die Lage eines chemischen Gleichgewichts zu.

- $K > 1$ bedeutet: Das Gleichgewicht liegt auf der Seite der Endstoffe.
- $K < 1$ bedeutet: Das Gleichgewicht liegt auf der Seite der Ausgangsstoffe.

6.5.2 Katalysatoren und chemische Gleichgewichte

Ein Katalysator erniedrigt den „Energieberg", welcher bei chemischen Vorgängen überwunden werden muß (vgl. Abschnitt 6.2.2). Dadurch wird bei umkehrbaren Vorgängen die Geschwindigkeit der Hin- und Rückreaktion gleichermaßen erhöht.

Nach dem Massenwirkungsgesetz gilt:

$$K = \frac{\overrightarrow{k}}{\overleftarrow{k}}$$

---

* Die Gleichung wurde 1867 von Guldberg und Waage in Oslo entwickelt.
Guldberg, Cato Maximilian, norwegischer Chemiker und Physiker; 1836 ... 1902.
Waage, Peter, norwegischer Chemiker; 1833 ... 1900.

Wenn angenommen wird, daß ein Katalysator die Geschwindigkeit der Hin- und Rückreaktion jeweils um den gleichen Faktor F ändert, erhält man neue Größen, hier mit ′ gekennzeichnet, z. B. K':

$\underset{\rightarrow}{\dot{c}}' = F \cdot \underset{\rightarrow}{\dot{c}}$ und $\underset{\leftarrow}{\dot{c}}' = F \cdot \underset{\leftarrow}{\dot{c}}$ führt zu

$\underset{\rightarrow}{k}' = F \cdot \underset{\rightarrow}{k}$ und $\underset{\leftarrow}{k}' = F \cdot \underset{\leftarrow}{k}$ und

$K' = \dfrac{\underset{\rightarrow}{k}'}{\underset{\leftarrow}{k}'} = \dfrac{F \cdot \underset{\rightarrow}{k}}{F \cdot \underset{\leftarrow}{k}} = \dfrac{\underset{\rightarrow}{k}}{\underset{\leftarrow}{k}} = K$

> Katalysatoren erhöhen die Geschwindigkeit der Gleichgewichtseinstellung, verändern die Gleichgewichtslage selbst aber nicht.

6.5.3 Anwendbarkeit des Massenwirkungsgesetzes

In den folgenden Reaktionen wird das Massenwirkungsgesetz auf unterschiedliche Gleichgewichte angewendet:

Gleichgewichtsreaktion	Massenwirkungsgesetz
$HCl + H_2O \rightleftharpoons H_3O^+ + Cl^-$	$K = \dfrac{c(H_3O^+) \cdot c(Cl^-)}{c(HCl) \cdot c(H_2O)}$
$2 NO_2 \rightleftharpoons N_2O_4$	$K = \dfrac{c(N_2O_4)}{c^2(NO_2)}$
$3 H_2 + N_2 \rightleftharpoons 2 NH_3$	$K = \dfrac{c^2(NH_3)}{c^3(H_2) \cdot c(N_2)}$

Obige Reaktionen zeigen, daß das Massenwirkungsgesetz über den Reaktionstyp $A + B \rightleftharpoons C + D$ hinaus universelle Anwendbarkeit besitzt.
Für die allgemeine Reaktion $a A + b B + c C + \ldots \rightleftharpoons f F + g G + h H + \ldots$
ergibt sich der Ausdruck:

$$K = \frac{c^f(F) \cdot c^g(G) \cdot c^h(H) \cdots}{c^a(A) \cdot c^b(B) \cdot c^c(C) \cdots}$$

6.6 Die Verschiebung der Gleichgewichtslage

Wenn in der chemischen Industrie Gleichgewichtsreaktionen unter wirtschaftlichen Gesichtspunkten durchgeführt werden sollen, muß versucht werden, die Gleichgewichtslage in die Richtung maximaler Ausbeute zu verschieben.

6.6.1 Verschiebung der Gleichgewichtslage durch Konzentrationsänderung

Versuch 20 Gleichgewichtslage — Konzentrationsänderung (Abb. 6.12, S. 118)

Etwas Eisen(III)-chlorid (FeCl₃) wird in Wasser gelöst. Es entsteht eine hellgelbe Lösung, die man mit einer Lösung von Kaliumthiocyanat (KSCN) versetzt. Es bildet sich eine dunkelrote Lösung. Diese wird soweit mit Wasser verdünnt, daß sie eine hellrote, durchscheinende Farbe annimmt, und anschließend auf zwei Reagenzgläser verteilt. In das eine Reagenzglas gibt man noch einmal etwas Eisen(III)-chlorid, in das andere nochmals Kaliumthiocyanat. In beiden Reagenzgläsern verstärkt sich die Rotfärbung.

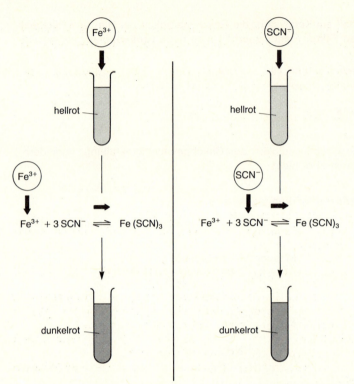

Abb. 6.12 Versuchsanordnung. Verschiebung der Gleichgewichtslage durch Konzentrationsänderung.

Wenn man Eisen(III)-chlorid-Lösung (für die Reaktion wirksam: Fe^{3+}) mit Kaliumthiocyanat-Lösung (wirksam: SCN^-) versetzt, so erhält man das Gleichgewicht*:

$$Fe^{3+} + 3\,SCN^- \rightleftharpoons Fe(SCN)_3$$
hellgelb \hspace{3cm} dunkelrot

Die Farbe des Systems liegt zwischen den beiden Extremen hellgelb und dunkelrot. Bei erneuter Zugabe von Fe^{3+}- bzw. SCN^--Ionen verschiebt sich die Gleichgewichtslage jeweils nach rechts (vgl. Farbvertiefung, **Abb. 6.12**).

Für das betrachtete Gleichgewicht lautet das Massenwirkungsgesetz:

$$K = \frac{c\,[Fe(SCN)_3]}{c\,(Fe^{3+}) \cdot c^3\,(SCN^-)}$$

Führt man dem System zusätzlich Fe^{3+}- bzw. SCN^--Ionen zu, so bedeutet das für das Massenwirkungsgesetz eine nachträgliche Vergrößerung des Nenners. Die Vergrößerung des Nenners hat eine Verschiebung des Gleichgewichts zur Folge. Dabei wird der Zähler vergrößert und der Nenner verkleinert, bis K wieder seinen ursprünglichen Wert erreicht hat.

---

* Vereinfacht für verschiedene Komplexbildungen, die bis zu $[Fe(SCN)_6]^{3-}$ gehen können.

Vergrößert man in einem chemischen Gleichgewicht die Konzentration eines Reaktionspartners, so verschiebt sich die Gleichgewichtslage derart, daß von dieser Substanz mehr umgesetzt wird.
Verkleinert man die Konzentration eines Reaktionspartners, so verschiebt sich die Gleichgewichtslage derart, daß diese Substanz nachgebildet wird.

Diesen Sachverhalt macht das folgende Schema deutlich:

Zugabe   Zugabe
$$A + B \rightleftharpoons C + D$$
Entzug   Entzug

6.6.2 Verschiebung der Gleichgewichtslage durch Druckänderung

Bei Gassystemen kann das Massenwirkungsgesetz auch für die *Teildrücke* $p(X)$ der Reaktionspartner angewendet werden, denn es gilt:

$$c(X) = \frac{n(X)}{V} \quad \text{und} \quad p(X) \cdot V = n(X) \cdot R \cdot T \quad \text{und daraus} \quad p(X) = c(X) \cdot R \cdot T$$

Beim Rechnen mit Teildrücken ist die Gleichgewichtskonstante K_p der Konstanten K so lange gleich, wie sich die Anzahl der Teilchen bei der Reaktion nicht ändert (Die Faktoren $R \cdot T$ stehen in Zähler und Nenner in gleicher Potenz und kürzen sich dadurch).
Ändert sich bei einer Reaktion aber die Anzahl der Teilchen, ist die Gleichgewichtslage in Gassystemen abhängig von dem Druck, unter dem das System steht.
Bei der Reaktion $2\,NO + O_2 \rightleftharpoons 2\,NO_2$ entstehen aus drei Molekülen zwei neue Moleküle.
Das Massenwirkungsgesetz für die Teildrücke lautet:

$$K_p = \frac{p^2(NO_2)}{p^2(NO) \cdot p(O_2)}$$

Der Gesamtdruck des Systems ist die Summe aller Teildrücke:

$$p = p(NO) + p(O_2) + p(NO_2)$$

Ändert man den Gesamtdruck des Systems auf das x-fache, so wird:

$$x \cdot p = x \cdot p(NO) + x \cdot p(O_2) + x \cdot p(NO_2)$$

Dadurch wird für das Massenwirkungsgesetz:

$$K_p = \frac{x^2 p^2(NO_2)}{x^2 p^2(NO) \cdot x p(O_2)} = \frac{p^2(NO_2)}{x \cdot p^2(NO) \cdot p(O_2)}$$

Damit bei der Druckerhöhung um das x-fache das Massenwirkungsgesetz erhalten bleibt, müssen sich die Teildrücke verändern:

- Bei Druckerhöhung ($x > 1$) zu Gunsten der Endstoffe:
  $p(NO_2)$ wird größer, $p(NO)$ und $p(O_2)$ werden kleiner.
- Bei Druckverminderung ($x < 1$) zu Gunsten der Ausgangsstoffe:
  $p(NO)$ imd $p(O_2)$ werden größer, $p(NO_2)$ wird kleiner.

Erhöht man in einem Gassystem den Druck, so verschiebt sich die Gleichgewichtslage derart, daß die Anzahl der Teilchen verkleinert wird.
Verringert man in einem Gassystem den Druck, so verschiebt sich die Gleichgewichtslage derart, daß die Anzahl der Teilchen vergrößert wird.

Liegt dagegen eine Gasreaktion vor, bei der die Teilchenzahl vergrößert wird, so entsteht das umgekehrte Bild: In der MWG-Gleichung kommt der Faktor x für die Gesamtdruckänderung in den Zähler, so daß eine Druckerhöhung ($x > 1$) die Reaktion zu Gunsten der Ausgangsstoffe, eine Druckerniedrigung ($x < 1$) zu Gunsten der Endstoffe verschiebt.

Bei Gasreaktionen, die ohne Änderung der Teilchenzahl ablaufen, tritt der Faktor x nicht in der MWG-Gleichung auf: Die Gleichgewichtslage ist unabhängig vom Gesamtdruck.

6.6.3 Verschiebung der Gleichgewichtslage durch Temperaturänderung

Versuch 21 Gleichgewichtslage — Temperaturänderung

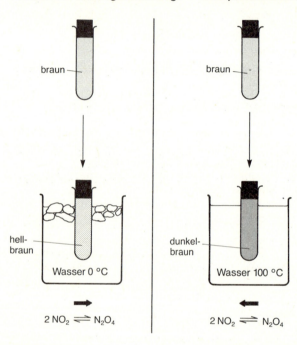

braun

braun

Abb. 6.13 Versuchsanordnung. Verschiebung der Gleichgewichtslage durch Temperaturänderung.

hell-braun

dunkel-braun

Wasser 0 °C

Wasser 100 °C

$2\,NO_2 \rightleftharpoons N_2O_4$

$2\,NO_2 \rightleftharpoons N_2O_4$

In einem Reagenzglas wird Kupferblech mit Salpetersäure (HNO_3) übergossen. Das Reagenzglas verschließt man mit einem Stopfen, in welchem ein abgewinkeltes Glasrohr steckt. Es entwickelt sich an der Luft ein braunes Gas, welches man in zwei Reagenzgläsern auffängt. Die Reagenzgläser werden mit Gummistopfen verschlossen. Eines der Reagenzgläser taucht man in Eiswasser, das andere in siedend heißes Wasser.

Im eiskalten Wasser verblaßt die Farbe des Gases, im heißen Wasser vertieft sie sich. Durch Vertauschen der Reagenzgläser kann man zeigen, daß ein umkehrbarer Vorgang vorliegt.

Vorsicht bei der Durchführung des Versuches!
Das entstandene Gas (Stickstoff(IV)-oxid) ist sehr giftig!

Bei der Reaktion von Kupfer mit Salpetersäure entsteht unter Lufteinwirkung ein Gasgemisch aus dunkelbraunem Stickstoffdioxid (NO_2) und farblosem Distickstofftetraoxid (N_2O_4). In dem geschlossenen System stellt sich ein Gleichgewicht ein:

$$2 NO_2 \rightleftharpoons N_2O_4 \qquad \Delta H_R = -57 \text{ kJ/mol*}$$

Aus der angegebenen Reaktionsenthalpie ist ersichtlich, daß bei diesem umkehrbaren Vorgang die Hinreaktion exotherm und damit die Rückreaktion endotherm verläuft.

> Erhöht man in einem chemischen Gleichgewicht die Temperatur, so verschiebt sich die Gleichgewichtslage derart, daß Energie verbraucht wird.
> Erniedrigt man in einem chemischen Gleichgewicht die Temperatur, so verschiebt sich die Gleichgewichtslage derart, daß Energie freigesetzt wird.

6.6.4 Das Prinzip vom kleinsten Zwang

Befindet sich ein Stoffsystem im Zustand des chemischen Gleichgewichts, so kann seine Gleichgewichtslage verschoben werden durch:

- Veränderung der Konzentrationsverhältnisse,
- Veränderung der Temperatur,
- Veränderung des Drucks.

Wie diese Verschiebung der Gleichgewichtslage im Einzelfall ablaufen wird, kann mit Hilfe des *Prinzips vom kleinsten Zwang* in einfacher Weise qualitativ vorhergesagt werden. Es wurde im Jahre 1884 von Le Chatelier** aufgestellt und ist daher auch unter dem Namen *Chatelier-Prinzip* bekannt.

> Nach Le Chatelier stellen Veränderungen der Konzentration, der Temperatur oder des Drucks für ein Gleichgewicht äußere Zwänge dar.
> Übt man auf ein im Gleichgewicht befindliches System einen äußeren Zwang aus, so verschiebt sich die Gleichgewichtslage derart, daß der äußere Zwang abgeschwächt wird.

Beispiele:

- $Cr_2O_7{}^{2-} + 3 H_2O \rightleftharpoons 2 CrO_4{}^{2-} + 2 H_3O^+$
  Nach Zusatz einiger Tropfen Säure verschiebt sich die Gleichgewichtslage nach links.
  Begründung: Nach Zusatz der Säure erhöht sich die Konzentration der H_3O^+-Ionen. Durch eine Verschiebung nach links werden H_3O^+-Ionen verbraucht.
- $N_2 + O_2 \rightleftharpoons 2 NO \qquad \Delta H_R = +181 \text{ kJ/mol}$
  Bei Temperaturerhöhung verschiebt sich die Gleichgewichtslage nach rechts.
  Begründung: Da die Hinreaktion endotherm ist, wird durch eine Verschiebung nach rechts Energie verbraucht.
- $2 SO_2 + O_2 \rightleftharpoons 2 SO_3$
  Bei Druckerhöhung verschiebt sich die Gleichgewichtslage nach rechts.
  Begründung: Da die Hinreaktion unter Verringerung der Teilchenanzahl abläuft, wird durch eine Verschiebung nach rechts der Druck verkleinert.

---

* Angaben von Reaktionsenthalpien bei Gleichgewichtsreaktionen beziehen sich stets auf die Hinreaktion; für die Rückreaktion wäre das Vorzeichen umgekehrt.
** Le Chatelier, Henry Louis, französischer Chemiker; 1850 ... 1906.

6.7 Das Haber-Bosch-Verfahren

Das *Haber-Bosch-Verfahren*[*] bietet die Möglichkeit zur großtechnischen Herstellung von Ammoniak aus den Elementen Stickstoff und Wasserstoff.
Der Synthese des Ammoniaks aus den Elementen Stickstoff und Wasserstoff liegt folgendes Gleichgewicht zugrunde:

$$3H_2 + N_2 \rightleftharpoons 2NH_3 \qquad \Delta H_R = -92 \text{ kJ/mol}$$

Die Hinreaktion verläuft exotherm und unter Verminderung der Anzahl der Gasteilchen.

Bei der Ammoniaksynthese (nach dem Haber-Bosch-Verfahren) werden nach dem Prinzip vom kleinsten Zwang hohe Drücke und relativ niedrige Temperaturen benötigt.

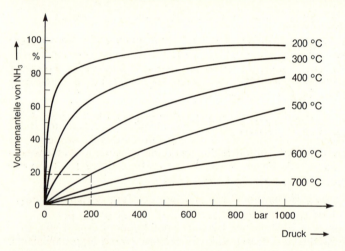

Abb. 6.14 Gleichgewichtskonzentrationen von Ammoniak in Abhängigkeit vom Druck bei verschiedenen Temperaturen.

Bei Zimmertemperatur würde das Gleichgewicht des Systems praktisch ganz auf der rechten Seite liegen. Bei dieser niedrigen Temperatur ist aber die Geschwindigkeit der Gleichgewichtseinstellung — wegen der Abhängigkeit der Reaktionsgeschwindigkeit von der Temperatur — unmeßbar klein.
Darum arbeitet man unter Einsatz eines Katalysators. Wegen der hohen Aktivierungsenergie der Reaktion beginnt der Katalysator aber erst ab 400 °C wirksam zu werden. Man ist deshalb gezwungen, bei einer Temperatur von mindestens 400 °C, besser noch von 500 °C, zu arbeiten. Dadurch sinkt aber der Anteil an Ammoniak im Gleichgewicht. Um trotzdem noch eine technisch vertretbare Ausbeute zu erzielen, greift man zu einer kräftigen Druckerhöhung.
Für die großtechnische Anwendung liegen die Arbeitsbedingungen bei einer Temperatur von 500 °C und einem Druck von 200 bar (**Abb. 6.14**). Die Verweildauer des Gasgemisches im Reaktionsraum beträgt 30 Sekunden. Die Ammoniakausbeute liegt bei etwa 18%. Das synthetisch hergestellte Ammoniak ist ein sehr wichtiger Rohstoff in der chemischen Industrie. Es dient u. a. zur Erzeugung von Salpetersäure, Kunststoffen, Farbstoffen, Klebstoffen, Medikamenten und Pflanzenschutzmitteln.

---

[*] Haber, Fritz, deutscher Chemiker; 1868 ... 1934.
Bosch, Carl, deutscher Chemiker; 1874 ... 1940.

6.8 Übungsaufgaben

Zur Wiederholung

W 1. Formulieren Sie die Gleichung für die Reaktionsgeschwindigkeit für die Reaktion: $CH_4 + Cl_2 \longrightarrow CH_3Cl + HCl$

W 2. Bei der Reaktion $A + B \longrightarrow C + D$ wird bei einem zweiten Versuch gegenüber dem ersten die Konzentration von A verdoppelt, die Konzentration von B verdreifacht. Wie ändert sich die Reaktionsgeschwindigkeit?

W 3. Eine bimolekulare Reaktion wird mit gleichen Anfangskonzentrationen $c_0(A) = c_0(B)$ in Gang gesetzt. Auf welche Größe sinkt die Reaktionsgeschwindigkeit $\dot{c}$ gegenüber dem Anfangswert $\dot{c}_0$, nachdem a) 25 %, b) 50 %, c) 75 % umgesetzt sind?

W 4. Um wieviel mal schneller verläuft eine Reaktion bei 40 °C gegenüber 10 °C?

W 5. Bei einem exothermen, metastabilen System muß (mindestens) die Aktivierungsenergie zugeführt werden, um die Reaktion in Gang zu setzen, wie auch von der Entzündung aller brennbaren Stoffe aus dem täglichen Leben bekannt ist. Weißer Phosphor entzündet sich aber von selbst an der Luft. Bedeutet das, daß bei der Reaktion $P_4 + 5 O_2 \longrightarrow P_4O_{10}$ die Aktivierungsenergie gleich Null ist?

W 6. Begründen Sie, z. B. am Versuch 16, S. 109, ob es berechtigt ist, die Wirkungsweise eines Katalysators als „Kreisprozeß" zu erklären.

W 7. Als Beispiele für Katalysatorgifte werden Stoffe genannt, die auch für Lebewesen gefährliche Gifte sind: Arsenik (As_2O_3), Blausäure (HCN) und Hydrogensulfid (H_2S). Ist das ein zufälliges Zusammentreffen, oder gibt es dafür eine Erklärung?

W 8. Was bedeutet es für die Ausbeute an Endprodukten, die in einer umkehrbaren Reaktion erzeugt werden sollen, wenn diese in einem geschlossenen System abläuft?

W 9. In einem Reagenzglas wird Zink mit verdünnter Salzsäure übergossen. Kommt es hierbei zur Ausbildung eines geschlossenen Systems?

W 10. Ist die Aussage richtig, daß im chemischen Gleichgewicht die Konzentrationen der Ausgangs- und Endstoffe gleich groß sind?

W 11. Für eine bestimmte Gleichgewichtsreaktion ist die Gleichgewichtskonstante $K = 1,8 \cdot 10^{-5}$. Was bedeutet diese Größe für die Lage des Gleichgewichts?

W 12. Warum gilt die Gleichgewichtskonstante K immer nur für eine bestimmte Temperatur?

W 13. Wie ändert sich die Gleichgewichtskonstante K bei Einsatz eines Katalysators?

W 14. Wie lautet das Massenwirkungsgesetz für die folgende Gleichgewichtsreaktion: $2 CO + O_2 \rightleftharpoons 2 CO_2$?

W 15. Wie verhält sich das Gleichgewicht $H_2 + Cl_2 \rightleftharpoons 2 HCl$ bei Druckerhöhung?

W 16. Welche Druck- und Temperaturverhältnisse fördern die Bildung von Kohlenstoffdioxid in der folgenden Gleichgewichtsreaktion?
$2 CO + O_2 \rightleftharpoons 2 CO_2 \qquad \Delta H_R = -566 \text{ kJ/mol}$

W 17. Eine Esterbildung unterliegt dem allgemeinen Gleichgewicht $R_1—COOH + HO—R_2 \rightleftharpoons R_1—COO—R_2 + H_2O$. Zur Verbesserung der Esterausbeute werden dem System oft wasserentziehende Mittel zugesetzt. Mit welcher Überlegung geschieht das?

W 18. Was haben im System $2SO_2 + O_2 \rightleftharpoons 2SO_3 \qquad \Delta H_R = -196\ kJ/mol$ a) eine Temperaturerhöhung und b) ein Katalysator für eine Wirkung auf die Geschwindigkeit der Gleichgewichtseinstellung und auf die Gleichgewichtslage?

W 19. In den Lungenbläschen läuft zwischen der Luft und dem Hämoglobin des Blutes vereinfacht die folgende chemische Gleichgewichtsreaktion ab: $Hb \cdot CO_2 + O_2 \rightleftharpoons Hb \cdot O_2 + CO_2$. Damit werden zwei lebenswichtige Funktionen erfüllt: Sauerstoff wird aufgenommen und Kohlenstoffdioxid abgegeben. Welche zwei Veränderungen der Zusammensetzung der Umgebungsluft wirken sich dabei auf diese Reaktion hinderlich aus („verbrauchte Luft" in geschlossenen Räumen)?

Zur Vertiefung

V 1. a) Gegeben: System 1: $c_1(A) = 2,5\ mol/l,\ c_1(B) = 0,1\ mol/l$
System 2: $c_2(A) = 0,5\ mol/l,\ c_1(B) = 0,5\ mol/l$
Was kann man über die Reaktionsgeschwindigkeiten in beiden Fällen aussagen?
b) Gegeben: System 1: $c_1(A) = 2,5\ mol/l,\ c_1(B) = 0,1\ mol/l$
System 2: $c_2(X) = 0,5\ mol/l,\ c_1(Y) = 0,5\ mol/l$
Was kann man über die Reaktionsgeschwindigkeiten in beiden Fällen aussagen?

V 2. Erklären Sie die Tatsache, daß sich exotherme Vorgänge selbst beschleunigen können.

V 3. Macht es einen Unterschied, ob man die Reaktionsgeschwindigkeit für die Reaktion $A + B \longrightarrow C + D$ über die Konzentration des Stoffes C oder D definiert?

V 4. Um im Kamin ein Holzscheit anzuzünden, kann man von demselben Scheit Späne abschneiden, diese mit einem Zündholz anzünden und damit das Scheit zum Brennen bringen (Scheit und Späne sind also aus demselben Material). Hat sich durch das Zerspanen die Aktivierungsenergie vermindert, oder wie läßt sich dieser alltägliche Vorgang erklären?

V 5. Auch ohne den schädigenden Einfluß von Katalysatorgiften verlieren viele in der Technik eingesetzte Katalysatoren an Wirksamkeit. Welche Erklärung gibt es dafür?

V 6. Ist es möglich, die Geschwindigkeitskonstante k mit Hilfe eines Katalysators zu beeinflussen?

V 7. Wenn bei einer Gleichgewichtsreaktion aus n Teilchen der Ausgangsstoffe p Teilchen der Endstoffe werden, z.B. bei der Reaktion $2CO + O_2 \rightleftharpoons 2CO_2$ wäre $p = 3$ und $n = 2$, welche Einheiten haben dann a) die Gleichgewichtskonstante K und b) die Geschwindigkeitskonstanten $\underline{k}$ und $\underline{k}$?

V 8. Besteht zwischen der Aktivierungsenergie und der Temperaturabhängigkeit der Reaktionsgeschwindigkeit und der Temperaturabhängigkeit der Gleichgewichtskonstanten ein Zusammenhang?

V 9. Läßt man auf Ameisensäure konzentrierte Schwefelsäure einwirken, so zerfällt sie nach der Gleichung $HCOOH \longrightarrow H_2O + CO$. Wie ist diese Reaktion zu erklären?

V 10. Bei einer bimolekularen Reaktion hat man von dem (billigeren) Stoff B eine doppelt so große Stoffmenge eingesetzt wie von Stoff A, so daß auch $c_0(B) = 2c_0(A)$ ist. Wie verschiebt sich dadurch die Gleichgewichtslage im Vergleich zum Einsatz gleich großer Stoffmengenkonzentrationen $(c_0(A) = c_0(B))$, und was kann man über die Ausbeute des herzustellenden Stoffes C sagen?

V 11.

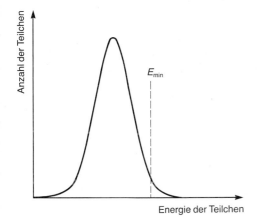

Die Abbildung zeigt die Energieverteilung der Gasmoleküle eines Stoffsystems. E_{min} ist die Mindestenergie der Moleküle für wirksame Zusammenstöße. Wie kann man in so einer Zeichnung die Wirkung der Aktivierungsenergie und die Wirkung der Katalyse darstellen?

V 12. Welche chemisch-technischen Weiterentwicklungen könnten die Ammoniak-Ausbeute beim Haber-Bosch-Verfahren verbessern?

7 Protolyse- und Redox-Reaktionen

7.1 Protolyse-Reaktionen

7.1.1 Saure und basische Eigenschaften

Säuren besitzen einen charakteristischen Geschmack, der von Essig, Zitronensaft, saurer Milch usw. allgemein bekannt ist. Sie sind aggressiv, z.B. greifen sie viele Metalle an und lösen Marmor auf. Basische Lösungen (Laugen) schmecken seifig und erzeugen auf der Haut ein glitschiges Gefühl. Auch sie sind aggressiv, auch gegenüber vielen Metallen.

Viele natürliche Farbstoffe verändern in sauren und basischen Lösungen ihr Aussehen (Blaukraut/Rotkohl), schwarzer Tee, viele Blütenfarbstoffe), so daß man solche Stoffe als Indikatoren* für Säuren und Basen verwenden kann. Auch Lackmus, der aus verschiedenen Flechten gewonnen wird, ist ein solcher Naturstoff.

Das Wesen saurer und basischer Lösungen kann man heute mit der Theorie von Brønsted** erklären.

7.1.2 Protonendonatoren und Protonenakzeptoren

Versuch 22 Lösen von HCl-Gas in Wasser

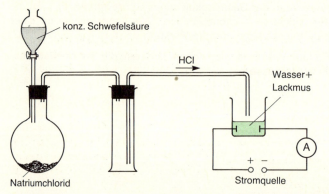

konz. Schwefelsäure

HCl

Wasser+
Lackmus

Natriumchlorid

Stromquelle

Abb. 7.1 Versuchsanordnung. Lösen von HCl-Gas in Wasser.

In der Wandung eines Becherglases sind zwei Elektroden eingeschmolzen, mit deren Hilfe die elektrische Leitfähigkeit einer Flüssigkeit geprüft werden kann. Dazu wird an die beiden Elektroden über ein Strommeßinstrument (Amperemeter) eine Niederspannung angelegt. Das Becherglas wird mit reinem Wasser so weit gefüllt, daß die beiden Elektroden voll eintauchen. Dem Wasser wird etwas Lackmus-Lösung zugesetzt.

In einem Rundkolben erzeugt man, ggf. unter Erwärmen, aus Natriumchlorid (NaCl) und konzentrierter Schwefelsäure (H_2SO_4) Hydrogenchlorid-Gas (HCl). Dieses leitet man in das Becherglas auf die Wasseroberfläche, ohne daß das Gaseinleitungsrohr in das Wasser eintaucht.

---

* indicator (lateinisch) Anzeiger.

** Brønsted, Johannes Nikolaus, dänischer Chemiker; 1879 ... 1947.

Wasser leitet den elektrischen Strom praktisch nicht. Wird Hydrogenchlorid in Wasser gelöst, so tritt elektrische Leitfähigkeit auf (der Zeiger des Amperemeters schlägt aus): Es müssen nun in der Lösung frei bewegliche Ionen vorhanden sein, die durch eine chemische Reaktion zwischen Wasser und Hydrogenchlorid entstanden sind. Die Rotfärbung der Lösung durch Lackmus zeigt eine Säure an.

Die Reaktion zwischen Wasser und Hydrogenchlorid führt zu folgendem chemischen Gleichgewicht:

$$H_2O \ + \ HCl \ \rightleftharpoons \ H_3O^+ \ + \ Cl^-$$

Wasser   Hydrogen-   Hydronium-* Chlorid-
          chlorid   Ion   Ion

Sowohl Wasser- als auch Hydrogenchlorid-Moleküle haben Dipolcharakter. Die Hydrogenchlorid-Dipole treten jeweils mit ihrem positiv polarisierten Ende in Wechselwirkung mit dem jeweils negativ polarisierten Ende der Wasser-Dipole. Dabei wird aus einem Hydrogenchlorid-Molekül ein Wasserstoff-Ion, also ein Proton, abgetrennt und an eines der freien Elektronenpaare eines Wasser-Moleküls gebunden:

Es bilden sich *Hydronium-Ionen* und Chlorid-Ionen. Die durch Einleiten von Hydrogenchlorid in Wasser entstehende Lösung ist die Salzsäure.

> Hydronium-Ionen bewirken den sauren Charakter einer wäßrigen Lösung.

Ursache für die Ausbildung des sauren Charakters der Lösung ist die Fähigkeit der Hydrogenchlorid-Moleküle zur *Abspaltung von Protonen*. Nach Brønsted werden alle Stoffe, welche in der Lage sind, Protonen abzuspalten, als *Säuren* bezeichnet. Solche Stoffe müssen demnach (mindestens) ein Wasserstoff-Atom besitzen.

> Säuren sind Protonendonatoren**

Freie Protonen können in gewöhnlicher Materie nicht existieren, weil sie im Verhältnis zu ihrer geringen Größe eine hohe elektrische Ladung besitzen. Sie werden deshalb von einer Säure nur dann abgegeben, wenn ein anderer Stoff vorhanden ist, der sie aufnimmt. Im Versuch 22 waren das die Wasser-Moleküle.

Versuch 23 Lösen von NH_3-Gas in Wasser (Abb. 7.2, S. 128)

In einem Rundkolben erzeugt man Ammoniak (NH_3) durch Erhitzen eines Gemisches aus Ammoniumchlorid (NH_4Cl) und Natriumhydroxid (NaOH). Das Ammoniak leitet man in ein Becherglas, welches mit Wasser gefüllt ist und etwas Phenolphthalein als Indikator enthält.

---

* H_3O^+ alleine heißt Oxonium-Ion. In wäßriger Lösung liegt es, wie alle Ionen, hydratisiert vor. Man bezeichnet es dann als Hydronium-Ion.

** donatio (lateinisch) Schenkung, Gabe.

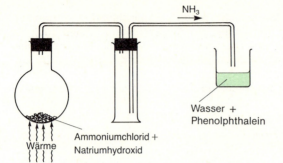

Abb. 7.2 Versuchsanordnung. Lösen von NH_3-Gas in Wasser.

Wasser + Phenolphthalein

Wärme   Ammoniumchlorid + Natriumhydroxid

Leitet man Ammoniak in Wasser, so erhält man eine Lösung, die Phenolphthalein rot färbt und einen seifigen Geschmack hat. Diese Ammoniak-Lösung wird Salmiakgeist genannt und besitzt basischen (laugigen) Charakter.

Bei der Reaktion von Ammoniak und Wasser stellt sich folgendes Gleichgewicht ein:

$$H_2O \;+\; NH_3 \;\rightleftharpoons\; NH_4^+ \;+\; OH^-$$

Wasser   Ammoniak   Ammonium-   Hydroxid-
                       Ion   Ion

Dabei treten die Ammoniak-Dipole jeweils mit ihrem negativ polarisierten Ende in Wechselwirkung mit dem jeweils positiv polarisierten Ende der Wasser-Dipole. Die Folge ist eine *Protolyse,* bei welcher einem Wasser-Molekül jeweils ein Proton entzogen und an das freie Elektronenpaar eines Ammoniak-Moleküls gebunden wird:

Es bilden sich Ammonium-Ionen und *Hydroxid-Ionen.*

> Hydroxid-Ionen bewirken den basischen (laugigen) Charakter einer wäßrigen Lösung.

Ursachen für die Ausbildung des basischen Charakters der Lösung ist die Fähigkeit der Ammoniak-Moleküle zur *Aufnahme von Protonen.* Nach Brønsted werden alle Stoffe, welche in der Lage sind, Protonen aufzunehmen, als *Basen* bezeichnet. Solche Stoffe müssen demnach (mindestens) ein freies Elektronenpaar besitzen.

> Basen sind Protonenakzeptoren*

Die Aufnahme und die Abgabe von Protonen sind umkehrbare Vorgänge:

$$HCl + H_2O \rightleftharpoons Cl^- + H_3O^+$$

Hinreaktion: HCl gibt ein Proton ab und wird zu Cl^-.
Rückreaktion: Cl^- nimmt ein Proton auf und wird zu HCl.
HCl ist eine Säure und Cl^- eine Base.

> Eine Säure und eine Base, die sich in ihrem Aufbau nur durch ein Proton (H^+) unterscheiden, bezeichnet man als ein Säure-Base-Paar.

---

* acceptio (lateinisch) Annahme, Empfang.

$$HCl \rightleftharpoons Cl^- + H^+$$

Cl^- wird auch *konjugierte Base** (der Säure HCl) genannt. Entsprechend ist HCl die *konjugierte Säure* (der Base Cl^-).
Allgemein gilt: Säure $\rightleftharpoons$ Base + Proton

Beispiele für Säure-Base-Paare:

$$HNO_3 \rightleftharpoons NO_3^- + H^+ \qquad\qquad NH_4^+ \rightleftharpoons NH_3 + H^+$$
$$CH_3COOH \rightleftharpoons CH_3COO^- + H^+ \qquad\qquad HSO_4^- \rightleftharpoons SO_4^{2-} + H^+$$
$$H_3O^+ \rightleftharpoons H_2O + H^+ \qquad\qquad HPO_4^{2-} \rightleftharpoons PO_4^{3-} + H^+$$

Da in gewöhnlicher Materie keine freien Protonen existieren können, ist eine Protonenabgabe oder eine Protonenaufnahme für sich alleine nicht möglich. Beide können nur gleichzeitig als Protonenübergänge zwischen zwei miteinander korrespondierenden Säure-Base-Paaren stattfinden. Diese Protonenübergänge bezeichnet man als *Protolyse*. Man spricht auch von einer *Säure-Basen-Reaktion*.
Eine solche Säure-Basen-Reaktion findet nach dem folgenden Schema statt:

$$Säure_1 \rightleftharpoons Base_1 + Proton$$
$$\underline{Base_2 + Proton \rightleftharpoons Säure_2}$$
$$Säure_1 + Base_2 \rightleftharpoons Base_1 + Säure_2$$

Beispiele:

$$HCl \rightleftharpoons Cl^- + H^+ \qquad\qquad H_2O \rightleftharpoons OH^- + H^+$$
$$\underline{H_2O + H^+ \rightleftharpoons H_3O^+} \qquad\qquad \underline{NH_3 + H^+ \rightleftharpoons NH_4^+}$$
$$HCl + H_2O \rightleftharpoons Cl^- + H_3O^+ \qquad\qquad H_2O + NH_3 \rightleftharpoons OH^- + NH_4^+$$

7.1.3 Die koordinative Bindung

Bei den *Bindungen erster Ordnung* (Atombindung und Ionenbindung) werden zwischen den Bindungspartnern entweder Elektronen beider Atome gemeinsam benutzt (als Elektronenpaar), oder es findet ein Elektronenübergang von einem Atom zum anderen statt, wodurch elektrisch geladene Teilchen (Ionen) entstehen.
Bei der *koordinativen Bindung (Bindung zweiter Ordnung)* entstehen auch Bindungen durch Elektronenpaare (wie bei der Atombindung), nur stellt der eine Bindungspartner *beide* Elektronen, der andere das freie Orbital zur Verfügung.
Die Atome der Elemente der Gruppen V bis VII des Periodensystems besitzen 1 ... 3 freie Elektronenpaare und können deshalb z.B. ein Proton (mit einem unbesetzten Orbital) an ihre Wasserstoff-Verbindungen anlagern.

Beispiele:

Verbindungen mit koordinativer Bindung bezeichnet man als Komplex-Verbindungen.

---

* konjugare (lateinisch) zuordnen, unterordnen.

Man unterscheidet das *zentrale Teilchen* („Zentralatom") und die es umgebenden *Liganden**.

Die Anzahl der Liganden ist die *Koordinationszahl*. Sie ist durch die Geometrie der Teilchen bestimmt und besitzt in den meisten Fällen den Wert 4 oder 6.

Beispiele für Komplexe:

Kationen als zentrale Teilchen:

$[Cu(NH_3)_4]^{2+}$ Tetraamminkupfer(II)-Ion

$[Al(H_2O)_6]^{3+}$ Hexaaquaaluminium-Ion

$[Fe(CN)_6]^{4-}$ Hexacyanoferrat(II)-Ion

$[HgI_4]^{2-}$ Tetraiodomercuriat(II)-Ion

Anionen als zentrale Teilchen:

$[SO_4]^{2-}$ Sulfat

$[ClO_3]^{-}$ Chlorat

Atome als zentrale Teilchen:

$[Ni(CO)_4]$ Tetracarbonylnickel

7.1.4 Die Ampholyte

Ein Wasser-Molekül besitzt sowohl freie Elektronenpaare als auch Wasserstoff-Atome. Es kann — je nach Reaktionspartner — sowohl Protonen aufnehmen (als Base, z.B. mit HCl) als auch Protonen abgeben (als Säure, z.B. mit NH_3):

$\overleftarrow{\text{H}_2\text{O (Base) nimmt ein Proton auf:}}$ $H_3O^+ \rightleftharpoons H_2O + H^+$

$\overrightarrow{\text{H}_2\text{O (Säure) gibt ein Proton ab:}}$ $H_2O \rightleftharpoons OH^- + H^+$

Ein Wasser-Molekül kann sowohl als Protonenakzeptor als auch als Protonendonator reagieren.

Teilchen, welche sowohl als Protonendonatoren (Säuren) als auch als Protonenakzeptoren (Basen) reagieren können, heißen Ampholyte**.

Beispiele:

$H_2S \rightleftharpoons HS^- + H^+$
$HS^- \rightleftharpoons S^{2-} + H^+$

$H_2SO_4 \rightleftharpoons HSO_4^- + H^+$
$HSO_4^- \rightleftharpoons SO_4^{2-} + H^+$

$H_3PO_4 \rightleftharpoons H_2PO_4^- + H^+$
$H_2PO_4^- \rightleftharpoons HPO_4^{2-} + H^+$
$HPO_4^{2-} \rightleftharpoons PO_4^{3-} + H^+$

7.1.5 Der Protolysegrad

Versuch 24 Elektrische Leitfähigkeit von Salzsäure und Essigsäure (Abb. 7.3, S. 131)

Zwei Bechergläser werden mit jeweils der gleichen Menge Salzsäure (c(HCl) = 1 mol/l) und Essigsäure (c(CH$_3$COOH) = 1 mol/l) soweit gefüllt, daß die Elektroden ganz eintauchen. In beiden Lösungen wird der durchfließende elektrische Strom gemessen.

Es zeigt sich, daß die Salzsäure eine wesentlich höhere elektrische Leitfähigkeit besitzt als die Essigsäure bei gleicher Stoffmengenkonzentration.

---

* ligare (lateinisch) binden.
** amphis (griechisch) beiderseits.

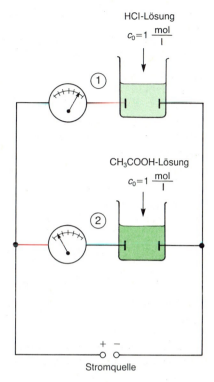

Abb. 7.3 Versuchsanordnung. Messung der elektrischen Leitfähigkeit von Salzsäure und Essigsäure.

HCl-Lösung

$c_0 = 1 \frac{mol}{l}$

CH₃COOH-Lösung

$c_0 = 1 \frac{mol}{l}$

+ −

Stromquelle

In der Salzsäure und der Essigsäure von Versuch 24 stellen sich die *Protolysegleichgewichte* ein:

$$HCl + H_2O \rightleftharpoons H_3O^+ + Cl^-$$
$$CH_3COOH + H_2O \rightleftharpoons H_3O^+ + CH_3COO^-$$

Je mehr Hydronium-Ionen dabei entstehen, desto ausgeprägter ist der saure Charakter der Lösung.

Die elektrische Leitfähigkeit der Lösungen wird durch die Ionen Cl^-, CH_3COO^- und H_3O^+ verursacht. Unterstellt man, daß die (größeren) Acetat-Ionen eine geringere Beweglichkeit haben als die Chlorid-Ionen, so kann man damit eine geringfügig kleinere Leitfähigkeit der Essigsäure gegenüber der Salzsäure erklären, nicht aber die im Versuch beobachtete Erscheinung, daß die Leitfähigkeit der Essigsäure weniger als 1% von der der Salzsäure beträgt.

In der Salzsäure müssen also sehr viel mehr Ionen vorhanden sein als in der Essigsäure, obwohl beide Stoffmengenkonzentrationen gleich groß sind:

$$c(HCl) = c(CH_3COOH) = 1 \text{ mol/l}$$

Das Protolysegleichgewicht liegt also bei der Salzsäure stärker auf der rechten Seite als bei der Essigsäure*.

---

* Daß die (gleichkonzentrierte) Salzsäure stärkere Säurewirkung zeigt als die Essigsäure, kann man auch in zwei Reagenzgläsern mit zwei gleichartigen Zinkblechstreifen zeigen: In der Salzsäure wird das Zink stärker angegriffen — es entsteht viel mehr Wasserstoff.

131

Ein Maß für die Stärke einer Protolyse ist der *Protolysegrad*.
Für eine Säure — allgemein HA — gilt:

$$HA + H_2O \rightleftharpoons H_3O^+ + A^-$$

Protolysegrad einer Säure $= \dfrac{\text{Konzentration der Hydronium-Ionen}}{\text{Ausgangskonzentration der Säure}}$	$\alpha_S = \dfrac{c(H_3O^+)}{c_0(HA)}$

Die Ausgangskonzentration $c_0(HA)$ entspricht der im Wasser gelösten Substanz; die im Gleichgewichtszustand (noch) vorliegende Konzentration der Säure $c(HA)$ ist kleiner.
Analog gilt für eine Base — allgemein B:

$$B + H_2O \rightleftharpoons BH^+ + OH^-$$

Protolysegrad einer Base $= \dfrac{\text{Konzentration der Hydroxid-Ionen}}{\text{Ausgangskonzentration der Base}}$	$\alpha_B = \dfrac{c(OH^-)}{c_0(B)}$

Der höchste, theoretisch denkbare Protolysegrad wäre $1 = 100\%$. Er würde erreicht, wenn jedes Säure- oder Baseteilchen protolysiert wäre. Da die Protolyse aber eine Gleichgewichtsreaktion ist, kann das niemals vollständig erreicht werden.
Da sich die Protolysegrade vom Massenwirkungsgesetz ableiten, sind sie wie die Gleichgewichtskonstante temperaturabhängig. Üblicherweise werden sie auf Zimmertemperatur bezogen, wenn nicht anders angegeben.

Versuch 25 (Ergänzung zu Versuch 24)
Die beiden Säuren von Versuch 24 werden auf das Doppelte verdünnt und der elektrische Stromdurchgang erneut gemessen.
Die Konzentrationen der Säuren sind auf die Hälfte vermindert worden. Wegen der geringeren Ionenkonzentrationen liegt jetzt eine geringere elektrische Leitfähigkeit vor. Der Stromfluß ist bei der Salzsäure auf die Hälfte des vorherigen Wertes gesunken. Bei der Essigsäure ist zwar die durchfließende Stromstärke auch gesunken, aber nur auf etwa 70% des vorherigen Wertes.

Die für die Essigsäure gemessene Leitfähigkeit ist wesentlich höher als erwartet, weil bei geringerer Konzentration die Protolyse zunimmt. Dies macht sich in besonderem Maße bei schwachen Säuren bemerkbar. Starke Säuren, wie etwa die Salzsäure, sind bereits bei größeren Konzentrationen stark protolysiert (über 99%). Eine weitere Zunahme der Protolyse führt zu keiner deutlich meßbaren Erhöhung der elektrischen Leitfähigkeit.
Man kann den Protolysegrad zum Vergleich der Stärke von Säuren bzw. Basen benutzen, wenn gleiche Konzentrationen bei gleicher Temperatur vorliegen.
In Abhängigkeit von ihrem Protolysegrad kann man die Säuren in starke, mittelstarke und schwache Säuren einteilen. Die Grenzen sind willkürlich und werden oft unterschiedlich gezogen. Eine übliche Einteilung ist, starke Säuren mit $\alpha > 70\%$ und schwache mit $\alpha < 1\%$ (bei $c_0 = 1$ mol/l) einzuordnen.

Beispiele:
Essigsäure (CH_3COOH):

$\dfrac{c_0}{\text{mol/l}}$	1,0	0,5	0,1	0,01	0,001
α_S	0,42%	0,59%	1,32%	4,19%	13,23%

Salzsäure (HCl):

$\dfrac{c_0}{\text{mol/l}}$	1,0	0,5	0,1	0,01	0,001
α_S	99,90 %	99,95 %	99,99 %	99,999 %	99,9998 %

Der Protolysegrad von Säuren und Basen ist temperaturabhängig und steigt mit zunehmender Verdünnung, besonders bei schwachen Säuren und schwachen Basen deutlich an.

7.1.6 Die Autoprotolyse des Wassers

Ein Ampholyt, z. B. das Wasser, der sowohl als Protonendonator als auch als Protonenakzeptor reagieren kann, vermag auch „mit sich selbst" zu protolysieren. Diesen Vorgang nennt man *Autoprotolyse*[*].

$$2\,H_2O \rightleftharpoons H_3O^+ + OH^-$$

Aufgrund ihres Dipolcharakters lagern sich Wasser-Moleküle in geeigneter Lage zusammen, so daß dabei ein Proton von einem zum anderen Molekül übergehen kann. Das Gleichgewicht dieser Reaktion liegt aber sehr weit auf der linken Seite. Von fünfhundert Millionen Wasser-Molekülen reagieren nur zwei in dieser Weise. Deshalb ist auch die elektrische Leitfähigkeit des reinen Wassers außerordentlich klein.

Bei der Autoprotolyse des Wassers entstehen aus Wasser-Molekülen Hydronium- und Hydroxid-Ionen.

7.2 Der pH-Wert

7.2.1 Das Ionenprodukt des Wassers

Die Autoprotolyse des Wassers ist eine Gleichgewichtsreaktion, für die das Massenwirkungsgesetz gilt:

$$K = \frac{c(H_3O^+) \cdot c(OH^-)}{c^2(H_2O)}$$

Bei 24 °C ist $K = 3,26 \cdot 10^{-18}$, wodurch das Gleichgewicht extrem weit links liegt.
Die Konzentration der Wasser-Moleküle wird durch die Autoprotolyse praktisch nicht geändert und ist als konstant anzusehen. Sie beträgt $c(H_2O) = 55,36$ mol/l und kann mit der Gleichgewichtskonstanten zusammengefaßt werden. Man erhält die neue Konstante K_w.

Das Ionenprodukt (K_w) des Wassers beträgt (bei 24 °C):
$K_w = c(H_3O^+) \cdot c(OH^-) = 10^{-14}\ \text{mol}^2/\text{l}^2$

---

[*] autos (griechisch) selbst.

133

Im reinen Wasser liegen gleich viele Hydronium- und Hydroxid-Ionen vor, ihre Stoffmengenkonzentration läßt sich aus dem Ionenprodukt des Wassers berechnen, sie beträgt (bei 24°):

$$c(H_3O^+) = c(OH^-) = \sqrt{10^{-14}\,mol^2/l^2} = 10^{-7}\,mol/l$$

Das Ionenprodukt des Wassers ist temperaturabhängig. Es ändert sich zwischen 0 °C und 60 °C um etwa zwei Zehnerpotenzen.

Das Ionenprodukt des Wassers gilt nicht nur in reinem Wasser, sondern auch in wäßrigen Lösungen*.

> Wenn durch Zugabe einer Säure oder Base die Konzentration der Hydronium- oder Hydroxid-Ionen verändert wird, so stellt sich das Ionenprodukt des Wassers immer wieder neu ein, indem die Autoprotolyse des Wassers nach links verschoben wird.

Beispiel 1:

Zu Wasser wird Salzsäure gegeben, bis die Hydronium-Ionen-Konzentration $c(H_3O^+) = 0{,}01\,mol/l$ beträgt. Dabei stellt sich aufgrund des Ionenprodukts des Wassers die Hydroxid-Ionen-Konzentration ein (bei 24 °C):

$$c(OH^-) = \frac{K_W}{c(H_3O^+)} = \frac{10^{-14}\,mol^2/l^2}{10^{-2}\,mol/l} = 10^{-12}\,mol/l$$

Es liegt ein Überschuß an H_3O^+-Ionen vor: Die Lösung reagiert *sauer*.

Beispiel 2:

In Wasser wird soviel Natriumhydroxid gelöst, daß die Hydroxid-Ionen-Konzentration $c(OH^-) = 0{,}0025\,mol/l$ beträgt. Dabei stellt sich aufgrund des Ionenprodukts des Wassers die Hydronium-Ionen-Konzentration ein (bei 24 °C):

$$c(H_3O^+) = \frac{K_W}{c(OH^-)} = \frac{10^{-14}\,mol^2/l^2}{2{,}5\cdot10^{-3}\,mol/l} = 4\cdot10^{-12}\,mol/l$$

Es liegt ein Überschuß an OH^--Ionen vor: Die Lösung reagiert *basisch*.

Für wäßrige Lösungen gilt bei 24 °C:

- Neutrale Lösung: $c(H_3O^+) = 10^{-7}\,mol/l$; $c(OH^-) = 10^{-7}\,mol/l$.
- Saure Lösung: $c(H_3O^+) > 10^{-7}\,mol/l$; $c(OH^-) < 10^{-7}\,mol/l$.
- Basische Lösung: $c(H_3O^+) < 10^{-7}\,mol/l$; $c(OH^-) > 10^{-7}\,mol/l$.

7.2.2 Die Definition des pH-Wertes

In jeder wäßrigen Lösung hängen $c(H_3O^+)$ und $c(OH^-)$, bedingt durch das Ionenprodukt des Wassers, miteinander zusammen.

> Zur Beschreibung des sauren, neutralen oder basischen Charakters einer Lösung wird die Stoffmengenkonzentration der Hydronium-Ionen verwendet.

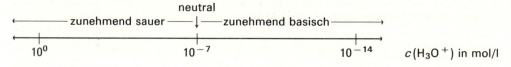

* Das Ionenprodukt des Wassers gilt strenggenommen nur für verdünnte wäßrige Lösungen. In konzentrierten Lösungen weicht $c(H_2O)$ stark vom Wert 55,36 mol/l ab.

Die Verwendung von $c(H_3O^+)$ selbst hat sich wegen der umständlichen Zahlenwerte als zu unpraktisch erwiesen. S. P. L. Sørensen* schlug 1909 vor, den negativen Zehnerexponenten des Zahlenwerts der in mol/l gemessenen Größe zu verwenden.

> Der pH-Wert ist der negative dekadische Logarithmus des Zahlenwerts der in mol/l gemessenen Hydronium-Ionen-Konzentration.
>
> $$\frac{c(H_3O^+)}{mol/l} = 10^{-pH} \implies pH = -\lg \frac{c(H_3O^+)}{mol/l}$$

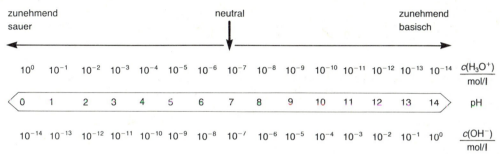

Beispiel 1:

Welchen pH-Wert hat eine wäßrige Lösung mit $c(H_2O^+) = 0,01$ mol/l?

Lösung: $pH = -\lg 10^{-2} = 2$

Beispiel 2:

Welchen pH-Wert hat eine wäßrige Lösung mit $c(OH^-) = 0,0025$ mol/l?

Lösung: $c(H_3O^+) = \dfrac{K_W}{c(OH^-)} = \dfrac{10^{-14}}{2,5 \cdot 10^{-3}} \dfrac{mol^2/l^2}{mol/l} = 4 \cdot 10^{-12}$ mol/l

$pH = -\lg 4 \cdot 10^{-12} = 11,40$

Beispiel 3:

Wie groß ist der pH-Wert von Speiseessig, wenn seine Essigsäure-Konzentration $c(CH_3COOH)$ 0,5 mol/l und der Protolysegrad α_S 0,6 % beträgt?

Lösung: $c(H_3O^+) = \dfrac{0,6\%}{100\%} \cdot 0,5$ mol/l $= 0,003$ mol/l

$pH = -\lg 0,003 = 2,5$

Da sich der pH-Wert über das Ionenprodukt des Wassers von der Gleichgewichtskonstanten der Autoprotolyse ableitet und diese temperaturabhängig ist, ist auch der pH-Wert temperaturabhängig. Er liegt für reines Wasser zwischen 0 °C und 60 °C etwa zwischen 7,4 und 6,5.

Die Messung des pH-Wertes erfolgt:

- elektrisch, indem die durch unterschiedliche $c(H_3O^+)$ verursachten Potentialdifferenzen** gemessen werden (vgl. Abschnitt 8.1);
- optisch mit Hilfe von Indikatoren, die in bestimmten pH-Bereichen ihre Farbe verändern (vgl. Abschnitt 7.4).

---

* Sørensen, Søre Peter Lauritz, dänischer Chemiker; 1868 ... 1939.

** Potentialdifferenz = Unterschied zwischen den elektrischen Potentialen zweier Elektroden. Ihr Maß ist die elektrische Spannung.

7.2.3 Die Bedeutung des pH-Wertes

In Tabelle 13 sind die pH-Werte einiger Stoffe des täglichen Lebens aufgelistet:

Tabelle 13 pH-Werte einiger Stoffe des täglichen Lebens			
Stoff	pH	Stoff	pH
Zitronensaft	2,0 … 2,5	Urin	4,8 … 8,4
Haushaltsessig	2,3 … 2,6	Kartoffeln	5,6 … 6,0
Wein	2,8 … 3,8	Butter	6,1 … 6,4
Orangensaft	3,0 … 4,0	Kuhmilch (frisch)	6,3 … 6,6
Sauerkrautsaft	3,4 … 3,6	Trinkwasser	6,5 … 8,0
Wasser, CO_2-gesättigt	3,8	Blut (Mensch)	7,35 … 7,45
Tomatensaft	4,0 … 4,4	Seifenlösung	10 … 11
Bier	4,0 … 5,0	Salmiakgeist	11,0 … 11,5
Käse	4,8 … 6,4	Sodalösung	11,2 … 11,7

Die Einhaltung eines bestimmten pH-Wertes (oder eines engen pH-Bereichs) ist für eine Reihe chemischer Prozesse von großer Bedeutung.

Beispiel:
Photographische Entwickler arbeiten in der Regel im sehr schwach bis stark basischen Bereich, während zum Fixieren eine schwach saure Lösung notwendig ist. „Verschleppen" einer Lösung in die andere ändert deren pH-Wert und macht sie unbrauchbar.

Auch beim Ablauf vieler Lebensvorgänge spielt der pH-Wert eine entscheidende Rolle.

Beispiel:
In der Landwirtschaft sind Höchsterträge nur dann zu erwarten, wenn die pH-Wert-Abhängigkeit der Kulturpflanzen berücksichtigt wird.

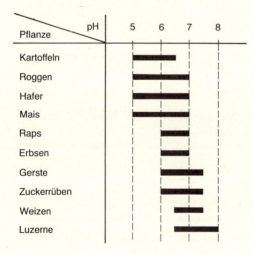

Abb. 7.4 Höchsterträge (▬▬) einiger Kulturpflanzen und pH-Wert.

136

Manche Pflanzen spielen eine wichtige Rolle als „Bodenanzeiger", d.h., ihr Wuchs erlaubt Rückschlüsse auf den pH-Wert des Bodens:

- Saure Böden: Heidelbeere, Heidekraut, Waldgeisblatt.
- Schwach saure bis schwach basische Böden: Huflattich.
- Basische Böden: Seidelbast, Silberdistel, Leberblümchen.

7.3 Anwendung des Massenwirkungsgesetzes auf Säuren und Basen

7.3.1 Die Säurekonstante und die Basenkonstante

Die Protolyse der Säure HA (allgemein) mit Wasser führt zu folgendem Gleichgewicht:

$$HA + H_2O \rightleftharpoons H_3O^+ + A^-$$

Bei Anwendung des Massenwirkungsgesetzes erhält man:

$$K = \frac{c(H_3O^+) \cdot c(A^-)}{c(HA) \cdot c(H_2O)}$$

In verdünnten wäßrigen Lösungen kann $c(H_2O)$ als konstant angesehen und mit der Gleichgewichtskonstanten K zu einer neuen Konstanten K_S vereinigt werden (vgl. Abschnitt 7.2.1).

$$K_S = \frac{c(H_3O^+) \cdot c(A^-)}{c(HA)}$$

K_S wird die Säurekonstante genannt. Sie ist um so größer, je stärker die Säure ist.

Für die Protolyse der Base B (allgemein) mit Wasser gilt entsprechend:

$$B + H_2O \rightleftharpoons BH^+ + OH^-$$

$$K_B = \frac{c(BH^+) \cdot c(OH^-)}{c(B)}$$

K_B wird die Basenkonstante genannt. Sie ist um so größer, je stärker die Base ist.

7.3.2 Die Säure-Basen-Reihe

Zwischen der Säurekonstanten und der Basenkonstanten eines Säure-Base-Paares besteht ein einfacher Zusammenhang:

$$HA \rightleftharpoons A^- + H^+$$

$$HA + H_2O \rightleftharpoons H_3O^+ + A^- \qquad A^- + H_2O \rightleftharpoons HA + OH^-$$

$$K_S = \frac{c(H_3O^+) \cdot c(A^-)}{c(HA)} \qquad K_B = \frac{c(HA) \cdot c(OH^-)}{c(A^-)}$$

Multipliziert man K_S mit K_B, so erhält man das *Ionenprodukt des Wassers* (K_w):

$$K_S \cdot K_B = c(H_3O^+) \cdot c(OH^-) = K_W \quad (= 10^{-14} \text{ mol}^2/\text{l}^2 \text{ bei } 24\,^\circ C)$$

Die Säurekonstante und die Basenkonstante eines Säure-Base-Paares hängen also, bedingt durch das Ionenprodukt des Wassers, miteinander zusammen.

> Je stärker die Säure in einem Säure-Base-Paar ist, desto schwächer ist die Base (und umgekehrt).

Ein Säure-Base-Paar aus einer starken Säure und einer schwachen Base hat eine große Bereitschaft zur Protonenabgabe, aber eine geringe Bereitschaft zur Protonenaufnahme. Ein Säure-Base-Paar aus einer schwachen Säure und einer starken Base hat eine geringe Bereitschaft zur Protonenabgabe, aber eine große Bereitschaft zur Protonenaufnahme. Ordnet man die Säure-Base-Paare (vgl. Tabelle A 7, S. 291) nach ihrer Bereitschaft zur Protonenabgabe, so erhält man die *Säure-Basen-Reihe*:

$$\longleftarrow \text{ zunehmende Säurestärke } \longrightarrow$$

Säure:	HCl	H_3O^+	HF	CH_3COOH	NH_4^+	H_2O
Base:	Cl^-	H_2O	F^-	CH_3COO^-	NH_3	OH^-

$$\longrightarrow \text{ zunehmende Basenstärke } \longrightarrow$$

7.3.3 Die Lage von Säure-Basen-Gleichgewichten

Für ein *Säure-Basen-Gleichgewicht* gilt allgemein:

$$HA + B \rightleftharpoons A^- + BH^+$$

Die beiden korrespondierenden Säure-Base-Paare sind:

$$HA \rightleftharpoons A^- + H^+ \qquad \text{und} \qquad BH^+ \rightleftharpoons B + H^+$$

Wenn die Säure HA stärker ist als die Säure BH^+, dann ist auch die Base B stärker als die Base A^-. Das Gleichgewicht liegt als Folge davon rechts (Gleichgewichtskonstante $K > 1$). Wenn die Säure BH^+ stärker ist als die Säure HA, dann ist auch die Base A^- stärker als die Base B. Das Gleichgewicht liegt jetzt links (Gleichgewichtskonstante $K < 1$).

> Ein Säure-Basen-Gleichgewicht liegt immer auf der Seite der schwächeren Säure und der schwächeren Base.

Mit Hilfe der Säure-Basen-Reihe ist es möglich, die Lage von Säure-Basen-Gleichgewichten zu bestimmen.
Reagiert eine Säure mit einer Base, welche stärker ist als die konjugierte Base dieser Säure, so liegt das Gleichgewicht mehr oder weniger stark rechts.

Beispiel:
$$HClO_4 + H_2O \rightleftharpoons ClO_4^- + H_3O^+$$
H_2O ist eine stärkere Base als ClO_4^-: Das Gleichgewicht liegt mehr oder weniger weit rechts.

Reagiert eine Säure mit einer Base, welche schwächer ist als die konjugierte Base dieser Säure, so liegt das Gleichgewicht mehr oder weniger stark links.

Beispiel:
$$H_2O + PO_4^{3-} \rightleftharpoons OH^- + HPO_4^{2-}$$
PO_4^{3-} ist eine schwächere Base als OH^-: Das Gleichgewicht liegt mehr oder weniger weit links.

7.4 Säure-Basen-Indikatoren

*Säure-Basen-Indikatoren** sind meist organische Farbstoffe mit schwachem Säurecharakter, welche je nach dem pH-Wert einer wäßrigen Lösung ihre Farbe verändern.

7.4.1 Die Wirkungsweise der Säure-Basen-Indikatoren

Wenn man einen Indikator, als sogenannte *Indikatorsäure*, mit HInd bezeichnet, so läßt sich das Protolysegleichgewicht mit Wasser so darstellen:

$$HInd + H_2O \rightleftharpoons H_3O^+ + Ind^-$$

Indikator-   konjugierte
säure   Base

Da es sich bei Indikatoren um schwache Säuren handelt, liegt im Wasser das Protolysegleichgewicht weit links. Die Säure ist nur zu einem ganz kleinen Teil protolysiert und es erscheint die Farbe der HInd-Moleküle.

Die Gleichgewichtslage wird aber — wie im Abschnitt 6.6.1 dargestellt — durch die Konzentration der Reaktionspartner beeinflußt:

$$\underset{\text{Farbe I}}{HInd} + H_2O \rightleftharpoons \overset{\text{Zugabe}}{\underset{\text{Entzug}}{H_3O^+}} + \underset{\text{Farbe II}}{Ind^-}$$

> Eine Vergrößerung der H_3O^+-Konzentration verschiebt die Gleichgewichtslage nach links (Farbe I der Indikatorsäure-Moleküle). Eine Verkleinerung der H_3O^+-Konzentration verschiebt die Gleichgewichtslage nach rechts (Farbe II der Indikator-Ionen).

7.4.2 Die Lage des Indikator-Umschlags

Im Verlauf einer pH-Wert-Änderung erfolgt ein Farbwechsel.
Eine Indikatorsäure hat, wie jede Säure, eine Säurekonstante, demzufolge ist:

$$K_{S,Ind} = \frac{c(H_3O^+) \cdot c(Ind^-)}{c(HInd)}$$

Der Farbwechsel erfolgt, wenn von Farbe I und von Farbe II gleich viel vorliegt, wenn also $c(HInd) = c(Ind^-)$ beträgt. Dann gilt:

$$c(H_3O^+) = K_{S,Ind} \text{ und } pH = -\lg K_{S,Ind}$$

> Die Lage des Indikatorumschlags hängt von der Säurekonstanten des Indikators ab. Die Mitte des Umschlags liegt bei $pH = -\lg K_{S,Ind}$.

Den pH-Wert, bei dem die Hälfte des Indikators umgeschlagen ist, nennt man manchmal $pH_{1/2}$. Der Wechsel von Farbe I zu Farbe II eines Indikators erfolgt nicht schlagartig, sondern fließend. Wie aus **Abb. 7.5** (Seite 140) zu entnehmen, erfolgt der Umschlag über etwa zwei pH-Stufen.

---

* indicare (lateinisch) anzeigen.

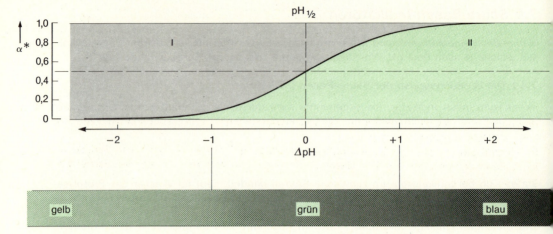

Abb. 7.5 Umschlagsbereich der Indikatoren. Die Farbangaben gelten für Bromkresolgrün.

In der Praxis ist bei der Anwendung von Indikatoren zu beachten:
Einerseits haben die beiden Farben des Indikators nicht immer gleiche Farbintensität, andererseits ist auch die Wahrnehmung unterschiedlich. So erkennt man z. B. einen geringen Rot-Anteil leichter in einer überwiegend gelben Lösung als umgekehrt (z. B. bei Methylrot). Naturprodukte (Lackmus) sind Gemische verschiedener Farbstoffe, deren Säurekonstanten nicht genau gleich groß sind. Dadurch verbreitert sich deren Umschlagsbereich.

Beispiele:

Indikator	Farbe bei kleinem pH	Farbe bei großem pH	pH-Werte des Umschlagsbereichs
Methylorange	rot	gelb	3,1 ... 4,4
Methylrot	rot	gelb	4,2 ... 6,3
Lackmus	rot	blau	5,0 ... 8,0
Bromthymolblau	gelb	blau	6,0 ... 7,6
Phenolrot	gelb	rot	6,6 ... 8,0
Phenolphthalein	farblos	rot	8,0 ... 10,0

7.4.3 Universalindikatoren

Der Anzeigebereich eines Indikators umfaßt etwa zwei pH-Stufen. Eine indikatorische Bestimmung von pH-Werten über einen größeren Bereich ist deshalb nur möglich, wenn mehrere Indikatoren mit verschiedenen Umschlagsbereichen kombiniert werden.

Universalindikatoren sind Gemische aus geeigneten Indikatoren, die durch ihre Farbänderungen in einem breiten Bereich den pH-Wert anzeigen.

Das Prinzip solcher Mischungen kann man mit Hilfe eines Gemisches aus Bromthymolblau und Phenolphthalein zeigen.

---

* α = Protolysegrad des Indikators.
Bei einem kleinen pH-Wert ist der Protolysegrad sehr klein ($\alpha \approx 0 \triangleq$ Farbe I) und bei einem großen pH-Wert sehr groß ($\alpha \approx 1 \triangleq$ Farbe II).

pH	< 6,0	7,6 ... 8,0	> 10,0
Bromthymolblau	gelb	blau	blau
Phenolphthalein	farblos	farblos	rot
Mischfarbe:	gelb	blau	violett

In den Bereichen pH = 6,0 ... 7,6 und pH = 8,0 ... 10,0 liegen die Umschlagsbereiche der beiden Indikatoren, in denen sich dann die Mischfarbe von gelb und grün nach blau und von blau nach violett ändert.

Im Handel gibt es eine große Auswahl an Universalindikatoren. Anhand von Farbskalen kann die Bedeutung (angezeigter pH-Wert) der unterschiedlichen auftretenden Farben abgelesen werden.

7.5 Salze in Wasser

Beim Auflösen von Salzen in Wasser werden deren Ionengitter vollständig beseitigt, es entstehen frei bewegliche Anionen und Kationen. Daneben befinden sich im Wasser auch immer die durch die Autoprotolyse des Wassers entstandenen Hydronium- und Hydroxid-Ionen.

7.5.1 Anionen als Basen

Das Anion jedes Salzes ist in wäßriger Lösung immer die korrespondierende Base einer Säure.

- Ist ein Anion nur einfach geladen, entsteht durch Protonenaufnahme eine Säure, z. B.:

$$NO_3^- + H^+ \rightleftharpoons HNO_3$$

Base   Säure

- Ist ein Anion mehrfach geladen, entsteht durch Protonenaufnahme ein Ampholyt, z. B.:

$$PO_4^{3-} + H^+ \rightleftharpoons HPO_4^{2-}$$

Base   Ampholyt

- Der Ampholyt kann entweder als Base oder als Säure reagieren, z. B.:

$$HPO_4^{2-} + H^+ \rightleftharpoons H_2PO_4^- \quad \text{oder} \quad HPO_4^{2-} \rightleftharpoons H^+ + PO_4^{3-}$$

Base   Säure

7.5.2 Kationen als Säuren

Die meisten Kationen der Salze sind Metall-Ionen. Sie können *nicht* wie die Anionen der Salze auf eine Protolyse zurückgeführt werden. Das einzige in unseren Betrachtungen wichtige Kation, das durch Protolyse einer Base entstanden sein könnte und daher eindeutig eine Säure ist, ist das *Ammonium-Ion* NH_4^+:

$$NH_4^+ \rightleftharpoons H^+ + NH_3$$

Säure   Base

Trotzdem gibt es für Metall-Ionen einen Weg als Säuren zu reagieren.

Viele Metall-Ionen können aufgrund ihrer Hydrathülle als Säuren wirken.

Das Hydratwasser kann Protonen abspalten, z. B.:

$$[Fe(H_2O)_6]^{3+} \rightleftharpoons H^+ + [Fe(H_2O)_5OH]^{2+}$$

So entstandene Basen sind auch Ampholyte, d. h., sie können auch als Säuren reagieren, so daß zuletzt wasserhaltiges, schwerlösliches Metallhydroxid entsteht:

$$[Fe(H_2O)_5OH]^{2+} \rightleftharpoons H^+ + [Fe(H_2O)_4(OH)_2]^+$$
$$[Fe(H_2O)_4(OH)_2]^+ \rightleftharpoons H^+ + [Fe(H_2O)_3(OH)_3]$$

Die Alkalimetall-Ionen und die Erdalkalimetall-Ionen (außer Magnesium-Ionen) sind nicht in der Lage, mit ihrer Hydrathülle Säuren zu bilden.

7.5.3 Reaktion von wäßrigen Salzlösungen

Wenn Salze in Wasser aufgelöst werden, liegen die Anionen immer als Basen vor. Die Kationen können als Säuren wirken.

Einfach ist die Situation, wenn die Kationen Metall-Ionen wie Natrium-, Kalium- und Calcium-Ionen sind, die mit ihrer Hydrathülle keine Säuren bilden können:

Salzlösung 1:
Die wäßrige Lösung von Natriumchlorid reagiert *neutral*.
Begründung: Da HCl eine sehr starke Säure ist, sind die Chlorid-Ionen eine extrem schwache Base. Bei der denkbaren Protolysereaktion

$$Cl^- + H_2O \rightleftharpoons HCl + OH^-$$

liegt das Gleichgewicht so extrem links, daß keine merklichen Hydroxid-Ionen zu den durch die Autoprotolyse des Wassers schon vorhandenen hinzukommen können.

Salzlösung 2:
Die wäßrige Lösung von Natriumacetat reagiert *basisch*.
Begründung: Da CH_3COOH eine relativ schwache Säure ist, wirken die Acetat-Ionen deutlich als Basen. Bei der Protolysereaktion

$$CH_3COO^- + H_2O \rightleftharpoons CH_3COOH + OH^-$$

liegt das Gleichgewicht zwar noch links, doch werden schon merklich viele Hydroxid-Ionen zusätzlich in die Lösung gebracht.

Salzlösung 3:
Die wäßrige Lösung von Natriumcarbonat (Soda) reagiert *stark basisch*.
Begründung: Da H_2CO_3 eine sehr schwache Säure ist, sind die Carbonat-Ionen eine mittelstarke Base. Bei der Protolysereaktion

$$CO_3^{2-} + H_2O \rightleftharpoons HCO_3^- + OH^-$$

werden schon viele Hydroxid-Ionen in die Lösung gebracht.

Wenn die Kationen der Salze als Säuren reagieren können, wie das z. B. beim Ammonium- und vielen hydratisierten Metall-Ionen der Fall ist, können die Salzlösungen sowohl sauer als auch neutral und basisch reagieren:

Salzlösung 4:
Die wäßrige Lösung von Ammoniumchlorid (Salmiaksalz) reagiert *sauer*.
Begründung: Chlorid ist eine so extrem schwache Base, daß von daher keine zusätzlichen Hydroxid-Ionen kommen können (vgl. Salzlösung 1). NH_4^+ ist eine relativ schwache Säure. Bei der Protolysereaktion

$$NH_4^+ + H_2O \rightleftharpoons H_3O^+ + NH_3$$

liegt das Gleichgewicht zwar noch links. Es werden aber schon merklich viele Hydronium-Ionen zusätzlich in Lösung gebracht.

Salzlösung 5:
Die wäßrige Lösung von Aluminiumchlorid reagiert *sauer*.
Begründung: Für Chlorid gilt wieder das schon zuvor Gesagte (vgl. Salzlösung 4 und Salzlösung 1). Hexaaquaaluminium-Ionen sind eine relativ schwache Säure. Bei der Protolysereaktion

$$[Al(H_2O)_6]^{3+} + H_2O \rightleftharpoons H_3O^+ + [Al(H_2O)_5OH]^{2+}$$

liegt das Gleichgewicht zwar noch links. Es werden aber schon merklich viele Hydronium-Ionen zusätzlich in Lösung gebracht. Die gleiche Überlegung gilt für sehr viele Schwermetall-Salze.

Salzlösung 6:
Die wäßrige Lösung von Ammoniumacetat reagiert *neutral*.
Begründung: Die Ammonium-Ionen bzw. die Acetat-Ionen sind in ihrer Säure- bzw. Basewirkung nahezu identisch. Die beiden Protolysereaktionen

$$CH_3COO^- + H_2O \rightleftharpoons CH_3COOH + OH^- \quad \text{und} \quad NH_4^+ + H_2O \rightleftharpoons H_3O^+ + NH_3$$

laufen in gleichem Maße ab, so daß die Lösung neutral bleibt.

> Lösungen von Salzen in Wasser reagieren neutral, wenn ihr Anion und ihr Kation gleich stark (oder gleich schwach) protolysieren.
> Lösungen von Salzen in Wasser reagieren basisch, wenn ihr Anion eine stärkere Base als ihr Kation eine Säure ist.
> Lösungen von Salzen in Wasser reagieren sauer, wenn ihr Anion eine schwächere Base als ihr Kation eine Säure ist.

7.6 Die Neutralisation

7.6.1 Die Neutralisationsreaktion

Versuch 26 Herstellung von Natriumchlorid durch Neutralisation (Abb. 7.6, S. 144)

In ein Becherglas gibt man 25 ml Natronlauge mit $c(NaOH) = 1$ mol/l und fügt etwas Lackmuslösung hinzu. Die Lösung wird mit einem Magnetrührer in Bewegung gehalten. Dann läßt man aus einer Bürette Salzsäure mit $c(HCl) = 1$ mol/l zulaufen, zuletzt vorsichtig tropfenweise, bis die zunächst blaue Lösung eine violette Färbung annimmt. An der Bürette wird abgelesen, wieviel Salzsäure verbraucht worden ist.
Durch Filtrieren über Aktivkohle entfernt man den Indikator und das nun wieder farblose Filtrat wird vorsichtig eingedampft. Man erhält einen weißen, kristallinen Rückstand aus Natriumchlorid (Kochsalz). Geschmacksprobe durchführen.

In der Salzsäure ist $c(H_3O^+) > 10^{-7}$ mol/l. In der Natronlauge ist $c(OH^-) > 10^{-7}$ mol/l. Wenn beide Lösungen vereinigt werden, stellt sich das für alle verdünnten wäßrigen Lösungen geltende Protolysegleichgewicht (Ionenprodukt des Wassers) $c(H_3O^+) \cdot c(OH^-) = 10^{-14}$ mol²/l² sofort wieder ein.
Nach Zugabe von 25 ml Salzsäure erhält man eine *neutrale* Lösung. Die Säure und die Lauge heben sich in ihrer Wirkung gegenseitig auf. Dabei reagieren die H_3O^+-Ionen der Säure mit den OH^--Ionen der Lauge zu Wasser:

$$H_3O^+ + OH^- \longrightarrow 2H_2O^*$$

---

* Auch diese Reaktion ist eigentlich eine Gleichgewichtsreaktion, nämlich die Autoprotolyse des Wassers. Wegen des sehr kleinen Ionenprodukts des Wassers liegt das Gleichgewicht aber so weit rechts, daß sie nur als „Hin-Reaktion" geschrieben wird.

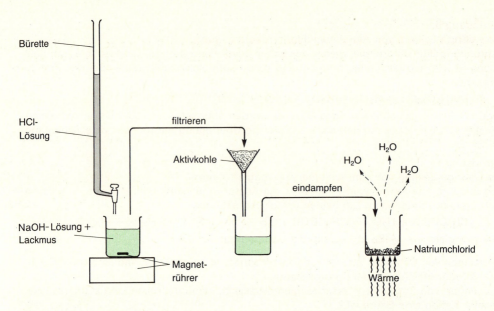

Abb. 7.6 Versuchsanordnung. Herstellung von Natriumchlorid durch Neutralisation.

In der Salzsäure befinden sich außer H_3O^+-Ionen auch noch Cl^--Ionen und in der Natronlauge neben OH^--Ionen auch Na^+-Ionen. Deshalb bleibt bei Versuch 26 eine NaCl-Lösung zurück. Die Gesamtreaktion lautet dafür vollständig:

$$H_3O^+ + Cl^- + Na^+ + OH^- \longrightarrow 2\,H_2O + Na^+ + Cl^-$$

Ionen der   Ionen der   Wasser   Ionen des
Salzsäure   Natronlauge   Natriumchlorids

Bei der Neutralisation bleiben die Kationen der Base und die Anionen der Säure in Lösung. Sie kristallisieren zum Salz aus, wenn die Löslichkeit des Salzes überschritten ist.

Die Löslichkeit kann, z. B. durch Eindampfen der Lösung, überschritten werden. Treffen bei einem Neutralisationsvorgang die Kationen und Anionen eines schwerlöslichen Salzes aufeinander, so fällt das Salz sofort aus.

Beispiel:
Neutralisiert man Bariumhydroxid-Lösung $Ba(OH)_2$ (Barytwasser) mit verdünnter Schwefelsäure (H_2SO_4), so bildet sich sofort ein weißer Niederschlag von Bariumsulfat ($BaSO_4$).

$$2\,H_3O^+ + SO_4^{2-} + Ba^{2+} + 2\,OH^- \longrightarrow 4\,H_2O + BaSO_4$$

Ionen der Schwefel-   Ionen des   Wasser   Barium-
säure   Barytwassers   sulfat

7.6.2 Die Neutralisationsenthalpie

Die Bildung von Wasser aus H_3O^+- und OH^--Ionen ist ein exothermer Vorgang. Die auftretende Enthalpiedifferenz (also die freiwerdende Wärmemenge) wird *Neutralisationsenthalpie* genannt.

$$H_3O^+ + OH^- \longrightarrow 2\,H_2O \quad \Delta H_R = -55{,}8 \text{ kJ/mol}$$

Beispiel:

Welche Wärmeenergie W wird frei, wenn 25 ml Natronlauge mit $c(NaOH) = 1$ mol/l mit 25 ml Salzsäure mit $c(HCl) = 1$ mol/l neutralisiert werden?

Lösung:

Gegeben: $V(NaOH\text{-L.}) = 25$ ml $\qquad c(NaOH) = 1$ mol/l $\qquad\qquad$ Gesucht: $W = -\Delta H$

 $V(HCl\text{-L.}) = 25$ ml $\qquad c(HCl) = 1$ mol/l

$H_3O^+ + OH^- \longrightarrow 2\,H_2O \quad \Delta H_R = -55{,}8$ kJ/mol

stöchiometrische Beziehung: $n(NaOH) = n(HCl) = n(H_3O^+) = n(OH^-) = n(2\,H_2O)$

$$V(NaOH\text{-L.}) \underset{c(NaOH)}{\nearrow} n(NaOH) \underset{\text{st.B.}}{\nearrow} n(2\,H_2O) \underset{\Delta H_R}{\nearrow} \Delta H = -W$$

$$V(NaOH\text{-L.}) \cdot c(NaOH) \cdot 1 \cdot (-\Delta H_R) = -\Delta H = W$$

$$W = 25 \cdot 1 \cdot 1 \cdot 55{,}8 \;\frac{\text{ml}}{\text{l}} \cdot \frac{\text{mol}}{1} \cdot 1 \cdot \frac{\text{kJ}}{\text{mol}} = 1\,395 \text{ J}$$

7.6.3 Reaktionsgleichungen für Neutralisationsvorgänge

Bei Neutralisationen reagieren immer *Ionen* miteinander. Trotzdem ist es vielfach noch üblich, in die Reaktionsgleichungen nicht die Ionen, sondern die Formelzeichen der Verbindungen zu schreiben.

Die schwerlöslichen Salze können wie $CaF_2\downarrow$, $\underline{CaCO_3}$ oder $\underline{BaSO_4\downarrow}$ in den nachfolgenden Beispielen gekennzeichnet werden:

- Flußsäure und Kalkwasser ergeben Wasser und (schwerlösliches) Calciumfluorid (Flußspat).

$$2\,HF + Ca(OH)_2 \longrightarrow 2\,H_2O + CaF_2\downarrow$$

- Kohlensäure und Kalkwasser ergeben Wasser und (schwerlösliches) Calciumcarbonat (Kalkstein).

$$H_2CO_3 + Ca(OH)_2 \longrightarrow 2\,H_2O + \underline{CaCO_3}$$

- Schwefelsäure und Barytwasser ergeben Wasser und (schwerlösliches) Bariumsulfat (Schwerspat).

$$H_2SO_4 + Ba(OH)_2 \longrightarrow 2\,H_2O + \underline{BaSO_4\downarrow}$$

7.6.4 Neutralisationstitrationen*

Von den Säuren oder Basen unbekannter Konzentration wird ein bestimmtes Volumen abgemessen und ein geeigneter Indikator zugegeben.

Dann wird eine *Maßlösung* — das ist zur Säurebestimmung eine Lauge genau bekannter Konzentration, zur Basenbestimmung eine Säure genau bekannter Konzentration — portionenweise, zuletzt tropfenweise, zugesetzt, bis der Indikator umschlägt. Dieses Verfahren wird mit *Titration* bezeichnet.

---

* titre (französisch) Feingehalt.

Versuch 27 Titration von Salzsäure mit Natronlauge

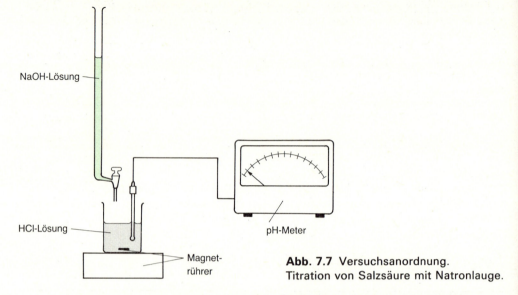

Abb. 7.7 Versuchsanordnung.
Titration von Salzsäure mit Natronlauge.

In ein Becherglas gibt man 100,0 ml Salzsäure mit $c(HCl) = 0,1$ mol/l. Die Lösung wird mit einem Magnetrührer in Bewegung gehalten. Mit einem pH-Meßgerät wird während des Versuchs der pH-Wert der Lösung gemessen. Aus einer Bürette wird langsam Natronlauge mit $c(NaOH) = 1,0$ mol/l gegeben und laufend der pH-Wert abgelesen. Zuerst wird achtmal je 1,0 ml Natronlauge zugesetzt. Danach wird die Natronlauge tropfenweise zugefügt (bis 11 ml Gesamtzugabe von Natronlauge), danach wieder je 1,0 ml Natronlauge, bis insgesamt 20 ml zugeführt worden sind.

Da die Natronlauge eine zehnmal so hohe Stoffmengenkonzentration hat wie die Salzsäure, muß nach der Reaktionsgleichung $HCl + NaOH \longrightarrow H_2O + NaCl$ nach Zugabe von 10,00 ml Natronlauge der Punkt erreicht sein, an dem die Neutralisation vollständig ist. Diesen Punkt nennt man *Äquivalenzpunkt**. Im Äquivalenzpunkt liegt eine reine Natriumchlorid-Lösung vor, die den pH = 7 besitzt (vgl. Versuch 26). Den Verlauf des pH-Wertes der Lösung während der Titration zeigt die *Titrationskurve* (**Abb. 7.8a**).

Ab pH = 4 verursacht also eine sehr kleine Laugenmenge einen Sprung auf pH = 10. In der Mitte dieses Sprunges liegt der Äquivalenzpunkt. Die Ursache für diesen Titrationsverlauf liegt in der Definition des pH-Wertes: Um von einer pH-Einheit zur anderen zu kommen, muß jeweils $c(H_3O^+)$ auf ein Zehntel seines vorherigen Wertes gesenkt werden. Dazu sind zuerst 9,0 ml, dann 0,9 ml, 0,09 ml, 0,009 ml der Lauge notwendig. Entsprechendes gilt, in umgekehrter Reihenfolge, für die Erhöhung von $c(OH^-)$ nach dem Äquivalenzpunkt.

---

* aequus (lateinisch) gleich; valere (lateinisch) wert sein.

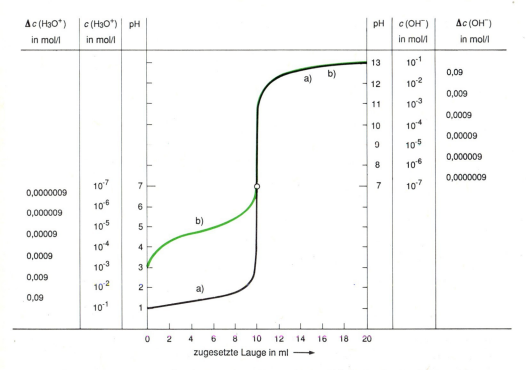

$\Delta c\,(\mathrm{H_3O^+})$ in mol/l	$c\,(\mathrm{H_3O^+})$ in mol/l	pH		pH	$c\,(\mathrm{OH^-})$ in mol/l	$\Delta c\,(\mathrm{OH^-})$ in mol/l
				13	10^{-1}	0,09
				12	10^{-2}	0,009
				11	10^{-3}	0,0009
				10	10^{-4}	0,00009
				9	10^{-5}	0,000009
				8	10^{-6}	0,0000009
0,0000009	10^{-7}	7		7	10^{-7}	
0,000009	10^{-6}	6				
0,00009	10^{-5}	5				
0,0009	10^{-4}	4				
0,009	10^{-3}	3				
0,09	10^{-2}	2				
	10^{-1}	1				

zugesetzte Lauge in ml ⟶

Abb. 7.8 Titrationskurven: a) Salzsäure mit Natronlauge; b) Essigsäure mit Natronlauge.

> Eine Neutralisationstitration ist das portionenweise Zugeben einer Lauge zu einer Säure (oder umgekehrt). Dabei entsteht im Äquivalenzpunkt eine sprunghafte Änderung des pH-Wertes über mehrere pH-Einheiten.

Verwendet man bei Versuch 27 anstelle der Salzsäure eine Essigsäure mit $c\,(\mathrm{CH_3COOH})=0{,}1$ mol/l, so erhält man eine Titrationskurve mit etwas anderem Verlauf (**Abb. 7.8 b**). Da Essigsäure dieser Konzentration nur zu 1,3 % protolysiert ist, beginnt die Kurve bei pH = 2,9. Ihr Äquivalenzpunkt liegt im basischen Bereich, weil die dann vorliegende Natriumacetat-Lösung nicht neutral reagiert, sondern pH = 8,87 hat. Danach bestimmt die überschüssige Natronlauge den weiteren Kurvenverlauf, so daß diese Kurve dann der der Titration von Salzsäure gleich ist*.
Aus dem Verlauf beider Titrationskurven (**Abb. 7.8**) ist ersichtlich, daß sowohl die Titration einer starken als auch einer schwachen Säure eine sprunghafte Änderung des pH-Wertes im Äquivalenzpunkt ergibt. Entsprechende Kurven entstehen beim Titrieren von starken und schwachen Basen mit Säure.

---

* Die abweichende Kurvenform vor dem Äquivalenzpunkt ist verursacht durch die Wirkung des Puffergemisches Essigsäure/Natriumacetat, auf die hier nicht näher eingegangen werden kann.

Den pH-Sprung im Äquivalenzpunkt kann man als Indikatorumschlag erkennen, wenn der Indikator so ausgewählt ist, daß sein Umschlagsbereich im Gebiet des pH-Sprungs liegt.

Verwendet man zur Titration eine Maßlösung mit genau bekannter Laugen- oder Säure-Konzentration, dann kann auf diesem Wege eine unbekannte Säure oder Lauge quantitativ bestimmt werden.

Beispiel:
50 ml Natronlauge werden mit Salzsäure, $c(HCl) = 0,2$ mol/l, titriert. Nach Zugabe von 70 ml Salzsäure ist der Äquivalenzpunkt erreicht. Welche Stoffmengenkonzentration hat die Natronlauge?
Reaktionsgleichung: $NaOH + HCl \longrightarrow H_2O + NaCl$

Lösung:

Gegeben: $V(NaOH) = 50$ ml   Gesucht: $c(NaOH)$
$ V(HCl) = 70$ ml
$ c(HCl) = 0,2$ mol/l

stöchiometrische Beziehung: $n(NaOH) = n(HCl)$

$$c(HCl) \overset{\nearrow}{\underset{V(HCl)}{}} n(HCl) \overset{\nearrow}{\underset{st.\,B.}{}} n(NaOH) \overset{\nearrow}{\underset{V(NaOH)}{}} c(NaOH)$$

$$\frac{c(HCl) \cdot V(HCl) \cdot \overset{①\,②}{1}}{\underset{V(NaOH)}{} \overset{③}{}} = c(NaOH)$$

$$c(NaOH) = \frac{0,2 \cdot 70}{50} \cdot \frac{mol \cdot ml \cdot 1}{l} \cdot \frac{1}{ml} = 0,28 \text{ mol/l}$$

7.7 Redox-Reaktionen

7.7.1 Vorbemerkungen

Neben den Protolysen stellen die *Redox-Reaktionen* eine weitere bedeutungsvolle Gruppe von Reaktionen dar. Zu ihnen zählen einfachste Vorgänge des täglichen Lebens, z. B. das Abbrennen einer Kerze oder die Gewinnung von Wärme in einem Kohle- oder Ölofen. Redox-Reaktionen sind aber auch das Rosten eines Autos, die Vorgänge in einem Bleiakku, die Gewinnung von Roheisen u. v. a.
Die ersten richtigen Überlegungen zur Deutung einer solchen komplexen Gruppe chemischer Reaktionen wurden im 18. Jahrhundert angestellt. Sie konnten — ähnlich wie bei den Protolysen — in neuerer Zeit beträchtlich vertieft werden.

Der Begriff Oxidation wurde von Lavoisier[*] (1780) eingeführt. Man verstand darunter ursprünglich die Vereinigung eines Stoffes mit Sauerstoff, welche allen herkömmlichen Verbrennungsvorgängen zugrunde liegt. Sauerstoff gilt darum noch heute als „klassisches" Oxidationsmittel.

Beispiel:
$2\,Ca + O_2 \longrightarrow 2\,Ca^{2+} + 2\,O^{2-} \longrightarrow 2\,CaO$

---

[*] Lavoisier, Antoine Laurent de, französischer Chemiker; 1743 ... 1794.

Unter Reduktion* verstand man ursprünglich die Abspaltung von Sauerstoff aus einer Verbindung und dachte dabei in erster Linie an die Rückführung von Metalloxiden zu Metallen.

Beispiel:

$CuO + H_2 \longrightarrow H_2O + Cu$

7.7.2 Begriffe

Versuch 28 Reaktion von Zinn(II)-Ionen mit Eisen(III)-Ionen

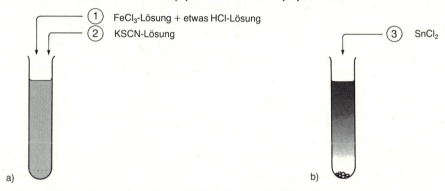

① FeCl$_3$-Lösung + etwas HCl-Lösung
② KSCN-Lösung
③ SnCl$_2$

a)   b)

Abb. 7.9 Versuchsanordnung. Reduktion von Eisen(III)-Ionen.
a) Lösung färbt sich dunkelrot.   b) Lösung entfärbt sich langsam.

In einem Reagenzglas wird Eisen(III)-chlorid-Lösung (FeCl$_3$) mit einigen Tropfen Salzsäure und anschließend mit etwas Kaliumthiocyanat-Lösung (KSCN) versetzt. Es entsteht eine dunkelrote Lösung (**Abb. 7.9a**). Nach Zugabe einer Spatelspitze Zinn(II)-chlorid (SnCl$_2$) entfärbt sich die Lösung langsam von unten nach oben (**Abb. 7.9b**).

Zinn(II)-chlorid reagiert mit Eisen(III)-chlorid unter Bildung von Zinn(IV)-chlorid und Eisen(II)-chlorid. (Kaliumthiocyanat nimmt an der Reaktion selbst nicht teil, sondern dient lediglich dem Nachweis von Fe^{3+}-Ionen, vgl. Versuch 20, S. 117.)
Die Reaktionsgleichung lautet: $SnCl_2 + 2\,FeCl_3 \longrightarrow SnCl_4 + 2\,FeCl_2$
Schreibt man in die Reaktionsgleichung korrekt nur die an der Reaktion beteiligten Stoffe, nämlich die Metall-Ionen, so erhält man:

$$Sn^{2+} + 2\,Fe^{3+} \longrightarrow Sn^{4+} + 2\,Fe^{2+}$$

Bei Betrachtung der Reaktion aus der Sicht der Sn^{2+}-Ionen geben die Sn^{2+}-Ionen jeweils zwei Außenelektronen ab und werden zu Sn^{4+}-Ionen:

$$Sn^{2+} \longrightarrow Sn^{4+} + 2\,e^-$$

Ein Stoff kann aber Elektronen nicht einfach in seine Umgebung hineingeben, sondern benötigt ein Hilfsmittel, welches diese Elektronen aufnimmt. Diese Rolle wird hier von den Fe^{3+}-Ionen übernommen.

> Unter Oxidation versteht man eine Abgabe von Elektronen.
> Oxidationsmittel sind Elektronenakzeptoren oder Elektronenempfänger.

---

* reducere (lateinisch) zurückführen.

Bei Betrachtung der Reaktion $Sn^{2+} + 2Fe^{3+} \longrightarrow Sn^{4+} + 2Fe^{2+}$ aus der Sicht der Fe^{3+}-Ionen nehmen die Fe^{3+}-Ionen jeweils ein Elektron auf und werden zu Fe^{2+}-Ionen:

$$2Fe^{3+} + 2e^- \longrightarrow 2Fe^{2+}$$

Ein Stoff kann aber Elektronen nicht einfach seiner Umgebung entnehmen, sondern benötigt ein Hilfsmittel, welches diese Elektronen abgibt. Diese Rolle wird hier von den Sn^{2+}-Ionen übernommen.

> Unter Reduktion versteht man eine Aufnahme von Elektronen.
> Reduktionsmittel sind Elektronendonatoren oder Elektronenspender.

Die Betrachtung der Gesamtreaktion $Sn^{2+} + 2Fe^{3+} \longrightarrow Sn^{4+} + 2Fe^{2+}$ ergibt:
Die Sn^{2+}-Ionen werden oxidiert und gleichzeitig die Fe^{3+}-Ionen reduziert. Die von den Sn^{2+}-Ionen abgegebenen Elektronen werden von den Fe^{3+}-Ionen aufgenommen.

> Oxidation und Reduktion laufen stets gleichzeitig ab und führen zu einem Elektronenübergang. Reaktionen, bei denen Elektronenübergänge stattfinden, werden Redox-Reaktionen genannt.

Die Bildungsreaktionen von Salzen aus metallischen und nichtmetallischen Elementen sind typische Redox-Reaktionen.

Beispiel 1: Magnesiumchlorid ($MgCl_2$)

Oxidation: $\qquad\qquad Mg \longrightarrow Mg^{2+} + 2e^-$
Reduktion: $\qquad Cl_2 + 2e^- \longrightarrow 2Cl^-$

$$Mg + Cl_2 \longrightarrow Mg^{2+} + 2Cl^- \longrightarrow MgCl_2$$

Beispiel 2: Natriumfluorid (NaF)

Oxidation: $\qquad\qquad 2Na \longrightarrow 2Na^+ + 2e^-$
Reduktion: $\qquad F_2 + 2e^- \longrightarrow 2F^-$

$$2Na + F_2 \longrightarrow 2Na^+ + 2F^- \longrightarrow 2NaF$$

Beispiel 3: Aluminiumoxid (Al_2O_3)

Oxidation: $\qquad\qquad 4Al \longrightarrow 4Al^{3+} + 12e^-$
Reduktion: $\qquad 3O_2 + 12e^- \longrightarrow 6O^{2-}$

$$4Al + 3O_2 \longrightarrow 4Al^{3+} + 6O^{2-} \longrightarrow 2Al_2O_3$$

7.8 Die Oxidationszahl

Wenn man ein Stück Magnesiumband mit dem Bunsenbrenner entzündet, so brennt es nach folgender Gleichung:

$$2Mg + O_2 \longrightarrow 2MgO$$

Die Ionenkristalle Magnesiumoxid sind aus Mg^{2+}- und O^{2-}-Ionen aufgebaut.
Jedes Magnesium-Atom hat zwei Elektronen abgegeben ($Mg \longrightarrow Mg^{2+} + 2e^-$) und wurde oxidiert. — Jedes Sauerstoff-Atom hat zwei Elektronen aufgenommen ($O + 2e^- \longrightarrow O^{2-}$) und wurde reduziert. Es liegt eine Redox-Reaktion vor.

Ähnlich wie Magnesium verbrennen auch viele andere Stoffe, z.B. Schwefel oder Kohlenstoff:

$$S + O_2 \longrightarrow SO_2 \qquad\qquad C + O_2 \longrightarrow CO_2$$

Es muß sich dabei ebenfalls um Redox-Reaktionen handeln. Es erscheint aber problematisch, hier eine Elektronenabgabe und eine Elektronenaufnahme zu definieren, weil die entstehenden Stoffe Schwefeldioxid und Kohlenstoffdioxid nicht aus Ionen, sondern aus Molekülen bestehen.

Um bei Redox-Reaktionen, an denen Teilchen beteiligt sind, die nicht vollständig aus Ionen bestehen, nach dem gleichen Prinzip vorgehen zu können, wurde die *Oxidationszahl* eingeführt.

7.8.1 Die Bestimmung der Oxidationszahl

Bei der überwiegenden Mehrheit der Moleküle liegen polare Atombindungen vor. In einer polaren Atombindung werden die Bindungselektronen vom Atom mit der höheren Elektronegativität stärker angezogen als vom anderen Atom. Es ist also eine *teilweise Elektronenverschiebung* feststellbar. Diese teilweise Elektronenverschiebung stellt man sich als vollständig vollzogen vor.

> Die Oxidationszahl gibt die Ladung an, welche ein Atom innerhalb eines Moleküls haben würde, wenn alle am Aufbau des Moleküls beteiligten Atome als Ionen vorliegen würden.

Die Kennzeichnung der Oxidationszahlen erfolgt durch römische Ziffern, welche über das Elementsymbol gesetzt werden. Bei der Addition sämtlicher Oxidationszahlen aller Atome innerhalb eines Moleküls ergibt sich die Summe Null.

Beispiele:

$\overset{I}{H}\overset{-I}{Cl}$ $I + (-I) = 0$

$\overset{I}{H_2}\overset{-II}{O}$ $2 \cdot (I) + (-II) = 0$

$\overset{IV}{C}\overset{-II}{O_2}$ $IV + 2 \cdot (-II) = 0$

$\overset{-III}{N}\overset{I}{H_3}$ $(-III) + 3 \cdot (I) = 0$

$\overset{I}{H_2}\overset{VI}{S}\overset{-II}{O_4}$ $2 \cdot (I) + VI + 4 \cdot (-II) = 0$

$\overset{-II}{N_2}\overset{I}{H_4}$ $2 \cdot (-II) + 4 \cdot (I) = 0$

$\overset{I}{Cl_2}\overset{-II}{O}$ $2 \cdot (I) + (-II) = 0$

$\overset{I}{H_2}\overset{-I}{O_2}$ $2 \cdot (I) + 2 \cdot (-I) = 0$

Beachte:
Die N—N-Bindung in N_2H_4 und die O—O-Bindung in H_2O_2 sind nicht polar und können daher nicht in gedachte Ionenbindungen übergeführt werden.

151

Das gilt auch, wenn die Elemente aus Molekülen bestehen.

Beispiele:

$\overset{0}{C}$, $\overset{0}{N_2}$, $\overset{0}{O_2}$, $\overset{0}{Ne}$, $\overset{0}{P_4}$, $\overset{0}{S_8}$ ...

Beispiele:

$\overset{II}{Mg}{}^{2+}$, $\overset{-II}{O}{}^{2-}$, $\overset{I}{Na}{}^{+}$, $\overset{-I}{Br}{}^{-}$

Beispiele:

$$\left[\overset{-II}{O} \overset{V}{N} \overset{\overset{-II}{O}}{\underset{-II}{O}} \right]^{-} \qquad \left[\overset{\overset{-II}{O}}{\underset{-II}{O}} \overset{VI}{Cr} \overset{\overset{-II}{O}}{\underset{-II}{O}} \right]^{2-}$$

7.8.2 Berechnung von Oxidationszahlen

In den (elektrisch neutralen) kleinsten Teilchen von Verbindungen ist die Ladungssumme stets Null. Aufgrund dieser Gesetzmäßigkeit ist es möglich, eine unbekannte Oxidationszahl innerhalb einer Verbindung zu berechnen, wenn alle übrigen Oxidationszahlen bekannt sind.

Beispiele:

$\overset{I}{H}\overset{x}{N}\overset{-II}{O_3}$

Oxidationszahl des Stickstoffs: $I + x + 3 \cdot (-II) = 0$; $x = V$

$\overset{I}{K}\overset{x}{Mn}\overset{-II}{O_4}$

Oxidationszahl des Mangans: $I + x + 4 \cdot (-II) = 0$; $x = VII$

$\overset{I}{K_2}\overset{x}{Cr_2}\overset{-II}{O_7}$

Oxidationszahl des Chroms: $2 \cdot (I) + 2 \cdot x + 7 \cdot (-II) = 0$; $x = VI$

Als bekannt — d. h. von bestimmten Ausnahmen abgesehen feststehend — gelten die Oxidationszahlen der Atome folgender Elemente:

Alkalimetalle: I

Erdalkalimetalle: II

Fluor: −I

Wasserstoff: I   Ausnahmen: Metallhydride (z. B. NaH, MgH_2)

Sauerstoff: −II   Ausnahmen: Peroxide (z. B. H_2O_2)

                                            Sauerstoffdifluorid (OF_2)

7.8.3 Erklärung von Redox-Reaktionen mit Hilfe der Oxidationszahl

Wenn bei einer Redox-Reaktion ein Teilchen oxidiert wird, so ist dies stets mit einer Elektronenverschiebung von diesem Teilchen weg verbunden.

Wenn bei einer Redox-Reaktion ein Teilchen reduziert wird, so ist dies stets mit einer Elektronenverschiebung zu diesem Teilchen hin verbunden.

Redox-Reaktionen können somit über die Änderung der Oxidationszahlen erklärt werden:

> **Bei einer Oxidation wird die Oxidationszahl größer.**
> **Bei einer Reduktion wird die Oxidationszahl kleiner.**

Beispiele:

$$\overset{0}{2\,Al} + \overset{III\ -II}{Fe_2O_3} \longrightarrow \overset{III\ -II}{Al_2O_3} + \overset{0}{2\,Fe}$$

Oxidation: $\overset{0}{Al} \longrightarrow \overset{III}{Al}$ $\qquad$ Reduktion: $\overset{III}{Fe} \longrightarrow \overset{0}{Fe}$

$$2\,Pb(NO_3)_2 \longrightarrow 2\,PbO + 4\,NO_2 + O_2$$

Oxidation: $\overset{-II}{O} \longrightarrow \overset{0}{O}$ $\qquad$ Reduktion: $\overset{V}{N} \longrightarrow \overset{IV}{N}$

$$SnCl_2 + 2\,HgCl_2 \longrightarrow SnCl_4 + Hg_2Cl_2$$

Oxidation: $\overset{II}{Sn} \longrightarrow \overset{IV}{Sn}$ $\qquad$ Reduktion: $\overset{II}{Hg} \longrightarrow \overset{I}{Hg}$

$$2\,H_2SO_4 + C \longrightarrow CO_2 + 2\,SO_2 + 2\,H_2O$$

Oxidation: $\overset{0}{C} \longrightarrow \overset{IV}{C}$ $\qquad$ Reduktion: $\overset{VI}{S} \longrightarrow \overset{IV}{S}$

$$3\,Mg + KClO_3 \longrightarrow 3\,MgO + KCl$$

Oxidation: $\overset{0}{Mg} \longrightarrow \overset{II}{Mg}$ $\qquad$ Reduktion: $\overset{V}{Cl} \longrightarrow \overset{-I}{Cl}$

7.9 Redox-Reaktionen und Protolysen in vergleichender Betrachtung

Bei einer Protolyse reagiert ein Protonendonator (Säure) mit einem Protonenakzeptor (Base). Dabei findet ein Protonenübergang statt.

Bei einer Redox-Reaktion reagiert ein Reduktionsmittel (Elektronendonator) mit einem Oxidationsmittel (Elektronenakzeptor). Dabei findet ein Elektronenübergang statt.

Eine Säure ist um so stärker, je leichter sie ein Proton abspalten kann. Entsprechend muß ein Reduktionsmittel um so stärker sein, je leichter es Elektronen abspalten kann. Eine Base ist um so stärker, je leichter sie ein Proton aufnehmen kann. Entsprechend muß ein Oxidationsmittel um so stärker sein, je leichter es Elektronen aufnehmen kann.

Eine Protolyse kann gedeutet werden als Folge zweier miteinander korrespondierender Säure-Basen-Paare:

$$Säure_1 \rightleftharpoons Base_1 + Proton$$
$$Base_2 + Proton \rightleftharpoons Säure_2$$

$$Säure_1 + Base_2 \rightleftharpoons Base_1 + Säure_2$$

Entsprechend muß auch eine Redox-Reaktion als Folge zweier miteinander korrespondierender Redox-Paare betrachtet werden können:

$$Red_1 \rightleftharpoons Ox_1 + z_1^* \text{ Elektronen}$$
$$Ox_2 + z_2^* \text{ Elektronen} \rightleftharpoons Red_2$$

$$\overline{z_2^* Red_1 + z_1^* Ox_2 \rightleftharpoons z_2^* Ox_1 + z_1^* Red_2}$$

(Red → Reduktionsmittel; Ox → Oxidationsmittel;
z^* → Äquivalenzzahl, Anzahl der übertragenen Elektronen.)

> In Analogie zu den Protolysen können Redox-Reaktionen auch als Folge zweier miteinander korrespondierender Redox-Paare betrachtet werden.

Redox-Reaktionen laufen allerdings meist nahezu vollständig zu Ende, so daß anstelle des Doppelpfeils der einfache Reaktionspfeil verwendet wird.

Beispiel:

$$Sn^{2+} \longrightarrow Sn^{4+} + 2e^-$$
$$2Fe^{3+} + 2e^- \longrightarrow 2Fe^{2+}$$

$$\overline{Sn^{2+} + 2Fe^{3+} \longrightarrow Sn^{4+} + 2Fe^{2+}}$$

7.10 Übungsaufgaben

Zur Wiederholung

W 1. Welche Eigenschaften müssen die Moleküle eines Stoffes haben, damit sie als Protonendonatoren reagieren können?

W 2. Welche Eigenschaften müssen die Moleküle eines Stoffes haben, damit sie als Protonenakzeptoren reagieren können?

W 3. Warum protolysiert H_2SO_4 stärker als HSO_4^-?

W 4. Zu den Säuren HSO_3^-, HCN und $[Al(H_2O)_6]^{3+}$ sollen die konjugierten Basen angegeben werden.

W 5. Von welchen Säuren sind die Teilchen F^-, $HCOO^-$, ClO^-, SCN^-, HSO_3^- und $[Fe(H_2O)_5OH]^{2+}$ die konjugierten Basen?

W 6. Wie groß sind $c(H_3O^+)$ und $c(OH^-)$ in einer wäßrigen Lösung mit pH = 3?

W 7. Wie groß sind $c(H_3O^+)$ und $c(OH^-)$ in einer wäßrigen Lösung mit pH = 11,5?

W 8. Wie groß ist der pH-Wert einer Salzsäure mit $c(HCl) = 0,1$ mol/l, wenn vollständige Protolyse angenommen wird?

W 9. Wie groß ist der pH-Wert einer Kalilauge mit $c(KOH) = 0,5$ mol/l, wenn vollständiger Zerfall in Ionen angenommen wird?

W 10. Wie groß ist der pH-Wert einer Ameisensäure mit $c_0(HCOOH) = 0,5$ mol/l, deren Protolysegrad 1,9 % beträgt?

W 11. Wie groß ist der pH-Wert einer Ammoniak-Lösung mit der Massenkonzentration $\beta(NH_3) = 166$ g/l, deren Protolysegrad 0,4 % beträgt?

W 12. Die Säurekonstante der Ameisensäure (HCOOH) ist größer als die der Essigsäure, also $K_S(\text{HCOOH}) > K_S(\text{CH}_3\text{COOH})$. Was kann dadurch über die Stärke der beiden Säuren und die Stärke ihrer beiden konjugierten Basen — Formiat-Ionen (HCOO^-) und Acetat-Ionen (CH_3COO^-) — gesagt werden?

W 13. Ammoniak (NH_3) erzeugt man labormäßig aus Ammoniumchlorid (NH_4Cl) und Natriumhydroxid (NaOH) (vgl. Versuch 23, S. 127). Wie lautet das Säure-Basen-Gleichgewicht für die Reaktion, was kann über die Stärke der beiden Basen gesagt werden?

W 14. Welche Bedingung muß eine schwache Säure erfüllen, um als Indikator anwendbar zu sein?

W 15. Welche Farbe zeigt ein Indikator vom Typ HInd bei großem pH-Wert?

W 16. Die Feststellung, daß alle wäßrigen Lösungen von Säuren (mehr oder weniger) sauer reagieren und die der Basen (mehr oder weniger) basisch, führt immer wieder zu dem Fehlschluß, daß alle wäßrigen Lösungen von Salzen neutral reagieren würden. Warum ist das nicht der Fall?

W 17. Wie reagiert eine wäßrige Lösung von Kaliumacetat (CH_3COOK)?

W 18. Wie reagiert eine wäßrige Lösung von Ammoniumsulfat (($\text{NH}_4)_2\text{SO}_4$)?

W 19. Calciumhydroxid (Ca(OH)_2) wird mit Salpetersäure neutralisiert. Wie lautet die Reaktionsgleichung?

W 20. Schwefelsäure wird mit Aluminiumhydroxid (Al(OH)_3) neutralisiert. Wie lautet die Reaktionsgleichung?

W 21. In welchem pH-Bereich ist der Äquivalenzpunkt der Titration einer Ammoniak-Lösung mit Salzsäure zu erwarten?

W 22. Wie ändert sich der pH-Wert einer Salzsäure, wenn 90% der Säure mit Natronlauge neutralisiert werden?

W 23. 50 ml Salpetersäure mit $c(\text{HNO}_3) = 0{,}5$ mol/l werden mit Kalilauge, $c(\text{KOH}) = 1{,}0$ mol/l, neutralisiert. Welches Volumen von Kalilauge führt zur vollständigen Neutralisation?

W 24. Welche Voraussetzung müßte erfüllt sein, damit eine Oxidation oder eine Reduktion für sich allein möglich ist?

W 25. Mit Hilfe der Elektronenformeln sind die Oxidationszahlen der unterstrichenen Atome in den Molekülen $\underline{N}_2\text{H}_4$, $\text{CO}\underline{\text{Cl}}_2$, $\text{H}_2\underline{\text{S}}$ und $\text{H}\underline{\text{C}}\text{lO}$ zu bestimmen.

W 26. Mit Hilfe der Ladungszahlen sind die Oxidationszahlen der unterstrichenen Atome in $\text{Na}_2\underline{\text{Si}}\text{F}_6$, $\text{K}\underline{\text{Br}}\text{O}_3$, $\underline{\text{N}}\text{H}_4\text{Cl}$, $\underline{\text{Cl}}\text{O}_4{}^-$, $\underline{\text{S}}\text{O}_3{}^{2-}$ und $\underline{\text{Cr}}_2\text{O}_7{}^{2-}$ zu bestimmen.

W 27. Welche beiden Redox-Paare sind an der Reaktion $\text{Sn}^{2+} + \text{Cl}_2 \longrightarrow \text{Sn}^{4+} + 2\,\text{Cl}^-$ beteiligt?

W 28. Beschreiben Sie die Reaktion
$$2\,\text{MnO}_4{}^- + 5\,\text{H}_2\text{O}_2 + 6\,\text{H}_3\text{O}^+ \longrightarrow 2\,\text{Mn}^{2+} + 14\,\text{H}_2\text{O} + 5\,\text{O}_2$$
sowohl als Oxidation als auch als Reduktion.

Zur Vertiefung

V 1. Früher verstand man unter Säuren Stoffe, welche in Wasser unter Bildung von H^+-Ionen dissoziierten. Was spricht gegen die Existenz freier H^+-Ionen im Wasser?

V 2. Wenn man zwei Flaschen mit konz. Salzsäure und konz. Ammoniak-Lösung offen nebeneinander stellt, so bildet sich weißer Rauch aus Ammoniumchlorid. Welche Säure-Base-Paare sind an der Reaktion beteiligt, und wie lautet die Säure-Basen-Reaktion?

V 3. Gegeben sind zwei Essigsäure-Lösungen mit $c_{0,1}(CH_3COOH) = 1$ mol/l und mit $c_{0,2}(CH_3COOH) = 0,1$ mol/l. Welche der beiden Lösungen hat den höheren Protolysegrad, und welche wirkt stärker sauer?

V 4. Ist es möglich, daß reines Wasser einen anderen pH-Wert als 7 hat?

V 5. Welche Masse von H_3O^+-Ionen und welche Masse von OH^--Ionen sind in 1 l Wasser von 24 °C?

V 6. Bei 24 °C ist $K_{W,24} = 1,00 \cdot 10^{-14}$ mol²/l², bei 50 °C beträgt jedoch das Ionenprodukt $K_{W,50} = 5,5 \cdot 10^{-14}$ mol²/l². Ist die Autoprotolyse ein exothermer oder ein endothermer Vorgang?

V 7. Autoprotolyse findet auch bei anderen Stoffen mit Dipolcharakter, z. B. in verflüssigtem Ammoniak (NH_3) statt. Wie lautet dafür das Autoprotolyse-Gleichgewicht?

V 8. Bei einer Chloressigsäure-Lösung mit $c_0(ClCH_2COOH) = 0,2$ mol/l wird pH = 1,78 gemessen. Wie groß ist der Protolysegrad der Lösung?

V 9. Die allgemeine Regel: „Eine stärkere Säure treibt eine schwächere Säure aus ihren Salzen aus" ist durch das Säure-Basen-Gleichgewicht zu erklären, z. B. anhand von Natriumacetat und Schwefelsäure.

V 10. Ist mit der Regel von V 9. auch die Erzeugung von Hydrogenchlorid aus Natriumchlorid mit Schwefelsäure zu erklären (vgl. Versuch 22, S. 126), oder welche andere Erklärung gibt es für den Ablauf dieser Reaktion?

V 11. Zwei Indikatoren, die beide Indikatorsäuren sind, haben unterschiedliche Säurekonstanten $K_{S,1} > K_{S,2}$. Was kann man über die Umschlagsbereiche der Indikatoren sagen?

V 12. Ein Indikator kann auch eine Base Ind sein. Welche Gleichgewichtsreaktion liegt jetzt vor, und welche Formel (allgemein) hat das andere gefärbte Teilchen?

V 13. Welcher Effekt ist zu erwarten, wenn man eine Indikatormischung aus Methylrot und Methylorange (vgl. Tabelle S. 140) herstellt?

V 14. Kann man zur Neutralisation einer Säure anstatt einer Lauge auch eine basisch reagierende Salzlösung einsetzen? Was liegt dann bei vollständiger Neutralisation vor? Die Reaktionsgleichung soll aufgestellt werden.

V 15. Für die Titration von 25 ml Natronlauge, $c(NaOH) = 1,0$ mol/l, mit Salzsäure, $c(HCl) = 1,0$ mol/l, gemäß Versuch 26 (vgl. S. 143) sollen der pH-Verlauf und die Titrationskurve bis zur Zugabe von 50,0 ml Salzsäure aufgestellt werden (vgl. Versuch 27, S. 146, und **Abb. 7.7**).

V 16. Eine Analysenprobe von Schwefelsäure wird mit Kalilauge mit $c(KOH) = 0,97$ mol/l titriert. Nach Zugabe von 18,7 ml Kalilauge ist der Äquivalenzpunkt erreicht. Welche Masse an Schwefelsäure enthält die Probe?

V 17. Zur Bestimmung der genauen Stoffmengenkonzentration c(HCl) einer als Titrierlösung vorgesehenen Salzsäure werden 160,0 mg Natriumcarbonat (Na_2CO_3) eingewogen, in Wasser gelöst und bis zum Äquivalenzpunkt der Reaktion
$Na_2CO_3 + 2\,HCl \longrightarrow 2\,NaCl + H_2O + CO_2$ titriert. Verbrauch $V = 32,7$ ml der Salzsäure. Wie groß ist die Stoffmengenkonzentration c(HCl) der Salzsäure?

V 18. Am Beispiel der Verbrennung von Magnesium in Sauerstoff und im Chlorstrom soll bewiesen werden, daß die heutige Definition der Oxidation nicht als Widerspruch, sondern als Erweiterung der ursprünglichen Definition gesehen werden muß.

V 19. Über die Elektronenabgabe und -aufnahme ist die Redox-Reaktion für die Bildung von Kaliumsulfid aus den Elementen aufzustellen.

V 20. Bei den folgenden Redox-Reaktionen sind anhand der Änderung der Oxidationszahlen die Oxidation und die Reduktion aufzuzeigen:
a) $NO_2 + SO_2 \longrightarrow NO + SO_3$
b) $PbCl_4 \longrightarrow PbCl_2 + Cl_2$
c) $2\,NH_3 + 3\,CuO \longrightarrow N_2 + 3\,H_2O + 3\,Cu$

V 21. Über die Ladungssummen sollen die (durchschnittlichen) Oxidationszahlen der Atome der genannten Elemente berechnet werden:
a) Blei in Mennige Pb_3O_4,
b) Schwefel in Tetrathionat $S_4O_6{}^{2-}$.
Wie kommen diese ungewöhnlichen Oxidationszahlen zustande?

V 22. Welcher Stoff ist bei der Reaktion $3\,Pb + 8\,HNO_3 \longrightarrow 3\,Pb(NO_3)_2 + 2\,NO + 4\,H_2O$ das Reduktionsmittel?

8.1 Die Halbelemente

An einer *Redox-Reaktion* sind immer zwei Redox-Paare beteiligt (vgl. Abschnitt 7.9). Handelt es sich dabei um Redox-Paare mit Metallen, so können diese häufig experimentell leicht dargestellt werden. Man taucht dazu einen entsprechenden Metallstab in die wäßrige Lösung seiner Ionen.

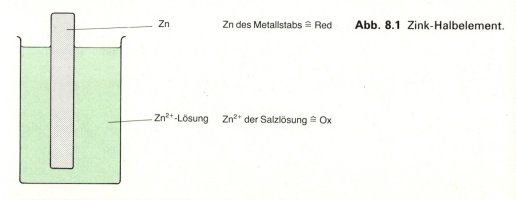

Zn — Zn des Metallstabs $\widehat{=}$ Red · **Abb. 8.1** Zink-Halbelement.

Zn²⁺-Lösung — Zn²⁺ der Salzlösung $\widehat{=}$ Ox

Die Anordnung eines Metalls in seiner eigenen Salzlösung bezeichnet man als Halbelement oder Halbzelle.

Zink-Halbelement: $\mathrm{Zn} \rightleftharpoons \mathrm{Zn}^{2+} + 2\,\mathrm{e}^-$
Red — Ox

Das Metall (Zn) ist das *Reduktionsmittel* (Red), das Metall-Ion (Zn^{2+}) ist das *Oxidationsmittel* (Ox).
Der Metallstab stellt eine *Elektrode* dar, die Salzlösung ist der *Elektrolyt*.

8.1.1 Das elektrische Potential

In einem Halbelement treten an der Grenzfläche zwischen Metall und Lösung aus der Elektrode Metall-Ionen in den Elektrolyten über. Dabei bleiben in der Elektrode Elektronen zurück: Die Elektrode lädt sich dadurch negativ auf.
Gleichzeitig scheiden sich aber auch aus dem Elektrolyten Metall-Ionen an der Elektrode ab. Dabei werden der Elektrode Elektronen entzogen: Die Elektrode lädt sich dadurch positiv auf. Diese Vorgänge erklären sich dadurch, daß jede Atomart einen bestimmten *Lösungsdruck* und jede Ionenart einen bestimmten *Abscheidungsdruck* besitzt.

$$\mathrm{Zn} \xrightleftharpoons[\text{Abscheidungsdruck}]{\text{Lösungsdruck}} \mathrm{Zn}^{2+} + 2\,\mathrm{e}^-$$

Nach einiger Zeit stellt sich zwischen beiden Vorgängen ein Gleichgewicht ein. Dann gehen ebenso viele Metall-Ionen in Lösung, wie gleichzeitig abgeschieden werden. Die Lage dieses Gleichgewichts ist für jedes Halbelement charakteristisch.

Durch Lösen und Abscheiden kommt es an der Grenzfläche zwischen Elektrode und Elektrolyt zu einer *elektrisch geladenen Doppelschicht*. Zwischen den getrennten Ladungen besteht ein elektrisches Potential (Formelzeichen U).

Abb. 8.2 Doppelschicht am Zink-Halbelement.

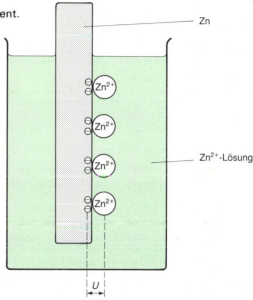

Jedes Halbelement besitzt ein elektrisches Potential.

8.1.2 Die Abhängigkeit des elektrischen Potentials

Das elektrische Potential eines Halbelements ist abhängig:

- von der Art der Teilchen (Atome, Ionen), d.h. von ihrem jeweils stofftypischen Lösungs- und Abscheidungsdruck;
- von der Elektrolyt-Konzentration (nach dem Massenwirkungsgesetz bewirkt z.B. eine Erhöhung der Metall-Ionen-Konzentration eine Verschiebung der Gleichgewichtslage nach links);
- von der Temperatur, wie jede dem Massenwirkungsgesetz gehorchende Gleichgewichtsreaktion.

Als *Standardbedingungen* sind die Elektrolyt-Äquivalentkonzentrationen und die Temperatur festgelegt.

Das Standardpotential ist das Potential eines Halbelements bei der Elektrolyt-Äquivalentkonzentration $c(eq)_{std} = 1$ mol/l und der Temperatur $\vartheta_{std} = 25\,°C$.

Die Elektrolyt-Äquivalentkonzentrationen beziehen sich darauf, daß bei elektrochemischen Reaktionen die elektrischen Ladungen der Ionen die *„reaktionswirksamen Teilchen"* sind.

Beispiele:

Ag^+-Ionen enthalten ein „reaktionswirksames Teilchen".
Cu^{2+}-Ionen enthalten zwei „reaktionswirksame Teilchen".

Die *Äquivalenzzahl* (Formelzeichen z^*) gibt an, wieviele „reaktionswirksame Teilchen" einem ganzen Teilchen entsprechen.

Beispiele:

Für Ag^+, H_3O^+, Cl^- ... ist $z^* = 1$.
Für Cu^{2+}, Zn^{2+}, SO_4^{2-} ... ist $z^* = 2$.

Ein „reaktionswirksames Teilchen" entspricht demnach $\dfrac{1}{z^*}$ ganzen Teilchen.
Das bedeutet für die Äquivalentkonzentration

- bei einfach geladenen Ionen:

  $c(\frac{1}{1}Ag^+) = c(Ag^+)$, $c(\frac{1}{1}Cl^-) = c(Cl^-)$ usw.;

- bei mehrfach geladenen Ionen:

  $c(\frac{1}{2}Cu^{2+}) = 2 \cdot c(Cu^{2+})$, $c(\frac{1}{2}SO_4^{2-}) = 2 \cdot c(SO_4^{2-})$ usw.

Demnach entsprechen folgende Konzentrationen den Standardbedingungen
im Falle H_3O^+: $\quad c(eq) = c(\frac{1}{1}H_3O^+) = c(H_3O^+) = 1\ mol/l$;
und für Cu^{2+}: $\quad c(eq) = c(\frac{1}{2}Cu^{2+}) = 2 \cdot c(Cu^{2+}) = 1\ mol/l \Longrightarrow c(Cu^{2+}) = 0{,}5\ mol/l$.

8.2 Die galvanischen Elemente

Das Potential eines Halbelements ist nicht direkt meßbar. Es ist jedoch möglich, die Potentialdifferenz — also die elektrische Spannung — zwischen zwei Halbelementen zu bestimmen. Dazu müssen die beiden Elektrolyte leitend verbunden sein. Dies geschieht mit einer halbdurchlässigen (semipermeablen)* Trennwand, einem Diaphragma** oder einer Membran***. Die halbdurchlässige Trennwand kann ein anorganisches Material sein, z.B. unglasierte Keramik (Blumentopf) oder Glassinter, oder sie kann biologischer Herkunft sein (Darm, Schweinsblase).

> Ein Galvanisches Element**** besteht aus zwei leitend miteinander verbundenen Halbelementen.

Ein bekanntes galvanisches Element ist das *Daniell-Element*****. Es besteht aus einer Zinkplatte in einer Zinksulfat-Lösung und einer Kupferelektrode in einer Kupfersulfat-Lösung. Als Diaphragma wird ein zylindrisches Gefäß aus unglasiertem Ton verwendet, in dem sich die Kupferelektrode und die Kupfersulfat-Lösung befinden. Nimmt man die Elektrolyt-Lösungen bei Standardbedingungen, $c(\frac{1}{2}Zn^{2+}) = c(\frac{1}{2}Cu^{2+}) = 1\ mol/l$, so erhält man zwischen den Elektroden eine Potentialdifferenz (Spannung) von 1,1 V.
Werden die beiden Elektroden z.B. über eine Glühlampe miteinander verbunden, so fließt ein elektrischer Strom. Es fließen nämlich Elektronen von der negativen Elektrode (Zink) zur

---

    * semi (lateinisch) halb; permeabilis (lateinisch) durchgehbar.
     Halbdurchlässig meint: Durchlässig für Elektrizitätsträger, nicht aber für hydratisierte Ionen.
  ** dia (griechisch) hindurch; phragma (griechisch) Einzäunen, Verschluß.
 *** membrana (lateinisch) Häutchen, Haut, Pergament.
 **** Galvani, Luigi, italienischer Arzt und Naturforscher; 1737 ... 1798.
***** Daniell, John Frederic, englischer Physiker und Chemiker; 1790 ... 1845.

positiven Elektrode (Kupfer). Dadurch werden die Gleichgewichte an den beiden Elektroden gestört und müssen sich fortwährend neu einstellen. Das hat eine Redox-Reaktion zur Folge:

Minus-Pol: $\qquad Zn \longrightarrow Zn^{2+} + 2\,e^-$ Oxidation
Plus-Pol: $\quad Cu^{2+} + 2\,e^- \longrightarrow Cu$ Reduktion

$$Zn + Cu^{2+} \longrightarrow Cu + Zn^{2+} \qquad \text{Redox-Reaktion}$$

Abb. 8.3 Das Daniell-Element.

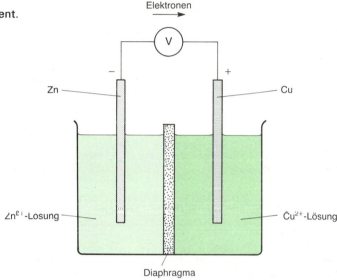

Die elektrische Spannung zwischen den beiden Elektroden eines galvanischen Elements wird auch **elektromotorische Kraft (EMK)** genannt.

In der Praxis vergrößert man das Potential des Daniell-Elements, indem man die Konzentration der Kupfer-Ionen so hoch und die der Zink-Ionen so niedrig wie möglich macht. Das Potential der Halbelemente kann damit noch um etwa 0,1 V erhöht werden. Solche Daniell-Elemente wurden z. B. im deutschen Fernmeldewesen bei Post und Bahn bis in unser Jahrhundert hinein verwendet.

8.3 Die Spannungsreihe

8.3.1 Die Standard-Wasserstoff-Elektrode

Auf Vorschlag von Nernst[*] benutzt man als Bezugssystem zur Messung von Potentialdifferenzen das *Standard-Wasserstoff-Halbelement,* meist *Standard-Wasserstoff-Elektrode* genannt.
Dabei handelt es sich um das Redox-Paar: $H_2 \rightleftharpoons 2H^+ + 2\,e^-$
oder, wenn man berücksichtigt, daß in wäßriger Lösung keine freien Protonen (H^+) existieren: $H_2 + 2H_2O \rightleftharpoons 2H_3O^+ + 2\,e^-$

---

[*] Nernst, Walter, deutscher Physiko-Chemiker; 1864 ... 1941.

Die Standard-Wasserstoff-Elektrode besteht aus einer Platin-Elektrode, die in eine Lösung mit $c(H_3O^+) = 1$ mol/l eintaucht.

Eine Lösung, die $c(H_3O^+) = 1$ mol/l besitzt, ist leicht durch eine starke Säure, z.B. Schwefelsäure zu realisieren.
Für die Elektrode verwendet man frisch platiniertes Platin, weil dieses Wasserstoff gut absorbieren und auch adsorbieren kann. Die Elektrode wird ständig von Wasserstoff umspült. Zu den Standardbedingungen gehört auch der Gasdruck. Deshalb muß das Wasserstoffgas den Druck von $p_{std} = 1013,25$ mbar aufweisen.

8.3.2 Die Messung von Standardpotentialen

Das Potential der Standard-Wasserstoff-Elektrode ist (willkürlich) auf 0 Volt festgelegt worden. Die Potentialdifferenz zwischen der Standard-Wasserstoff-Elektrode und einem anderen Standardhalbelement ergibt direkt das jeweilige *Standardpotential* (Formelzeichen U_{std}).

Das Standardpotential U_{std} eines Redox-Paares ist die Potentialdifferenz zwischen seinem Standardhalbelement und der Standard-Wasserstoff-Elektrode. Es kann positiv oder negativ sein.

Positive Standardpotentiale ($U_{std} > 0$) erhält man, wenn beim Kurzschließen der Elektroden von der Standard-Wasserstoff-Elektrode die Elektronen wegfließen, z.B.:

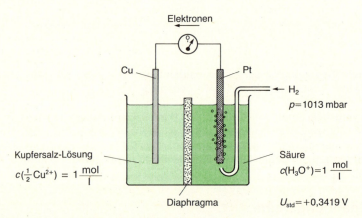

Abb. 8.4 Messung des Standardpotentials von Cu/Cu^{2+}.

Plus-Pol: $Cu^{2+} + 2e^- \longrightarrow Cu$ Redox-Paar mit positivem Standardpotential.
Minus-Pol: $2H_2O + H_2 \longrightarrow 2H_3O^+ + 2e^-$ Das Bezugssystem wird oxidiert.

Negative Standardpotentiale ($U_{std} < 0$) erhält man, wenn beim Kurzschließen der Elektroden der Standard-Wasserstoff-Elektrode die Elektronen zufließen, z.B.:

Minus-Pol: $Zn \longrightarrow Zn^{2+} + 2e^-$ Redox-Paar mit negativem Standardpotential.
Plus-Pol: $2H_3O^+ + 2e^- \longrightarrow 2H_2O + H_2$ Das Bezugssystem wird reduziert.

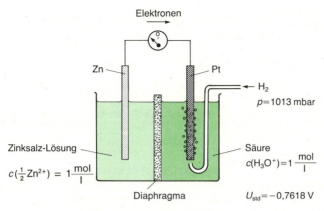

Abb. 8.5 Messung des Standardpotentials von Zn/Zn^{2+}.

8.3.3 Die Spannungsreihe der Metalle

Ordnet man die Redox-Paare der Metalle nach ihren Standardpotentialen, so erhält man die *Spannungsreihe der Metalle:*

Tabelle 14 Spannungsreihe der Metalle

Red $\rightleftharpoons$ Ox	$+z^*$ Elektronen	$\dfrac{U_{std}}{V}$	Red $\rightleftharpoons$ Ox	$+z^*$ Elektronen	$\dfrac{U_{std}}{V}$
$Li \rightleftharpoons Li^+$	$+\,e^-$	$-3{,}040$	$Sn \rightleftharpoons Sn^{2+}$	$+2\,e^-$	$-0{,}138$
$K \rightleftharpoons K^+$	$+\,e^-$	$-2{,}931$	$Pb \rightleftharpoons Pb^{2+}$	$+2\,e^-$	$-0{,}126$
$Ba \rightleftharpoons Ba^{2+}$	$+2\,e^-$	$-2{,}912$	$Fe \rightleftharpoons Fe^{3+}$	$+3\,e^-$	$-0{,}037$
$Ca \rightleftharpoons Ca^{2+}$	$+2\,e^-$	$-2{,}868$	$2H_2O + H_2 \rightleftharpoons 2H_3O^+$	$+2\,e^-$	$0{,}000$
$Na \rightleftharpoons Na^+$	$+\,e^-$	$-2{,}71$	$Cu \rightleftharpoons Cu^{2+}$	$+2\,e^-$	$0{,}342$
$Mg \rightleftharpoons Mg^{2+}$	$+2\,e^-$	$-2{,}372$	$Cu \rightleftharpoons Cu^+$	$+\,e^-$	$0{,}521$
$Al \rightleftharpoons Al^{3+}$	$+3\,e^-$	$-1{,}662$	$Hg \rightleftharpoons Hg^+$	$+\,e^-$	0.797
$Zn \rightleftharpoons Zn^{2+}$	$+2\,e^-$	$-0{,}762$	$Ag \rightleftharpoons Ag^+$	$+\,e^-$	$0{,}800$
$Cr \rightleftharpoons Cr^{3+}$	$+3\,e^-$	$-0{,}744$	$Hg \rightleftharpoons Hg^{2+}$	$+2\,e^-$	0.851
$Fe \rightleftharpoons Fe^{2+}$	$+2\,e^-$	$-0{,}447$	$Pt \rightleftharpoons Pt^{2+}$	$+2\,e^-$	$1{,}118$
$Cd \rightleftharpoons Cd^{2+}$	$+2\,e^-$	$-0{,}403$	$Au \rightleftharpoons Au^{3+}$	$+3\,e^-$	$1{,}498$
$Ni \rightleftharpoons Ni^{2+}$	$+2\,e^-$	$-0{,}257$			

Mit Hilfe der Spannungsreihe der Metalle sind folgende Aussagen möglich:

- Unedle Metalle haben ein negatives Standardpotential. Sie verdrängen Wasserstoff aus verdünnten Säuren und lösen sich in verdünnten Säuren unter Wasserstoff-Entwicklung und Bildung von Salzen*.

---

* Die Auflösung unter Wasserstoff-Entwicklung wird bei denjenigen unedleren Metallen verhindert, die eine schützende Oxidschicht zu bilden vermögen (z. B. passiviertes = oberflächenbehandeltes Chrom) oder die in der Säure schützende, schwerlösliche Salze bilden (z. B. Blei in Schwefelsäure oder kohlensäurehaltigem Wasser — Bleirohre für Wasserleitungen).

163

- Edle Metalle haben ein positives Standardpotential. Sie lösen sich nicht unter Wasserstoff-Entwicklung in Säuren.
- Der Lösungsdruck, d.h. das Bestreben der Metalle, in den Ionenzustand überzugehen, nimmt mit kleiner (negativer) werdendem Standardpotential zu. Entsprechend steigt in dieser Richtung auch die reduzierende Wirkung dieser Metalle.
- Der Abscheidungsdruck, d.h. das Bestreben der Metall-Ionen, sich als Metall aus Lösungen abzuscheiden, nimmt mit größer (positiver) werdendem Standardpotential zu. Entsprechend steigt in dieser Richtung auch die oxidierende Wirkung der Metall-Ionen.
- Ein Metall wirkt als Reduktionsmittel gegenüber den Ionen eines Metalls mit größerem (positiverem) Standardpotential.
- Metall-Ionen wirken als Oxidationsmittel gegenüber einem Metall mit kleinerem (negativerem) Standardpotential.

Beispiele:

Eisen löst sich unter Wasserstoff-Entwicklung in verdünnter Schwefelsäure.
Begründung:

$$Fe \rightleftharpoons Fe^{2+} + 2e^- \qquad\qquad U_{std} = -0,45 \text{ V}$$
$$2H_2O + H_2 \rightleftharpoons 2H_3O^+ + 2e^- \qquad U_{std} = 0 \text{ V}$$

also:

$$Fe \longrightarrow Fe^{2+} + 2e^-$$
$$\underline{2H_3O^+ + 2e^- \longrightarrow 2H_2O + H_2}$$
$$Fe + 2H_3O^+ \longrightarrow Fe^{2+} + 2H_2O + H_2$$

Kupfer löst sich nicht unter Wasserstoff-Entwicklung in verdünnter Schwefelsäure.
Begründung:

$$2H_2O + H_2 \rightleftharpoons 2H_3O^+ + 2e^- \qquad U_{std} = 0 \text{ V}$$
$$Cu \rightleftharpoons Cu^{2+} + 2e^- \qquad\qquad U_{std} = 0,3 \text{ V}$$

also:

$$2H_2O + H_2 \longrightarrow 2H_3O^+ + 2e^-$$
$$\underline{Cu^{2+} + 2e^- \longrightarrow Cu}$$
$$Cu^{2+} + 2H_2O + H_2 \longrightarrow Cu + 2H_3O^+$$

Kupfer würde also von Wasserstoff abgeschieden werden, nicht umgekehrt. (Diese Reaktion läuft allerdings unter normalem Druck nur sehr langsam.)

Eisen wirkt gegenüber Kupfer-Ionen als Reduktionsmittel. (Als Anreiß-Hilfe werden Eisenflächen mit Kupfersulfat-Lösung bestrichen. Es schlägt sich eine dünne Kupferschicht nieder.)
Begründung:

$$Fe \rightleftharpoons Fe^{2+} + 2e^- \qquad U_{std} = -0,45 \text{ V}$$
$$Cu \rightleftharpoons Cu^{2+} + 2e^- \qquad U_{std} = 0,3 \text{ V}$$

also:

$$Fe \longrightarrow Fe^{2+} + 2e^-$$
$$\underline{Cu^{2+} + 2e^- \longrightarrow Cu}$$
$$Fe + Cu^{2+} \longrightarrow Fe^{2+} + Cu$$

8.3.4 Die erweiterte Spannungsreihe

Die Spannungsreihe der Metalle vergleicht die Redox-Paare Metall/Metall-Kation. Es liegt nahe, auch andere Redox-Paare in diese Ordnung mit einzubeziehen.
Die Standardpotentiale der anderen Redox-Paare können oft in ähnlicher Weise bestimmt werden wie die Standardpotentiale der Metalle.

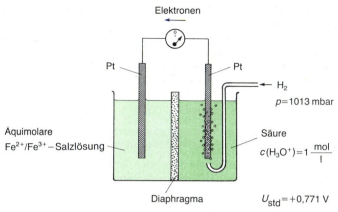

Abb. 8.6 Bestimmung des Standardpotentials von $Fe^{2+} \rightleftharpoons Fe^{3+} + e^-$.

Beispiele:

Nichtmetall-Anion/Nichtmetall:

$S^{2-} \rightleftharpoons S + 2e^-$ $\qquad\qquad U_{std} = -0,5\,V$

Ionenumladungen:

$Fe^{2+} \rightleftharpoons Fe^{3+} + e^-$ $\qquad\qquad U_{std} = 0,8\,V$

Andere Redox-Systeme:

$2H_2O + H_2O_2 \rightleftharpoons O_2 + 2H_3O^+ + 2e^-$ $\qquad U_{std} = 0,7\,V$

Nimmt man diese Redox-Paare entsprechend ihren Standardpotentialen mit in die Spannungsreihe der Metalle auf, so erhält man die *erweiterte Spannungsreihe* (s. Tabelle A 8, 292).

> In der Spannungsreihe sind die Redox-Paare nach ihren Standardpotentialen geordnet.

Die Aussagen, die schon bei der Spannungsreihe der Metalle gemacht wurden, können auf alle Redox-Paare, die in die erweiterte Spannungsreihe eingeordnet sind, ausgedehnt werden:

- Das Redox-Paar mit dem kleineren (negativeren) Standardpotential wirkt als Reduktionsmittel, wird also oxidiert.
- Das Redox-Paar mit dem größeren (positiveren) Standardpotential wirkt als Oxidationsmittel, wird also reduziert.

Beispiele:

Eisen(III)-chlorid-Lösung ist ein Ätzmittel für Kupfer, löst also Kupfer auf. (Anwendung: Erstellen gedruckter Schaltungen für die Elektronik, Gefügeschliffbilder in der Metallurgie.)

Begründung:

$\qquad Cu \rightleftharpoons Cu^{2+} + 2e^-$ $\qquad\qquad U_{std} = 0,3\,V$

$\qquad Fe^{2+} \rightleftharpoons Fe^{3+} + e^-$ $\qquad\qquad U_{std} = 0,8\,V$

also:

$\qquad\qquad Cu \longrightarrow Cu^{2+} + 2e^-$

$2Fe^{3+} + 2e^- \longrightarrow 2Fe^{2+}$

$Cu + 2Fe^{3+} \longrightarrow Cu^{2+} + 2Fe^{2+}$

165

Was geschieht, wenn man eine angesäuerte Wasserstoffperoxid-Lösung mit einer Kaliumpermanganat-Lösung versetzt?

Antwort:

$$2\,H_2O + H_2O_2 \rightleftharpoons O_2 + 2\,H_3O^+ + 2\,e^- \qquad U_{std} = 0{,}7\ V$$
$$12\,H_2O + Mn^{2+} \rightleftharpoons MnO_4^- + 8\,H_3O^+ + 5\,e^- \qquad U_{std} = 1{,}5\ V$$

also:

$$10\,H_2O + 5\,H_2O_2 \longrightarrow 5\,O_2 + 10\,H_3O^+ + 10\,e^-$$
$$2\,MnO_4^- + 16\,H_3O^+ + 10\,e^- \longrightarrow 24\,H_2O + 2\,Mn^{2+}$$

$$5\,H_2O_2 + 2\,MnO_4^- + 6\,H_3O^+ \longrightarrow 5\,O_2 + 2\,Mn^{2+} + 14\,H_2O$$

Die rotviolette Permanganat-Lösung entfärbt sich unter Sauerstoff-Entwicklung. Auf diesem einfachen Wege kann im Labor eine kleine Menge Sauerstoff erzeugt werden.

In der Spannungsreihe sind die Redox-Paare nach ihrer Bereitschaft, Elektronen abzugeben, geordnet. Mit größer werdendem Standardpotential nimmt die Stärke der Oxidationsmittel zu, die Stärke der Reduktionsmittel nimmt ab:

$\longleftarrow$ ——————— zunehmende Reduktionswirkung ———————

Reduktionsmittel:	Li	Al	Fe	H_2	Cu	Fe^{2+}	Hg	Br^-	Mn^{2+}	Mn^{2+}	F^-
Oxidationsmittel:	Li^+	Al^{3+}	Fe^{2+}	H_3O^+	Cu^{2+}	Fe^{3+}	Hg^{2+}	Br_2	MnO_2	MnO_4^-	F_2

——————— zunehmende Oxidationswirkung ——————— $\longrightarrow$

Die Reduktionsmittel und die Oxidationsmittel lassen sich in die Gruppen stark und schwach einteilen, wobei die Standardpotentiale U_{std} das Maß sind, die Grenzen aber willkürlich (und unterschiedlich) gesteckt werden. Eine gängige Einteilung ist:

- starke Reduktionsmittel: $< -0{,}5\ V$;
- schwache Reduktionsmittel: $-0{,}5\ V \ldots +0{,}5\ V$;
- schwache Oxidationsmittel: $+0{,}5\ V \ldots +1{,}5\ V$;
- starke Oxidationsmittel: $> +1{,}5\ V$.

> Ein Oxidationsmittel ist um so stärker, je größer (positiver) das Standardpotential seines Redox-Paares ist.
> Ein Reduktionsmittel ist um so stärker, je kleiner (negativer) das Standardpotential seines Redox-Paares ist.

8.3.5 Galvanische Elemente auf der Basis der erweiterten Spannungsreihe

Die klassischen galvanischen Elemente beruhen auf einem Metall als Reduktionsmittel und einem Metall-Ion als Oxidationsmittel. Die geringe Spannung dieser galvanischen Elemente (wenig über 1 V) veranlaßte schon im vorigen Jahrhundert zu vielfältiger Suche nach Verbesserungen.

> Für galvanische Elemente mit höherer Zellenspannung werden stärkere Oxidationsmittel mit größerem Standardpotential eingesetzt.

Bunsen[*] ersetzte im Daniell-Element das Kupfersulfat und die Kupfer-Elektrode durch Salpetersäure und eine Kohle-Elektrode. Er erhielt damit etwa 1,9 V Potentialdifferenz.

Leclanché[**] benutzte als Oxidationsmittel Braunstein (Mangan(IV)-oxid MnO_2) und als Elektrolyten eine Salmiaksalz-Lösung (Ammoniumchlorid NH_4Cl). Der Braunstein ist eine

---

[*] Bunsen, Robert Wilhelm, deutscher Chemiker; 1811 ... 1899.
[**] Leclanché, G., französischer Chemiker; 1839 ... 1882.

feste Substanz, die um die Kohle-Elektrode gepackt wird. Die Elektrolytlösung kann man in saugfähigen Materialien, im einfachsten Fall Sägemehl, aufsaugen. Man erhielt so eine *Trockenbatterie,* die der Urtyp aller heutigen galvanischen Elemente (Taschenlampenbatterien) ist. Sie hat 1,5 V Spannung.

Akkumulatoren sind regenerierbare galvanische Elemente.

Im Blei-Akkumulator verwendet man metallisches Blei als Reduktionsmittel und Blei(IV)-oxid PbO_2 als Oxidationsmittel. Er liefert pro Zelle 2 V.

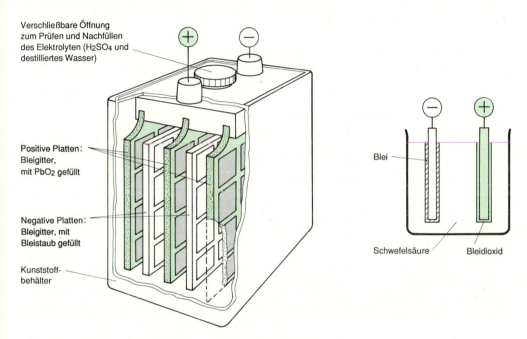

Verschließbare Öffnung zum Prüfen und Nachfüllen des Elektrolyten (H_2SO_4 und destilliertes Wasser)

Positive Platten: Bleigitter, mit PbO_2 gefüllt

Negative Platten: Bleigitter, mit Bleistaub gefüllt

Kunststoff-behälter

Blei

Schwefelsäure   Bleidioxid

Abb. 8.7 Schema und Modell eines Bleiakkumulators.

In den *alkalischen Akkumulatoren* wird als Reduktionsmittel Eisen (Edison*) verwendet, heute vorzugsweise Cadmium, und als Oxidationsmittel Nickel(III)-hydroxid.
In modernen *Brennstoffzellen* wird ein kontinuierlicher und regelbarer galvanischer Prozeß dadurch erreicht, daß laufend zugeführte gasförmige oder flüssige Stoffe einen Redox-Vorgang ablaufen lassen (Knallgas, Kohlenwasserstoffe und Sauerstoff oder Luft). Entwicklungen, von denen man sich für Straßenfahrzeuge sowohl eine Entlastung des Mineralölmarktes als auch der Umwelt (Schadstoffe, Lärm) erhofft, laufen seit vielen Jahren.

---

* Edison, Thomas Alva, amerikanischer Ingenieur und Erfinder; 1842 . . . 1931.

8.4 Die Elektrolyse

Alle bisher besprochenen elektrochemischen Prozesse waren *exotherme* Vorgänge: Eine Redox-Reaktion läuft ab, bei der die Enthalpie der Endstoffe kleiner ist als die der Ausgangsstoffe; die dabei freiwerdende Energie kann als elektrische Energie (Fließen von Elektronen) in galvanischen Elementen genutzt werden.

Bei einem *endothermen* elektrochemischen Prozeß sind die energetischen Verhältnisse umgekehrt: Es soll eine Redox-Reaktion ablaufen, bei der die Enthalpie der Endstoffe größer ist als die der Ausgangsstoffe; die dazu benötigte Energie muß als elektrische Energie zugeführt werden.

Versuch 29 Elektrolyse von Kupfer(II)-chlorid-Lösung

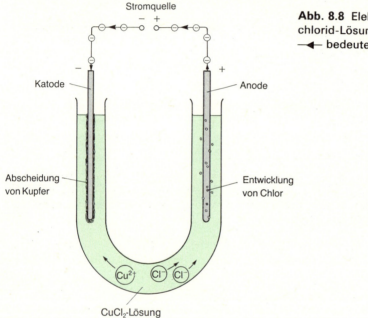

Stromquelle

Katode

Anode

Abscheidung von Kupfer

Entwicklung von Chlor

Cu^{2+} Cl^- Cl^-

$CuCl_2$-Lösung

Abb. 8.8 Elektrolyse von Kupfer(II)-chlorid-Lösung.

◄— bedeutet Elektronenfluß.

Ein U-Rohr wird mit Kupfer(II)-chlorid-Lösung ($CuCl_2$) gefüllt. Durch die beiden Schenkel des U-Rohrs taucht man in die Lösung je eine Kohle-Elektrode, an welche eine Gleichspannung angelegt wird.

Die Katode überzieht sich mit Kupfer, an der Anode entweicht Chlor.

Wenn durch eine Kupfer(II)-chlorid-Lösung ein elektrischer Strom fließt, so entstehen die Elemente (metallisches Kupfer und elementares Chlor). An der Katode bildet sich ein Belag von Kupfer, an der Anode entstehen Gasbläschen aus Chlor.

> Die chemische Veränderung eines Stoffes durch elektrischen Strom bezeichnet man als Elektrolyse*.

---

* lysis (griechisch) Lösung, Trennung.

Es können nur Stoffe durch elektrischen Strom chemisch verändert werden, die frei beweglich Ionen haben. *Elektrolyte* sind Stoffe, die der Elektrolyse unterzogen werden können. Es handelt sich dabei um Lösungen von Säuren, Basen und Salzen und um Schmelzen von Ionenkristallen.

Bei der Elektrolyse werden Ionen des Elektrolyten an den Elektroden entladen.

Dem Coulombschen Gesetz gehorchend, werden die positiv geladenen Ionen* (die *Kationen*) des Elektrolyten von der positiven Elektrode (der Anode) abgestoßen und von der negativen Elektrode (der Katode) angezogen und an dieser entladen. Die negativ geladenen Ionen (die *Anionen*) des Elektrolyten werden von der negativen Elektrode (der Katode) abgestoßen und von der positiven Elektrode (der Anode) angezogen und an dieser entladen.

Die Entladung von Kationen an der Katode wird als katodische Reduktion bezeichnet.
Die Entladung von Anionen an der Anode wird als anodische Oxidation bezeichnet.

Katodenvorgang bei Versuch 29:
$$Cu^{2+} + 2e^- \longrightarrow Cu$$
Die Katode ist das Reduktionsmittel.
Anodenvorgang bei Versuch 29:
$$2Cl^- \longrightarrow Cl_2 + 2e^-$$
Die Anode ist das Oxidationsmittel.

Durch den Ladungsaustausch zwischen Elektroden und Ionen werden an der Katode ebenso viele Elektronen an Kationen abgegeben, wie gleichzeitig an der Anode von Anionen aufgenommen werden. Dadurch gelangen scheinbar Elektronen von der Katode zur Anode — der Stromkreis ist geschlossen.

Die bei einer Elektrolyse ablaufende chemische Reaktion ist eine Redox-Reaktion.

Gesamtvorgang bei Versuch 29:

Katode: $\quad Cu^{2+} + 2e^- \longrightarrow Cu$
Anode: $\qquad\quad 2Cl^- \longrightarrow Cl_2 + 2e^-$
$$\overline{Cu^{2+} + 2Cl^- \longrightarrow Cu + Cl_2}$$

Am Stromkreis einer Elektrolyse sind zwei verschiedene elektrische Leitersysteme beteiligt.
Die Stromquelle überträgt ihren Elektronendruck $(-)$ und ihren Elektronensog $(+)$ über metallische Leiter auf die Elektroden. Diese sind Leiter 1. Ordnung (vgl. Abschnitt 3.9).
Im Elektrolyten ist die gerichtete Bewegung von Ionen für den Stromfluß verantwortlich.

Elektrolyte sind Leiter 2. Ordnung.

---

* Von der Bewegung durch den Elektrolyten zu den entsprechenden Elektroden hin haben die Ionen ihren Namen erhalten.

Beim Stromdurchgang findet weder in Leitern 1. Ordnung noch im Inneren von Leitern 2. Ordnung eine chemische Veränderung von Stoffen statt. Stoffliche Veränderungen erfolgen lediglich an den Grenzflächen zwischen den unterschiedlichen Leitern:

> Bei der Elektrolyse finden chemische Reaktionen an den Elektrodenoberflächen, die in den Elektrolyten eintauchen, statt.

Die Elektrolyse in wäßrigen Lösungen findet in der Industrie Anwendung beim *Galvanisieren*. Dabei werden Gebrauchsmetalle zum Schutz vor Korrosion und zur Verschönerung mit einer dünnen Schicht anderer Metalle überzogen. Der zu galvanisierende Gegenstand wird als Katode in eine Salzlösung getaucht, in der das Überzugsmetall in Ionenform enthalten ist. Im Verlauf der Elektrolyse werden die Metall-Ionen an der Katode reduziert und bilden einen immer dichter werdenden Überzug.

Beispiele:
Verchromen von Armaturen und Fahrzeugteilen, Vernickeln von Laborgerät, Versilbern von Eßbestecken, Vergolden von Schmuckgegenständen.

8.4.1 Die Polarisation

Versuch 30 Elektrochemisches Verhalten von Zinkiodid-Lösung

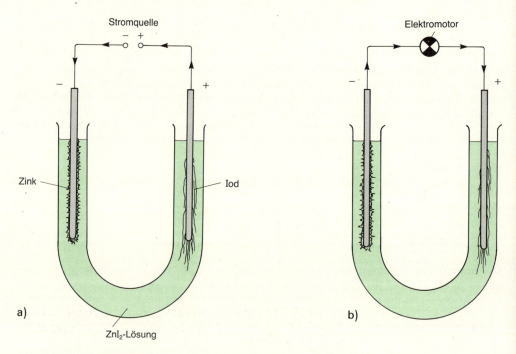

Abb. 8.9 Elektrochemisches Verhalten von Zinkiodid-Lösung.
◄— bedeutet Elektronenfluß.
a) Elektrolyse — erzwungener Vorgang.
b) Galvanisches Element — freiwilliger Vorgang.

170

Ein U-Rohr wird mit einer Zinkiodid-Lösung (ZnI_2) gefüllt. Durch die beiden Schenkel des U-Rohrs taucht man in die Lösung je eine Kohle-Elektrode, an die eine Gleichspannung angelegt wird.

Nach einiger Zeit unterbricht man die Stromzufuhr und schließt an die beiden Elektroden einen kleinen Gleichstrommotor an. Der Motor setzt sich in Bewegung.

Bei der Elektrolyse der Zinkiodid-Lösung entsteht, ähnlich wie in Versuch 29, metallisches Zink (an der Katode) und elementares Iod (an der Anode):

$$\text{Katodenvorgang:} \quad Zn^{2+} + 2e^- \longrightarrow Zn$$
$$\text{Anodenvorgang:} \quad 2I^- \longrightarrow I_2 + 2e^-$$

$$\overline{\text{Gesamtvorgang:} \quad Zn^{2+} + 2I^- \longrightarrow Zn + I_2}$$

Wird nach einiger Zeit die Zufuhr von elektrischer Energie unterbrochen, haben sich die Oberflächen der beiden (Kohle-)Elektroden verändert. Es liegen nun zwei verschiedene Elektroden vor, (oberflächlich) eine Zink-Elektrode und eine Iod-Elektrode.

Da die beiden Elektroden in eine Lösung mit Zink- und Iodid-Ionen eintauchen, bilden sich die Gleichgewichte:

$$Zn \rightleftharpoons Zn^{2+} + 2e^- \quad \text{und} \quad 2I^- \rightleftharpoons I_2 + 2e^-$$

Jedes der beiden Gleichgewichte hat ein elektrisches Potential zur Folge.

> Die bei einer Elektrolyse stattfindende Stoffabscheidung führt an den beiden Elektroden zu einer Polarisation.
> Durch die Polarisation baut sich an den Elektroden eine Potentialdifferenz auf, die als Polarisationsspannung bezeichnet wird.

Die gesamte Anordnung stellt jetzt ein galvanisches Element dar. Würden die beiden Elektroden (bei 25 °C) in einen Elektrolyten mit $c_{std} = c(\frac{1}{2}Zn^{2+}) = c(I^-) = 1$ mol/l tauchen, so ergäbe sich die Polarisationsspannung aus der Differenz der beiden Standardpotentiale gemäß:

$$U = 0,5\,V - (-0,8\,V) = 1,3\,V$$

Wenn man die beiden Elektroden leitend verbindet, z.B. über eine Glühbirne oder einen kleinen Gleichstrommotor, so setzt ein Elektronenfluß vom Minus-Pol zum Plus-Pol ein. Zink und Iod gehen wieder als Ionen in Lösung:

$$\text{Minus-Pol:} \quad Zn \longrightarrow Zn^{2+} + 2e^-$$
$$\text{Plus-Pol:} \quad I_2 + 2e^- \longrightarrow 2I^-$$

$$\overline{\text{Gesamtvorgang:} \quad Zn + I_2 \longrightarrow Zn^{2+} + 2I^-}$$

8.4.2 Die Zersetzungsspannung

Bei der Elektrolyse im Versuch 30 läuft eine Redox-Reaktion ab, die durch Zufuhr von elektrischer Energie erzwungen wird. Die Umkehrung dieser Reaktion ist der freiwillig ablaufende Vorgang in einem galvanischen Element.

$$Zn^{2+} + 2I^- \underset{\text{galvanisches Element}}{\overset{\text{Elektrolyse}}{\rightleftharpoons}} Zn + I_2$$

Die Elektrolyse ist endotherm; die Umkehrung, die Reaktion des galvanischen Elements, läuft exotherm ab.

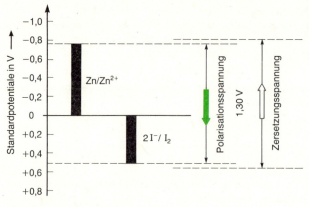

Abb. 8.10 Polarisationsspannung und Zersetzungsspannung für $Zn^{2+} + 2I^- \rightleftharpoons Zn + I_2$.

⬇ Elektronenfluß beim galvanischen Element;

⬆ Elektronenfluß bei der Elektrolyse.

Dies Beispiel zeigt schon das Prinzip des Akkumulators: Die beim galvanischen Element ablaufenden chemischen Reaktionen werden durch eine Elektrolyse umgekehrt, so daß der Anfangszustand des galvanischen Elements wieder hergestellt wird*.

> Die für eine Elektrolyse notwendige Mindestspannung ist die Zersetzungsspannung. Sie muß so groß sein, daß die Polarisationsspannung an den Elektroden überwunden wird.

8.4.3 Die Überspannung

Die Reaktionsgleichung für die Elektrolyse des Wassers lautet:

$$2H_2O \longrightarrow 2H_2 + O_2$$

Dabei stehen an den Elektroden folgende Ionen zur Entladung zur Verfügung:

- an der Katode H_3O^+,
- an der Anode OH^-.

Die Ionen entstammen dem Protolysegleichgewicht des Wassers:

$$2H_2O \rightleftharpoons H_3O^+ + OH^-$$

Die entsprechenden Redox-Paare und ihre elektrischen Potentiale sind:

$$2H_2O + H_2 \rightleftharpoons 2H_3O^+ + 2e^- \qquad U = -0,41\ V$$
$$4OH^- \rightleftharpoons O_2 + 2H_2O + 4e^- \qquad U = +0,81\ V$$

Dabei muß beachtet werden, daß diese Werte nicht die Standardpotentiale (U_{std}) sind, die für $c(H_3O^+) = 1$ mol/l und $c(OH^-) = 1$ mol/l gelten, sondern die Potentiale für die im Wasser vorliegenden Konzentrationen $c(H_3O^+) = c(OH^-) = 10^{-7}$ mol/l.
Demnach ist bei der Elektrolyse von Wasser eine Polarisationsspannung von $0,81\ V - (-0,41\ V) = 1,22\ V$ gegeben.
Als Zersetzungsspannung wäre dann nach der Beziehung

$$2H_2O \underset{\text{galvanisches Element}}{\overset{\text{Elektrolyse}}{\rightleftharpoons}} 2H_2 + O_2$$

ein Wert von etwas über 1,22 V zu erwarten.

---

* Auf der Basis einer Zinkiodid-Lösung läßt sich jedoch kein haltbares galvanisches Element und somit auch kein Akkumulator aufbauen, weil sich das elementare Iod in der Iodid-Lösung auflöst, also nicht an der Elektrode bleibt.

Versuch 31 Elektrolyse von Wasser

Abb. 8.11 Elektrolyse von Wasser.
◄— bedeutet Elektronenfluß.

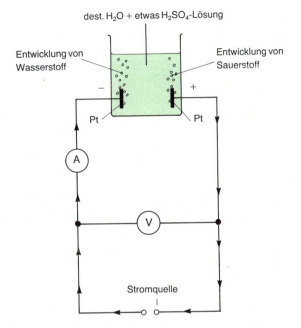

Ein Becherglas, in welchem zwei Platin-Elektroden eingeschmolzen sind, wird mit destilliertem Wasser gefüllt. Zur Erhöhung der elektrischen Leitfähigkeit werden einige Tropfen Schwefelsäure zugesetzt. Die beiden Elektroden werden an einen regelbaren Gleichstrom angeschlossen, wobei sich im Stromkreis auch ein Spannungsmeßgerät und ein Strommeßgerät befinden.
Bei schrittweiser Steigerung der Spannung von 0 Volt um jeweils etwa 0,1 V zeigt sich, daß die Stromstärke zunächst fast unverändert gering bleibt und dann ab etwa 1,8 V kräftig ansteigt. Es findet auch erst ab etwa 1,8 V deutliche Gasentwicklung an beiden Elektroden statt.

Abb. 8.12 Strom-Spannungs-Kurve für die Wasserelektrolyse an Platin-Elektroden.

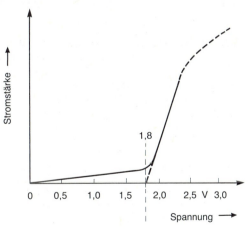

173

Die tatsächliche Zersetzungsspannung des Wassers an Platin-Elektroden beträgt etwa 1,8 V. Zur elektrolytischen Zersetzung des Wassers an Platin-Elektroden ist also eine wesentlich höhere Mindestspannung erforderlich als aufgrund der Polarisationsspannung von 1,22 V zu erwarten ist.

> Die Differenz zwischen der Polarisationsspannung und der Zersetzungsspannung wird Überspannung genannt.

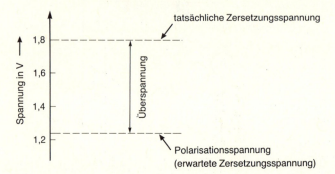

Abb. 8.13 Die Überspannung bei der elektrolytischen Wasserzersetzung an Platin-Elektroden.

Während bei der Abscheidung von Metallen kaum Überspannungen auftreten, spielen Überspannungen besonders bei der Abscheidung von Gasen eine wichtige Rolle. Ihre Größen sind stark abhängig von der Art des Gases und vom Elektrodenmaterial. Diese Überspannungen können bis zu 1 V betragen.

8.4.4 Die Reihenfolge der Ionenentladung

Versuch 32 Elektrolyse von Natriumchlorid-Lösung (Abb. 8.14)

Eine Natriumchlorid-Lösung mit c(NaCl) = 1 mol/l wird mit etwas Phenolphthalein-Lösung versetzt und dann in ein U-Rohr gefüllt. Durch die beiden Öffnungen des U-Rohrs taucht man je eine Kohle-Elektrode in die Elektrolytlösung, die mit einer regelbaren Gleichspannung verbunden sind. Im Stromkreis befindet sich, wie bei Versuch 31, ein Spannungsmeßgerät und ein Strommeßgerät.
Die Spannung wird von 0 V langsam hochgeregelt. Sobald die Elektrolyse einsetzt, färbt sich die Lösung im Bereich der Katode rot.

In einer Salzlösung befinden sich neben den Ionen des Salzes auch immer die H_3O^+- und OH^--Ionen aus dem Protolysegleichgewicht des Wassers. Dies kann für eine Elektrolyse ohne jede Bedeutung sein, wie z. B. bei der Elektrolyse von Kupfer(II)-chlorid-Lösung (Versuch 29) oder Zinkiodid-Lösung (Versuch 30). Es kann aber auch zu einem völlig anderen Verlauf der Elektrolyse führen, als man zunächst annehmen möchte.

Bei der Elektrolyse von Natriumchlorid-Lösung stehen z. B. folgende Ionen zur Entladung zur Verfügung:

an der Katode	an der Anode	
Na^+	Cl^-	(Ionen des gelösten Salzes)
H_3O^+	OH^-	(Ionen des Wassers)

174

Abb. 8.14 Elektrolyse von Natriumchlorid-Lösung. ⟶ bedeutet Elektronenfluß.

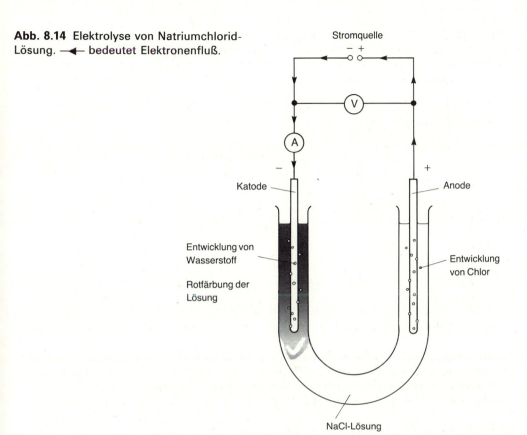

Die entsprechenden Redox-Paare und ihre elektrischen Potentiale für $c(Na^+) = c(Cl^-)$ = 1 mol/l und $c(H_3O^+) = c(OH^-) = 10^{-7}$ mol/l sind:

$Na \rightleftharpoons Na^+ + e^-$	$-2,71$ V
$2H_2O + H_2 \rightleftharpoons 2H_3O^+ + 2e^-$	$-0,41$ V
aber wegen der Überspannung von H_2 an Kohle-Elektroden:	$-1,4$ V
$2Cl^- \rightleftharpoons Cl_2 + 2e^-$	$+1,36$ V
aber wegen der Überspannung von Cl_2 an Kohle-Elektroden:	$+1,7$ V
$4OH^- \rightleftharpoons O_2 + 2H_2O + 4e^-$	$+0,81$ V
aber wegen der Überspannung von O_2 an Kohle-Elektroden:	$+1,8$ V

An der Katode werden zuerst die Kationen mit dem größten Potential reduziert, an der Anode werden zuerst die Anionen mit dem kleinsten Potential oxidiert.

Bei der Elektrolyse wäßriger Lösungen wird immer die Ionenkombination mit der kleinsten Zersetzungspannung zuerst entladen.

Bei der Elektrolyse von Natriumchlorid-Lösung hat die Ionenkombination H_3O^+ und Cl^- die kleinste Zersetzungsspannung.

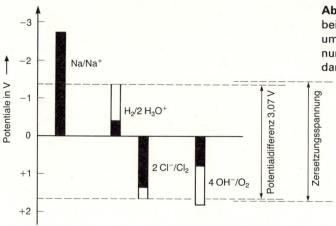

Abb. 8.15 Potentialverhältnisse bei der Elektrolyse einer Natriumchlorid-Lösung. Überspannungen sind durch helle Balken dargestellt.

Bei Versuch 32 setzt die Elektrolyse bei einer Spannung von etwas über 3,1 V ein. An der Katode entwickelt sich Wasserstoff, an der Anode Chlor. Durch die Entladung der H_3O^+-Ionen wird das Protolysegleichgewicht des Wassers gestört: Die Lösung reagiert zunehmend basisch und Phenolphthalein färbt sich rot.

> Die Abscheidung von Metallen aus ihren Salzlösungen ist nur dann möglich, wenn sie entweder edler sind als Wasserstoff, oder wenn sie ein größeres Potential besitzen als der Wasserstoff einschließlich seiner Überspannung aufweist.

Beispiele:

Bei der Elektrolyse einer Kupfer(II)-chlorid-Lösung in Versuch 29 kommt es zur Abscheidung von Kupfer, weil Kupfer wesentlich edler ist als Wasserstoff.

Bei der Elektrolyse einer Zinkiodid-Lösung in Versuch 30 kommt es zur Abscheidung von Zink, weil Zink ein wesentlich größeres Potential besitzt als Wasserstoff einschließlich seiner Überspannung.

Metalle, die ein kleineres Potential besitzen als Wasserstoff einschließlich seiner Überspannung, können aus ihren wäßrigen Salzlösungen nicht mehr abgeschieden werden, also nicht das Natrium in Versuch 32. Hier kommt es zur Entwicklung von Wasserstoff. Die elektrolytische Abscheidung solcher Metalle ist jedoch möglich, wenn wasserstofffreie, also auch wasserfreie Elektrolyte verwendet werden. Dieses sind Schmelzen von Ionenkristallen.

> Mit der Schmelzflußelektrolyse können unedle Metalle elektrolytisch abgeschieden werden.

Die Schmelzflußelektrolyse hat große Bedeutung für die Herstellung sehr unedler Metalle, weil dies in den meisten Fällen der einzige wirtschaftliche Weg zur Reduktion der Metalle aus ihren Verbindungen ist. So gewinnt man großtechnisch Aluminium durch Schmelzflußelektrolyse von Aluminiumoxid (Al_2O_3), gelöst in geschmolzenem Kryolith (Na_3AlF_6) und Natrium durch Elektrolyse von geschmolzenem Steinsalz (Natriumchlorid NaCl).

8.5 Die Faraday-Konstante

Schon 1833 ... 1834 fand Faraday[*] den gesetzmäßigen Zusammenhang zwischen dem Stromdurchgang durch einen Elektrolyten und den dabei an den Elektroden umgesetzten Substanzmengen. Die von ihm in mehreren Gesetzen formulierten Zusammenhänge kann man heute in der Faraday-Konstanten zusammenfassen.

An allen elektrochemischen Vorgängen sind Elektronen beteiligt, sie erscheinen deshalb auch in den Reaktionsgleichungen der Elektrodenreaktionen.

Die *Elementarladung* $e = 1{,}6022 \cdot 10^{-19}$ C (1 C = 1 A·s) ist bekanntlich die elektrische Ladung eines Elektrons. Multipliziert man die Elementarladung mit der Avogadro-Konstanten $N_A = 6{,}022 \cdot 10^{23}$ mol^{-1}, so erhält man die *Faraday-Konstante F.*

$$F = e \cdot N_A = 9{,}648\,456 \cdot 10^4 \text{ A·s/mol}^{**}$$

Die Faraday-Konstante ist die stoffmengenbezogene (molare) elektrische Ladung (Elektrizitätsmenge) der Elektronen.

$$F = \frac{Q}{n(e^-)} = 96\,500 \text{ A·s/mol}$$

Mit Hilfe der Faraday-Konstanten können die elektrochemischen Prozesse bei Elektrolysen quantitativ erfaßt werden.

Beispiel: Elektrolyse von Kupfer(II)-chlorid-Lösung (vgl. Versuch 29):
Welche Masse von Kupfer wird durch die Elektrizitätsmenge $Q = 5000$ A·s abgeschieden?
Katodenreaktion: $Cu^{2+} + 2e^- \longrightarrow Cu$
Lösung:
Gegeben: $Q = 5000$ A·s   Gesucht: $m(Cu)$
Stöchiometrische Beziehung: $n(Cu):n(e^-) = 1:2$ und damit $n(Cu) = \frac{1}{2} \cdot n(e^-)$

$$Q \xrightarrow{\ \ F\ \ } n(e^-) \xrightarrow{\ \text{st.B.}\ } n(Cu) \xrightarrow{\ M(Cu)\ } m(Cu)$$

$$\frac{Q \cdot 1 \cdot M(Cu)}{F \cdot 2} = m(Cu) \qquad m(Cu) = \frac{5000 \cdot 1 \cdot 63{,}546}{96\,500 \cdot 2} \; \frac{\text{A·s·mol·1·g}}{\text{A·s·mol}} = 1{,}65 \text{ g}$$

8.6 Die Korrosion

Unter *Korrosion*[***] versteht man die unbeabsichtigte Zerstörung von Werkstoffen durch Einwirkungen aus ihrer Umgebung. Die Werkstoffe sind in erster Linie Metalle; es ist aber heute auch bei Beton, Holz und sogar Kunststoffen üblich, von Korrosion zu sprechen. Hierauf wird jedoch in diesem Buch nicht näher eingegangen.

Nach der Art der Zerstörung unterscheidet man zwischen elektrochemischer und mechanischer Korrosion.

Die häufigste Ursache der Korrosion metallischer Werkstoffe sind elektrochemische Vorgänge.

---

[*] Faraday, Michael, englischer Chemiker und Physiker; 1791 ... 1867.
[**] Es ist üblich, die Faraday-Konstante zu runden und mit $F = 96\,500$ A·s/mol zu rechnen.
[***] corrodere (lateinisch) zerfressen, zernagen.

Volkswirtschaftlich besonders schwerwiegend ist die Korrosion des Eisens, welche im Alltag als „Verrosten" bezeichnet wird.

Stoffe, welche die Korrosion metallischer Werkstoffe bewirken oder zumindest in irgendeiner Form daran Anteil haben können, sind Säuren, Sauerstoff, Salze und Wasser. Sie wirken meist in einem vielfältigen Miteinander und Nebeneinander.

8.6.1 Korrosionselemente und Lokalelemente

Versuch 33 Zink und Kupfer in verdünnter Schwefelsäure

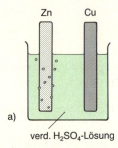

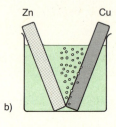

Abb. 8.16 Zink und Kupfer in verdünnter Schwefelsäure.

a)

b)

verd. H_2SO_4-Lösung

Taucht man einen Streifen Zinkblech und einen Streifen Kupferblech in verdünnte Schwefelsäure, so findet zunächst nur am Zinkblech eine schwache Wasserstoff-Entwicklung statt (a).

Berührt man das Zinkblech mit dem Kupferblech, so findet die Gasentwicklung am Kupferblech statt, und zwar viel heftiger als vorher am Zinkblech (b).

Bringt man das unedle Zink in verdünnte Schwefelsäure, so setzt eine Wasserstoff-Entwicklung ein:

$$Zn \longrightarrow Zn^{2+} + 2e^-$$
$$2H_3O^+ + 2e^- \longrightarrow 2H_2O + H_2$$
$$\overline{Zn + 2H_3O^+ \longrightarrow Zn^{2+} + 2H_2O + H_2}$$

Zink wird dabei oxidiert, die H_3O^+-Ionen der Säure werden reduziert. Kupfer zeigt diese Reaktion nicht. Es ist ein edles Metall und daher nicht in der Lage, Wasserstoff aus verdünnten Säuren zu verdrängen.

Die Wasserstoff-Entwicklung am Zink findet jedoch sehr zögernd statt. Der Grund dafür liegt darin, daß die in Lösung gehenden positiven Zink-Ionen sich um das Metall herum sammeln und dadurch den ebenfalls positiven H_3O^+-Ionen den Zutritt erschweren. Wird das Zink aber mit dem edleren Kupfer leitend verbunden, so fließen die Elektronen zum Kupfer ab und treten von hier aus ungehindert auf die H_3O^+-Ionen über; die Oxidation des Zinks schreitet jetzt viel schneller voran (**Abb. 8.17**).

Wenn sich ein unedleres und ein edleres Metall berühren und dabei gleichzeitig in einen Elektrolyten tauchen, entsteht ein Korrosionselement.

Die Zerstörung des unedleren Metalls in einem Korrosionselement bezeichnet man als elektrochemische Korrosion.

Die Anordnung entspricht einem kurzgeschlossenen galvanischen Element, in welchem die beiden Elektroden in denselben Elektrolyten tauchen.

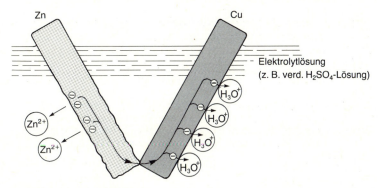

Abb. 8.17 Das Zink-Kupfer-Korrosions-element.

Versuch 34 Lokalelementbildung auf Zinkblech

Zwei Streifen Zinkblech werden in verdünnte Schwefelsäure getaucht. Der eine Streifen ist unbehandelt, der andere wurde vorher durch Eintauchen in Kupfersulfat-Lösung verkupfert.

An beiden Streifen entwickelt sich Wasserstoff, allerdings am verkupferten Zinkblech heftiger als am unbehandelten.

Wird ein Streifen Zinkblech in Kupfersulfat-Lösung getaucht, so beginnt sich auf seiner Oberfläche Kupfer abzuscheiden. Beim anschließenden Eintauchen des Streifens in verdünnte Schwefelsäure bilden sich zwischen dem Zink und den Bereichen mit Kupferabscheidung eine Vielzahl von Korrosionselementen.

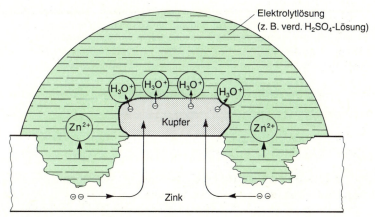

Abb. 8.18 Zink-Kupfer-Lokalelement.

Ist die wirksame Elektrodenoberfläche eines Korrosionselements nur sehr klein, so liegt ein Lokalelement vor.

Die vielen Lokalelemente sind in ihrer Wirkungsweise mit dem Korrosionselement des Versuchs 33 identisch. Deshalb verläuft die Wasserstoff-Entwicklung — und damit die Reaktion $Zn + 2H_3O^+ \longrightarrow Zn^{2+} + 2H_2O + H_2$ — am verkupferten Zinkblech des Versuchs 34 viel heftiger als am unbehandelten. Das verkupferte Zink unterliegt also wieder einer elektrochemischen Korrosion.

8.6.2 Lokalelementbildung beim Eisen

Eisen ist das wichtigste Werkmetall überhaupt. Es wird in der unterschiedlichsten Weise verarbeitet und verwendet. Es ist jedoch als unedles Metall stets der Gefahr der elektrochemischen Korrosion ausgesetzt.

Beispiel 1:

Weißblech ist verzinntes Eisenblech (Werkstoff für Konservendosen). Solange die Zinnschicht unbeschädigt ist, bietet sie einen ziemlich sicheren Oberflächenschutz, weil Zinn an feuchter Luft und sogar gegenüber schwachen Säuren und Laugen beständig ist. Jede noch so kleine Verletzung der Oberfläche bietet dagegen die Möglichkeit zur Bildung eines Lokalelements, wobei dann das darunterliegende Eisen als das unedlere der beiden Metalle zerstört wird.

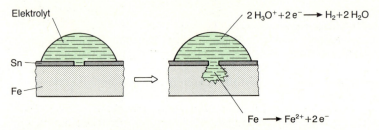

Abb. 8.19 Lokalelementbildung beim Eisen mit Zinn.

Beispiel 2:

Eisen enthält immer Spuren von Verunreinigungen durch edlere Metalle. Damit besitzt auch Eisen für sich allein schon die Fähigkeit zur Bildung von Lokalelementen. Sogar der im Eisen immer vorhandene Kohlenstoff kann hierbei als Elektronenüberträger wirksam werden.

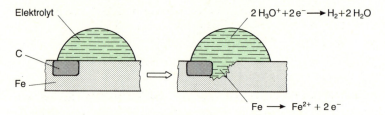

Abb. 8.20 Lokalelementbildung beim Eisen mit Kohlenstoff.

Wenn Eisen in einem Lokalelement als unedles Metall korrodiert, so kommt es dabei zur Bildung von Eisen(II)-Ionen. Die freiwerdenden Elektronen fließen über das edlere Metall bzw. über den Kohlenstoff in den Elektrolyten ab. Dort treten wieder H_3O^+-Ionen als Oxidationsmittel auf:

$$Fe \longrightarrow Fe^{2+} + 2e^-$$
$$2H_3O^+ + 2e^- \longrightarrow 2H_2O + H_2$$
$$\overline{Fe + 2H_3O^+ \longrightarrow Fe^{2+} + 2H_2O + H_2}$$

Als Lieferanten für H_3O^+-Ionen kommen alle Arten von saurem Milieu in Betracht. Ein besonders wirksamer Elektrolyt ist der saure Regen. Selbst unbelastetes Niederschlagswasser enthält wegen des natürlichen Anteils von 0,03% CO_2 in der Atmosphäre bereits eine gewisse Konzentration von H_3O^+-Ionen.

180

8.6.3 Die Rolle des Sauerstoffs bei der Korrosion

Versuch 35 Sauerstoffkorrosion des Eisens

Abb. 8.21 Sauerstoffkorrosion des Eisens.

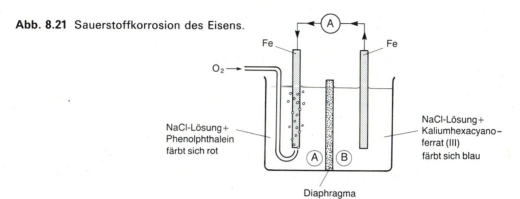

Zwei Eisen-Elektroden werden in eine Natriumchlorid-Lösung getaucht. Die beiden Elektrodenräume sind durch ein Diaphragma getrennt. In Raum Ⓐ wird Phenolphthalein-Lösung zugesetzt, während in den Raum Ⓑ etwas Kaliumhexacyanoferrat(III)-Lösung ($K_3[Fe(CN)_6]$) zugegeben wird. Die beiden Elektroden werden durch ein Strommeßgerät (Amperemeter) miteinander verbunden.
Wird die Elektrode in Raum Ⓐ mit Sauerstoff (oder Luft) umspült, so zeigt das Amperemeter einen Stromfluß an. Dabei färbt sich der Elektrolyt in Raum Ⓐ langsam rot, in Raum Ⓑ tritt eine Blaufärbung auf.

Es erfolgt ein Elektronenfluß von Ⓑ nach Ⓐ. Bei Ⓑ wird Eisen oxidiert, Fe^{2+}-Ionen gehen in Lösung. Bei Ⓐ wird Sauerstoff reduziert:

$$2\,Fe \longrightarrow 2\,Fe^{2+} + 4\,e^-$$
$$\underline{O_2 + 2\,H_2O + 4\,e^- \longrightarrow 4\,OH^-}$$
$$2\,Fe + O_2 + 2\,H_2O \longrightarrow 2\,Fe^{2+} + 4\,OH^-$$

Die entstandenen Hydroxid-Ionen färben Phenolphthalein rot, die Fe^{2+}-Ionen ergeben mit Kaliumhexacyanoferrat(III) eine Blaufärbung:

$$Fe^{2+} + K^+ + [Fe(CN)_6]^{3-} \longrightarrow KFe[Fe(CN)_6]$$

In den Versuchen 33 und 34 einerseits sowie im Versuch 35 andererseits wird gezeigt, daß bei der elektrochemischen Korrosion von Metallen sowohl H_3O^+-Ionen als auch — zusammen mit Wasser — molekularer Sauerstoff als Oxidationsmittel auftreten können. Beiden Fällen ist gemeinsam, daß die Oxidationsprodukte (Zn^{2+} bzw. Fe^{2+}) und die Reduktionsprodukte (H_2 bzw. OH^-) an verschiedenen Stellen gebildet werden. Das ist der Grund dafür, warum unedle Metalle bei direktem Kontakt mit edleren so rasch korrodieren.

> Je nachdem, welches Oxidationsmittel bei der elektrochemischen Korrosion wirksam ist, spricht man von Wasserstoffkorrosion bzw. von Sauerstoffkorrosion.

Bei neutralen Elektrolyten steht die Sauerstoffkorrosion im Vordergrund. Bei kleiner werdenden pH-Werten beginnt die Wasserstoffkorrosion die entscheidendere Rolle zu spielen.

8.6.4 Die Rostbildung beim Eisen

Wird Eisen — bei gleichzeitiger Anwesenheit von Wasser — dem Einfluß von molekularem Sauerstoff ausgesetzt, so entstehen zunächst Fe^{2+}-Ionen und OH^--Ionen (vgl. Abschnitt 8.6.3) nach der Gleichung:

$$2\,Fe + O_2 + 2\,H_2O \longrightarrow 2\,Fe^{2+} + 4\,OH^-$$

Aus den Fe^{2+}-Ionen und den OH^--Ionen bildet sich schwerlösliches Eisen(II)-hydroxid:

$$2\,Fe^{2+} + 4\,OH^- \longrightarrow 2\,Fe(OH)_2$$

Dieser Vorgang stellt den Beginn der Rostbildung dar. Ihr weiterer Verlauf kann im Experiment leicht veranschaulicht werden (vgl. Versuch 36).

Versuch 36 Entstehung von Eisen(III)-hydroxid

Eine Spatelspitze Eisen(II)-sulfat ($FeSO_4$) wird in Wasser aufgelöst. Nach Zugabe von etwas Ammoniakwasser (NH_3) fällt Eisen(II)-hydroxid ($Fe(OH)_2$) aus. Nun filtriert man die Lösung durch ein Faltenfilter. Anschließend wird das Filterpapier mit dem Rückstand auf ein Uhrglas gelegt und einige Zeit an der Luft liegen gelassen.

Aus der zunächst grünlichen Masse entwickelt sich unter dem Einfluß von Luftsauerstoff braunes, wasserhaltiges Eisen(III)-oxid:

$$4\,Fe(OH)_2 + O_2 \longrightarrow 4\,FeOOH + 2\,H_2O \qquad (2\,FeOOH = Fe_2O_3 \cdot H_2O)$$

Diese Verbindung kann vereinfacht als *Rost* bezeichnet werden.

> Das Rosten ist eine Reaktion des Eisens mit Sauerstoff unter Mitwirkung von Wasser.

Andererseits kann Eisen an trockener Luft nicht rosten. Hier entwickelt sich vielmehr unter dem Einfluß von Sauerstoff eine zusammenhängende Schutzschicht aus Eisen(II)-oxid (FeO).

> Salzlösungen und Säuren begünstigen die Rostbildung.

Besonders gefährlich ist das streusalzhaltige Spritzwasser winterlicher Straßen, weil die Salze auf den Rostprozeß eine beschleunigende Wirkung haben. Sie ist eine Folge der erhöhten elektrischen Leitfähigkeit des Elektrolyten. Auch die Anwesenheit von Säuren begünstigt den Rostvorgang, weil durch sie eine zusätzliche Wasserstoffkorrosion ermöglicht wird.

8.7 Der Korrosionsschutz

8.7.1 Korrosionsschutz beim Eisen

Man schätzt, daß von dem gesamten weltweit in Umlauf befindlichen Eisen jährlich eine unvorstellbar große Menge korrodiert. Sie macht etwa ein Viertel des jährlich gewonnenen Eisens aus. Daraus erwachsen der Wirtschaft sehr große Schäden. Sie wären noch ungleich größer, wenn nicht ein aufwendiger Korrosionsschutz betrieben würde.
Die dabei beschrittenen Wege sind sehr unterschiedlich:

- Abdecken des Eisens mit Schichten von Farbe, Lack, Bitumen, Kunststoff oder Email*. Ein billiger und ziemlich wirksamer Schutz ist ein mehrfacher Anstrich mit roter *Mennige* Pb_3O_4. Er schützt nicht nur vor Witterungseinflüssen, sondern erzeugt auch auf dem Eisen gleichzeitig eine widerstandsfähige Schicht von Eisen(II)-oxid FeO.

---

* Email ist ein glasartiges, leicht schmelzendes Silicat.

● Abdecken des Eisens mit widerstandsfähigen Fremdmetallen.
Dies geschieht mit Zinn und Zink beim *Schmelztauchen* (*Feuerverzinnen* bzw. *Feuerverzinken*) oder mit Nickel und Chrom und vielen anderen Metallen beim *Galvanisieren*. Sind die Überzüge edler als das Eisen — dies ist bei Zinn und Nickel der Fall —, so schützen sie allerdings nur so lange, wie sie keine Beschädigung aufweisen. Nach einer Verletzung der Schutzschicht wird die Korrosion sogar begünstigt, weil sich dann Lokalelemente mit dem Eisen als unedlerem Metall bilden. Kommt es dagegen bei unedleren Überzügen, z. B. bei Zink und Chrom, zur Bildung von Lokalelementen, so wird zunächst die Schutzschicht selbst zerstört.

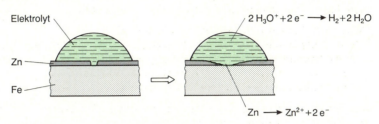

Abb. 8.22 Zink-Eisen-Lokalelement.

Beim *Plattieren* werden die Schutzmetalle auf das Eisen aufgewalzt. Dazu eignen sich besonders Nickel, Kupfer, Messing und Aluminium. Unsere 1-, 2-, 5- und 10-Pfennig-Stücke bestehen aus mit Kupfer bzw. Messing plattiertem Eisen.

● Erzeugen widerstandsfähiger Eisenverbindungen unmittelbar auf dem Metall.
Beim *Brünieren* (Behandeln mit heißen, alkalischen Lösungen) und *Chromatieren* (Behandeln mit Chromaten) bildet sich eine fest haftende Oxidschicht auf dem Eisen. Beim *Phosphatieren* (Tauchen in Bäder von Phosphorsäure und Zinkphosphat oder Manganphosphat) erhält man eine unlösliche Schicht von Eisen(II)-phosphat $Fe_3(PO_4)_2$.

● Verhindern von Korrosionselementen.
Bauteile aus Eisen dürfen z. B. niemals mit Kupfernieten verbunden werden oder umgekehrt, weil sonst das unedlere Eisen zerstört wird. Ist die Verwendung verschiedener Metalle unumgänglich, z. B. bei Zierleisten auf Autokarosserien, so müssen wenigstens isolierende Zwischenlagen aus Gummi oder aus Kunststoff angebracht werden.

● Einsetzen von Opferanoden.
Dabei wird Eisen mit einem unedleren Metall als Anode* zusammengeschaltet, welches dann zum Schutz des Eisens „geopfert" wird. *Opferanoden* werden z. B. verwendet, um unterirdisch verlegte Rohrleitungen oder Behälter vor dem Angriff der Bodenfeuchtigkeit zu bewahren, aber auch zum Schutz der Außenhaut von Schiffsrümpfen (**Abb. 8.23**, S. 184).

---

* Über die Begriffe Katode und Anode bei galvanischen Elementen, also auch bei Korrosionselementen, herrscht zur Zeit noch eine gewisse Unklarheit. Bei uns gilt allgemein von der Elektrizitätslehre her: Katode = Minus-Pol, Anode = Plus-Pol. Im angelsächsischen Bereich gilt in der Elektrochemie die Definition: Katode = Elektrode, an der die Reduktion stattfindet, Anode = Elektrode, an der die Oxidation stattfindet. Beide Definitionen stimmen bei Elektrolysen überein, bei galvanischen Elementen nicht.

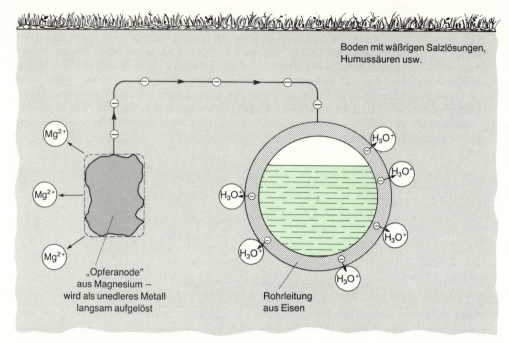

Boden mit wäßrigen Salzlösungen, Humussäuren usw.

Mg^{2+}

Mg^{2+}

Mg^{2+}

„Opferanode"
aus Magnesium –
wird als unedleres Metall
langsam aufgelöst

Rohrleitung
aus Eisen

H$_3$O$^+$

H$_3$O$^+$

H$_3$O$^+$

H$_3$O$^+$

H$_3$O$^+$

H$_3$O$^+$

Abb. 8.23 Korrosionsschutz einer eisernen Rohrleitung durch eine Opferanode aus Magnesium.

- Zusetzen von Korrosionsinhibitoren*.

Korrosionsinhibitoren verhindern oder verzögern Korrosionsvorgänge. Sie werden der Elektrolytflüssigkeit zugesetzt, die mit dem gefährdeten Werkstück in Berührung kommt.

Ein bekannter Inhibitor ist das Hydrazin N_2H_4. Es reagiert mit dem im Elektrolyten gelösten Sauerstoff nach der Reaktionsgleichung $N_2H_4 + O_2 \longrightarrow 2 H_2O + N_2$. Dadurch verliert der Elektrolyt seine korrosionsfördernde Wirkung.

Andere Inhibitoren verzögern die Korrosion dadurch, daß sie die Elektronenübertragung auf H_3O^+ Ionen erschweren.

8.7.2 Das Eloxal-Verfahren

Manche an sich recht unedlen Metalle, wie Aluminium, Zink und Chrom, zeigen eine bemerkenswerte Widerstandsfähigkeit gegenüber Witterungseinflüssen. Sie bilden an der Luft von selber sehr dünne, aber zähe und undurchlässige Oxidschichten, welche das darunterliegende Metall vor weiterer Korrosion schützen.

> Aluminium ist durch eine widerstandsfähige, natürliche Oxidhaut (Al_2O_3-Schicht) vor Korrosion geschützt. Zur Erhöhung der Schutzwirkung kann durch Elektrolyse diese Oxidschicht mit dem Eloxal-Verfahren (*El*ektrisch *ox*idiertes *Al*uminium) verstärkt werden.

---

* inhibere (lateinisch) hindern.

184

Dazu taucht man das Werkstück als Anode z.B. in eine 10prozentige Schwefelsäure. Als Katode dient eine Bleiplatte. Durch den Stromfluß entwickelt sich an der Anode — sehr stark vereinfacht dargestellt — atomarer Sauerstoff. Dieser ist wesentlich reaktionsfreudiger als der molekulare Sauerstoff der Luft und ergibt eine entsprechend dickere Oxidschicht.

Eloxiertes Aluminium wird sehr vielseitig verwendet, z.B. für Fensterrahmen und Beschläge. Zusätzlich hat diese dickere Aluminiumoxid-Schicht die Eigenschaft, Farbstoffe sehr gut aufzunehmen (besonders schon bei ihrer elektrolytischen Erzeugung). Heute ist praktisch jede Einfärbung möglich; sehr häufig sind Gelbfärbungen, die dem eloxierten Aluminium das Aussehen von Messing geben (Tür- und Fensterbeschläge).

8.8 Übungsaufgaben

Zur Wiederholung

W 1. Wie müßte bei der Herstellung eines Silber-Halbelements verfahren werden?

W 2. Wie ist ein Kupfer-Standardhalbelement aufgebaut?

W 3. Warum ist das elektrische Potential eines Halbelements von der Temperatur abhängig?

W 4. Wie müßte ein Natrium-Standardhalbelement aufgebaut sein, und warum kann es so nicht realisiert werden?

W 5. Wie verändern sich $c(Zn^{2+})$ und $c(Cu^{2+})$ in einem Daniell-Element, wenn diesem elektrische Energie entnommen wird, wenn also z.B. eine kleine Glühlampe damit betrieben wird?

W 6. Warum ist bei der Standard-Wasserstoff-Elektrode die Definition von Konzentration und Temperatur erforderlich?

W 7. Welche Metalle werden als edel und welche als unedel bezeichnet?

W 8. Am Beispiel des Daniell-Elements sollen die beiden Halbelemente als Redox-Paare, der Gesamtvorgang als Redox-Reaktion dargestellt werden.

W 9. Mit welcher Begründung kann man die Spannungsreihe der Metalle auf Reaktionen erweitern, die nicht dem Schema Metall/Metall-Ion entsprechen?

W 10. Was geschieht, wenn man einen Eisennagel in eine Silber-Ionen-Lösung taucht?

W 11. Was ist bei einer Elektrolyse das Oxidationsmittel und was das Reduktionsmittel?

W 12. Bei einer Elektrolyse laufen an den Elektroden die Vorgänge $Pb^{2+} + 2e^- \longrightarrow Pb$ und $2Cl^- \longrightarrow Cl_2 + 2e^-$ ab. Wie lautet der Gesamtvorgang?

W 13. Bei welchen Stoffabscheidungen treten Überspannungen auf, und wovon sind diese abhängig?

W 14. Welcher Stoff wird bei der Elektrolyse einer wäßrigen Nickelsulfat-Lösung an der Katode abgeschieden?

W 15. Bei einer Elektrolyse bilden sich an den Elektroden Wasserstoff und Chlor. Welcher Redox-Prozeß läuft dabei ab, und welche Ionen werden dabei entladen?

W 16. Die Reaktionsgleichungen der Elektrodenvorgänge bei der Schmelzflußelektrolyse von Aluminiumoxid sind zu formulieren.

W 17. Was ist ein Korrosionselement?

W 18. Was versteht man unter einem Lokalelement?

W 19. Warum rostet Eisen an trockener Luft nicht?

W 20. Aus welchem Grund ist in Meeresnähe erhöhte Korrosion festzustellen?

W 21. Ist das Rosten von Eisen ein exothermer oder ein endothermer Prozeß?

Zur Vertiefung

V 1. Warum hat die Größe der Elektrodenoberfläche keinen Einfluß auf das elektrische Potential eines Halbelements?

V 2. Ist ein elektrisches Potential zu erwarten, wenn man einen Eisenstab in reines Wasser eintaucht?

V 3. Zwei Zink-Halbelemente, welche sich lediglich in der Konzentration ihrer Zinksulfat-Lösungen unterscheiden, werden über ein Diaphragma leitend verbunden. Ist zwischen den beiden Elektroden eine Spannung zu erwarten?

V 4. In Notaggregaten, z. B. in Funkgeräten für Seenot-Rettungsrufe, werden trockene galvanische Elemente nach dem Prinzip des Daniell-Elements auf der Basis Magnesium/Magnesiumchlorid/Kupfer(I)-chlorid/Kupfer bereitgehalten, die durch Wasserzugabe aktiviert werden und etwa 1,75 V Spannung liefern. Warum werden diese galvanischen Elemente nicht für den allgemeinen Gebrauch eingesetzt?

V 5. Welches der Ionen H_3O^+, Zn^{2+} und Cu^{2+} ist das stärkste Oxidationsmittel?

V 6. Welches der Metalle Eisen, Zinn und Zink ist das stärkste Reduktionsmittel?

V 7. Aus einem Kupfer- und einem Silber-Standardhalbelement wird ein galvanisches Element aufgebaut. Wie fließen bei Stromentnahme die Elektronen, und welche Spannung ist zu erwarten?

V 8. Was geschieht, wenn man in eine Kupfersulfat-Lösung ein Bleiblech eintaucht?

V 9. Was geschieht, wenn einer Natriumchlorid-Lösung Brom zugefügt wird?

V 10. Die Zersetzungsspannung für die Elektrolyse von Zinkchlorid-Lösung mit einer Kohle-Anode beträgt aus einer Lösung, deren Konzentration den Standardhalbelementen entspricht, etwa 2,4 V. Wie groß ist die Überspannung?

V 11. Im Bleiakkumulator laufen die Reaktionen $Pb + SO_4^{2-} \longrightarrow PbSO_4 + 2e^-$ und $PbO_2 + 4H_3O^+ + SO_4^{2-} + 2e^- \longrightarrow PbSO_4 + 6H_2O$ ab. Dabei hat jede Zelle eine Spannung von etwa 2 V. Zum Regenerieren (Aufladen) muß also (mindestens) die gleich große Zersetzungsspannung angelegt werden. Die Polarisationsspannung, die für die Wasserzersetzung in schwefelsaurer Lösung, wie hier vorliegend, überwunden werden muß, liegt aber nur bei etwa 1,5 V. Wie ist zu erklären, daß der Bleiakkumulator überhaupt aufgeladen werden kann — wie aus Erfahrung bekannt — und die Wasserzersetzung erst einsetzt, nachdem die Aufladereaktion abgelaufen ist? Wie kann diese unerwünschte Wasserelektrolyse verhindert werden?

V 12. Welche Elektrizitätsmenge scheidet im Normzustand 5 l Chlor ab?

V 13. Aluminium ist zwar viel unedler als Eisen, trotzdem aber wesentlich widerstandsfähiger gegen Witterungseinflüsse. Wie ist das zu erklären?

V 14. Um Eisen vor Korrosion zu schützen, kann man es sowohl mit einem edleren als auch mit einem unedleren Metall beschichten. Wodurch unterscheiden sich die Schutzwirkungen der beiden Überzüge?

V 15. Am Beispiel eines Zink-Kupfer-Lokalelements soll anhand der Reaktionsgleichungen gezeigt werden, welche Stoffe bei der elektrochemischen Korrosion bei den verschiedenen Korrosionsarten als Oxidationsmittel auftreten können.

V 16. Aluminium löst sich in verdünnten Säuren nach folgender Reaktionsgleichung $2 Al + 6 H_3O^+ \longrightarrow 2 Al^{3+} + 6 H_2O + 3 H_2$ auf. Warum kann man trotzdem Aluminium in verdünnten Säuren eloxieren, also anodisch oxidieren?

V 17. Kleineisengegenstände, die starken Witterungseinflüssen ausgesetzt sind, wurden früher mit einer relativ dicken Zinkschicht überzogen; heute wird oft eine dünne Cadmiumschicht galvanisch aufgetragen. Wie ist die Schutzwirkung dieser Cadmiumschicht anhand der Spannungsreihe zu erklären?

9 Organische Chemie

9.1 Organische Verbindungen

Die Anzahl der bekannten organischen Verbindungen (etwa 6 Millionen) übertrifft die der anorganischen Verbindungen (etwa 150 000) erheblich. Am Aufbau der Moleküle organischer Stoffe sind jedoch meist nur wenige Atomsorten beteiligt. Viele dieser Atomsorten lassen sich durch einfache Experimente *qualitativ nachweisen*.

9.1.1 Qualitative Analyse

Die bei der thermischen Zersetzung vieler organischer Stoffe auftretende Schwarzfärbung läßt erkennen, daß es sich um Kohlenstoffverbindungen handelt.

Versuch 37 Nachweis von Kohlenstoff-Wasserstoff-Verbindungen
Man saugt die Verbrennungsgase einer unter einem Trichter stehenden Kerze durch ein gekühltes U-Rohr und zum Nachweis von Kohlenstoffdioxid durch eine Waschflasche mit Kalkwasser. Die sich im U-Rohr bildende Flüssigkeit wird mit blauem Cobaltchloridpapier nachgewiesen.

Wenn beim Verbrennen einer Substanz Kohlenstoffdioxid und Wasser entstehen, weist dies auf Kohlenstoff- und Wasserstoff-Atome in den Molekülen hin.

Versuch 38 Hinweis auf Sauerstoffverbindungen
In ein Reagenzglas füllt man 2 cm hoch Sand und tränkt diesen mit reinem Ethanol. In das waagerecht eingespannte Reagenzglas wird eine Magnesiarinne mit Magnesiumpulver gebracht. Das Reagenzglas wird mit einem durchbohrten Stopfen mit gewinkeltem Glasrohr mit Spitze und Stahlwollsicherung verschlossen. Zunächst wird das Magnesiumpulver stark erhitzt. Danach werden durch gleichzeitiges schwaches Erhitzen des Sandes Ethanoldämpfe darübergeleitet. Die am Rohr entweichenden Gase werden entzündet (Schutzbrille). Man gibt das feste Reaktionsprodukt in Wasser und prüft den pH-Wert.

Wenn bei der Reaktion einer Substanz unter Sauerstoffausschluß Oxide entstehen, läßt dies auf Sauerstoff-Atome schließen. So entsteht z. B. bei der Reaktion von Ethanol mit Magnesium Magnesiumoxid, das mit Wasser eine alkalische Lösung ergibt, und Wasserstoff.

Versuch 39 Nachweis einer Stickstoffverbindung
In ein Reagenzglas gibt man etwas Harnstoff und 3 Plätzchen Natriumhydroxid und erwärmt vorsichtig. In die Reagenzglasöffnung hält man ein feuchtes Universalindikatorpapier.

Aus vielen organischen Stickstoffverbindungen entwickelt sich bei der Reaktion mit Natriumhydroxid Ammoniak, das ein feuchtes Universalindikatorpapier blau färbt.

Organische Verbindungen sind hauptsächlich aus Kohlenstoff-, Wasserstoff-, Sauerstoff- und Stickstoff-Atomen aufgebaut.

Daneben sind in vielen organischen Molekülen auch Halogen-, Schwefel- und Phosphor-Atome gebunden.

9.1.2 Ermittlung der Verhältnisformel — quantitative Analyse

Das Verhältnis der Atome, die am Aufbau der Moleküle beteiligt sind, kann durch eine *quantitative Elementaranalyse* ermittelt werden. Das Prinzip der quantitativen Erfassung von Kohlenstoff, Wasserstoff und Sauerstoff geht auf Justus von Liebig[*] zurück. Sie soll am Beispiel des Ethanols erläutert werden:

Versuch 40 Quantitative Analyse von Ethanol

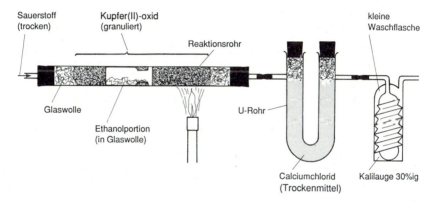

Abb. 9.1 Versuchsanordnung. Quantitative Elementaranalyse einer organischen Substanz am Beispiel des Ethanols.

In das Gläschen im Reaktionsrohr werden 0,5 g Ethanol eingewogen. Vorher bestimmt man die Masse des gefüllten U-Rohrs und der gefüllten Waschflasche. Man leitet einen schwachen Sauerstoffstrom durch die Apparatur und erhitzt das Kupferoxid stark. Wenn das gesamte Ethanol verdampft ist, läßt man im Sauerstoffstrom abkühlen und bestimmt erneut die Massen von U-Rohr und Waschflasche.

Zur quantitativen Bestimmung der Kohlenstoff-, Wasserstoff- und Sauerstoff-Atome wird Ethanol vollständig mit Hilfe von Cu(II)-oxid oxidiert. Anschließend werden die Oxidationsprodukte Kohlenstoffdioxid und Wasser durch Wägung bestimmt. Die Auswertung der Meßergebnisse führt zur *Verhältnisformel*.

---

[*] Liebig, Justus v., deutscher Chemiker; 1803 ... 1873.

Gegeben:

$m(\text{Ethanol}) = 0{,}525$ g

$m(CO_2) \quad = 1{,}022$ g

$m(H_2O) \quad = 0{,}603$ g

Gesucht:

$n(C):n(H):n(O)$

$$m(CO_2) \xrightarrow[\quad M(CO_2) \quad]{} n(CO_2) \qquad n(CO_2) = \frac{1{,}022}{44{,}009} \, \frac{g \cdot mol}{g} = 0{,}023 \text{ mol}$$

$n(C) = n(CO_2) = 0{,}023$ mol

$$m(H_2O) \xrightarrow[\quad M(H_2O) \quad]{} n(H_2O) \qquad n(H_2O) = \frac{0{,}603}{18{,}015} \, \frac{g \cdot mol}{g} = 0{,}033 \text{ mol}$$

$n(H) = 2\,n(H_2O) = 0{,}066$ mol

$m(O) = m(\text{Ethanol}) - m(C) - m(H)$

$$n(C) \xrightarrow[\quad M(C) \quad]{} m(C) \qquad m(C) = 0{,}023 \cdot 12{,}001 \, \frac{mol \cdot g}{mol} = 0{,}276 \text{ g}$$

$$n(H) \xrightarrow[\quad M(H) \quad]{} m(H) \qquad m(H) = 0{,}066 \cdot 1{,}008 \, \frac{mol \cdot g}{mol} = 0{,}067 \text{ g}$$

$m(O) = 0{,}525 \text{ g} - 0{,}276 \text{ g} - 0{,}067 \text{ g} = 0{,}182$ g

$$m(O) \xrightarrow[\quad M(O) \quad]{} n(O) \qquad n(O) = \frac{0{,}182}{15{,}999} \, \frac{g \cdot mol}{g} = 0{,}011 \text{ mol}$$

$n(C):n(H):n(O) = 0{,}023 : 0{,}066 : 0{,}011$

$n(C):n(H):n(O) = 2{,}09 : \quad 6 \quad : \quad 1$

Die Verhältnisformel von Ethanol ist somit $C_2H_6O_1$.

9.1.3 Ermittlung der Molekülformel (Summenformel)

Die Verhältnisformel C_2H_6O für Ethanol gibt das *Anzahlverhältnis* der Atome im Molekül an. Sie macht jedoch keine Aussage über die *Anzahl* der Atome im Molekül, denn dasselbe Anzahlverhältnis $N(C):N(H):N(O) = 2:6:1$ ist auch bei den Formeln $C_4H_{12}O_2$, $C_6H_{18}O_3$ usw. gegeben.

> Die Molekülformel gibt die Anzahl der verschiedenen Atomsorten in einem Molekül an.

Die Molekülformel für das Ethanol-Molekül kann mit Hilfe der Molekülmasse ermittelt werden, die über die molare Masse zugänglich ist.

Versuch 41 Molare Masse von Ethanol (Abb. 9.2)

In eine Kunststoffspritze werden etwa 0,1 ml Ethanol aufgezogen und die Gesamtmasse bestimmt. Man spritzt die Ethanolportion in den Kolben und bestimmt die Masse der leeren Spritze. Durch Schwenken des Kolbens wird das Verdunsten des Ethanols beschleunigt und die Volumenänderung am Kolbenprober abgelesen. Zur Versuchsauswertung werden Zimmertemperatur und Luftdruck bestimmt.

Abb. 9.2 Versuchsanordnung. Bestimmung der molaren Masse leicht verdampfbarer Flüssigkeiten.

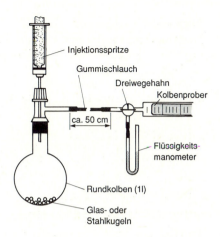

Injektionsspritze

Gummischlauch

Dreiwegehahn

Kolbenprober

ca. 50 cm

Flüssigkeits-manometer

Rundkolben (1l)

Glas- oder Stahlkugeln

Die Bestimmung der molaren Masse kann bei leicht verdampfbaren Flüssigkeiten dadurch erfolgen, daß man von einem Stoff (X) eine Portion mit bekannter Masse (m) verdampfen bzw. verdunsten läßt und das Gasvolumen (V) bestimmt. Bei bekannten Druck- und Temperaturverhältnissen gilt dann für die molare Masse

$$M(\text{X}) = \frac{m \cdot R \cdot T}{p \cdot V}.$$

Für Ethanol ergibt sich $M(\text{Ethanol}) = 46$ g/mol. Da die Masse des Ethanol-Moleküls in u den gleichen Zahlenwert besitzt wie die molare Masse von Ethanol in g/mol, ist die Molekülformel $C_2H_6O_1$. Die Molekülformel gibt keine Auskunft über die Verknüpfung der Atome im Molekül. Dazu sind besondere Verfahren der Strukturaufklärung notwendig, die zur Strukturformel führen.

9.2 Gesättigte Kohlenwasserstoffe

9.2.1 Methan und Ethan

Methan bildet den Hauptbestandteil des *Erdgases* (je nach Herkunft einen Volumenanteil von 85 bis 95%). Es ist auch Hauptbestandteil von *Sumpfgas*, *Grubengas* und *Biogas*. Diese Gasgemische entstehen bei der Zersetzung organischer Stoffe unter Luftabschluß. Sumpfgas bildet sich in Sümpfen und stark verschmutzten Gewässern, Grubengas wird beim Abbau der Kohle in deren Lagerstätten freigesetzt. Dort können sich wegen der Brennbarkeit des Methans mit Luft explosive Gasgemische bilden. Biogas entsteht durch bakterielle Zersetzung von Fäkalien und organischem Abfall. Es wird z.B. in Tanks gewonnen und zur Energiegewinnung eingesetzt. Methan entsteht auch bei der Rodung tropischer Wälder sowie beim Reisanbau und gelangt dadurch in die Atmosphäre.

Methan ist ein farb- und geruchloses brennbares Gas. Bei der vollständigen Verbrennung entstehen nur Kohlenstoffdioxid und Wasser. Daher zählt Methan zu den Brennstoffen, die die Umwelt nur wenig belasten. Methan ist eine Kohlenstoff-Wasserstoff-Verbindung, ein *Kohlenwasserstoff*.

Versuch 42 Bestimmung der molaren Masse von Methan

Aus einer Gaswägekugel werden mit einem Kolbenprober etwa 200 ml Luft abgesaugt. Man bestimmt die Masse der Gaswägekugel, füllt anschließend mit dem Kolbenprober 100 ml Methan ein und wägt erneut. Unter Berücksichtigung von Druck und Temperatur kann nun analog zu Versuch 41 die molare Masse von Methan berechnet werden.

Aus Versuch 42 ergibt sich eine Molekülmasse von 16 u. Am Aufbau eines Methan-Moleküls ist nur ein Kohlenstoff-Atom beteiligt, die Molekülformel ist CH_4.

Vom Kohlenstoff-Atom gehen *tetraedrisch* vier Atombindungen zu den Wasserstoff-Atomen aus. Alle Bindungswinkel betragen 109,5°. Am Kohlenstoff-Atom liegt eine sp^3-*Hybridisierung* vor (vgl. Abschnitt 3.3 und **Abb. 3.14**).

Die Strukturformel leitet sich von der Projektion des tetraedrischen Methan-Moleküls in die Ebene ab. Dabei erscheinen die Tetraederwinkel als rechte Winkel:

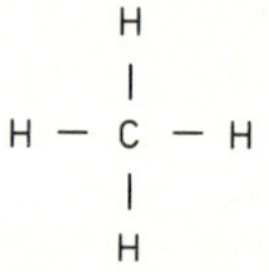

```
      H
      |
H  —  C  —  H
      |
      H
```
Abb. 9.3 Strukturformel des Methan-Moleküls.

Auf gleiche Weise wie beim Methan läßt sich auch die Formel für die Moleküle des Ethans ermitteln, einem farblosen Gas, das ebenfalls im Erdgas zu finden ist. Die Ethan-Moleküle besitzen die Formel C_2H_6. Auch hier gehen, wie beim Methan-Molekül, von jedem Kohlenstoff-Atom vier tetraedrisch angeordnete Bindungen aus (vgl. Abschnitt 3.3 und **Abb. 3.16**).

Die Bindungen entstehen aus den jeweils vier sp^3-Hybridorbitalen der beiden Kohlenstoff-Atome und den s-Orbitalen der Wasserstoff-Atome. Durch Überlappung von je einem sp^3-Hybrid-Orbital der beiden Kohlenstoff-Atome entsteht eine C—C-Bindung. Die restlichen Hybrid-Orbitale bilden mit den s-Orbitalen die C—H-Bindungen. Die beiden Tetraeder lassen sich um die C—C-Bindungsachse beliebig gegeneinander drehen. Diese Rotation findet im Ethan-Molekül ständig statt.

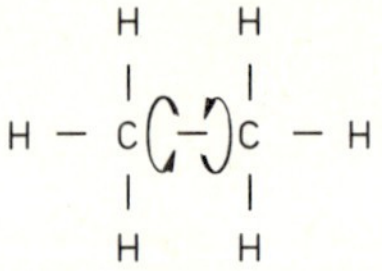

```
      H     H
      |     |
H  —  C (— ) C  —  H
      |     |
      H     H
```
Abb. 9.4 Strukturformel des Ethan-Moleküls.

9.2.2 Die homologe Reihe der Alkane

Im Erdgas findet man neben den Hauptbestandteilen Methan und Ethan noch kleinere Anteile weiterer Kohlenwasserstoffe, z. B. Propan und Butan. Deren Moleküle haben das gleiche Bauprinzip wie die Methan- und Ethan-Moleküle. Die Kohlenstoff-Atome bilden eine jeweils um den Tetraederwinkel abgeknickte Kette. Ausgehend vom Methan-Molekül lassen sich die übrigen Moleküle durch formales Einfügen von jeweils einer CH_2-Gruppe aufbauen (**Abb. 9.5**).

Eine Reihe von Verbindungen, bei denen sich die Moleküle aufeinander folgender Glieder jeweils um ein Kettenglied (hier um eine CH_2-Gruppe) unterscheiden, nennt man *homologe Reihe*. Für alle Glieder einer solchen Reihe läßt sich eine allgemeine Summenformel angeben. Die Kohlenwasserstoffe Methan, Ethan, Propan, Butan gehören zur homologen Reihe der Alkane.

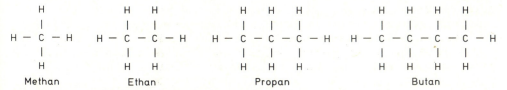

Abb. 9.5 Strukturformeln von Methan, Ethan, Propan und Butan.

Die Stoffnamen der Alkane tragen alle die Endsilbe „-an". Ihre Reihe setzt sich über das Butan hinaus fort. Ihre Namen werden aus dem griechischen oder lateinischen Zahlwort für die Anzahl der Kohlenstoff-Atome im Molekül und der Nachsilbe „-an" gebildet:

Tabelle 15 Homologe Reihe der Alkane			
Summenformel	Bezeichnung	Summenformel	Bezeichnung
CH_4	Methan	C_7H_{16}	Heptan
C_2H_6	Ethan	C_8H_{18}	Octan
C_3H_8	Propan	C_9H_{20}	Nonan
C_4H_{10}	Butan	$C_{10}H_{22}$	Decan
C_5H_{12}	Pentan	$C_{11}H_{24}$	Undecan
C_6H_{14}	Hexan		

Für die Moleküle mit der Summenformel C_4H_{10} lassen sich zwei Strukturformeln aufstellen:

Abb. 9.6 Isomerie. Strukturformeln isomerer Moleküle (Summenformel C_4H_{10}).

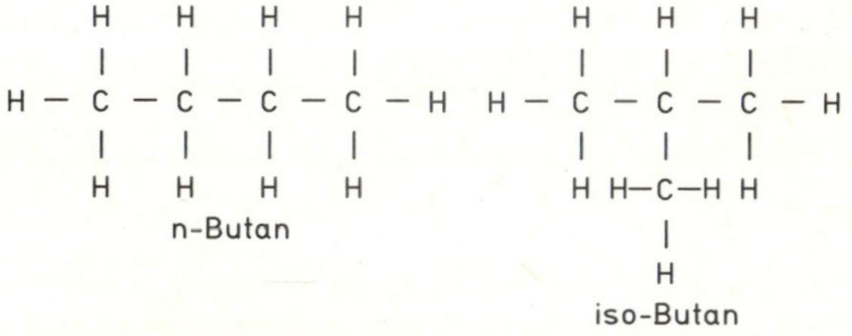

n-Butan

iso-Butan

Moleküle, die bei gleicher Summenformel unterschiedliche Strukturformeln haben, bezeichnet man als Isomere.

Man bezeichnet das unverzweigte Butan-Isomere als n-Butan („Normalbutan"), das andere als iso-Butan. Mit zunehmender Anzahl der Kohlenstoff-Atome im Molekül nimmt die Zahl der Isomere rasch zu:

Abb. 9.7 Anzahl der Strukturisomeren in der Reihe der Alkane.

Summenformel	C_4H_{10}	C_5H_{12}	C_6H_{14}	C_7H_{16}	C_8H_{18}	C_9H_{20}	$C_{10}H_{22}$
Anzahl der Isomeren	2	3	5	9	18	35	75

Zur Benennung der verschiedenen Isomere verwendet man eine Nomenklatur, die die Struktur des Moleküls beschreibt. Zur übersichtlicheren Darstellung der dem Namen zugrundeliegenden Molekülstruktur verwendet man oft auch *Halbstrukturformeln*. Die systematische Benennung erfolgt nach *Nomenklaturregeln*, die in der in **Abb. 9.8** dargestellten Reihenfolge angewendet werden.

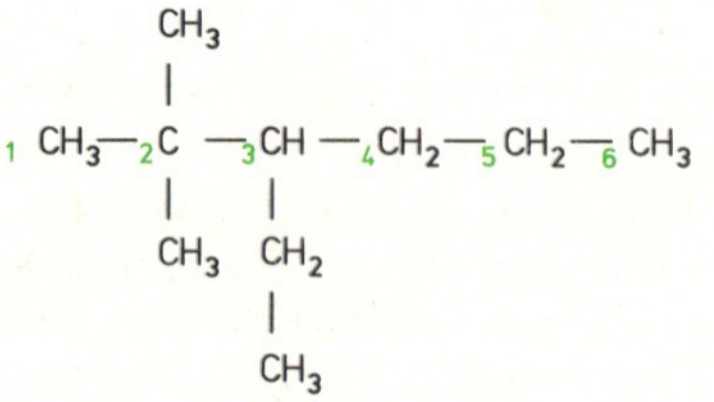

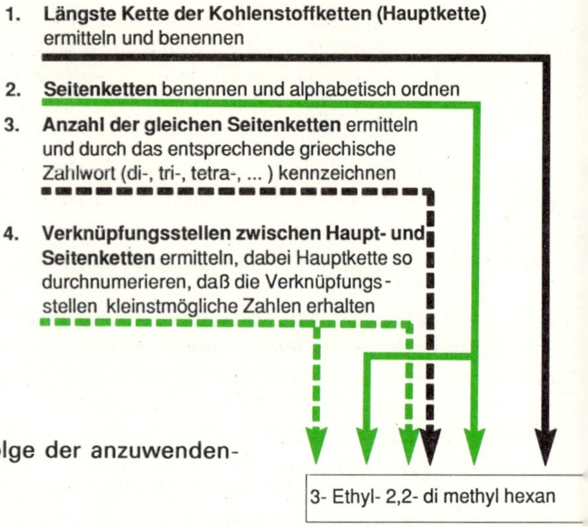

$$CH_3-_2C-_3CH-_4CH_2-_5CH_2-_6CH_3$$

(mit Seitenketten CH_3 oben an C_2; CH_3 und CH_2 unten an C_2 und C_3; CH_3 unter CH_2)

1. **Längste Kette der Kohlenstoffketten (Hauptkette)** ermitteln und benennen

2. **Seitenketten** benennen und alphabetisch ordnen

3. **Anzahl der gleichen Seitenketten** ermitteln und durch das entsprechende griechische Zahlwort (di-, tri-, tetra-, ...) kennzeichnen

4. **Verknüpfungsstellen zwischen Haupt- und Seitenketten** ermitteln, dabei Hauptkette so durchnummerieren, daß die Verknüpfungsstellen kleinstmögliche Zahlen erhalten

3- Ethyl- 2,2- di methyl hexan

Abb. 9.8 Benennung eines Alkans. Abfolge der anzuwendenden Nomenklaturregeln.

Dabei erhalten die Seitenketten anstelle der Endung „-an" die Endung „-yl". Allgemein wird aus einem Alkan-Molekül durch formale Abspaltung eines Wasserstoff-Atoms hervorgehende „Molekülrest" als *Alkyl-Rest* oder *Alkyl-Gruppe* bezeichnet.

9.2.3 Eigenschaften der Alkane

Erdöl und Erdgas sind die Rohstoffquellen, aus denen man reine Alkane oder Alkangemische gewinnt. Sie finden Verwendung als Energieträger und sind in verschiedenen Bereichen der Technik Ausgangssubstanzen für einen großen Teil organisch-chemischer Syntheseketten in der Industrie.

Die verschiedenen Alkane unterscheiden sich in ihren Schmelz- und Siedetemperaturen:

Tabelle 16 Eigenschaften von Alkanen im Vergleich

Summenformel	Name des Alkans	Smt. in °C	Sdt. in °C	Dichte in $g \cdot ml^{-1}$
C_1H_4	Methan	−183	−162	*0,466
C_2H_6	Ethan	−172	− 89	*0,572
C_3H_8	Propan	−187	− 42	*0,585
C_4H_{10}	n-Butan	−138	0	*0,601
C_5H_{12}	n-Pentan	−130	36	0,626
C_6H_{14}	n-Hexan	− 95	69	0,659
C_7H_{16}	n-Heptan	− 91	98	0,684
C_8H_{18}	n-Octan	− 57	126	0,703
C_9H_{20}	n-Nonan	− 54	151	0,718
$C_{10}H_{22}$	n-Decan	− 30	174	0,730
$C_{11}H_{24}$	n-Undecan	− 26	196	0,740
$C_{12}H_{26}$	n-Dodecan	− 10	216	0,749
$C_{16}H_{34}$	n-Hexadecan	18	280	0,775
$C_{20}H_{42}$	Eicosan	36	344	0,785

* im flüssigen Zustand (nahe der Siedetemperatur)

Die *niederen Alkane* sind bei Zimmertemperatur gasförmig. Sie werden vorwiegend als Heizgase verwendet: Methan als Hauptbestandteil des Erdgases, Propan und Butan als „Flüssiggas" aus Kartuschen, Druckflaschen und Tanks. Die *mittleren Alkane* (etwa bis Nonan) sind dünnflüssig und bilden den Hauptbestandteil der Leicht-, Mittel- und Schwerbenzine. Petroleum, Heizöl und Dieselöl enthalten darüberhinaus noch Anteile an Alkanen, deren Moleküle bis zu 20 Kohlenstoff-Atome enthalten und die man zu den *höheren Alkanen* zählt. Diese sind als Reinstoffe ab etwa dem Decan ölig bis zähflüssig, ab dem Heptadecan fest.

Gemische höherer Alkane werden als Paraffinöl bzw. festes Paraffin bezeichnet, aus dem z. B. Kerzen hergestellt werden. Schmieröle, z. B. Motorenöle, besitzen hohe Anteile höherer Alkane. Auch Vaseline ist ein Gemisch höherer Alkane und findet vielseitige Verwendung als Gleit- und Schmiermittel, Imprägnier- und Rostschutzmittel und zur Hautpflege.

Aufgrund ihrer unterschiedlichen Siedetemperaturen können Alkane durch Destillation aus Erdöl gewonnen werden. Dies geschieht bei der *fraktionierten Destillation* in den Erdölraffinerien (vgl. Abschnitt 9.13.3).

Innerhalb der homologen Reihe der Alkane steigen die Siedetemperaturen an (vgl. Tabelle 16, S. 194). Auch bei den Schmelztemperaturen ist insgesamt ein Anstieg zu verzeichnen, dieser erfolgt jedoch nicht so kontinuierlich wie bei den Siedetemperaturen. Die innerhalb der homologen Reihe ansteigenden Siedetemperaturen sind auf größer werdende *zwischenmolekulare Kräfte* zurückzuführen. Zwischen den Alkan-Molekülen sind dies fast ausschließlich *van-der-Waals-Kräfte* (vgl. Abschnitt 3.7).

> Die van-der-Waals-Kräfte werden mit zunehmender Elektronenanzahl der Moleküle größer, nehmen also innerhalb der homologen Reihe zu.

Andere zwischenmolekulare Kräfte, wie Dipol-Dipol-Kräfte, sind hier nur unbedeutend. Die C—H-Bindung ist in den Molekülen zwar schwach polar, die Alkan-Moleküle sind jedoch aufgrund ihres tetraedrischen Bauprinzips keine Dipol-Moleküle.

Tabelle 17 Die Isomeren des Hexans

Halbstrukturformel	Name	Sdt. in °C
$CH_3-CH_2-CH_2-CH_2-CH_2-CH_3$	n-Hexan	69
$CH_3-CH-CH_2-CH_2-CH_3$ $\quad\quad\mid$ $\quad\quad CH_3$	2-Methylpentan	60
$CH_3-CH_2-CH-CH_2-CH_3$ $\quad\quad\quad\quad\mid$ $\quad\quad\quad\quad CH_3$	3-Methylpentan	63
$\quad\quad CH_3$ $\quad\quad\mid$ $CH_3-C-CH_2-CH_3$ $\quad\quad\mid$ $\quad\quad CH_3$	2,2-Dimethylbutan	50
$CH_3-CH-CH-CH_3$ $\quad\quad\mid\quad\mid$ $\quad\quad CH_3\ CH_3$	2,3-Dimethylbutan	58

Obwohl isomere Moleküle dieselbe Elektronenanzahl besitzen, zeigen die Stoffe unterschiedliche Siedetemperaturen. Sie haben unterschiedliche Moleküloberflächen, die um so kleiner werden, je mehr sich ein Molekül durch zunehmende Verzweigung der Kugelform nähert.

Mit abnehmender Moleküloberfläche nehmen die gegenseitigen Berührungs- und Polarisierungsmöglichkeiten und damit die van-der-Waals-Kräfte ab.

Bei höheren Alkanen können die van-der-Waals-Kräfte so groß werden, daß Energiezufuhr durch starkes Erwärmen nicht zu deren Überwindung führt, sondern zuvor Atombindungen im Molekül gespalten werden. Solche Stoffe (ab etwa dem Eikosan mit der Molekülformel $C_{20}H_{42}$) lassen sich deshalb (bei Normdruck) nicht unzersetzt verdampfen.

Die Zunahme der van-der-Waals-Kräfte innerhalb der homologen Reihe beeinflußt auch das Fließverhalten der flüssigen Alkane, das durch die Angabe ihrer *Viskosität* (Zähflüssigkeit) charakterisiert wird. Beim Fließen gleiten die Moleküle der Flüssigkeit aneinander vorbei. Dieser Vorgang wird durch größer werdende van-der-Waals-Kräfte verlangsamt. Stoffe mit hoher Viskosität besitzen auch gute Schmierwirkung. Gemische höherer Alkane, z. B. bestimmte Erdölfraktionen, werden als Schmieröle eingesetzt.

Versuch 43 Löslichkeit der Alkane
a) Zu jeweils etwa 5 ml n-Hexan in einem Reagenzglas werden verschiedene Alkane gegeben.
b) Man gibt zu jeweils etwa 5 ml Wasser 1–2 ml verschiedener Alkane und schüttelt kräftig.

Alle Alkane sind ineinander löslich, sie lösen sich jedoch nur in Spuren in Wasser. Beim Mischen von Hexan mit Wasser entsteht eine Emulsion, die sich rasch wieder in zwei Schichten auftrennt. Da alle Alkane eine geringere Dichte als Wasser besitzen, ist die obere Schicht stets das Alkan.

Zwischen den polaren Wasser-Molekülen bestehen Wasserstoffbrücken (vgl. Abschnitt 3.8.3), zwischen den unpolaren Alkan-Molekülen wirken van-der-Waals-Kräfte. Die Moleküle dringen nicht in den Molekülverband der jeweils anderen Molekülsorte ein, da zwischen den jeweils gleichartigen Molekülen stärkere Kräfte wirken als zwischen Wasser- und Alkan-Molekülen. Die Entmischung einer Emulsion erfolgt wegen der Ausbildung der insgesamt stärkeren zwischenmolekularen Kräfte zwischen den gleichartigen Molekülen unter Energieabgabe.

Stoffe lösen sich um so besser ineinander, je ähnlicher deren Teilchen in bezug auf ihre Polarität sind.

Zur Kennzeichnung des Löseverhaltens eines Stoffes gegenüber Wasser verwendet man häufig den Begriff *hydrophil* (wasserfreundlich) für Stoffe mit guter Wasserlöslichkeit bzw. *hydrophob* (wassermeidend) für ein gegenteiliges Löseverhalten. Außer den Alkanen zählen vor allem Fette zu den ausgesprochen hydrophoben Substanzen. Fettlösliche Stoffe bezeichnet man als *lipophil**, weniger fettlösliche als *lipophob*.

Alkane sind lipophil bzw. hydrophob.

---

* lipos (griechisch) Fett.

9.2.4 Brennbarkeit der Alkane

Alle Alkane sind brennbar. Bei genügender Sauerstoffzufuhr entstehen Kohlenstoffdioxid und Wasser.

Beispiel:

Verbrennung von Butan:

$$2\,C_4H_{10} + 13\,O_2 \longrightarrow 8\,CO_2 + 10\,H_2O$$

Verbrennen Alkane an der Luft, so erkennt man innerhalb der homologen Reihe eine Zunahme in der Leuchtkraft der Flamme und in der Rußentwicklung. Da der Anteil der Kohlenstoff-Atome in den Alkan-Molekülen innerhalb der homologen Reihe zunimmt, wird bei gleichbleibendem Sauerstoffangebot die Verbrennung zunehmend unvollständiger.
Niedere und mittlere Alkane lassen sich bei Zimmertemperatur entzünden. Über diesen Flüssigkeiten bildet sich ein Alkan-Luft-Gemisch mit einem zur Zündung ausreichend hohen Alkananteil, der beim Brennen dann laufend aus der Flüssigkeit ergänzt wird. Um diese Vorgänge bei den höheren Alkanen (z. B. Paraffinöl) zu erreichen, müssen sie erst auf ihre *Entzündungstemperatur* erwärmt werden.

> Gasförmige und leicht verdampfbare flüssige Alkane können mit Luft bzw. Sauerstoff explosive Gasgemische bilden (Grubengas-, Erdgasexplosionen).

Eine Explosion erfolgt, wenn der Anteil des brennbaren Gases zwischen zwei Extremwerten liegt, die untere bzw. obere Explosionsgrenze genannt werden. Ein *explosives Gemisch* liegt z. B. vor, wenn der Volumenanteil von Methan in Luft zwischen 5 und 15% liegt. Da beim Verbrennen von Alkanen Energie frei wird, werden Alkane und Alkangemische, z. B. Propan, Butan, Erdgas, Benzin, Heiz- und Dieselöl als Energieträger eingesetzt (vgl. Abschnitt 9.13).

9.2.5 Halogenierung der Alkane

Versuch 44 Bromierung von Hexan

Vorsicht! Abzug!
Zu etwa 20 ml n-Hexan in einem 100 ml Erlenmeyerkolben werden einige Tropfen Brom gegeben. Man halbiert den Ansatz und stellt die eine Hälfte auf einen Tageslichtprojektor, die andere Hälfte ins Dunkle. Nach einiger Zeit hält man ein feuchtes Universalindikatorpapier in die Öffnung des Kolbens.

Die rotbraune Lösung ist im Dunkeln beständig, entfärbt sich jedoch langsam im Licht. Oberhalb der Flüssigkeit entsteht an feuchter Luft Nebel, der auf entstehenden Bromwasserstoff zurückzuführen ist. Die in den Bromwasserstoff-Molekülen gebundenen Wasserstoff-Atome stammen aus den Hexan-Molekülen und wurden dort durch Brom-Atome ersetzt. Daher bezeichnet man eine solche Reaktion als *Substitutionsreaktion**.
Je nach dem Anteil des Broms im Reaktionsgemisch entstehen bei der Reaktion Moleküle, bei denen mehr als ein Wasserstoff-Atom substituiert wurde, also z. B. auch Di- und Tribromhexan-Moleküle *(Mehrfachsubstitution).* Außer durch die Anzahl der Brom-Atome im Molekül unterscheiden sich diese auch noch in der Stellung der Brom-Atome. So entstehen bereits bei der Einfachsubstitution von n-Hexan drei Monobromhexan-Isomere:

---

* substituere (lateinisch) ersetzen.

$$CH_3{-}CH_2{-}CH_2{-}CH_2{-}CH_2{-}CH_3 + Br_2 \longrightarrow \begin{bmatrix} CH_3{-}CH_2{-}CH_2{-}CH_2{-}CH_2{-}CH_2{-}Br \\ \text{1-Bromhexan} \\ CH_3{-}CH_2{-}CH_2{-}CH_2{-}CHBr{-}CH_3 \\ \text{2-Bromhexan} \\ CH_3{-}CH_2{-}CH_2{-}CHBr{-}CH_2{-}CH_3 \\ \text{3-Bromhexan} \end{bmatrix} + HBr$$

n-Hexan

Außer Hexan reagieren auch die übrigen Alkane bei Belichtung mit Brom. Man bezeichnet dies allgemein als *Bromierung*.

> Mit Brom, Chlor und Fluor reagieren Alkane in Substitutionsreaktionen zu entsprechenden Halogenalkanen.

Beispiel:
Bei der Chlorierung von Methan entstehen vier *Substitutionsprodukte*, Mono-, Di-, Tri- und Tetrachlormethan:

$$CH_4 + Cl_2 \longrightarrow CH_3Cl + HCl$$
$$CH_3Cl + Cl_2 \longrightarrow CH_2Cl_2 + HCl$$
$$CH_2Cl_2 + Cl_2 \longrightarrow CHCl_3 + HCl$$
$$CHCl_3 + Cl_2 \longrightarrow CCl_4 + HCl$$

9.2.6 Reaktionsmechanismus der radikalischen Substitution

Bei Zimmertemperatur reagieren Alkane mit Chlor und Brom nur, wenn das Reaktionsgemisch belichtet wird. Der Reaktionsverlauf läßt sich in mehrere charakteristische Teilschritte zerlegen:

- Startreaktion. Durch die zugeführte Energie des Lichts wird ein Teil der Halogen-Moleküle gespalten:

$$|\overline{Cl} - \overline{Cl}| \longrightarrow |\overline{Cl}\cdot + \cdot\overline{Cl}|$$

Es handelt sich dabei um eine *homolytische* Spaltung* der Bindung im Halogen-Molekül, d.h., jeder Bindungspartner erhält je ein Elektron des ehemals bindenden Elektronenpaars. Es entstehen also zwei Halogen-Atome. Bei einer homolytischen Bindungsspaltung entstehen immer Teilchen mit ungepaarten Elektronen. Man nennt solche Teilchen *Radikale*.

- Kettenfortpflanzungsreaktion. Wegen ihres ungepaarten Elektrons neigen Radikale dazu, eine Atombindung zu anderen Teilchen auszubilden. Da sich bei dieser Abfolge von Reaktionsschritten neben Chloralkan- und Chlorwasserstoff-Molekülen abwechselnd Alkyl- bzw. Chlor-Radikale in ständiger Folge bilden, wird die Gesamtreaktion dadurch ständig weitergeführt. Man bezeichnet diese Abfolge von Einzelschritten auch als *Reaktionskette:*

$$|\overline{Cl}\cdot + R{-}H_2C{-}H \longrightarrow H{-}\overline{Cl}| + R{-}H_2C\cdot$$
$$R{-}H_2C\cdot + |\overline{Cl}{-}\overline{Cl}| \longrightarrow R{-}H_2C{-}\overline{Cl}| + |\overline{Cl}\cdot$$

usw.

- Abbruchreaktionen. Die entstehenden Radikale können mit anderen Radikalen im Reaktionsgemisch zusammentreffen und unter Ausbildung eines gemeinsamen Elektronenpaars neue Moleküle bilden. Dadurch brechen die jeweiligen Reaktionsketten ab (vgl. S. 199).

---

* homos (griechisch) gleich; lysis (griechisch) Auflösung.

$$|\overline{Cl}|\cdot + \cdot\overline{Cl}| \longrightarrow |\overline{Cl}\!-\!\overline{Cl}|$$
$$|\overline{Cl}|\cdot + \cdot CH_2\!-\!R \longrightarrow R\!-\!H_2C\!-\!\overline{Cl}|$$
$$R\!-\!H_2C\cdot + \cdot CH_2\!-\!R \longrightarrow R\!-\!H_2C\!-\!CH_2\!-\!R$$

Da der Anteil der Radikale im Reaktionsgemisch relativ gering ist, laufen viele Kettenfortpflanzungsreaktionen ab, bevor die Kette abbricht. Mit dem Fortschreiten der Reaktion steigt die Wahrscheinlichkeit, daß Chlor-Radikale auf bereits chlorierte Moleküle treffen und reagieren. Es erfolgt eine *Mehrfachsubstitution*. Beim Methan entstehen auf diese Weise neben Monochlormethan auch Di-, Tri- und Tetrachlormethan.
Die modellhafte Deutung eines Reaktionsablaufs mit seinen Teilschritten nennt man einen *Reaktionsmechanismus*.

Die Reaktion von Alkanen mit Halogenen verläuft nach dem Mechanismus der radikalischen Substitution.

9.2.7 Halogenalkane

Jedes Wasserstoff-Atom eines Alkan-Moleküls kann durch ein Halogen-Atom ersetzt werden. Daraus ergibt sich eine Vielzahl möglicher Halogenalkane, von denen jedoch vergleichsweise wenige praktische Bedeutung besitzen.

Tabelle 18 Einige wichtige Halogenalkane

Name	Formel	Eigenschaften, Verwendung
Trichlormethan (Chloroform)	$CHCl_3$	flüssig, süßlicher Geruch, betäubend, unbrennbar, vermutlich krebserregend, Dichte 1,49 g/cm³, Sdt. 61 °C Lösemittel für Fette und Öle, früher Narkosemittel
Dichlordifluormethan (Frigen)	CCl_2F_2	gasförmig, geruchlos, ungiftig, unbrennbar, Dichte 1,31 g/cm³, Sdt. −30 °C Kältemittel, Treibgas in Sprays
Bromtrifluormethan (Halon)	$CBrF_3$	gasförmig, ungiftig, unbrennbar, Dichte 1,54 g/cm³, Sdt. −58 °C Feuerlöschmittel
Chlorethan (Ethylchlorid)	C_2H_5Cl	flüssig, leicht flüchtig, süßlicher Geruch, brennbar, Dichte 0,92 g/cm³, Sdt. 12 °C zur örtlichen Betäubung (Vereisung)

Die Moleküle der *Halogenalkane* zeigen meist nur eine geringe Polarität und sind daher lipophile Substanzen. Sie lösen sich unbegrenzt in Alkanen, jedoch nur wenig in Wasser. Die Siedetemperaturen der Halogenalkane liegen erheblich höher als die der Alkane, deren Moleküle die gleiche Anzahl von Kohlenstoff-Atomen aufweisen. Dies ist vor allem auf die erhöhten van-der-Waals-Kräfte zurückzuführen. Dennoch sind viele *Halogenderivate* von Methan und Ethan bei Zimmertemperatur noch gasförmig oder leicht flüchtig. Wegen der im Vergleich zu den Kohlenstoff- und Wasserstoff-Atomen großen Atommasse der Halogen-Atome besitzen die Halogenalkane relativ große molare Massen und damit hohe Gasdichten. Auch im flüssigen Zustand haben die Halogenalkane relativ hohe Dichten, meist größer als die Dichte von Wasser. Während alle Alkane brennbar sind, geht die Brennbarkeit der Halogenalkane mit zunehmender Anzahl der Halogen-Atome im Molekül verloren. So sind z. B. Tri- und Tetrachlormethan nicht brennbar.

Von Methan und Ethan leiten sich eine Reihe von Halogenalkanen ab, die in Technik und Alltag eine vielfältige Verwendung finden. Wegen ihres lipophilen Charakters sind flüssige Halogenalkane gute *Lösemittel für Fette und Harze*. Man verwendet sie auch zum Extrahieren von pflanzlichen Ölen und anderen Inhaltsstoffen (z. B. Koffein), sowie zum Entfetten von Metallteilen. Der Grund für die Bevorzugung der Halogenalkane gegenüber den Alkanen in diesem Bereich liegt in ihrer Nichtbrennbarkeit.
Gasförmige Halogenalkane lassen sich unter Druck leicht verflüssigen. Beim erneuten Verdampfen wird ihrer Umgebung Wärme entzogen. Dies nutzt man z. B. bei der Verwendung von Chlorethan als „Vereisungsspray" zur lokalen Betäubung von Körperpartien. In größerem Maßstab wird Dichlordifluormethan als *Kältemittel* in Kühlschränken eingesetzt. Chlorfluoralkane stehen heute im Verdacht, die Ozonschicht der Erde zu gefährden. Gelangen Lösemittel mit Halogenalkanen in den Boden oder in Gewässer, so kann es zur Vergiftung von Grund- und Trinkwasser kommen.

9.3 Ungesättigte Kohlenwasserstoffe

Die Moleküle der ungesättigten Kohlenwasserstoffe enthalten nicht die maximal mögliche Anzahl an Wasserstoff-Atomen wie die Alkan-Moleküle. Außer Einfachbindungen kommen hier auch *Doppel-* und *Dreifachbindungen* zwischen den Kohlenstoff-Atomen vor.

9.3.1 Alkene

Kohlenwasserstoffe, deren Moleküle mindestens eine C—C-Doppelbindung besitzen, gehören zur Stoffgruppe der Alkene.

Das einfachste Alken, das Ethen, ist ein farbloses, süßlich riechendes Gas mit der Molekülformel C_2H_4 und folgender Strukturformel:

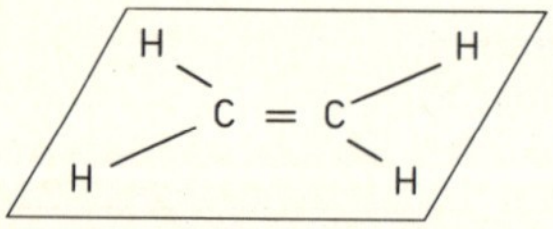

Abb. 9.9 Strukturformel des Ethen-Moleküls.

Die beiden Kohlenstoff-Atome sind durch eine Doppelbindung (vgl. Abschnitt 3.3) verbunden. Das Molekül ist planar, d. h., alle Atome liegen in einer Ebene. Alle Bindungswinkel betragen etwa 120°.
Ethen wird vor allem durch *Crack-Reaktionen* aus Erdölfraktionen hergestellt (vgl. Abschnitt 9.13.4). Es ist ein wichtiger Grundstoff der Petrochemie. Außer als Primärchemikalie für verschiedene Synthesen wird Ethen auch zur Begasung von Früchten, z. B. Tomaten, Bananen, Paprika, Ananas und Äpfeln verwendet, um deren Fruchtreifung zu beschleunigen. Ethen ist brennbar, an der Luft verbrennt es mit rußender Flamme.

Die allgemeine Summenformel der Alkene ist C_nH_{2n}.

Die Alkene bilden, wie die Alkane, eine homologe Reihe; ihre Namen enden alle mit der Silbe „-en". Die längste Kette aus Kohlenstoff-Atomen, in der sich die Doppelbindung befindet, wird so durchnumeriert, daß die Lage der Doppelbindung durch die kleinstmögliche Zahl gekennzeichnet wird. Die Zahl wird dem Stammnamen vorangestellt, z. B. 1-Buten.

Auch Alken-Moleküle können Isomere bilden (vgl. Tabelle 19). So gibt es zunächst bei den Butenen ein dem Butan-Isomeren 2-Methyl-propan entsprechendes 2-Methyl-propen. Dem n-Butan entsprechen je nach Lage der Doppelbindungen die Isomere 1- und 2-Buten.

Für 2-Buten gibt es zwei verschiedene Möglichkeiten, die Atome im Molekül räumlich zu verknüpfen. Da um die Bindungsachse einer C—C-Doppelbindung keine freie Drehbarkeit besteht, sind die mit diesen Kohlenstoff-Atomen verbundenen weiteren Atome in ihrer gegenseitigen räumlichen Zuordnung fixiert. Dadurch entstehen zwei Isomere, beim 2-Buten das *cis*-2-Buten und das *trans*-2-Buten. Beim cis-Isomer* befinden sich die beiden CH_3-Gruppen auf derselben Seite der Bindungsachse der Doppelbindung; „trans"** drückt aus, daß sie sich auf verschiedenen Seiten befinden. Diese Art von Isomerie bezeichnet man als *cis-trans-Isomerie*.

Bezüglich ihrer Schmelz- und Siedetemperaturen, dem Löseverhalten und der Brennbarkeit sind die Alkene den Alkanen sehr ähnlich. Sie lassen sich jedoch von den Alkanen durch eine typische Reaktion, die *rasche Entfärbung von Bromwasser*, unterscheiden. Dies ist gleichzeitig eine Nachweisreaktion für ungesättigte Kohlenwasserstoffe (vgl. Versuch 45).

Tabelle 19 Isomere Butene

Molekülformel		
Stoffname	1-Buten	2-Methylpropen
Smt. in °C	−185	−140
Sdt. in °C	−6	−7
Molekülformel		
Stoffname	cis-2-Buten	trans-2-Buten
Smt. in °C	−139	−106
Sdt. in °C	−4	1

9.3.2 Reaktionsmechanismus der elektrophilen Addition

Versuch 45 Bromierung von Ethen
Vorsicht! Abzug!
In einen Kolben gibt man etwas Brom und Ethen. Man verschließt den Kolben und schüttelt.

Ethen reagiert rasch mit Brom. Die Reaktion verläuft auch im Dunkeln. Es entsteht eine farblose Flüssigkeit. Ethen reagiert mit Brom zu 1,2-Dibromethan:

---

* cis (lateinisch) diesseits.
** trans (lateinisch) jenseits.

201

$$\begin{array}{c} H \\ \diagdown \\ H \diagup \end{array} C = C \begin{array}{c} \diagup H \\ \diagdown H \end{array} + |\overline{Br} - \overline{Br}| \longrightarrow |\overline{Br} - \underset{\underset{H}{|}}{\overset{\overset{H}{|}}{C}} - \underset{\underset{H}{|}}{\overset{\overset{H}{|}}{C}} - \overline{Br}|$$

1,2-Dibromethan

Hierbei werden von dem Ethen-Molekül zusätzliche Atome gebunden, ohne daß andere Atome abgespalten werden. Man nennt solche Reaktionen *Additionsreaktionen*.

Die Reaktion von Ethen mit Bromwasser erfolgt nach folgendem Mechanismus:

Stößt ein Brom-Molekül auf die Ladungswolke der Doppelbindung eines Ethen-Moleküls, so werden die Elektronen des Brom-Moleküls durch die hohe negative Ladungsdichte der Doppelbindung etwas verschoben, das Molekül wird polarisiert. Zunächst tritt eine Wechselwirkung zwischen dem positiven Ende des Brom-Moleküls und den Elektronen der Doppelbindung auf. Dadurch sind die beiden Moleküle locker miteinander verbunden. Die Elektronenverschiebung führt letztlich zur *heterolytischen Bindungsspaltung* im Brom-Molekül und damit zur Bildung eines Bromid-Ions. Gleichzeitig bildet sich ein cyclisches Kation aus, das *Bromonium-Ion*. In einem zweiten Schritt reagiert dieses mit dem Bromid-Ion zum 1,2-Dibromethan-Molekül. Die vom Bromid-Ion ausgehende Bindungsbildung erfolgt an der Rückseite des Bromonium-Ions. Die erste Wechselwirkung in diesem Mechanismus, die zur Ausbildung einer neuen Bindung führt, erfolgt durch ein positiviertes, d.h. elektronenanziehendes Teilchen. Man spricht deshalb von einem elektrophilen Angriff und nennt den Gesamtmechanismus eine *elektrophile Addition*.

Außer mit Brom können Alkene auch mit anderen Stoffen, wie z.B. Chlor, Wasserstoff („Hydrierung"), Halogenwasserstoffen und Wasser, Additionsreaktionen eingehen.

> Die typische Reaktion der Alkene ist die Addition. Sie verläuft nach dem Mechanismus der elektrophilen Addition.

9.3.3 Alkine

> In den Molekülen der homologen Reihe der Alkine liegen C—C-Dreifachbindungen vor. Ihre allgemeine Summenformel ist C_nH_{2n-2}.

Die Benennung der Alkine erfolgt analog der der Alkane, endet jedoch auf „-in". Der einfachste und zugleich technisch bedeutendste Vertreter der Alkine ist das *Ethin*, das auch unter der technischen Bezeichnung *Acetylen* bekannt ist. Ethin wird heute fast ausschließlich durch partielle Oxidation des aus Erdgas gewonnenen Methans hergestellt:

$$4\,CH_4 + 3\,O_2 \longrightarrow 2\,C_2H_2 + 6\,H_2O$$

Das Ethinmolekül ist linear gebaut, zwischen beiden Kohlenstoff-Atomen liegt eine Dreifachbindung vor, die Bindungswinkel betragen 180° (vgl. Abschnitt 3.3.3 und **Abb. 3.13**).

H—C≡C—H   **Abb. 9.10** Strukturformel des Ethin-Moleküls.

Ethin ist ein farbloses, schwach süßlich riechendes Gas, das an der Luft mit einer helleuchtenden, stark rußenden Flamme brennt. Verbrennt man Ethin in Schweiß- und Schneidbrennern zusammen mit Sauerstoff, so erhält man eine nur wenig rußende, sehr helle und heiße Flamme. Die Flammentemperatur kann bis zu etwa 3000 °C betragen, so daß selbst hochschmelzende Stoffe wie Stahl leicht geschmolzen werden können.

Ethin-Luft-Gemische sind explosiv bei einem Ethinanteil von 2,3 bis 82%. Solche Explosionen verlaufen außerordentlich heftig. Dies liegt unter anderem daran, daß Ethin-Moleküle instabil sind und unter Energieabgabe sehr schnell zerfallen.

Besonders unter Druck stehendes oder flüssiges Ethin neigt zu spontanem, explosionsartigem Zerfallen. Daher kann Ethin auch nicht unter hohem Druck aufbewahrt werden. In den Stahlflaschen ist Ethin unter geringem Druck in Propanon (Aceton) gelöst, das selbst an einem porösen Füllstoff adsorbiert ist.

Wie die Alkene reagieren auch die Alkine in Additionsreaktionen.

Beispiel:
Bei der Bromierung von Ethin verläuft die Reaktion über das 1,2-Dibromethen zum 1,1,2,2-Tetrabromethan:

1,2-Dibromethen   1,1,2,2-Tetrabromethan

Beim Einleiten von Ethin in ammoniakalische Silbernitrat- oder Kupfer(I)-chlorid-Lösungen fallen schwerlösliche Salze, die *Acetylide* AgC_2 bzw. Cu_2C_2, aus. Sie sind im trockenen Zustand höchst explosiv. Die Anionen dieser Salze sind C_2^{2-}-Ionen. Ethin-Moleküle haben also bei dieser Reaktion Protonen abgegeben. Entsprechend ist das Acetylid-Ion eine Base. Dies ermöglicht die Herstellung von Ethin durch Umsetzen von Calciumacetylid mit Wasser:

$$CaC_2 + 2\,H_2O \longrightarrow C_2H_2 + Ca(OH)_2$$

Calciumacetylid, früher auch als *Calciumcarbid* bezeichnet, wurde in der Vergangenheit aus Calciumoxid und Kohlenstoff (Koks) in großen Mengen für die Ethinproduktion hergestellt. Ethin war der Ausgangsstoff für viele organisch-chemische Synthesen. In dieser Zeit war die Kohle die Ausgangsbasis für die organische Chemie. Sie ist heute auf diesem Sektor durch Erdöl verdrängt. Ethin als Grundchemikalie wurde ersetzt durch die im Crackprozeß gewonnenen niederen Alkene.

9.4 Aromatische Kohlenwasserstoffe

Im 19. Jahrhundert wuchsen die Städte in Mitteleuropa mit der Industrialisierung stark an. Zur Straßenbeleuchtung wurde in Gaswerken Steinkohle unter Luftabschluß zur Gewinnung von „Leuchtgas" erhitzt. Aus komprimiertem Leuchtgas isolierte 1825 M. Faraday[*] eine farblose, angenehm riechende Flüssigkeit, das *Benzol.*

9.4.1 Die Struktur des Benzol-Moleküls

Die Summenformel C_6H_6 des Benzol-Moleküls war bereits 1835, 10 Jahre nach der Entdeckung des Benzols, bekannt. 1865 schlug A. Kekulé[**] für das Benzol-Molekül eine Ringformel vor, in der drei Einfach- und drei Doppelbindungen sich abwechselten.
Nach dem heutigen Kenntnisstand bildet das Benzol-Molekül ein ebenes, gleichseitiges Sechseck. Alle Atome liegen in einer Ebene, die Bindungswinkel betragen 120°. Alle C—C-Bindungen weisen einen einheitlichen Abstand von 139 pm auf.

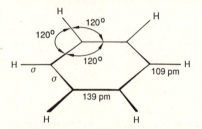

Abb. 9.11 Benzol-Molekül. Bindungslängen und Bindungswinkel.

Die Struktur des Benzol-Moleküls kann mit dem Orbitalmodell beschrieben werden:
An jedem C-Atom des Benzol-Moleküls liegt eine sp^2-Hybridisierung vor. Das s-Orbital des angeregten Kohlenstoff-Atoms hybridisiert mit zwei p-Orbitalen. Die drei Hybrid-Orbitale liegen in einer Ebene. Das nicht hybridisierte p-Orbital steht senkrecht dazu. Zwei Hybrid-Orbitale bilden durch Überlappung mit den Hybrid-Orbitalen der beiden benachbarten C-Atome jeweils eine *σ-Bindung.* Eine dritte σ-Bindung kommt durch Kombination mit einem s-Orbital des Wasserstoff-Atoms zustande. Ladungsdichte und Elektronenverteilung entsprechen bei der σ-Bindung einer gewöhnlichen Einfachbindung.

> Beim Benzol-Molekül bilden sechs Kohlenstoff- und sechs Wasserstoff-Atome das σ-Bindungsgerüst.

Abb. 9.12 Benzol-Molekül. Überlappung der p-Orbitale.

---

[*] Faraday, Michael, englischer Chemiker und Physiker; 1791 ... 1867.
[**] Kekulé von Stradonitz, August, deutscher Chemiker; 1829 ... 1896.

Die sechs nicht hybridisierten p-Orbitale stehen senkrecht zur Ebene der σ-Bindungen. Wenn p-Orbitale sich paarweise ober- und unterhalb einer C—C-Bindungsachse überlappen, bilden sie jeweils eine gemeinsame π-Elektronenwolke aus. Solche π-*Bindungen* sind schwächer als σ-Bindungen, weil sich die p-Orbitale nicht so stark überlappen können wie die sp^2-Orbitale. Eine π-Bindung und eine σ-Bindung bilden zusammen eine Doppelbindung.

Beim Benzol führte die paarweise Überlappung der p-Orbitale zu drei C—C-Doppelbindungen. Die Ladungsdichte der π-Wolke ist jedoch überall gleich. Alle C—C-Bindungen des Benzolrings haben denselben π-Bindungsanteil. Die C—C Bindungen sind damit weder Einfach- noch Doppelbindungen. Da sich die π-Bindungen nicht jeweils einer Bindung zuordnen lassen, sondern über den ganzen Ring verteilt sind, spricht man auch von einem *delokalisierten π-Elektronensystem.*

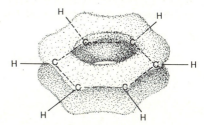

Abb. 9.13 Benzol-Molekül. Lage der π-Elektronenwolke.

> **Beim Benzol-Molekül überlappen sich sechs p-Orbitale zu einem geschlossenen, schlauchförmigen π-Elektronensystem oberhalb und unterhalb der Molekülebene.**

9.4.2 Die Mesomerie

Die tatsächlichen Bindungsverhältnisse im Benzol-Molekül lassen sich mit der gewohnten Schreibweise (ein Strich für eine Einfach-, ein Doppelstrich für eine Doppelbindung) nicht wiedergeben. Man kann aber mit Hilfe von zwei Strukturformeln die Grenzen angeben, zwischen denen die tatsächliche Elektronenverteilung des Benzol-Moleküls liegt. Diese beiden Strukturformeln werden als *Grenzformeln* bezeichnet.

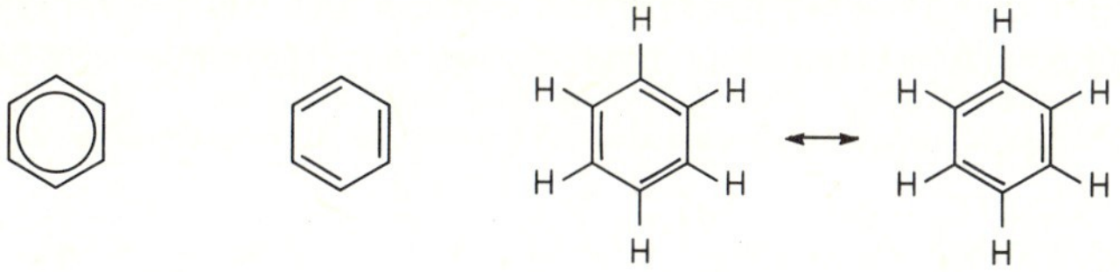

Abb. 9.14 Möglichkeiten zur Darstellung der Strukturformel des Benzol-Moleküls.

> **Man spricht von Mesomerie*, wenn die Struktur eines Moleküls zwischen formulierten Grenzformeln liegt.**

Da die tatsächliche Elektronenverteilung zwischen Grenzformeln liegt, wird zwischen diese der Mesomeriepfeil (⟷) geschrieben.

---

* mesos (griechisch) mitten; meros (griechisch) Teil.

Bei der Formulierung der Strukturformeln für das Benzol-Molekül beschränkt man sich häufig auf ein gleichseitiges Sechseck mit drei eingezeichneten Doppelbindungen. Oft wird auch ein gleichseitiges Sechseck mit einem Kreis gezeichnet, das die Delokalisierung der sechs π-Elektronen andeuten soll.

9.4.3 Der aromatische Zustand

Ursprünglich wurden Stoffe, meist pflanzlicher Herkunft, die einen angenehmen Geruch haben, als „Aromaten" bezeichnet. Zur Stoffklasse der Aromaten rechnet man heute Benzol und Verbindungen, die sich vom Benzol ableiten lassen. Die Teilchen der Aromaten weisen Gemeinsamkeiten in ihrem Aufbau auf.

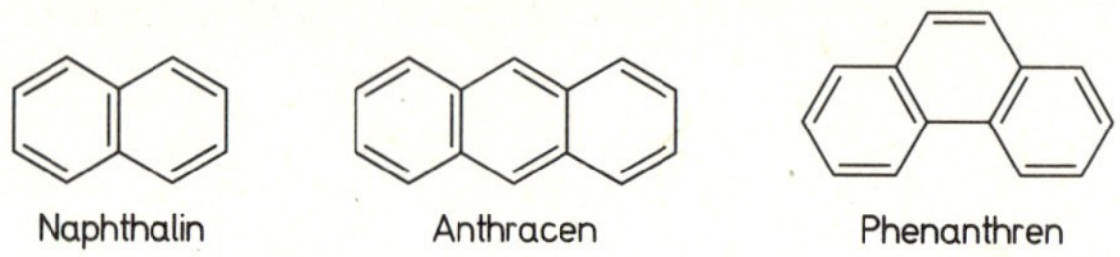

Naphthalin   Anthracen   Phenanthren

Abb. 9.15 Beispiele für aromatische Kohlenwasserstoffe.

Teilchen mit einem ebenen oder nahezu ebenen Ring und einer ringförmig geschlossenen π-Elektronenwolke befinden sich im aromatischen Zustand.

Zur Ausbildung eines solchen delokalisierten Elektronensystems sind insgesamt $4n+2$ π-Elektronen ($n = 1, 2, 3$ usw.) *(Hückel*-Regel)* erforderlich. Im Benzol-Molekül liegen entsprechend der Hückel-Regel 6 π-Elektronen vor. Eine Delokalisation ist dann möglich, wenn sich Grenzformeln formulieren lassen, in denen im Ring Einfach- und Doppelbindungen abwechseln. Im Naphthalin-Molekül sind formal zwei Benzolringe so miteinander verbunden, daß sie gemeinsame Kohlenstoff-Atome besitzen. Die Zahl der π-Elektronen beträgt 10 und folgt damit der Hückel-Regel $4 \cdot 2 + 2$.

9.4.4 Benzolderivate durch Substitution

Tropft man zu einem Alken Brom, erfolgt eine spontane Reaktion. Die Brom-Moleküle werden von den Alken-Molekülen addiert. Bei Zugabe von Brom zu Benzol erhält man nur eine rotbraune Lösung. Erst bei Zugabe eines Katalysators entfärbt sich die Lösung, dabei entstehen Bromwasserstoff und Brombenzol. Es läuft also eine *Substitution* und nicht eine Addition ab.

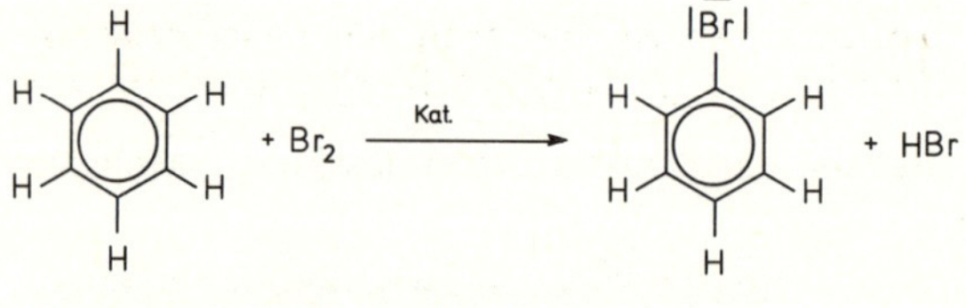

Bei einer Substitution bleibt im Gegensatz zu einer Addition das delokalisierte π-Elektronensystem erhalten.

Die Substitution ist die typische Reaktion der Aromaten.

---

* Hückel, Erich, deutscher Physiker und Chemiker; 1896...1980.

Durch Substitution von Wasserstoff-Atomen im Benzol-Molekül lassen sich gezielt Abkömmlinge des Benzols, Benzolderivate, gewinnen (**Abb. 9.16**). Benzolderivate sind wichtige Ausgangsstoffe für Arzneimittel, Kunst- und Farbstoffe.

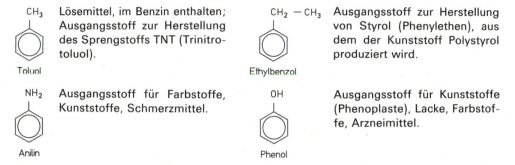

CH₃   Lösemittel, im Benzin enthalten; Ausgangsstoff zur Herstellung des Sprengstoffs TNT (Trinitrotoluol).

Toluol

CH₂ — CH₃   Ausgangsstoff zur Herstellung von Styrol (Phenylethen), aus dem der Kunststoff Polystyrol produziert wird.

Ethylbenzol

NH₂   Ausgangsstoff für Farbstoffe, Kunststoffe, Schmerzmittel.

Anilin

OH   Ausgangsstoff für Kunststoffe (Phenoplaste), Lacke, Farbstoffe, Arzneimittel.

Phenol

Abb. 9.16 Einige wichtige Benzolderivate und ihre Verwendung.

9.4.5 Vorkommen und Eigenschaften des Benzols

Benzol ist eine farblose, leicht bewegliche, stark lichtbrechende Flüssigkeit, die bei 5,5 °C erstarrt und bei 80,1 °C siedet, seine Dichte beträgt 0,875 g/cm³. In Wasser ist es nur sehr wenig löslich, dagegen in Benzin in jedem Verhältnis. Benzol ist unpolar. An der Luft verbrennt Benzol mit leuchtender und stark rußender Flamme. Diese unvollständige Verbrennung ist auf den hohen Anteil der Kohlenstoff-Atome im Benzol-Molekül zurückzuführen.

Früher wurde Benzol im Labor nicht nur für Versuche, sondern häufig auch zur Fettentfernung bei der Reinigung von Geräten (und auch der Hände!) benutzt. Heute weiß man jedoch, daß man mit dieser Substanz äußerst sorgfältig umgehen sollte:

> Benzol ist sowohl giftig als auch krebserregend (cancerogen).

Benzol ist einer der wichtigsten Grundstoffe der chemischen Industrie. In Industrie und Technik wird es als Extraktionsmittel für Fette und Wachse und als Lösemittel eingesetzt. Allerdings wird es in den letzten Jahren immer mehr durch weniger giftige Lösemittel ersetzt. Ein großer Teil des erzeugten Benzols, das eine hohe Octanzahl aufweist, wird in der Bundesrepublik Deutschland dem Normal- und Superbenzin zugesetzt, um die geforderte Klopffestigkeit zu erreichen. Da Benzin bis zu einem Volumenanteil von 5% Benzol enthalten kann, dürfen Benzindämpfe nicht eingeatmet werden. Nur noch ein kleiner Anteil des Benzols wird heute aus Steinkohlenteer gewonnen, der größere Teil dagegen aus dem Erdöl.

9.5 Alkohole

9.5.1 Ethanol

Versuch 46 Alkoholische Gärung
Man gibt in einen Kolben 20 g Zucker, 200 ml Wasser und etwas Hefe, verschließt mit einem Gärröhrchen mit Kalkwasser und stellt ihn einige Tage an einen warmen Ort. Der Gäransatz wird destilliert. Das Destillat wird auf Geruch und Brennbarkeit geprüft.

Die Kenntnis zur Herstellung von Bier und Wein ist schon Jahrtausende alt. Der in diesen Getränken enthaltene Alkohol, das Ethanol (ältere Bezeichnung Äthanol), entsteht dabei durch die *alkoholische Gärung* aus Traubenzucker. Ein weiteres Produkt dieser Reaktion, die durch in der Hefe enthaltene Enzyme katalysiert wird, ist Kohlenstoffdioxid. Die alkoholische Gärung endet bei der Volumenkonzentration σ(Alkohol) $\approx 0{,}15 = 15\%$, da dann die Hefezellen absterben. Durch *Destillation* („Brennen") kann der Alkoholgehalt erhöht werden. Im Destillat liegt maximal eine Volumenkonzentration von 96% vor (Spiritus).

Spiritus dient zur Herstellung von Spirituosen und als Lösemittel. Durch Zusätze ungenießbar gemacht („vergällt"), dient er als *Brennspiritus*. Reinen Alkohol bezeichnet man als *absoluten Alkohol*. Für die Verwendung in der Technik wird Ethanol aus Ethen durch katalytische Addition von Wasser hergestellt.

Die quantitative Analyse von Ethanol gibt zusammen mit der Bestimmung der molaren Masse die Summenformel C_2H_6O, wobei diese Atome noch unterschiedlich verknüpft sein können (vgl. Abschnitt 9.1.1).

Versuch 47 Reaktion von Ethanol mit Natrium

In der Versuchsapparatur werden etwa 0,3 ml absolutes Ethanol zu Natrium im Überschuß gegeben. Man bestimmt das Volumen (V) der gebildeten Wasserstoffportion.

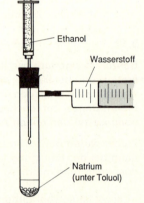

Ethanol

Wasserstoff

Natrium
(unter Toluol)

Abb. 9.17 Versuchsanordnung.
Reaktion von Ethanol mit Natrium.

Bei bekannten Druck- und Temperaturverhältnissen gilt: $n(H_2) = \dfrac{p \cdot V(H_2)}{R \cdot T}$. Das Stoffmengenverhältnis $n(C_2H_6O) : n(H_2)$ gibt das Anzahlverhältnis der Moleküle an.

Alkane reagieren nicht mit Natrium. Deshalb kann man daraus, daß bei der Reaktion von Ethanol mit Natrium Wasserstoff entsteht, schließen, daß nicht alle Wasserstoff-Atome in Alkyl-Gruppen gebunden sind. Nach Versuch 47 entsteht aus zwei Ethanol-Molekülen ein Wasserstoff-Molekül. Dies ist möglich, weil ein Wasserstoff-Atom im Ethanol-Molekül einen anderen Bindungspartner besitzt als die übrigen.

Abb. 9.18 Strukturformel des Ethanol-Moleküls.

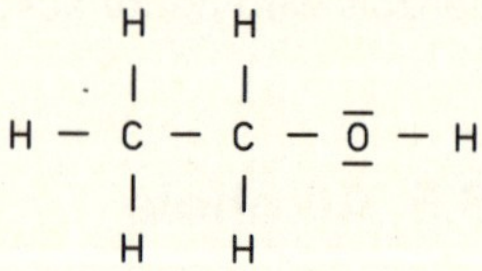

$$\begin{array}{ccccc} & H & & H & \\ & | & & | & \\ H - & C & - & C & - \underline{O} - H \\ & | & & | & \\ & H & & H & \end{array}$$

Diese Anordnung der Atome drückt man auch durch die Molekülformel C_2H_5OH aus. Bei der Reaktion mit Natrium entsteht neben dem Wasserstoff ein Salz, das *Natriumethanolat*:

$$2\,C_2H_5OH + 2\,Na \longrightarrow 2\,Na^+ + 2\,C_2H_5O^- + H_2$$
Natriumethanolat

Ethanol ist eine farblose Flüssigkeit mit charakteristischem Geruch und Geschmack. Es siedet bei 78,3 °C und besitzt die Dichte $\varrho = 0,79$ g/ml. Ethanol ist wasserlöslich. Ab einer Ethanolvolumenkonzentration von etwa 50% sind Ethanol-Wasser-Gemische brennbar. Außer in Wasser ist Ethanol auch in lipophilen Stoffen löslich und wird deshalb auch als Lösemittel für Fette und pharmazeutische Wirkstoffe eingesetzt, im Haushalt als Zusatz in Scheibenreinigern. Ethanol eignet sich auch als Treibstoff für Verbrennungsmotoren.

Mit dem Genuß von Ethanol sind Gefahren und Risiken verbunden. Der durchschnittliche jährliche Verbrauch pro Einwohner in der Bundesrepublik Deutschland beläuft sich auf etwa 145 l Bier, 25 l Wein und Schaumwein sowie 8 l Branntwein. Dies entspricht einer täglichen Aufnahme von etwa 35 ml reinem Ethanol. Schon geringe Alkoholmengen verringern die Reaktionsfähigkeit so stark, daß der Alkoholgenuß von Verkehrsteilnehmern eine außerordentliche Gefahr darstellt. Der regelmäßige Genuß von Alkohol verursacht schwere Schäden an Leber, Nieren und Nervensystem. Alkoholismus ist eine gefährliche Suchtkrankheit, die Körper und Persönlichkeit eines Menschen zerstört.

9.5.2 Die homologe Reihe der Alkanole

Der durch alkoholische Gärung gewonnene Alkohol ist nur ein Vertreter einer großen Stoffklasse, die man insgesamt als Alkanole bezeichnet. Ihre Moleküle leiten sich formal von Kohlenwasserstoff-Molekülen ab, in denen ein Wasserstoff-Atom durch eine *Hydroxyl-Gruppe* ersetzt ist.

Moleküle von Alkanolen bestehen aus einem Alkylrest und einer Hydroxyl-Gruppe. Ihre allgemeine Molekülformel ist $C_nH_{2n+1}OH$.

Die Namen der Alkanole werden gebildet, indem man dem Namen des zugrundeliegenden Alkans die Endung „ol" hinzufügt.
Innerhalb der homologen Reihe steigen die Siedetemperaturen der Alkanole an. Diese liegen wesentlich höher als die Siedetemperaturen von Alkanen ähnlicher molarer Masse.

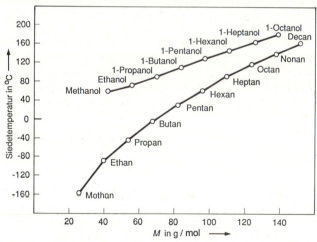

Abb. 9.19 Siedetemperaturen der n-Alkanole und n-Alkane im Vergleich.

Dies ist auf die Polarität der OH-Gruppe zurückzuführen, die zur Ausbildung von Wasserstoffbrücken zwischen den Alkanol-Molekülen führt. Mit zunehmender Kettenlänge nähern sich allerdings die Siedetemperaturen von Alkanen und entsprechenden Alkanolen, da die van-der-Waals-Kräfte mit zunehmender Molekülgröße und damit zunehmender Elektronenanzahl gegenüber den Wasserstoffbrücken einen immer größeren Anteil an den zwischenmolekularen Kräften haben.

Dies wirkt sich auch auf die Löslichkeit der Alkanole aus. Zwischen den hydrophilen OH-Gruppen der Alkanol-Moleküle und den Wasser-Molekülen können sich Wasserstoffbrücken ausbilden. Die ersten drei Glieder der homologen Reihe lösen sich deshalb unbegrenzt in Wasser. Ab Butanol nimmt die Wasserlöslichkeit immer weiter ab, da der größer werdende hydrophobe Alkylrest zunehmend das Löseverhalten bestimmt. In Benzin und anderen lipophilen Lösemitteln sind alle Alkanole unbegrenzt löslich.

Da die Hydroxyl-Gruppe für die charakteristischen Eigenschaften und das Reaktionsverhalten der Alkohole verantwortlich ist, wird sie als funktionelle Gruppe der Alkohole bezeichnet.
Bei gleicher Summenformel können die Alkanol-Moleküle sich sowohl in der Struktur des Alkylrests als auch durch die Stellung der Hydroxyl-Gruppe unterscheiden. So gibt es für die Molekülformel C_4H_9OH vier verschiedene Strukturmöglichkeiten und damit vier verschiedene Alkanole:

$CH_3—CH_2—CH_2—CH_2—OH$

    1-Butanol (primär)

$CH_3—CH—CH_2—CH_3$
        |
        OH

    2-Butanol (sekundär)

    CH_3
    |
$CH_3—C—CH_3$
    |
    OH

2-Methyl-2-Propanol (tertiär)

    CH_3
    |
$CH_3—CH—CH_2—OH$

2-Methyl-1-Propanol (primär)

Abb. 9.20 Isomere Alkanol-Moleküle der Summenformel C_4H_9OH.

Das Reaktionsverhalten der Alkanole wird auch durch die Bindungsverhältnisse des Kohlenstoff-Atoms bestimmt, das die OH-Gruppe trägt. Dieses ist bei *primären Alkanolen* mit einem weiteren Kohlenstoff-Atom verbunden, bei *sekundären* mit zwei und bei *tertiären* mit drei Kohlenstoff-Atomen.

Außer Ethanol sind vor allem Methanol und 2-Propanol von technischer Bedeutung.
Methanol wird in großen Mengen als Lösemittel und zur Herstellung von Formaldehyd (Methanal) verwendet. Ferner ist es als Treibstoff für Verbrennungsmotoren wegen des geringen Schadstoffausstoßes interessant. Bei der Verbrennung entstehen fast ausschließlich Kohlenstoffdioxid und Wasser. Methanol wurde früher durch thermische Zersetzung von Holz gewonnen („Holzgeist"). Heute stellt man Methanol aus Synthesegas her, einem Gemisch aus Kohlenstoffmonooxid und Wasserstoff, das man z. B. durch katalytische Umsetzung von Alkanen (aus Erdöl und Erdgas) mit Wasserdampf erhält:

$$CO + 2H_2 \longrightarrow CH_3OH$$

Methanol ist sehr giftig. Schon kleine aufgenommene Portionen, auch durch längeres Einatmen von Dämpfen, können zur Erblindung führen. Die Aufnahme von etwa 20 g Methanol ist tödlich.

2-Propanol (Isopropanol) ist ein verbreitetes Lösemittel in der kosmetischen Industrie. Es dient auch als Frostschutzmittel In Scheibenwaschanlagen von Autos. Der größte Anteil wird in der chemischen Industrie zur Herstellung von Aceton (Propanon) benötigt.

9.5.3 Mehrwertige Alkohole

Mehrwertige Alkohole besitzen zwei oder mehrere Hydroxyl-Gruppen in ihren Molekülen. Je nach Anzahl dieser Gruppen unterscheidet man *ein-, zwei-, drei-* und *mehrwertige Alkohole.*
Prinzipiell kann jedes Kohlenstoff-Atom eines Moleküls eine OH-Gruppe tragen. Moleküle mit mehr als einer OH-Gruppe an einem Kohlenstoff-Atom sind jedoch in der Regel nicht beständig *(Erlenmeyer-Regel).* Die wichtigsten mehrwertigen Alkohole sind Ethandiol und Propantriol.

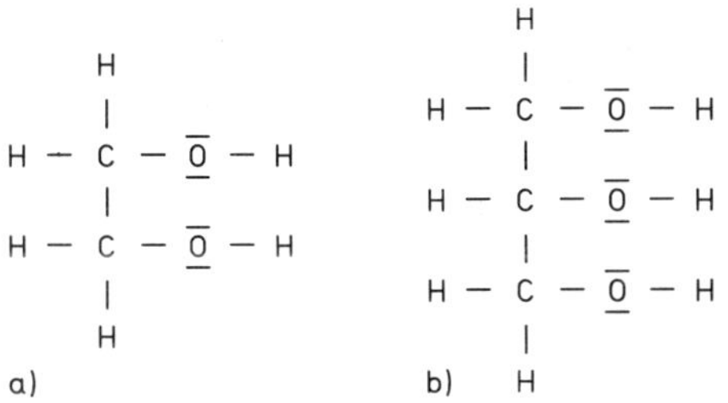

```
          H                       H
          |                       |
          |                  H — C — O — H
H — C — O — H                     |
          |                       |
          |                  H — C — O — H
H — C — O — H                     |
          |                       |
          H                  H — C — O — H
                                  |
a)                       b)       H
```

Abb. 9.21 Strukturformeln von a) Ethandiol und b) Propantriol.

Ethandiol (Glykol) besitzt wegen der Möglichkeit, pro Molekül zwei Wasserstoffbrücken ausbilden zu können, eine höhere Viskosität und eine höhere Siedetemperatur (197 °C) als Ethanol. Es dient als Frostschutzmittel, z.B. in Motorkühlern, und zur Herstellung von Kunststoffen. Ethandiol ist giftig.
Propantriol (Glycerin) ist aufgrund der drei OH-Gruppen im Molekül noch zähflüssiger als Ethandiol und besitzt eine Siedetemperatur von 290 °C. Propantriol ist ungiftig und besitzt, wie auch das Glykol*, einen süßen Geschmack. (Diesen findet man bei vielen Stoffen, deren Moleküle mehrere OH-Gruppen besitzen.) Als Zusatz in Cremes, Zahnpasten und Druckfarben sorgt Glycerin wegen seiner hygroskopischen Wirkung für genügend Feuchtigkeit. Es kann als Frostschutzmittel eingesetzt werden und findet vor allem Verwendung in der Kunststoff- und Sprengstoffindustrie („Nitroglycerin").

9.5.4 Hydroxybenzole

In den Molekülen der Hydroxybenzole, die auch als *Phenole* bezeichnet werden, sind eine oder mehrere Hydroxyl-Gruppen direkt an ein Kohlenstoff-Atom des Benzolrings gebunden. Der einfachste Vertreter dieser Stoffklasse ist das Monohydroxybenzol oder *Phenol:*

H — O| **Abb. 9.22** Strukturformel des Phenol-Moleküls.

---

* glycis (griechisch) süß.

Phenol bildet farblose Kristalle von eigentümlichem (teerigem) Geruch, die bei 41 °C schmelzen, aber schon bei Zimmertemperatur sublimieren. An der Luft wird Phenol oxidiert, deshalb verfärben sich die Kristalle. Phenol ist giftig und wird leicht durch die Haut aufgenommen. Es ist in Wasser nur mäßig löslich. Eine 2%ige Lösung des Phenols wurde früher als Karbolwasser zur Desinfektion, z. B. in Krankenhäusern, verwendet. Eine wäßrige Phenollösung ist schwach sauer. Phenol-Moleküle können demnach im Gegensatz zu den Ethanol-Molekülen Protonen an Wasser-Moleküle abgeben. Die Ursache liegt in der Wechselwirkung der OH-Gruppe mit dem aromatischen Ring. Bei der Reaktion mit Natronlauge entsteht *Natriumphenolat:*

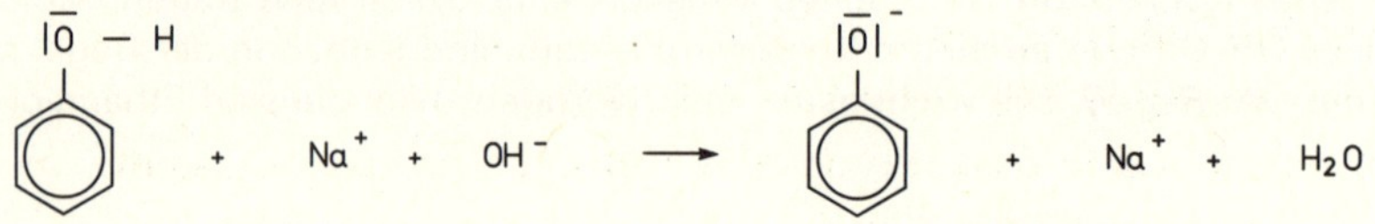

Natriumphenolat, gelöst

Diese Ionenverbindung ist in Wasser besser löslich als das Phenol. Phenol wird heute in großen Mengen zur Herstellung von Kunststoffen verwendet.

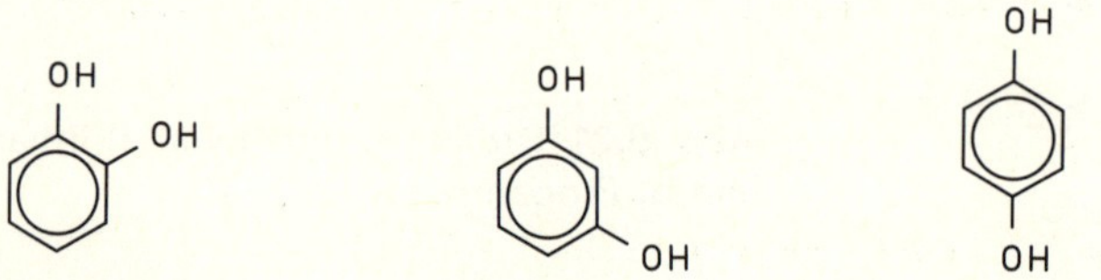

1,2-Dihydroxybenzol (Brenzcatechin)

1,3-Dihydroxybenzol (Resorcin)

1,4-Dihydroxybenzol (Hydrochinon)

Abb. 9.23 Dihydroxybenzole.

Von den drei isomeren Dihydroxybenzolen wird das *Resorcin* vor allem in der Kunststoffindustrie eingesetzt, das *Hydrochinon* findet Verwendung als Entwickler beim photographischen Prozeß.

9.6 Aldehyde und Ketone

9.6.1 Oxidation von Alkoholen

Versuch 48 Oxidation von Ethanol
Vorsicht, brennbare Dämpfe! Abzug!
Man erhitzt eine Kupferdrahtnetzrolle, bis ihre Oberfläche mit schwarzem Kupferoxid überzogen ist, und taucht sie heiß in ein Becherglas mit Ethanol.
Im Versuch 48 wird Kupfer(II)-oxid durch Ethanol zu Kupfer reduziert. Das Ethanol wird dabei oxidiert, es entsteht *Ethanal:*

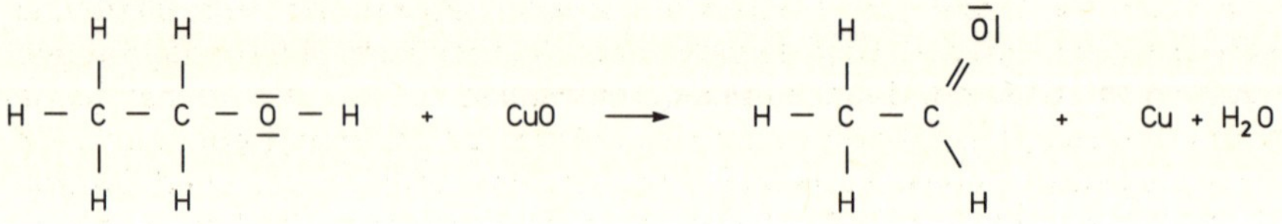

Ethanal

Ethanal ist auch unter der älteren Bezeichnung *Acetaldehyd* bekannt und gehört zur Stoffgruppe der Aldehyde. Ein Ethanal-Molekül besitzt zwei Wasserstoff-Atome weniger als ein Ethanol-Molekül.

Bei der Oxidation primärer Alkohole entstehen Aldehyde.

Die Oxidationsprodukte primärer Alkohole bezeichnet man als *Alkanale*. Ihre Benennung erfolgt durch Anhängen der Silbe „-al" an den Namen des entsprechendes Alkans.

Versuch 49 Oxidation von 2-Propanol
Man wiederholt Versuch 48 (vgl. S. 212) mit 2-Propanol.

Aus 2-Propanol entsteht durch Oxidation mit Kupfer(II)-oxid *Propanon* (Aceton):

$$
\begin{array}{ccccccccc}
 & & H & & & & & & \\
 & & | & & & & & & \\
H & |O| & H & & & H & \diagup O \diagdown & H & \\
| & | & | & & & | & \| & | & \\
H-C-C-C-H & +\ CuO & \longrightarrow & & & H-C-C-C-H & + & Cu + H_2O \\
| & | & | & & & | & & | & \\
H & H & H & & & H & & H & \\
 & & & & & & \text{Propanon} & &
\end{array}
$$

Durch Oxidation sekundärer Alkohole erhält man Ketone.

Die Oxidationsprodukte sekundärer Alkanole bezeichnet man auch als *Alkanone*. Ihre Benennung erfolgt durch Anhängen der Silbe „-on" an den Namen des entsprechenden Alkans.
Tertiäre Alkohole lassen sich unter diesen Bedingungen nicht oxidieren.

Die funktionelle Gruppe der Aldehyd- und Keton-Moleküle ist die *Carbonyl-Gruppe* $>$C=O).

Bei Aldehyd-Molekülen befindet sich an dieser Gruppe immer noch ein Wasserstoff-Atom (vereinfachte Schreibweise —CHO), während sie bei den Keton-Molekülen immer mit zwei weiteren Kohlenstoff-Atomen verbunden ist. Alle mit dem Kohlenstoff-Atom der Carbonyl-Gruppe verbundenen Atome liegen in einer Ebene, die Bindungswinkel betragen 120°.
Bei der Benennung der Alkanone wird die Stellung der Carbonyl-Gruppe im Molekül analog der Benennung der Alkanole angegeben. Eine andere Möglichkeit ist es, die an die Carbonyl-Gruppe gebundenen Alkylreste anzugeben und das Wort „-keton" nachzustellen. 2-Pentanon kann auch als Methyl-propyl-keton bezeichnet werden.

9.6.2 Wichtige Alkanale und Alkanone

Methanal (Formaldehyd) ist ein stechend riechendes Gas mit einer Siedetemperatur von $-19\,°C$. Eine 35- bis 40%ige wäßrige Lösung wird Formalin genannt, sie wird unter anderem zur Konservierung biologischer Objekte verwendet. Methanal ist eine wichtige Grundchemikalie, von der jährlich in der Bundesrepublik Deutschland etwa $5 \cdot 10^5$ Tonnen hergestellt werden. Der weitaus größte Teil wird zur Herstellung von Kunststoff gebraucht. Methanal dient auch als Desinfektionsmittel und Konservierungsstoff für Farben und Kosmetika. Formaldehyd reagiert mit Eiweiß-Molekülen und verändert deren Struktur und Funktionsfähigkeit. Dies könnte auch eine Rolle spielen bei der vermuteten krebserregenden Wirkung von Methanal. Es hat bei Ratten, die ständig bestimmten Konzentrationen von Formaldehyd ausgesetzt waren, Krebs verursacht.

Ethanal (Acetaldehyd) wird zu Essigsäure, Farbstoffen und Arzneimitteln verarbeitet.

Propanon (Aceton) dient in der chemischen Industrie als wichtiges Lösemittel.

Viele Aldehyde und Ketone besitzen einen angenehmen Geruch. Sie sind wichtige Bestandteile vieler in der Natur vorkommender Düfte und Aromen.

9.6.3 Eigenschaften der Alkanale und Alkanone

Die Eigenschaften der Alkanale und Alkanone werden wesentlich durch die Carbonyl-Gruppe bestimmt. Aufgrund der Elektronegativitätsdifferenz zwischen dem Kohlenstoff- und dem Sauerstoff-Atom ist diese stark polar. Die Siedetemperaturen der niederen Alkanale und Alkanone liegen deutlich über denen der Alkane mit ähnlicher Molekülmasse. Sie sind jedoch niedriger als die der entsprechenden Alkanole. Zwischen Alkanal- bzw. Alkanon-Molekülen wirken zwar Dipol-Dipol-Kräfte, jedoch können keine Wasserstoffbrücken ausgebildet werden. Wasser-Moleküle sind dagegen wohl in der Lage, über ihre Wasserstoff-Atome Wasserstoffbrücken zu den Sauerstoff-Atomen der Carbonyl-Gruppen auszubilden. Deshalb sind die ersten Glieder der beiden homologen Reihen in Wasser gut löslich.

9.6.4 Reaktionen der Alkanale und Alkanone

Versuch 50 Tollens-Probe (Silberspiegelprobe)

In ein Reagenzglas, das etwa 5 ml einer 5%igen Silbernitratlösung enthält, gibt man einige Tropfen verdünnte Natronlauge und dann so viel Ammoniaklösung, bis sich der gebildete Niederschlag gerade auflöst. Man fügt einige Tropfen Ethanal zu und stellt das Reagenzglas in ein Becherglas mit heißem Wasser.

Versetzt man eine ammoniakalische Silbernitratlösung mit einem Aldehyd, so entsteht Silber, das entweder fein verteilt die Lösung dunkel färbt oder als Silberspiegel der Gefäßwand anliegt *(Silberspiegelprobe)*. Der Aldehyd wirkt hier als *Reduktionsmittel*. Dies beruht darauf, daß die Carbonyl-Gruppe noch mit mindestens einem Wasserstoff-Atom verbunden ist und weiter oxidiert werden kann:

$$
R - \overset{\displaystyle \overset{\overline{O}|}{\big\|}}{\underset{\displaystyle H}{C}} \;+\; 2\,Ag^{+} \;+\; 2\,OH^{-} \;\longrightarrow\; R - \overset{\displaystyle \overset{\overline{O}|}{\big\|}}{\underset{\displaystyle |\underline{O} - H}{C}} \;+\; 2\,Ag \;+\; H_2O
$$

> Die Silberspiegelprobe ist eine Nachweisreaktion für Aldehyde.

Im Gegensatz zu den Aldehyden besitzen Ketone keine reduzierende Wirkung.

Eine weitere Nachweisreaktion, die ebenfalls auf der reduzierenden Wirkung der Aldehyd-Gruppe beruht, ist die *Fehlingsche Probe*. Sie wird vor allem zum Nachweis von Aldehyd-Gruppen in Zucker-Molekülen verwendet (vgl. Abschnitt 9.11.1).

Typische gemeinsame Reaktionen der Aldehyde und Ketone beruhen darauf, daß in ihren Molekülen jeweils eine C=O-Doppelbindung vorhanden ist.

214

Wie die Alkene, gehen auch Aldehyde und Ketone Additionsreaktionen ein. Die C=O-Doppelbindung ist im Gegensatz zur C=C-Doppelbindung polar mit einer positiven Teilladung am Kohlenstoff-Atom. Diese ist daher durch nukleophile* Teilchen (Teilchen mit negativer (Teil-)Ladung), wie z. B. Alkohol-Moleküle, angreifbar.

Beispiel:

$$R - C \overset{\displaystyle \overline{O}|}{\underset{\displaystyle H}{\diagup\!\!\!\diagdown}} \quad + \quad R' - \overline{O} - H \quad \longrightarrow \quad R - C \overset{\displaystyle \overset{\displaystyle \overline{O} - H}{\diagup\!\!\!\diagup}}{\underset{\displaystyle |\underline{O} - H}{\diagdown}} - \overline{O} - R'$$

Halbacetal

Die Reaktion mit Alkoholen führt zu *Halbacetalen* bzw. *Halbketalen*, deren Moleküle sowohl eine OH-Gruppe als auch eine Ether-Gruppe an einem Kohlenstoff-Atom tragen. Unter bestimmten Bedingungen können Halbacetale und Halbketale erneut mit Alkoholen zu *Acetalen* bzw. *Ketalen* reagieren.

9.7 Carbonsäuren

9.7.1 Essigsäure

Versuch 51 Oxidation von Ethanal
Man führt Versuch 48 (vgl. S. 212) mit Ethanal durch (Abzug!). Über die Flüssigkeit hält man ein feuchtes Universalindikatorpapier.

Bei der Oxidation von Ethanal entsteht ein Stoff, der mit Wasser eine saure Lösung ergibt. Es handelt sich um die *Essigsäure:*

$$H - \underset{H}{\overset{H}{C}} - C \overset{\overline{O}|}{\diagup\!\!\!\diagdown}{}_H \quad + \quad CuO \quad \longrightarrow \quad H - \underset{H}{\overset{H}{C}} - C \overset{\overline{O}|}{\diagup\!\!\!\diagdown}{}_{|\underline{O}-H} \quad + \quad Cu$$

Bei dieser Reaktion entsteht aus der Carbonyl-Gruppe eine neue funktionelle Gruppe, die *Carboxyl-Gruppe* (von Carbonyl-Hydroxyl-Gruppe) —COOH.

> Verbindungen, deren Moleküle die Carboxyl-Gruppe —COOH aufweisen, heißen Carbonsäuren.

Carbonsäuren, deren Moleküle aus einer Carboxyl-Gruppe und einem Alkyl-Rest bestehen, nennt man *Alkansäuren*. Die systematische Bezeichnung für Essigsäure ist *Ethansäure*. Eine wäßrige Lösung von Essigsäure in Wasser mit einem Massenanteil von 3,5% bis 7% bezeichnet man als *Essig*, Lösungen mit höheren Masseanteilen kommen als Essigessenz in den Handel.

Ein Teil des Essigs wird auch heute noch durch *enzymatische Oxidation* von Ethanol gewonnen. Dazu läßt man Flüssigkeiten, die Ethanol enthalten (z. B. Wein oder Most), über

---

* nukleus (lateinisch) Kern.

Buchenholzspäne rieseln, die mit Essigsäurebakterien geimpft sind. Von unten strömt die zur Oxidation benötigte Luft entgegen. Im modernen Verfahren kann auf die Verwendung der Holzspäne verzichtet werden. Statt dessen wird durch Einblasen von Luft Schaum erzeugt, an dessen großer Oberfläche sich mehr Essigbakterien ansiedeln können.

Für den industriellen Einsatz wird der größte Teil der Essigsäure durch *katalytische Oxidation* von Ethanal erzeugt, das wiederum durch katalytische Oxidation aus Ethen gewonnen werden kann. Essigsäure dient vor allem zur Herstellung von Lösemitteln, Kunstseide (Acetatseide), Filmmaterial, Kunststoffen und Medikamenten.

Reine Essigsäure *(„Eisessig")* ist ein farbloser, ätzender und stechend riechender Stoff, der bei 118 °C siedet und bei 17 °C zu eisähnlichen Kristallen erstarrt. Beim Lösen von Essigsäure in Wasser entstehen Ionen, die Lösung ist sauer:

Das entstehende Anion wird *Acetat-Ion* bzw. systematisch Ethanoat-Ion genannt. Die im Vergleich zur Salzsäure wesentlich geringere elektrische Leitfähigkeit weist darauf hin, daß Essigsäure eine schwache Säure ist. Das Protolysegleichgewicht liegt überwiegend auf der Seite der Essigsäure-Moleküle (vgl. Abschnitt 7.15). Dies erklärt auch den Geruch verdünnter Essigsäure-Lösungen.

Verdünnte Essigsäure reagiert, wie auch andere saure Lösungen, mit unedlen Metallen, Metalloxiden und -hydroxiden zu Salzen, den *Acetaten* bzw. Ethanoaten.

9.7.2 Die Oxidationsreihe des Ethans

Essigsäure entsteht auch bei der Silberspiegelprobe mit Ethanal. Auch die Oxidation von Ethanol zu Ethanal kann bis zur Essigsäure weiter ablaufen. Denkt man sich — unabhängig davon, ob dieser Weg tatsächlich in der Chemie beschritten wird, — Ethan (C_2H_6) schrittweise oxidiert, so erhält man die *Oxidationsreihe des Ethans*.

Da in den C_2H_6-Molekülen die Wasserstoff-Atome bereits die Oxidationszahl I besitzen, kann die Oxidation nur an den Kohlenstoff-Atomen stattfinden.

Ethanol
Ethylalkohol

Acetaldehyd
Ethanal

Essigsäure
Ethansäure

Oxidiert man auch das zweite Kohlenstoff-Atom im Essigsäure-Molekül, so erhält man zuletzt ein Oxalsäure-Molekül:

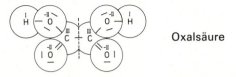

Oxalsäure

Da Kohlenstoff-Atome vier bindungsfähige Elektronen besitzen, ist mit der Oxidationszahl III im Oxalsäure-Molekül die höchste Oxidationsstufe eines Kohlenstoff-Atoms noch nicht erreicht. Sie stellt sich z. B. dann ein, wenn man Ethan mit Hilfe von Luftsauerstoff vollständig zu Kohlenstoffdioxid und Wasser verbrennt. Die Reaktionsgleichung hierfür lautet:

$$2\,C_2H_6 + 7\,O_2 \longrightarrow 4\,CO_2 + 6\,H_2O$$

9.7.3 Die homologe Reihe der Alkansäuren

Tabelle 20 Ausgewählte Alkansäuren

Name (Trivialname)	Summenformel	Schmelztemperatur in °C	Siedetemperatur in °C	Einfluß der Carboxyl-Gruppe	Alkyl-Gruppe	Namen der Salze
Methansäure (Ameisensäure)	HCOOH	8	101			Methanoate (Formiate)
Ethansäure (Essigsäure)	CH_3COOH	17	118			Ethanoate (Acetate)
Propansäure (Propionsäure)	C_2H_5COOH	−21	141			Propanoate (Propionate)
Butansäure (Buttersäure)	C_3H_7COOH	−5	166	nimmt ab	nimmt zu	Butanoate (Butyrate)
⋮ Dodecansäure (Laurinsäure)	$C_{11}H_{23}COOH$	44	225*			Dodecanoate (Laurate)
Hexadecansäure (Palmitinsäure)	$C_{15}H_{31}COOH$	63	269*			Hexadecanoate (Palmitate)
⋮ Octadecansäure (Stearinsäure)	$C_{17}H_{35}COOH$	71	287*			Octadecanoate (Stearate)

* bei 133 mbar

Auch die anderen Alkansäuren der homologen Reihe können durch Oxidation der entsprechenden primären Alkanole bzw. Alkanale hergestellt werden.

Die allgemeine Molekülformel der Alkansäuren ist $C_nH_{2n+1}COOH$.

Die Benennung erfolgt durch das Anhängen des Wortes „-säure" an den Namen des entsprechenden Alkans, wobei das Kohlenstoff-Atom der Carboxyl-Gruppe mitgezählt wird. Zur genauen Festlegung von Verzweigungsstellen bekommt dieses die Nummer 1.

Die Siedetemperaturen der Alkansäuren liegen wegen der stark polaren Carboxyl-Gruppe deutlich über denen der Alkanale mit ähnlicher molarer Masse. Die Carboxyl-Gruppe kann zur Carboxyl-Gruppe eines zweiten Moleküls zwei Wasserstoffbrücken ausbilden, so daß häufig Doppelmoleküle vorliegen:

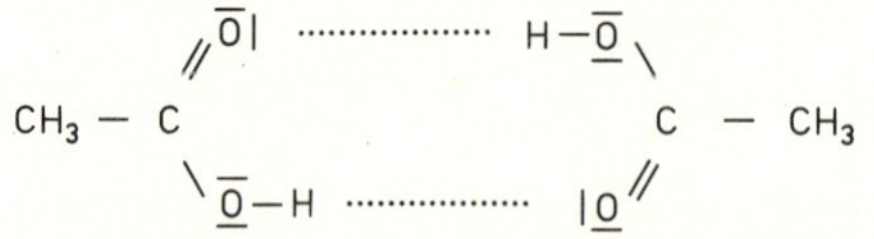

Die Fähigkeit zur Ausbildung von Wasserstoffbrücken bedingt auch die gute Wasserlöslichkeit der ersten vier Glieder der homologen Reihe. Mit zunehmender Länge des unpolaren Alkylrestes wird der Einfluß der Carboxyl-Gruppe auf die Eigenschaften der Alkansäuren immer geringer, die höheren Alkansäuren werden immer alkanähnlicher. Ab der Ethansäure lösen sich die Alkansäuren in jedem Verhältnis in Benzin.

Alle wasserlöslichen Alkansäuren ergeben mit Wasser saure Lösungen, mit denen die Bildung von Salzen, den *Alkanoaten*, möglich sind. Auch aus den höheren Alkansäuren lassen sich die entsprechenden Salze herstellen, wenn man sie mit Hydroxiden reagieren läßt.

Methansäure (Ameisensäure) ist im Gift der Ameisen, Bienen und in den Brennhaaren der Brennessel enthalten. Im Haushalt wird sie zum Entkalken z. B. von Kaffeemaschinen verwendet. Da das Methansäure-Molekül eine Aldehyd-Gruppe enthält, ist Methansäure, im Gegensatz zu den übrigen Alkansäuren, weiter oxidierbar. *Butansäure* (Buttersäure) entsteht beim Ranzigwerden der Butter und ist auch im Schweiß von Säugern enthalten.
Von Bedeutung sind auch Carbonsäuren, deren Moleküle mehrere funktionelle Gruppen besitzen:

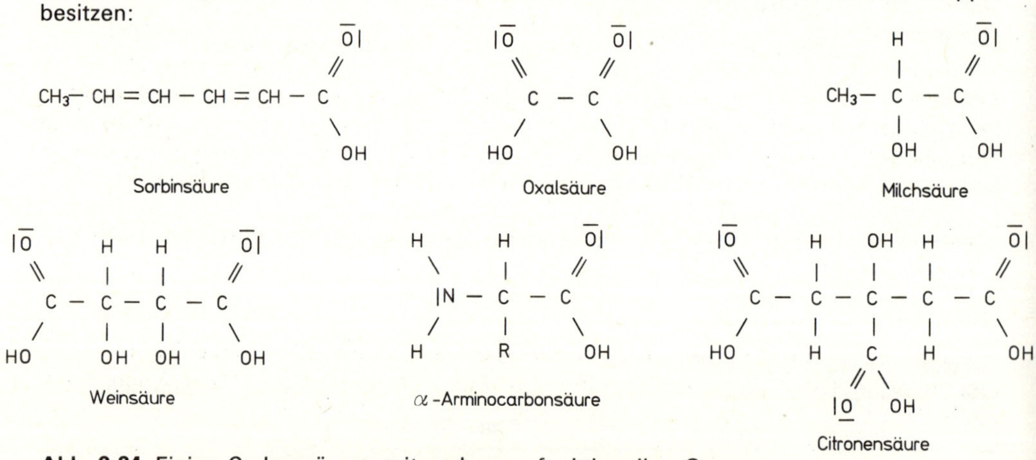

Sorbinsäure   Oxalsäure   Milchsäure

Weinsäure   α-Arminocarbonsäure   Citronensäure

Abb. 9.24 Einige Carbonsäuren mit mehreren funktionellen Gruppen.

Moleküle der *Dicarbonsäuren* enthalten zwei Carboxyl-Gruppen. Der einfachste Vertreter ist Oxalsäure (Ethandisäure, Salze: Oxalate). Der saure Geschmack von Sauerampfer, Stachelbeeren und Rhabarber geht vor allem auf Kaliumhydrogenoxalat zurück. Milchsäure, die unter anderem beim Sauerwerden von Milch entsteht, Weinsäure und Citronensäure, die in vielen Früchten vorkommen, gehören zu den *Hydroxycarbonsäuren*. *Sorbinsäure* wird als Konservierungsstoff eingesetzt. Die *Aminocarbonsäuren* sind Grundbausteine der Eiweiße (vgl. Abschnitt 9.10).

9.8 Ester

9.8.1 Esterbildung und Esterspaltung

Versuch 52 Herstellung von Estern
Man mischt in Reagenzgläsern:
a) je 2 ml Ethanol und Ethansäure,
b) je 2 ml 1-Butanol und Ethansäure,
c) 2,5 ml Ethanol und 2 ml Butansäure (Abzug!),
d) je 2,5 ml 1-Pentanol und Pentansäure.
Zu jedem der Gemische gibt man einige Tropfen konzentrierte Schwefelsäure (Vorsicht! Schutzbrille!), schüttelt und erhitzt. Anschließend gießt man den Inhalt des jeweiligen Reagenzglases in ein Becherglas mit verdünnter Natronlauge.

Erhitzt man ein Gemisch aus einer Carbonsäure, einem Alkohol und konzentrierter Schwefelsäure, so entstehen Verbindungen, die einen ausgeprägten Geruch besitzen. So entsteht z.B. aus Ethanol und Ethansäure unter katalytischer Wirkung von Schwefelsäure *Ethansäureethylester*, der nach Alleskleber riecht (Lösemittel in Allesklebern). Die Bildung von Estern kann man sich formal durch Abspaltung von Wasser-Molekülen aus den beiden funktionellen Gruppen vorstellen:

$$CH_3 - C\overset{\displaystyle \overline{O}|}{\underset{\displaystyle \diagdown \overline{O}-H}{\big/\big/}} \quad + \quad H - \overline{\underline{O}} - C_2H_5 \quad \rightleftharpoons \quad CH_3 - C\overset{\displaystyle \overline{O}|}{\underset{\displaystyle \diagdown \overline{O} - C_2H_5}{\big/\big/}} \quad + \quad H_2O$$

| Ethansäure | Ethanol | Ethansäureethylester |

Eine solche Reaktion bezeichnet man auch als *Kondensationsreaktion*. Die Esterbildung verläuft nicht vollständig, es stellt sich ein chemisches Gleichgewicht ein (vgl. Abschnitt 6.3). Der Name eines Carbonsäureesters setzt sich zusammen aus dem Namen der Carbonsäure, dem Namen für den Alkylrest des Alkohols und der Bezeichnung „-ester".

Carbonsäureester enthalten als charakteristische Gruppe die Atomgruppe —COOR (R = Alkylrest des Alkohol-Moleküls).

Versuch 53 Esterspaltung
2 ml Oxalsäurediethylester werden mit 50 ml Wasser etwa 15 min im Rückfluß erhitzt. Zu zwei Proben des Reaktionsgemisches gibt man Universalindikator- bzw. Calciumchloridlösung.

$$R_1 - C\overset{\displaystyle \overline{O}|}{\underset{\displaystyle \diagdown \overline{O}-H}{\big/\big/}} \quad + \quad H - \overline{\underline{O}} - R_2 \quad \underset{\text{Esterspaltung}}{\overset{\text{Esterbildung}}{\rightleftharpoons}} \quad R_1 - C\overset{\displaystyle \overline{O}|}{\underset{\displaystyle \diagdown \overline{O} - R_2}{\big/\big/}} \quad + \quad H_2O$$

| Carbonsäure | Alkohol | Ester | Wasser |

Den Gleichgewichtszustand, der sich bei der Esterbildung einstellt, erhält man auch durch Erhitzen eines Esters mit Wasser *(Esterspaltung)*. Die Rotfärbung des Indikators und der entstehende Niederschlag aus Calciumoxalat zeigen die Bildung von Oxalsäure an. Durch

Umsetzen mit Wasser werden Ester teilweise wieder in die Carbonsäure und den Alkohol gespalten.

Zur vollständigen Spaltung eines Esters setzt man alkalische Lösungen ein, mit denen neben dem Alkohol die Salze der Carbonsäuren entstehen. Eine solche Esterspaltung nennt man auch *Verseifung*, da man auf diese Weise aus Fetten Seife herstellen kann.

9.8.2 Eigenschaften und Verwendung von Carbonsäureestern

Die Ester sind im allgemeinen nur wenig wasserlöslich. Die niederen Alkansäurealkylester weisen eine etwas bessere Löslichkeit auf, da deren Moleküle über die Carbonyl-Gruppe zu Wasser-Molekülen Wasserstoffbrücken ausbilden. Mit größer werdendem Alkyl-Rest geht dieser Einfluß zurück. Alle Ester besitzen eine gute Löslichkeit in Benzin. Da Ester-Moleküle untereinander keine Wasserstoffbrücken ausbilden können, liegen ihre Siedetemperaturen tiefer als die von Alkoholen bzw. Carbonsäuren ähnlicher molarer Masse.

Tabelle 21 Einige Ester aus niederen Alkansäuren und Alkanolen

Name	Halbstrukturformel	Verwendung
Ethansäuremethylester	$CH_3-\overset{\overset{\displaystyle O}{\|\|}}{C}-\underline{O}-CH_3$	Lösemittel
Ethansäurebutylester	$CH_3-\overset{\overset{\displaystyle O}{\|\|}}{C}-\underline{O}-(CH_2)_3-CH_3$	Lösemittel
Propansäurebutylester	$CH_3-CH_2-\overset{\overset{\displaystyle O}{\|\|}}{C}-\underline{O}-(CH_2)_3-CH_3$	Aromastoff (Rum)
Butansäuremethylester	$CH_3(CH_2)_2-\overset{\overset{\displaystyle O}{\|\|}}{C}-\underline{O}-CH_3$	Aromastoff (Ananas)
Butansäureethylester	$CH_3(CH_2)_2-\overset{\overset{\displaystyle O}{\|\|}}{C}-\underline{O}-C_2H_5$	Aromastoff (Pfirsich)
Pentansäurepentylester	$CH_3(CH_2)_3-\overset{\overset{\displaystyle O}{\|\|}}{C}-\underline{O}-(CH_2)_4-CH_3$	Aromastoff (Apfel)

Ester aus niederen Carbonsäuren und niederen Alkoholen werden wegen ihres fruchtartigen Geruchs als Duft- und Aromastoffe verwendet. Daneben sind sie wichtige Lösemittel für Lacke, Farben und Klebstoffe.

Ester höherer Carbonsäuren und höherer Alkohole sind die *Wachse* (z. B. Bienenwachs). *Fette* sind Ester höherer Carbonsäuren und des Propantriols (Glycerin) (vgl. Abschnitt 9.9).

9.9 Fette

9.9.1 Aufbau von Fettmolekülen

> Als Fette bezeichnet man die Ester aus höheren Carbonsäuren und Propantriol (Glycerin).

Alle drei Hydroxyl-Gruppen des Glycerin-Moleküls sind mit Molekülen der höheren Carbonsäuren, den *Fettsäuren*, verestert:

| Glycerin | Fettsäuren | | Fett | Wasser |

In den meisten Fällen ist bei einem Fettmolekül ein Glycerin-Molekül mit drei Molekülen
von zwei oder drei verschiedenen Fettsäuren verestert. Dadurch entsteht eine Vielzahl verschiedener Fettsäureglycerinester. In Organismen werden die Fettsäuren aus Ethansäure
aufgebaut. Deshalb sind die meisten natürlichen Fette Ester aus Carbonsäuren, deren Moleküle eine gerade Anzahl von Kohlenstoff-Atomen besitzen. Am häufigsten treten *Stearin-,
Palmitin-, Laurin-, Myristin-, Öl-* und *Linolsäure* auf (vgl. Tabelle 22, S. 222).

Versuch 54 Bromaddition
Vorsicht! Abzug!
Man schüttelt in einem Reagenzglas etwas Olivenöl kräftig mit Bromwasser.

Die Entfärbung von Bromwasser zeigt an, daß in den Molekülen des verwendeten Fettes
C—C-Doppelbindungen vorliegen. In diesen Fetten sind *ungesättigte Fettsäuren*, d. h. Carbonsäuren, deren Moleküle eine oder mehrere Doppelbindungen besitzen (z. B. Ölsäure,
Linolsäure), mit Glycerin verestert. Dies hat besondere Auswirkungen auf die Eigenschaften dieser Fette.

9.9.2 Zusammensetzung von Fetten und ihre Eigenschaften

In der Natur vorkommende Fette sind keine Reinstoffe, sondern Gemische verschiedener
Fettsäureglycerinester. Sie besitzen deshalb keine Schmelztemperatur, sondern einen für
sie charakteristischen Schmelztemperaturbereich. Je nach Herkunft eines Fettes besitzt es
eine unterschiedliche Zusammensetzung. Da die Auftrennung eines solchen Gemisches
sehr schwierig ist, gibt man zur Charakterisierung eines Fettes den Massenanteil der einzelnen Fettsäuren an, die bei der Spaltung der Ester entstehen (vgl. Tabelle 22, S. 222).

Tabelle 22 Kennzeichnung von Fetten

Die Angaben zu den Fettsäuren beziehen sich auf den durchschnittlichen Massenanteil in %.

Name/ Molekülformel	tierische Fette		pflanzliche Fette			
	Butterfett	Schweine-fett	Kokosfett	Olivenöl	Sonnen-blumenöl	Leinöl
gesättigte Fettsäuren:						
Buttersäure C_3H_7COOH	3	—	—	—	—	—
Laurinsäure $C_{11}H_{23}COOH$	3	—	48	—	—	—
Myristinsäure $C_{13}H_{27}COOH$	9	2	15	2	—	—
Palmitinsäure $C_{15}H_{31}COOH$	24	27	9	15	5	7
Stearinsäure $C_{17}H_{35}COOH$	13	14	3	2	2	3
ungesättigte Fettsäuren:						
Ölsäure $C_{17}H_{33}COOH$	30	45	6	71	27	18
Linolsäure $C_{17}H_{31}COOH$	2	8	2	8	65	14
Linolensäure $C_{17}H_{29}COOH$	1	—	—	—	—	58
Iodzahl	35	65	7	80	130	180
Schmelzbereich in °C	31 bis 36	36 bis 42	23 bis 28	−3 bis 0	−18 bis −11	−20 bis −16

Die flüssigen Fette bezeichnet man als *fette Öle*. Je mehr Fettsäureglycerinester gesättigter Fettsäuren ein Fett enthält, desto härter ist es. Öle bestehen vorwiegend aus Estern der ungesättigten Fettsäuren. Ursache für den tieferliegenden Schmelzbereich ist, daß Fettsäureglycerin-Moleküle mit ungesättigten Fettsäureresten eine „sperrigere" Struktur besitzen. Bedingt durch den „Knick" im Fettsäurerest, der durch die cis-Anordnung an jeder Doppelbindung entsteht, können sie sich nicht so dicht zusammenlagern. Dadurch sind die zwischenmolekularen Kräfte geringer. Zur Charakterisierung des Anteils an Fettsäureglycerinestern ungesättigter Fettsäuren verwendet man in der Lebensmittelchemie die *Iodzahl*. Sie gibt die Masse der Iodportion (in Gramm) an, die von 100 g Fett addiert wird.

Fette sind nicht in Wasser, jedoch gut löslich in lipophilen Lösemitteln wie Benzin. Alle Fette besitzen eine geringere Dichte als Wasser. Beim langen Stehen sammelt sich daher z. B. der Rahm auf der Milch, in deren wäßriger Phase er zuvor emulgiert war. Die Brennbarkeit der Fette, die früher für Beleuchtungszwecke genutzt wurde, kann im Haushalt gefährlich werden. Brennendes Fett darf nicht mit Wasser gelöscht werden. Wasser sinkt wegen der größeren Dichte ab, kann aufgrund der hohen Temperatur schlagartig verdampfen und dadurch brennendes Fett emporschleudern. Brennendes Fett muß durch Abdecken gelöscht werden.

9.9.3 Veränderung und Spaltung von Fetten

Bei längerem Lagern beginnen die in reinem Zustand geruchlosen Fette unangenehm zu riechen.

Allgemein entstehen dabei niedere Carbonsäuren und Aldehyde. Ausgangspunkte für eine ganze Folge von Reaktionen sind bei den Fettsäureester-Molekülen der fetten Öle vor allem die Doppelbindungen, die durch Sauerstoff-Moleküle angegriffen werden können.

Diese Vorgänge können durch Licht und Wärme oder durch die Mitwirkung von Mikroorganismen beschleunigt werden. Alle Fettmoleküle lassen sich auch hydrolytisch spalten, besonders leicht, wenn sie Reste niederer Carbonsäure-Moleküle enthalten.

Versuch 55 Bildung von Propenal
  a) Man erhitzt einige Tropfen Olivenöl und zum Vergleich Propantriol in Reagenzgläsern mit etwas Kaliumhydrogensulfat. Die entstehenden Gase werden jeweils durch Waschflaschen mit *Fuchsinschwefliger Säure (Schiffs-Reagenz)* geleitet (Abzug!).
  b) Man schüttelt wenig altes Fritierfett mit Schiffs-Reagenz.

Aldehyde lassen sich an der rotvioletten Färbung mit Fuchsinschwefliger Säure (Schiffs-Reagenz) erkennen. Beim Erhitzen von Fett mit wasserentziehenden Mitteln entsteht das giftige Propenal (Acrolein). Dies bildet sich unter anderem auch beim thermischen Zerfall von Fettmolekülen, z.B. bei längerem und stärkerem Erhitzen von Fett („Anbrennen von Fett"). Es ist an dem dabei auftretenden scharfen Geruch erkennbar.

9.9.4 Biologische Bedeutung der Fette

Fette sind für den Körper eine wichtige Energiequelle. Der tägliche Fettbedarf beträgt ungefähr 1 g Fett pro 1 kg Körpergewicht. In der Bundesrepublik Deutschland werden täglich pro Einwohner 135 g Fett verzehrt, das in vielen Lebensmitteln versteckt ist und häufig unbewußt aufgenommen wird. Das daraus resultierende Übergewicht vieler Menschen ist verbunden mit einer Reihe von Krankheitsbildern, wie z.B. Herz-Kreislauf-Erkrankungen.

Aus Kohlenhydraten kann der Körper selbst Fette aufbauen, jedoch nicht alle der für ihn notwendigen und lebenswichtigen. Deshalb müssen mit der Nahrung Fette mit *essentiellen Fettsäuren* (Linol- und Linolensäure) aufgenommen werden. Reich an solchen ungesättigten Fettsäureglycerinestern sind vor allem die fetten Öle.

9.9.5 Gewinnung und Verarbeitung von Fetten

Fette Öle sind überwiegend pflanzlicher Herkunft. Aus den fetthaltigen Samen und Früchten können sie entweder durch Auspressen oder durch Herauslösen mit einem lipophilen Lösemittel *(Fettextraktion)* gewonnen werden. Der Anteil der fetten Öle an der Welt-Fettproduktion beträgt etwa 70%. Um aus diesen flüssigen Fetten feste Fette herzustellen, die auch höher erhitzt werden können, müssen aus Doppelbindungen der ungesättigten Fettsäurereste Einfachbindungen entstehen. Dies geschieht bei der *Fetthärtung* durch *katalytische Hydrierung*.

Versuch 56 Margarineherstellung

In einem Becherglas werden 15 g Kokosfett über kleiner Flamme zum Schmelzen gebracht. Man nimmt das Becherglas von der Flamme und fügt unter kräftigem Rühren einen Eßlöffel Olivenöl zu. Man stellt das Becherglas in eine Schüssel mit Eiswasser und fügt unter ständigem Rühren je einen Teelöffel gut gekühlte fettarme Milch und Eigelb und eine Prise Salz zu. Man rührt kräftig, bis die Masse steif ist.

Bei der Margarineherstellung wird aus einem Gemisch aus festen Pflanzenfetten und fetten Ölen ein streichfähiges Fett. Dabei werden die Fette in Wasser emulgiert. Als *Emulgatoren* dienen entrahmte Milch und Lecithin (ein Difettsäure-phosphorsäure-glycerinester). Ferner werden Vitamine, Kochsalz und Carotin (verantwortlich für die gelbliche Farbe) zugefügt.

9.10 Eiweiße

Die Bezeichnung *Eiweiß* leitet sich vom Eiklar (Eiweiß) des Hühnereis ab. Eiweiße sind lebenswichtige Stoffe. Ein Erwachsener benötigt pro Tag etwa 70 g Eiweiß. Es kann durch keinen anderen Nährstoff ersetzt werden. Die ausreichende Versorgung mit Eiweiß stellt für die Ernährung der Weltbevölkerung ein besonderes Problem dar.
Die Eiweiße sind meist hochmolekulare Stoffe mit Molekülmassen bis zu 500 000 u. Sie lassen sich in Aminocarbonsäuren, kurz *Aminosäuren* genannt, zerlegen.

9.10.1 Aminosäuren

Aminosäuren enthalten in ihren Molekülen eine Carboxyl- (—COOH) und eine Amino-Gruppe (—NH_2).

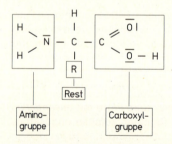

Abb. 9.25 Allgemeines Bauprinzip der α-Aminocarbonsäuren.

Man kennt heute über 200 Aminosäuren. Am Eiweißaufbau sind jedoch nur etwa 20 Aminosäuren beteiligt. In ihren Molekülen ist die NH_2-Gruppe an das Kohlenstoff-Atom gebunden, das der COOH-Gruppe benachbart ist. Sie werden α-Aminosäuren genannt und unterscheiden sich voneinander durch unterschiedlliche Molekülreste.

Aminosäuren, die der menschliche oder tierische Organismus selbst nicht aufbauen kann, die also mit der Nahrung zugeführt werden müssen, heißen *essentielle Aminosäuren* (vgl. Tabelle 23, S. 225).

Tabelle 23 Einige wichtige Aminosäuren

Name	Rest R in der allg. Formel $R-CH(NH_2)-COOH$	Kurzzeichen
Glycin	$-H$	Gly
Alanin	$-CH_3$	Ala
Valin*	$-CH(CH_3)_2$	Val
Serin	$-CH_2OH$	Ser
Threonin*	$-CH(OH)-CH_3$	Thr
Cystein	$-CH_2-SH$	Cys
Phenylalanin	$-CH_2-CH_2-$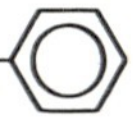	Phe
Lysin*	$-CH_2-(CH_2)_3-NH_2$	Lys

Die essentiellen Aminosäuren sind durch * gekennzeichnet.

Der Tatsache, daß Aminosäuren aus Molekülen bestehen, widersprechen die folgenden Eigenschaften:
Aminosäuren lösen sich nicht in mäßig polaren bis unpolaren Lösemitteln, sind aber in Wasser merklich löslich. Aminosäuren sind meist kristalline Stoffe, die erst bei relativ hohen Temperaturen unter Zersetzung schmelzen. So liegt die Schmelztemperatur der Essigsäure (Ethansäure) bei 17 °C, die vom Glycin (Aminoethansäure), der einfachsten α-Aminosäure aber erst bei 233 °C.

Aminosäuren sind aus Zwitterionen aufgebaut.

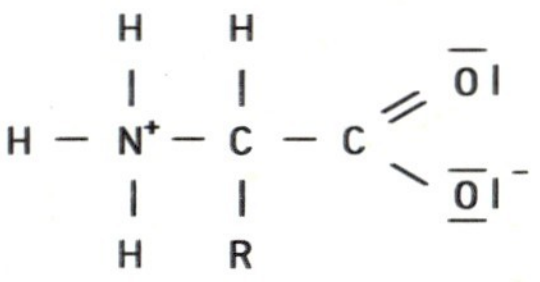

Abb. 9.26 Aminosäuren sind aus Zwitterionen aufgebaut.

Die Aminosäure-Teilchen tragen eine positiv geladene NH_3^+-Gruppe und eine negativ geladene COO^--Gruppe (Carboxylat-Gruppe). Diese Zwitter-Ionen bilden ein Ionengitter und verleihen dem Stoff einen salzartigen Charakter.
Die Zwitter-Ionen der Aminosäuren sind *Ampholyte**. Sie können sowohl als Protonendonatoren als auch als Protonenakzeptoren reagieren. Wird die Lösung von z. B. Glycin mit Salzsäure versetzt, so reagieren die Oxonium-Ionen mit den Carboxylat-Gruppen unter Bildung von Aminosäure-Kationen. Bei Zusatz von z. B. Natronlauge reagieren die Hydroxid-Ionen dagegen mit den NH_3^+-Gruppen unter Bildung von Aminosäure-Anionen. Beide Reaktionen sind umkehrbar. In stark saurer Lösung liegen fast nur die Aminosäure-Kationen, in

* amphóteroi (griechisch) beide.

stark alkalischer Lösung fast nur die Aminosäure-Anionen vor. In neutraler Lösung liegen überwiegend Zwitter-Ionen vor:

$$H-N^+-C-C \overset{\bar{O}|}{\diagdown_{\bar{O}-H}} \quad \overset{+H_3O^+}{\underset{-H_2O}{\rightleftharpoons}} \quad H-N^+-C-C \overset{\bar{O}|}{\diagdown_{\bar{O}|^-}} \quad \overset{+OH^-}{\underset{-H_2O}{\rightleftharpoons}} \quad H-\underline{N}-C-C \overset{\bar{O}|}{\diagdown_{\bar{O}|}}$$

9.10.2 Die Peptidbindung

Bei der biochemisch wichtigsten Reaktion der Aminosäuren wird eine Atombindung zwischen dem C-Atom der Carboxyl-Gruppe einer und dem Stickstoff-Atom einer zweiten α-Aminosäure gebildet. Aus zwei Aminosäure-Molekülen entsteht so unter Wasserabspaltung ein *Dipeptid**.

$$\overset{H}{\underset{H}{\diagup}}\underline{N}-C-C\overset{\bar{O}|}{\diagdown}\boxed{\bar{O}-H\ \ H}\ \ \overset{H}{\underset{H}{\diagup}}\underline{N}-C-C\overset{\bar{O}|}{\diagdown_{\bar{O}-H}}\ \ \longrightarrow$$

Glycin   Alanin

$$\overset{H}{\underset{H}{\diagup}}\underline{N}-C-\overset{O}{\overset{\|}{C}}-\underline{N}-C-C\overset{\bar{O}|}{\diagdown_{\bar{O}-H}}\ \ +H_2O$$

Dipeptid (Gly-Ala)   Wasser

Die CO—NH-Gruppe bezeichnet man als Peptid-Gruppe, die C—N-Bindung als Peptidbindung.

Sind zwei, drei, vier usw. Aminosäuren durch Peptidbindungen miteinander verknüpft, so spricht man von Di-, Tri-, Tetrapeptiden usw. *Oligopeptide*** enthalten als Bausteine weniger als 10 Aminosäuren, *Polypeptide**** zwischen 10 und 100. *Proteine***** sind aus mehr als 100 α-Aminosäuren aufgebaut und besitzen eine biologische Funktion. Diese Einteilung wird allerdings nicht streng gehandhabt.

Da man aus zwei Aminosäuren wie Glycin und Alanin schon vier verschiedene Dipeptide bilden kann, ist eine eindeutige Benennung der Peptide wichtig. Man verwendet für Aminosäuren deshalb Abkürzungen (vgl. Tabelle 23). Das obige Dipeptid erhält dann die Bezeichnung Gly-Ala. (Außerdem gibt es noch: Ala-Gly, Ala-Ala, Gly-Gly.) Es ist vereinbart, in Peptid- und Proteinformeln mit der freien α-Amino-Gruppe links zu beginnen und nach rechts die weiteren Aminosäuren anzufügen, so daß die letzte Aminosäure eine freie Carboxyl-Gruppe trägt.

---

  * pepto (griechisch) verdauen. Peptide bilden sich als Spaltstücke bei der Verdauung von Eiweißen.

  ** oligos (griechisch) wenig.

  *** polys (griechisch) viel.

  **** protos (griechisch) ursprünglich.

9.10.3 Proteine

Proteine gehören zu den Eiweißen*. Sie erfüllen sehr unterschiedliche Aufgaben. Enzyme, z. B., katalysieren und regulieren biochemische Reaktionen; Skleroproteine** dienen als Faser- oder Gerüstsubstanzen. Um diesen sehr unterschiedlichen Aufgaben gewachsen zu sein, müssen die Protein-Moleküle unterschiedlich aufgebaut sein.

Aus den etwa 20 für den Proteinaufbau wesentlichen Aminosäuren lassen sich unvorstellbar viele Ketten-Moleküle aufbauen. Die Eigenschaften eines Proteins hängen aber nicht nur von der Anzahl und der Art der Aminosäuren ab, die an seinem Aufbau beteiligt sind. Ganz entscheidend ist auch deren Abfolge (Sequenz) im Protein-Molekül.

> Die Aminosäuresequenz bezeichnet man auch als die Primärstruktur des Proteins.

Die Proteine liegen nicht als lineare Makromoleküle*** vor. In den Peptid-Gruppen, durch die die Aminosäureeinheiten miteinander verknüpft sind, liegen die Atome in einer Ebene. Bei dieser Anordnung kann sich eine gemeinsame π-Elektronenwolke über dem Stickstoff-, Kohlenstoff- und Sauerstoff-Atom ausbilden.

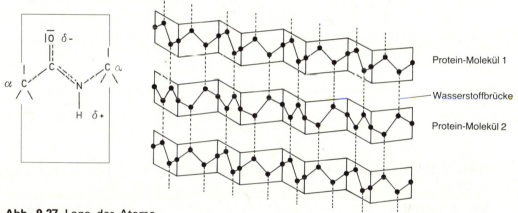

Abb. 9.27 Lage der Atome in der Peptid-Gruppe.

Abb. 9.28 Faltblatt-Struktur zwischen Protein-Molekülen.

Die Peptid-Gruppe erhält dadurch eine größere Stabilität. Nur über die α-C-Atome sind die Peptid-Gruppen gegeneinander drehbar. Daneben besitzen die Wasserstoff- bzw. Sauerstoff-Atome der Peptid-Gruppen leicht positive bzw. negative Teilladungen, welche die Ausbildung von Wasserstoffbrückenbindungen ermöglichen. Durch die Ausbildung der größtmöglichen Anzahl von Wasserstoffbrückenbindungen ergeben sich bestimmte *Raumstrukturen* der Protein-Moleküle.

Bei der *Faltblatt-Struktur* bestehen die Wasserstoffbrücken zwischen nebeneinanderliegenden Peptidketten. Werden die Wasserstoffbrückenbindungen innerhalb eines Protein-

---

* Eiweißartige Verbindungen, deren Moleküle neben einem Proteinanteil noch Anteile von anderen Molekülen (z. B. Farbstoffen, Kohlenhydraten, Nucleinsäuren) aufweisen, bezeichnet man als Proteide.

** skleros (griechisch) hart.

*** makros (griechisch) groß, lang.

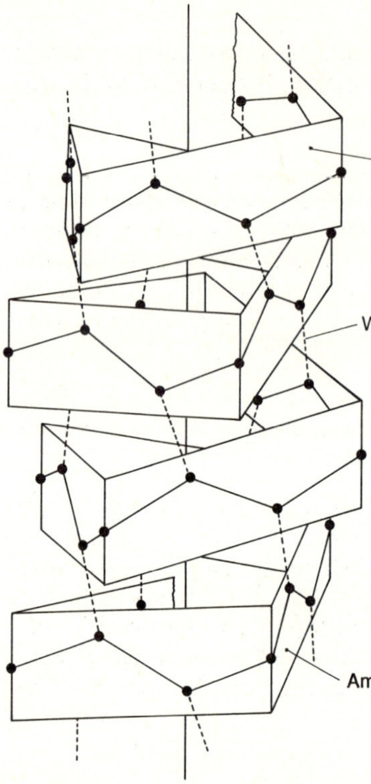

Abb. 9.29 Schematische Darstellung eines Protein-Moleküls mit Helix-Struktur.

Protein-Molokül

Wasserstoffbrücke

Aminosäure-Einheit

Moleküls ausgebildet, erfolgt eine schraubenartige Anordnung des betreffenden Moleküls, die als *Helix*-Struktur* bezeichnet wird.

Helix- und Faltblatt-Struktur sind Beispiele für die Sekundärstruktur eines Proteins.

In Seidenfasern liegen die Protein-Moleküle in der Faltblatt-Struktur vor (**Abb. 9.28**). Innerhalb eines Faltblattes ist eine Verschiebung nur möglich, wenn die Wasserstoffbrücken gelöst werden, deshalb ist die Seidenfaser wenig dehnbar. Zwischen einzelnen Faltblättern wirken nur schwache van-der-Waals-Kräfte, deshalb sind die Schichten leicht gegeneinander verschiebbar. Seide ist geschmeidig.

Die Struktur der Helix (**Abb. 9.29**) ist charakteristisch für die Keratine (Hornsubstanzen), z. B. Wolle, Haare, Federn. Fasern aus Keratin sind dehnbar. Bei Belastung werden Wasserstoffbrückenbindungen gelöst und die Helix wird entspiralisiert. Es bestehen aber noch Atombindungen zwischen Peptidketten, die sich der Dehnung widersetzen und die Rückbildung der Helix-Struktur bewirken.

Wenn Eiweiß beim Kochen eines Eis hart wird oder beim Ansäuern von Milch gerinnt, wird der räumliche Aufbau der jeweils vorhandenen Proteine zerstört. Diesen Vorgang, der gewöhnlich von einer starken Abnahme der Wasserlöslichkeit begleitet ist, bezeichnet man als *Denaturierung.*

---

* helix (griechisch-lateinisch) spiralig Gewundenes.

228

Versuch 57 Denaturierung von Eiweiß

Man verrührt das Eiklar eines Hühnereis mit 200 ml Wasser und filtriert durch Glaswolle. In Einzelversuchen gibt man zu je 5 ml dieser Lösung 3 ml konz. Salzsäure, 10 ml Ethanol, 3 ml konz. Kupfersulfat-Lösung.

Beim Erwärmen werden Wasserstoffbrückenbindungen aufgebrochen. Diese können auch durch andere Stoffe wie z. B. Ethanol beansprucht werden. Die Zugabe von Salzen kann zu einem Verlust der Wasserhülle am Protein führen, Schwermetall-Ionen können zusätzlich an Anionen von Aminosäure-Resten gebunden werden. Hierauf beruht z. T. die Giftigkeit von Kupfer-, Blei- und Quecksilbersalzen. Bei Säurezugabe werden Protonen von basischen Gruppen gebunden. Oft kann die Denaturierung nicht mehr rückgängig gemacht werden.

9.11 Kohlenhydrate

Die Kohlenhydrate stellen von der Masse her den größten Teil der organischen Naturstoffe auf der Erde. Kohlenhydrate werden von Fotosynthese treibenden Pflanzen aufgebaut. Den Menschen und Tieren dienen Kohlenhydrate als wichtige Nährstoffe und Energielieferanten. Der Name leitet sich von der allgemeinen Summenformel $C_m(H_2O)_n$ ab. Kohlenhydrate enthalten die Atome der Elemente Wasserstoff und Sauerstoff genau wie Wasser im Verhältnis 2:1. Es handelt sich aber nicht um „Hydrate des Kohlenstoffs", denn in den Molekülen der Kohlenhydrate sind die Wasserstoff- und Sauerstoff-Atome nicht in Form von Wasser-Molekülen von den Kohlenstoff-Atomen gebunden.

9.11.1 Monosaccharide

Monosaccharide* (Einfachzucker) besitzen die Summenformel $C_nH_{2n}O_n$. In vielen süßen Früchten und im Honig kommen die Monosaccharide *Fructose* (Fruchtzucker) und *Glucose*** (Traubenzucker) vor. Diese sind *Hexosen,* d. h. Kohlenhydrate mit sechs C-Atomen in ihren Molekülen und der Summenformel $C_6H_{12}O_6$.

9.11.1.1 Glucose

Im menschlichen Körper wird Glucose sehr schnell ins Blut aufgenommen. Deshalb ist Traubenzucker bei körperlicher Anstrengung ein schnell wirkendes Stärkungsmittel. Das menschliche Blut enthält 0,1 % Glucose.
Glucose ist ein kristalliner, farbloser Stoff, gut wasserlöslich, aber unlöslich in Benzin und anderen Kohlenwasserstoffen. Das offenkettige Molekül weist fünf Hydroxyl-Gruppen und eine Aldehyd-Gruppe auf. Glucose wird deshalb auch als *Aldose* (Aldehydzucker) bezeichnet.

Versuch 58 Reduktion von Glucose

Schutzbrille! Vorsicht, das Fehling-Reagenz ist stark alkalisch!
Man gibt je 2 ml der Lösungen Fehling I und II in ein Reagenzglas und schüttelt. Zu der tiefblauen Lösung fügt man eine Spatelspitze Glucose und erwärmt im Wasserbad.

---

* monos (griechisch) einzig, allein; saccharum (lateinisch) Zucker.
** gleukos (griechisch) Most, süßer Wein.

Der Nachweis der Glucose beruht häufig auf der reduzierenden Wirkung der Aldehyd-Gruppe. Bei der *Fehling-Probe* enthält die Lösung Kupfer(II)-Ionen. Mit Glucose bildet sich in der Hitze unter dem Einfluß der Aldehyd-Gruppe ein ziegelroter Niederschlag, der Kupfer(I)-oxid enthält.

Bei der *Silberspiegelprobe* (vgl. Abschnitt 9.6.2) werden die Silber-Ionen reduziert, sichtbar wird metallisches Silber.

Glucose zeigt aber nicht alle für Aldehyde typischen Reaktionen, denn neben offenkettigen Molekülen treten *isomere Ringformen* ohne Aldehyd-Gruppe auf.

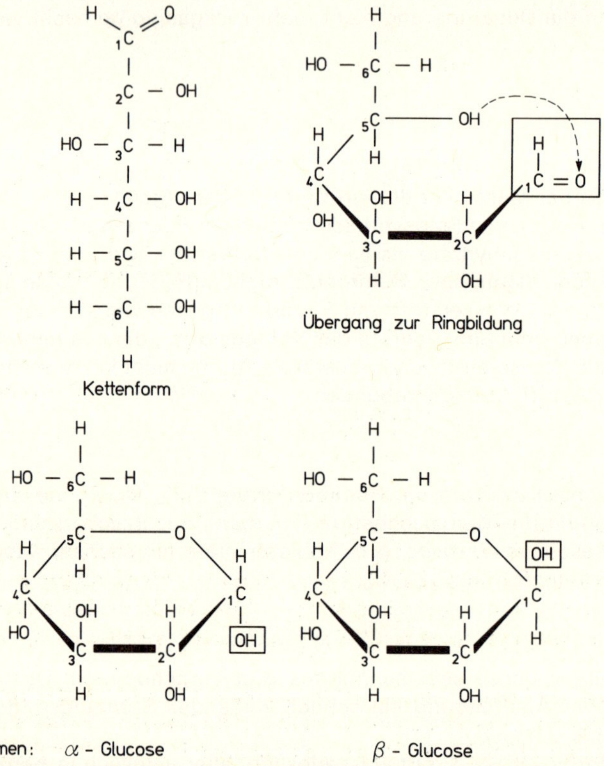

Abb. 9.30 Isomere Glucose-Moleküle.

Ringformen kommen dadurch zustande, daß die Hydroxyl-Gruppe am fünften Kohlenstoff-Atom mit der Aldehyd-Gruppe reagiert. Unter Ausbildung einer Sauerstoffbrücke bildet sich ein Ring mit einer neuen Hydroxyl-Gruppe. Der Ring kann sich auf zweierlei Weise schließen, was zu zwei verschiedenen Stellungen der OH-Gruppe am C_1-Atom führt. Bei der *α-Glucose* liegen die OH-Gruppen am C_1- und am C_2-Atom auf der gleichen Seite des Moleküls, bei der *β-Glucose* auf unterschiedlichen Seiten. In wäßrigen Lösungen liegen Moleküle aller drei Formen im Gleichgewicht nebeneinander vor. Dabei überwiegt mit etwa 62% die β-Form. α- und β-Glucose können über die Kettenform, deren Anteil in wäßriger Lösung unter 1% liegt, ineinander übergehen.

230

Zur Veranschaulichung der räumlichen Struktur werden die Ringformeln meist in der *Hayworth*-Darstellung* wiedergegeben. Bei ihr wird die dem Betrachter zugewandte Ringhälfte durch Fettdruck hervorgehoben.

9.11.1.2 Fructose

Fructose schmeckt wesentlich süßer als Glucose. Sie wird vom menschlichen Organismus schneller als Glucose abgebaut und beeinflußt den Blutzuckerspiegel kaum. Deshalb findet sie als Süßungsmittel für Zuckerkranke Verwendung.

Abb. 9.31 Isomere Fructose-Moleküle.

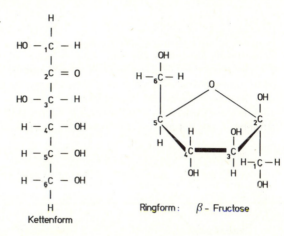

Kettenform

Ringform: β - Fructose

In der Kettenform weist das Fructose-Molekül eine Keto-Gruppe auf, die Fructose gehört deshalb zu den *Ketosen.* Die Fructose-Moleküle liegen in fester Form und in wäßrigen Lösungen überwiegend in der Ringform vor. Dabei treten neben sechsgliedrigen Ringen in wäßriger Lösung auch fünfgliedrige Ringe auf. Diese fünfgliedrige Ringstruktur weist das Fructose-Molekül auch meist auf, wenn es mit anderen Monosaccharid-Molekülen verknüpft ist. Auch hier kann der Ring auf zweierlei Weise geschlossen worden sein, häufiger liegt die β-Form vor.
Fructose wirkt gegenüber Fehling-Reagenz reduzierend, obwohl keine Aldehyd-Gruppe im Fructose-Molekül vorliegt. Unter dem katalytischen Einfluß der im Reagenz enthaltenen Hydroxid-Ionen können aus Fructose-Molekülen Glucose-Moleküle mit einer Aldehyd-Gruppe entstehen.

9.11.2 Disaccharide

Der im Haushalt am häufigsten verwendete Zucker heißt *Saccharose***. Nach seiner Herkunft wird er auch Rohrzucker oder Rübenzucker genannt. Saccharose hat die Summenformel $C_{12}H_{22}O_{11}$. Ihre Moleküle sind jeweils aus einem Glucose- und einem Fructoseanteil aufgebaut. Beide haben sich unter Austritt eines Wasser-Moleküls miteinander verbunden. Saccharose wird deshalb als *Disaccharid* (Zweifachzucker) bezeichnet.

---

* Hayworth, Walter Norman, englischer Chemiker; 1883 ... 1950.
** saccharum (lateinisch) Zucker.

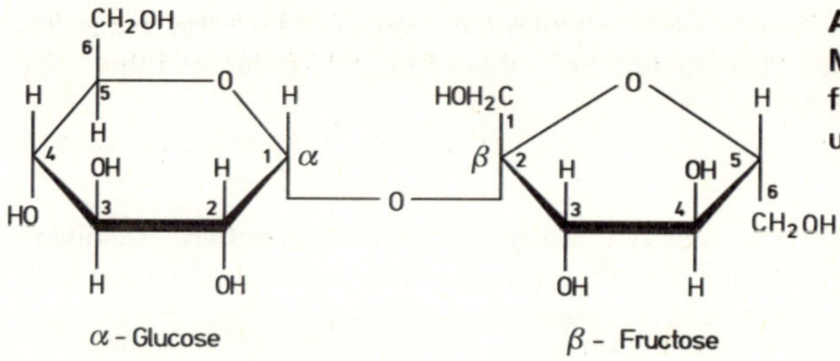

Abb. 9.32 In einem Saccharose-Molekül besteht eine 1,2-Verknüpfung zwischen einer α-Glucose- und einer β-Fructose-Einheit.

Gegenüber Fehlingscher Lösung reagiert Saccharose nicht reduzierend. Nach der Verknüpfung der beiden Monosaccharide miteinander kann sich keine Aldehyd-Gruppe mehr durch Ringöffnung ausbilden. Die Verknüpfung der beiden Monosaccharid-Moleküle erfolgt nämlich zwischen der OH-Gruppe am C_1-Atom des Glucose- und der OH-Gruppe am C_2-Atom des Fructose-Moleküls. Es liegt eine 1,2-Verknüpfung vor.

Das Disaccharid *Maltose* (Malzzucker) tritt in keimendem Samen, z. B. im Gerstenmalz und auch bei der Zerlegung von Stärke auf. Seine Moleküle sind aus zwei α-Glucose-Einheiten aufgebaut, bei denen eine 1,4-Verknüpfung vorliegt.

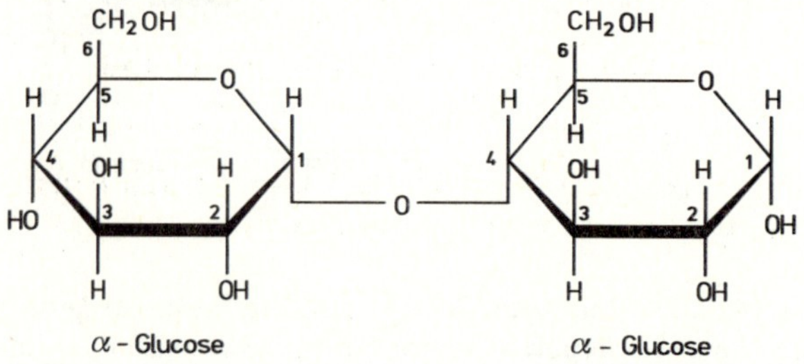

Abb. 9.33 In einem Maltose-Molekül besteht eine 1,4-Verknüpfung zwischen zwei α-Glucose-Einheiten.

9.11.3 Polysaccharide

Sind nicht nur zwei, sondern sehr viele Monosaccharid-Einheiten miteinander verknüpft, gelangt man zu den Makromolekülen der *Polysaccharide**. Die beiden bedeutendsten Polysaccharide sind die *Stärke* und die *Cellulose*. Diese weisen infolge ihres Aufbaus aus Makromolekülen nicht mehr die typischen Eigenschaften eines Zuckers wie Löslichkeit in Wasser und süßer Geschmack auf.

9.11.3.1 Stärke

Das für die Ernährung wichtigste Kohlenhydrat ist die Stärke. Sie wird als Reservestoff in Samen, Früchten und Knollen der Pflanzen gespeichert.

Pflanzliche Stärke ist ein weißes, geschmackloses Pulver und in kaltem Wasser unlöslich. In heißem Wasser lösen sich etwa 20%, die *Amylose,* während der Rest, das *Amylopektin,* ungelöst bleibt. Beide Stärkebestandteile können in verdünnten Säuren oder unter dem Einfluß von Enzymen (Biokatalysatoren) über Maltose in Glucose zerlegt werden. Bei Amylose sind die α-Glucose-Einheiten ausschließlich über 1,4-Bindungen verknüpft und bilden

---

* polys (griechisch) viel.

Ketten von 100 bis 1400 Glucose-Einheiten. Amylopektin besitzt zusätzlich Seitenketten mit 15 bis 18 Glucose-Bausteinen, die über 1,6-Bindungen mit dem Hauptstrang verbunden sind.

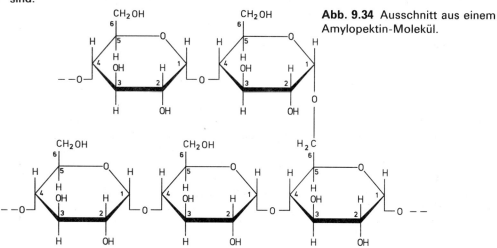

Abb. 9.34 Ausschnitt aus einem Amylopektin-Molekül.

Die Kette der Amylose besitzt eine schraubige Struktur, die durch Wasserstoffbrückenbindungen zusammengehalten wird.

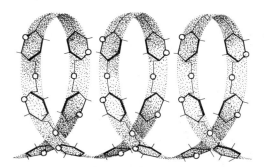

Abb. 9.35 Ausschnitt aus einem Amylose-Molekül.

Versuch 59 Iod-Stärke-Reaktion
Zu einer Stärke-Lösung fügt man einige Tropfen Iod-Kaliumiodid-Lösung (Lugolsche Lösung). Die Lösung wird erwärmt und anschließend wieder abgekühlt.

Versetzt man eine Stärke- oder Amylose-Lösung mit einer Iod-Lösung, so beobachtet man eine intensive Blaufärbung. Dieser charakteristische *Iod-Stärke-Nachweis* beruht auf dem Einschluß je eines Iod-Moleküls in eine Windung der „Amyloseschraube". Die blaue Färbung verschwindet beim Erwärmen und erscheint beim Abkühlen wieder. Beim Erwärmen werden die Windungen gestreckt und die Iod-Stärke-Verbindungen aufgelöst. Beim Abkühlen treten die Windungen wieder auf, Iod-Moleküle können wieder eingeschlossen werden.
Amylopektin ergibt mit Iod eine rotviolette Färbung.
Die Enzyme Ptyalin im Speichel und Amylase im Magensaft zerlegen die Stärke in kürzerkettige *Dextrine* und schließlich in Maltose. Maltose wird dann durch die Maltase des

Darmsaftes zu Glucose gespalten. Dextrine werden auch beim Erhitzen der Stärke gebildet, z. B. beim Backen in der Brotkruste.

Stärke gewinnt auch als nachwachsender Rohstoff für die chemische Industrie an Bedeutung. So werden heute viele Thermoplaste, Elastomere und Fasern unter Mitverwendung von Stärke hergestellt. Außerdem wird Stärke mit Hilfe von Säuren und Enzymen in Glucose zerlegt („Verzuckerung von Stärke"). Die Glucose wird als industrieller Rohstoff weiterverarbeitet.

9.11.3.2 Cellulose

Cellulose ist der wesentliche Bestandteil pflanzlicher Zellwände und damit das am häufigsten vorkommende Kohlenhydrat. Es übernimmt bei der Pflanzenzelle die Stützfunktion und kann — einmal gebildet — von der Pflanze nicht wieder abgebaut werden. Pflanzenfasern wie Baumwolle, Flachs und Hanf bestehen nahezu aus reiner Cellulose, im Holz beträgt ihr Massenanteil etwa 50 % und im Stroh etwa 30 %.

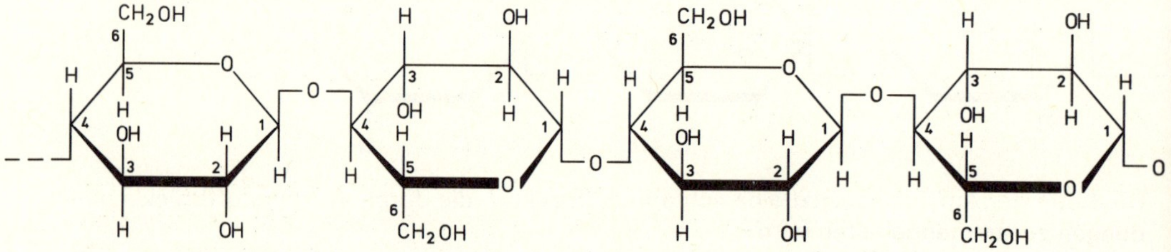

Abb. 9.36 Ausschnitt aus einem Cellulose-Molekül.

Die Cellulose ist ein Polysaccharid, dessen Moleküle aus β-Glucose-Einheiten aufgebaut sind, die über 1,4-Bindungen miteinander verknüpft sind. Im Cellulose-Molekül ist jede zweite Glucose-Einheit um 180° gegen die erste gedreht, deshalb kommt es zur Ausbildung eines fast geradkettigen Molekülfadens. Diese bestehen aus bis zu 14000 Glucose-Einheiten. Zwischen den Molekülfäden kommt es zur Ausbildung von Wasserstoffbrückenbindungen. So entstehen Molekülbündel, die sich zu Fasern zusammenlagern.

Cellulose wird hauptsächlich aus Holz und Stroh für die Herstellung von Papier, halbsynthetischen Chemiefasern (Reyon) und Sprengstoffen (Schießbaumwolle) gewonnen.

9.11.4 Optische Aktivität

Glycerinaldehyd (2,3-Dihydroxypropanal) ist eine Triose. Baut man sich Molekülmodelle des Glycerinaldehyds, so erhält man zwei Sorten von Molekülen. Die Moleküle des D-Glycerinaldehyds und des L-Glycerinaldehyds verhalten sich wie Bild und Spiegelbild zueinander. Sie lassen sich durch Drehung nicht zur Deckung bringen (**Abb. 9.37**). Man spricht hier von einer *Spiegelbildisomerie*.

Allgemein nennt man jedes Objekt, das mit seinem Spiegelbild nicht identisch ist, *chiral*[*]. Ein linker und ein rechter Handschuh sind chiral.

Abb. 9.37 Strukturformeln der Spiegelbildisomeren a) D-Glycerinaldehyd und b) L-Glycerinaldehyd.

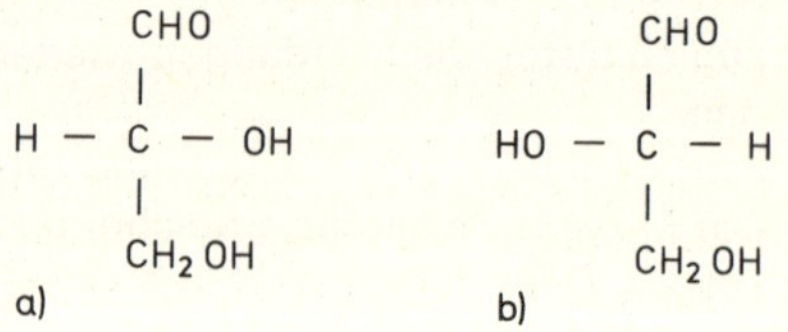

---

[*] cheir (griechisch) Hand.

234

Die beiden Glycerinaldehyde stimmen in vielen Eigenschaften (z. B. Schmelztemperatur, Dichte) überein, doch unterscheiden sie sich in einer wichtigen Eigenschaft: Sie drehen die Ebene des linear polarisierten Lichtes um den gleichen Betrag in die entgegengesetzte Richtung. Experimentell kann diese Eigenschaft mit einem Polarimeter überprüft werden.

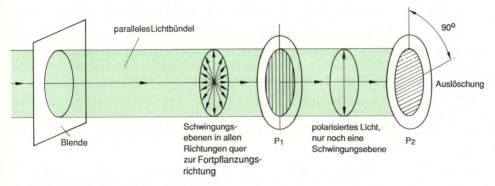

Abb. 9.38 Polarisation des Lichts.

Die von einer „normalen" Lichtquelle ausgesandten Lichtwellen schwingen in allen Richtungen quer zur Fortpflanzungsrichtung. Ein Filter P$_1$, der *Polarisator,* läßt nur Licht einer einzigen Schwingungsebene durch; das Licht ist polarisiert. Gelangt das polarisierte Licht zu einem zweiten Polarisationsfilter P$_2$, dem *Analysator,* das gegen P$_1$ um 90° gedreht ist, so wird alles Licht ausgefiltert. Hinter dem Analysator herrscht völlige Dunkelheit.

Abb. 9.39 Polarisiertes Licht beim Durchgang durch eine Lösung von (−)-Glycerinaldehyd.

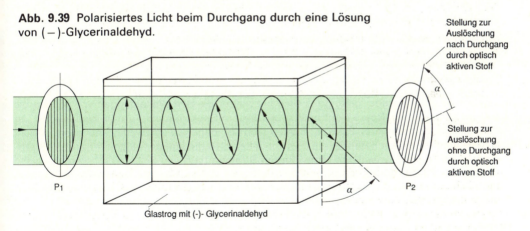

Bringt man zwischen Polarisator und Analysator ein Gefäß mit D-Glycerinaldehyd, so wird vom Analysator ein Teil des Lichtes durchgelassen. Der Analysator muß um einen bestimmten Winkel gedreht werden, um wieder Dunkelheit hervorzurufen. Beim Gang des linear polarisierten Lichtes durch den D-Glycerinaldehyd muß dessen Ebene um diesen Winkel gedreht worden sein. L-Glycerinaldehyd dreht die Ebene des linear polarisierten Lichtes in die entgegengesetzte Richtung.

Die Polarisationsebene kann dabei in der Blickrichtung des Betrachters (vom Analysator zum Polarisator) im Uhrzeigersinn oder gegen den Uhrzeigersinn gedreht werden. Entsprechend bezeichnet man die Verbindung als rechtsdrehend (+) oder linksdrehend (−). D-Glycerinaldehyd ist das rechtsdrehende Spiegelbildisomer, L-Glycerinaldehyd das linksdrehende. Die Größe des Drehwinkels ist von der Art des Stoffes und von der Zahl der vom Licht getroffenen Moleküle abhängig. Diese Zahl ist um so größer, je höher die Konzentration der Lösung und je länger der Weg des Lichtes durch die Lösung ist.

Im Glycerinaldehyd-Molekül hat das 2. Kohlenstoff-Atom vier verschiedene Substituenten (—H, —OH, —CH_2OH, —CHO). Trägt ein Kohlenstoff-Atom vier verschiedene Substituenten, so ist innerhalb des Moleküls keine Symmetrie möglich, man spricht deshalb von einem *asymmetrischen Kohlenstoffatom* (C*).

Verbindungen, deren Moleküle asymmetrische C-Atome aufweisen, zeigen in der Regel die Eigenschaft der optischen Aktivität.

9.12 Farbstoffe

9.12.1 Licht und Farbe

Das sichtbare Licht ist ebenso wie die Röntgenstrahlen, Mikrowellen und Rundfunkwellen elektromagnetische Strahlung. Der sichtbare Bereich der elektromagnetischen Strahlung besitzt die Wellenlänge 400 nm bis 800 nm.

Versuch 60 Spektrale Zerlegung von weißem Licht
Das Licht eines Diaprojektors wird durch ein Glasprisma oder ein Interferenzverlaufsfilter auf einen Projektionsschirm geleitet.

Weißes Licht kann durch ein Glasprisma zerlegt werden. Dabei entstehen die *Spektralfarben* von rot über orange, gelb, grün, blau bis violett, die den Wellenlängen von 800 nm bis 400 nm entsprechen. Rotes Licht besitzt bei diesem Spektrum eine große Wellenlänge, ist demnach Licht geringerer Energie. Blaues Licht ist dagegen kurzwellig und energiereich. Dem sichtbaren Bereich des Spektrums schließen sich die längerwelligen infraroten Strahlen (IR) und die kürzerwelligen ultravioletten Strahlen (UV) an.
Farbiges Licht kann dadurch entstehen, daß eine Lichtquelle Licht der entsprechenden Wellenlänge abstrahlt. „Weißes Licht", bei dem eine Wellenlänge bzw. ein kleiner Wellenlängenbereich herausgefiltert ist, wird vom Auge ebenfalls als farbig empfunden.

Beispiel:
Fehlen im Spektrum des Lichts die Wellenlängen der Farbe Rot (605 nm bis 750 nm), so verursachen die restlichen Wellenlängen den Farbeindruck der Komplementärfarbe Blaugrün.

Jeder Stoff hat die Eigenschaft, elektromagnetische Strahlung zu absorbieren. Der Farbeindruck einer Komplementärfarbe entsteht jedoch nur, wenn Wellenlängen des sichtbaren Lichts absorbiert werden. Jeder Spektralfarbe entspricht eine *Komplementärfarbe* (vgl. Tabelle 24, S. 237).

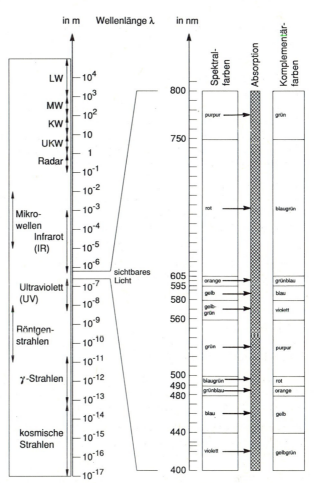

Abb. 9.40 Das Spektrum der elektromagnetischen Strahlung.

Tabelle 24 Lichtabsorption und Farbe		
Absorbiertes Licht		**Farbe der Substanz**
Wellenlänge in nm	Farbe	
400 ... 440	violett	gelbgrün
440 ... 480	blau	gelb
480 ... 490	grünblau	orange
490 ... 500	blaugrün	rot
500 ... 560	grün	purpur
560 ... 580	gelbgrün	violett
580 ... 595	gelb	blau
595 ... 605	orange	grünblau
605 ... 750	rot	blaugrün
750 ... 800	purpur	grün

Farblose Stoffe absorbieren nicht im sichtbaren Bereich, schwarze Stoffe absorbieren das gesamte sichtbare Spektrum. Ein Stoff erscheint weiß, wenn er das gesamte auftreffende Spektrum reflektiert.

9.12.2 Struktur und Farbe

Ein Stoff erscheint farbig, wenn seine Moleküle aus eingestrahltem Licht einen bestimmten Wellenlängenbereich absorbieren. Die Elektronen, die die eingestrahlte Lichtenergie aufnehmen, werden dabei auf ein höheres Energieniveau versetzt. In den meisten Fällen geben die Elektronen diese Energie sofort wieder als Wärmeenergie ab. Die Wellenlänge des absorbierten Lichts ist abhängig von den Energiezuständen, die die jeweiligen Elektronen einnehmen können, und damit vom Bindungszustand in einem Molekül. Stoffe, deren Moleküle verschiedene Bindungen aufweisen, absorbieren folglich nicht Licht einer einzigen Wellenlänge, sondern ganze Wellenlängenbereiche. So absorbiert z. B. der Pflanzenfarbstoff Chlorophyll einen Teil des eingestrahlten Lichts im Bereich von Blau und Rot und erscheint grün. Elektronen von Doppelbindungen und freie Elektronenpaare lassen sich relativ leicht anregen, d. h. sie absorbieren Strahlung von geringer Energie. So absorbiert z. B. Ethen im längerwelligeren Bereich als Ethan. Beide Substanzen sind jedoch farblos, da die Absorption im UV-Bereich erfolgt.

Je mehr konjugierte Doppelbindungen (jeweils durch eine Einfachbindung getrennte Doppelbindungen) die Moleküle eines Stoffes besitzen, um so längerwelligere Strahlung wird absorbiert. Schließlich wird der sichtbare Bereich der elektromagnetischen Strahlung erreicht:

Tabelle 25 Absorption bei Polyenen mit konjugierten Doppelbindungen in nm	
n	$CH_3-(CH=CH)_n-CH_3$
2	225 nm
3	275 nm
4	310 nm
5	342 nm
6	380 nm
7	401 nm
8	411 nm
10	430 nm
14	485 nm

Auch die Moleküle vieler farbiger Naturstoffe, wie z. B. des Carotins, enthalten eine Vielzahl konjugierter Doppelbindungen:

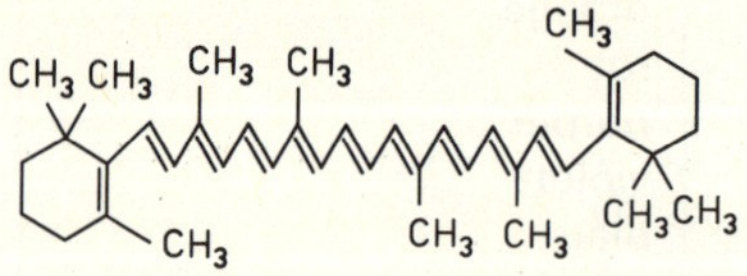

Abb. 9.41 Strukturformel von β-Carotin.

Die Elektronen konjugierter Doppelbindungen befinden sich nicht zwischen jeweils zwei Atomen, sondern bilden ein gemeinsames *delokalisiertes Elektronensystem,* über dem ge-

238

samten Bereich, in dem sich Einfach- und Doppelbindungen abwechseln (vgl. Abschnitt 9.4.1). Es handelt sich dabei um mesomere Systeme, für die sich Grenzformeln aufstellen lassen.

> **Je ausgedehnter das delokalisierte Elektronensystem bei Polyenen ist, desto größer ist die Wellenlänge des absorbierten Lichts.**

Besonders stark ist dieser Effekt bei ringförmig delokalisierten Elektronensystemen, z.B. bei Aromaten. Die für die Farbentstehung verantwortlichen Atomgruppierungen, wie hier die konjugierten Doppelbindungen, werden als *Chromophore** bezeichnet.
Der Bereich der absorbierten Wellenlängen und damit die Farbe einer Substanz wird zusätzlich durch bestimmte Atomgruppen in den Molekülen, wie z.B. Amino-($-NH_2$), Nitro- ($-NO_2$), Hydroxyl-($-OH$) oder Carbonyl-Gruppen ($>C=O$) bestimmt. Sie bewirken eine Erweiterung des delokalisierten Elektronensystems, da sich ihre Elektronenpaare an der Mesomerie des Gesamtsystems beteiligen. Alle diese Atomgruppen bewirken, daß längerwelligere Bereiche absorbiert werden; sie haben also einen farbvertiefenden Effekt *(bathochromer** Effekt)*. So ist z.B. Nitrobenzol schwach gelb, während Benzol farblos ist.
Farbvertiefende Gruppen dienen häufig beim Färben auch zur Bindung eines Farbstoffes an die Faser (vgl. Abschnitt 9.12.4). Sie heißen *auxochrome*** Gruppen.

9.12.3 Triphenylmethanfarbstoffe

Versuch 61 Herstellung von Fluorescein
Vorsicht! Schutzbrille!
Je 2 Spatel Phthalsäureanhydrid und Resorcin (1,3-Dihydroxybenzol) werden zusammen mit einigen Tropfen konzentrierter Schwefelsäure in einem kleinen Reagenzglas geschmolzen und erwärmt, bis eine intensive Rotfärbung auftritt. Die Schmelze wird in einen großen Standzylinder mit verdünnter Natronlauge gegossen.

Unter der katalytischen Wirkung der konzentrierten Schwefelsäure vereinigen sich jeweils zwei Moleküle Resorcin mit einem Molekül Phthalsäureanhydrid. Dadurch vergrößert sich das mesomere System, es entsteht ein farbiger Stoff, das Fluorescein:

Da Fluorescein ungiftig ist und sich noch in kleinsten Mengen nachweisen läßt, wird es bei Untersuchungen von Gewässerläufen eingesetzt.

---

* chroma (griechisch) Farbe; phoros (griechisch) tragend.
** bathos (griechisch) Tiefe.
*** auxanein (griechisch) wachsen.

Versuch 62 Herstellung von Phenolphthalein

Der Versuch 61 wird mit Phenol anstelle von Resorcin durchgeführt.
Aus Phenol und Phthalsäureanhydrid entsteht Phenolphthalein.

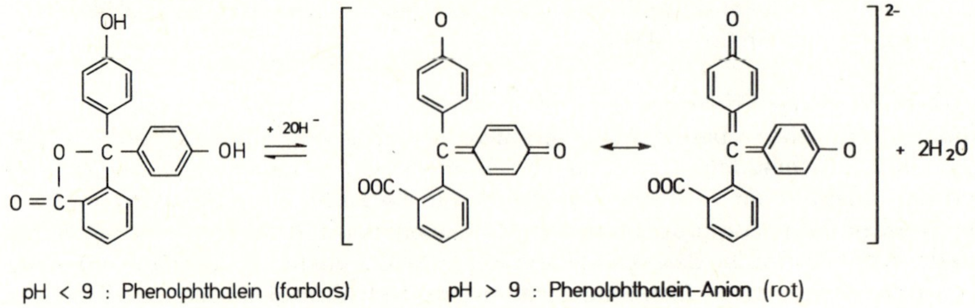

pH < 9 : Phenolphthalein (farblos)   pH > 9 : Phenolphthalein-Anion (rot)

Abb. 9.42 Phenolphthalein bei verschiedenen pH-Werten.

Im sauren Bereich ist Phenolphthalein farblos. Das im alkalischen Bereich entstehende Anion ist verantwortlich für die Rotfärbung, da dieses Anion ein ausgedehntes mesomeres System besitzt. Der Farbumschlag erfolgt bei pH = 9 und ist reversibel. Phenolphthalein kann deshalb als pH-Indikator verwendet werden.

Die Moleküle von Fluorescein und Phenolphthalein weisen die Grundstruktur des Triphenylmethans auf. Sie werden zur Gruppe der *Triphenylmethanfarbstoffe* gezählt, der auch viele bekannte Farbstoffe, wie z. B. das Eosin (rote Tinte) angehören.

9.12.4 Azofarbstoffe*

Versuch 63 Herstellung von Methylorange

5 g Sulfanilsäure (4-Aminobenzolsulfonsäure) werden in 25 ml Natronlauge ($c = 1$ mol/l) gelöst, in eine Lösung von 2 g Natriumnitrit in 6 ml Wasser gegeben und gekühlt. Das Gemisch wird in 25 ml eisgekühlte Salzsäure ($c = 1$ mol/l) gegeben. Diese Lösung fügt man zu einer Lösung von 3 g N,N-Dimethylanilin in 25 ml Salzsäure ($c = 1$ mol/l). Dann setzt man Natronlauge zu, bis ein Niederschlag auftritt (Abzug! N,N-Dimethylanilin ist giftig!).

Die Reaktion erfolgt in zwei Teilschritten. Zunächst entsteht bei der *Diazotierung* ein Diazoniumsalz:

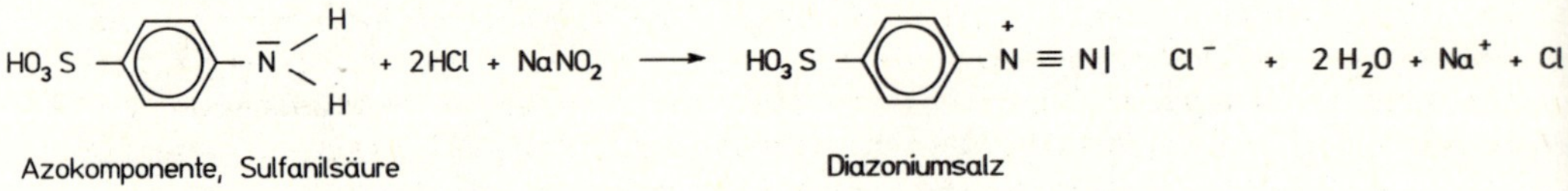

Azokomponente, Sulfanilsäure   Diazoniumsalz

Das Diazoniumsalz reagiert in einem zweiten Schritt, der *Azokupplung,* zu einem Azofarbstoff, dem Methylorange (vgl. S. 241).

---

* azote (französisch) Stickstoff.

Kupplungskomponente
Dimethylanilin

Na-Salz der 4,4-Dimethylaminoazobenzosulfonsäure

Methylorange

Die Moleküle der Azofarbstoffe besitzen mindestens eine *Azo-Gruppe* (—$\overline{N}$=$\overline{N}$—). Durch Kupplung mit Hilfe dieser Gruppe erhält man ein größeres mesomeres System. Durch Variation der Azo- und der Kupplungskomponente lassen sich viele verschiedene Azofarbstoffe herstellen. Die Azofarbstoffe bilden die größte und wirtschaftlich bedeutendste Farbstoffgruppe.

9.12.5 Farbstoffklassen und Färbeverfahren

Ein Farbstoff ist eine Substanz, mit dessen Hilfe andere Stoffe, z. B. Textilfasern, gefärbt werden können. Dazu geht der Farbstoff eine Bindung zu den Molekülen der Fasern ein. Da die Farbstoff-Moleküle und auch die Moleküle der verschiedenen Fasern (z. B. Wolle, Baumwolle, Nylon, Polyester usw.) unterschiedliche Strukturen besitzen, ist nicht jede beliebige Farbstoff-Faser-Kombination möglich. Außerdem soll in den verschiedenen Färbeverfahren der Farbstoff auf der jeweiligen Faser so fixiert werden, daß wichtige Qualitätsmerkmale wie *Wasch-* und *Abreibeechtheit* gewährleistet sind.

Versuch 64 Färben mit Kongorot

Man gibt ein Stück Baumwollgewebe in eine Lösung von 0,25 g Kongorot, 50 g Natriumchlorid und 0,5 g Natriumcarbonat in 100 ml Wasser und erhitzt zum Sieden. Anschließend wird das Gewebe gespült und getrocknet.

Kongorot gehört zur Klasse der *Substantiv-Farbstoffe* oder *Direktfarbstoffe*. Diese sind wasserlösliche Farbstoffe, die direkt aus der Färbelösung, der Flotte, auf die Faser aufziehen. Sie haften durch van-der-Waals-Kräfte und Dipol-Kräfte und besitzen im allgemeinen eine geringe Waschechtheit.

Von kaum zu übertreffender Waschechtheit sind dagegen die meisten *Küpenfarbstoffe*. Es handelt sich dabei um wasserunlösliche Farbstoffe, die im Färbeprozeß zunächst in lösliche Stoffe überführt ("verküpt") werden. Der bekannteste Vertreter dieser Klasse ist das Indigo (Farbstoff der blue jeans). Dieser Farbstoff stellt jedoch bezüglich der Waschechtheit eine Ausnahme dar. Im Gegensatz zu den *Indanthren-Farben* (*Ind*igo-*Anthr*achinon), die ebenfalls verküpt werden müssen, ist Indigo nicht waschecht.

Versuch 65 Färben mit Indigo

Vorsicht! Schutzbrille!

Zu 50 ml Wasser von etwa 60 °C werden 1 g Indigo, 1 g Natriumdithionit ($Na_2S_2O_4$) und 2 ml konzentrierte Natronlauge gegeben. In der gelben Lösung wird ein Stück Gewebe aus Wolle oder Baumwolle durch Rühren bewegt. Nach 5 Minuten wird das Gewebe herausgenommen und an der Luft getrocknet.

Das blaue Indigo wird zunächst durch Reduktion mit Natriumdithionit in das farblose, wasserlösliche Leukoindigo überführt, mit dem das Gewebe getränkt wird. Durch Oxidation an der Luft entsteht auf der Faser wieder der blaue, wasserunlösliche Farbstoff.

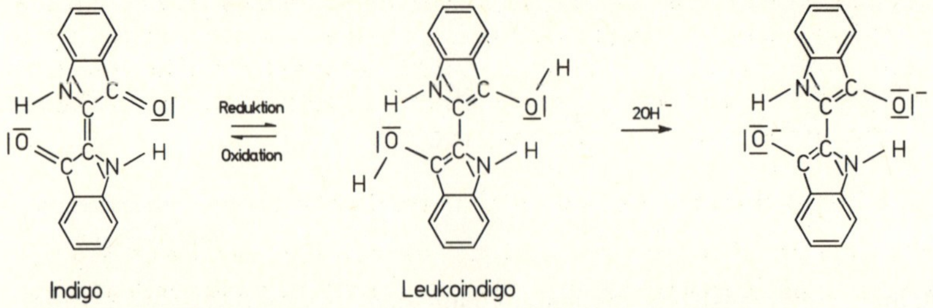

Indigo   Leukoindigo

Abb. 9.43 Strukturformeln des Indigos und des Leukoindigos.

Eine immer größere Bedeutung erlangen die *Reaktivfarbstoffe,* die unter Ausbildung von Atombindungen mit den Fasermolekülen reagieren. Es handelt sich häufig um Säurechloride, die z. B. mit den Hydroxyl-Gruppen der Fasermoleküle eine Esterbindung eingehen.

Weitere Farbstoffklassen sind in Tabelle 26 zusammengestellt:

Tabelle 26 Farbstoffklassen und Färbeeigenschaften

Farbstoffklasse	Bindung zur Faser	färbbare Fasern
Substantive Farbstoffe (Direktfarbstoffe). Wasserlösliche Salze organischer Säuren.	Zwischenmolekulare Kräfte	Cellulose, Wolle
Küpenfarbstoffe. Reduziert in der Flotte löslich. Durch Oxidation entsteht die wasserunlösliche, farbige Verbindung auf der Faser.	Zwischenmolekulare Kräfte	Cellulose
Reaktivfarbstoffe. Meist Säurechloride, die mit Hydroxyl- bzw. Amino-Gruppen der Fasermoleküle reagieren.	Atombindungen	Cellulose, Wolle, Seide, Polyamide
Entwicklungsfarbstoffe. Wasserunlösliche Azofarbstoffe. Die Kupplung der beiden Komponenten erfolgt direkt auf der Faser.	Zwischenmolekulare Kräfte	Cellulose
Dispersionsfarbstoffe. Wasserunlöslich, in Wasser dispergiert.	Zwischenmolekulare Kräfte	Kunstfasern
Metallkomplexfarbstoffe. Bilden mit Metallionen (z. B. Fe^{3+}, Al^{3+}, Cr^{3+}) auf der Faser wasserunlösliche Komplexverbindungen.	Ionenbindungen, Komplexbindungen	tierische Fasern, Polyamide
Saure und basische Farbstoffe. Reagieren mit basischen bzw. sauren Gruppen der Fasermoleküle.	Ionenbindungen	tierische Fasern, Polyamide

9.13 Chemische Energieträger und Rohstoffe

Erdgas, Erdöl und Kohle sind heute die wichtigsten *Primärenergieträger*. Primärenergie ist die Energie, die aus natürlichen Energieträgern zu gewinnen ist. Allerdings wird der größte Teil der Primärenergieträger nicht unmittelbar verbrannt, sondern zunächst in veredelte Produkte, die *Sekundärenergieträger* (z. B. Koks, Benzin, Heizöl) überführt. Kohle, Erdöl und auch das Erdgas sind eigentlich viel zu wertvoll, um verbrannt zu werden. Aus ihnen können viele Grundstoffe der chemischen Industrie gewonnen werden.

9.13.1 Entstehung und Zusammensetzung von Erdgas und Erdöl

Nach dem heutigen Kenntnisstand sind Erdgas und Erdöl aus den Kohlenhydraten, Eiweißstoffen und Fetten von winzigen Wassertieren und -pflanzen entstanden, die vor Jahrmillionen in riesiger Anzahl flache, küstennahe Gewässer besiedelten. Aus absterbenden Organismen und Sanden, Tonen und Kalken, die meist von Flüssen in die Gewässer verfrachtet wurden, bildete sich eine mächtige, sauerstoffarme Schicht. Nachdem diese Faulschlammschicht mit weiteren Sedimenten überdeckt worden war, wandelten sich ihre organischen Bestandteile unter dem Einfluß von Druck, Wärme, Bakterien sowie mineralischen und organischen Katalysatoren in die Verbindungen des Erdgases und Erdöls um. (Erdgas kann allerdings auch im Zusammenhang mit der Bildung von Kohle entstehen (vgl. Abschnitt 9.13.2).

Erdgas besteht überwiegend aus Methan.

Daneben enthält es noch Ethan, Propan und in geringen Anteilen weitere Kohlenwasserstoffe. Bevor es verbrannt oder weiterverarbeitet werden kann, muß es meist noch von Schwefelwasserstoff befreit werden. Bei der Verbrennung des Erdgases würde die Umwelt sonst mit Schwefeldioxid belastet.

Rohöl ist ein Gemisch aus weit mehr als tausend verschiedenen Kohlenwasserstoffen.

Neben diesen enthält es noch geringe Anteile an organischen Sauerstoff-, Stickstoff- und Schwefelverbindungen, die den unangenehmen Geruch bewirken, und einige anorganische Verbindungen. Aufgrund dieser Zusammensetzung muß Erdöl vor seiner Verwendung in Raffinerien aufbereitet werden.
Das Rohöl ist je nach seiner Herkunft hellbraun bis pechschwarz und dünn- bis dickflüssig.

9.13.2 Entstehung und Zusammensetzung von Kohle

In allen Kohlevorkommen findet man Pflanzenabdrücke. Aus Pflanzen ausgedehnter Moor- und Sumpfwälder haben sich vor etwa 270 bis 350 Millionen Jahren hauptsächlich Stein- und Braunkohle gebildet.
Zunächst entstand aus den abgestorbenen Pflanzen unter Einwirkung anaerober (ohne Sauerstoff lebender) Bakterien Torf. Die Torfschichten wurden von Sedimenten überdeckt. Der von ihnen ausgeübte Druck und die dabei entstehende Wärme führten zu einer Verfestigung und Umwandlung der lockeren Torfschichten zu Braunkohle. Erst bei Einwirkung von starkem tektonischen Druck und erhöhter Temperatur im Zusammenhang mit gebirgsbildenden Vorgängen bildete sich Steinkohle. Der Prozeß der Kohlebildung aus organischen Verbindungen wird als *Inkohlung* bezeichnet.

Kohle ist ein Gemisch von überwiegend makromolekularen Verbindungen, die hauptsächlich aus ringförmigen Kohlenwasserstoffbausteinen bestehen.

Tabelle 27 Zusammensetzung und Heizwert von Holz, Torf und verschiedenen Kohlearten im Vergleich

Stoff	Zusammensetzung in %			Heizwert in MJ/kg
	Kohlenstoff	Sauerstoff	Wasserstoff	
Holz	50	43	6	13,6
Torf	56	32	5,5	15,7
Braunkohle	70	24	5	18,8
Steinkohle	85	7	5	31,4
Anthrazit	92	4	3	34,3

Da Kohle uneinheitlich aufgebaut ist, wird meist nur der Anteil der Elemente erfaßt. Je weiter die Inkohlung fortgeschritten ist, desto höher ist der Kohlenstoffanteil. Wegen dieses hohen Anteils besitzen die Steinkohlen einen hohen Heizwert. Während der Inkohlung wurde ständig Methan frei, das sich in Erdgaslagerstätten sammelte, wenn es nicht in die Atmosphäre entweichen konnte.

9.13.3 Fraktionierte Destillation

Das wichtigste Trennverfahren für Erdöl ist die fraktionierte Destillation. Eine Fraktion ist ein Gemisch von Stoffen mit ähnlichen Siedetemperaturen.

In den Raffinerien wird das Rohöl in einem Röhrenofen auf 360 °C bis 400 °C erhitzt, wobei es zum größten Teil verdampft (**Abb. 9.44**, S. 245). Das Dampf-Flüssigkeits-Gemisch wird seitlich in den unteren Teil des Destillationsturmes geleitet. Dieser ist durch zahlreiche Zwischenböden („Glockenböden") stockwerkartig unterteilt. Entsprechend der von unten nach oben abnehmenden Temperatur sammeln sich die Bestandteile des Rohöls mit den höheren Siedetemperaturen auf den unteren, die niedriger siedenden auf den oberen Böden.
Zur besseren Trennung werden die aufsteigenden Dämpfe durch die über die Durchlässe gestülpten Glocken so umgeleitet, daß sie durch die Flüssigkeitsschichten auf den Böden strömen.
In der Flüssigkeit gelöste noch niedriger siedende Bestandteile verdampfen, im Dampf enthaltene höher siedende Verbindungen kondensieren. Steigt das Niveau der Flüssigkeit über die Oberkante des Durchlaßrohres, so läuft sie in den nächst tieferen Boden zurück. So findet zwischen zwei Böden ständig eine Destillation statt.
Die Kondensate werden auf bestimmten Böden gesammelt und in Vorratstanks abgeleitet. Je nach Aufbau des Destillationsturmes und je nach Betriebsbedingungen fallen verschiedene Rohölfraktionen an.
Der bei 400 °C und Normdruck nicht verdampfbare Rückstand wird in einer *Vakuumdestillationsanlage* unter vermindertem Druck (etwa 50 mbar) verarbeitet. Dabei gewinnt man schweres Heizöl, Schmieröle, Paraffin und Bitumen.

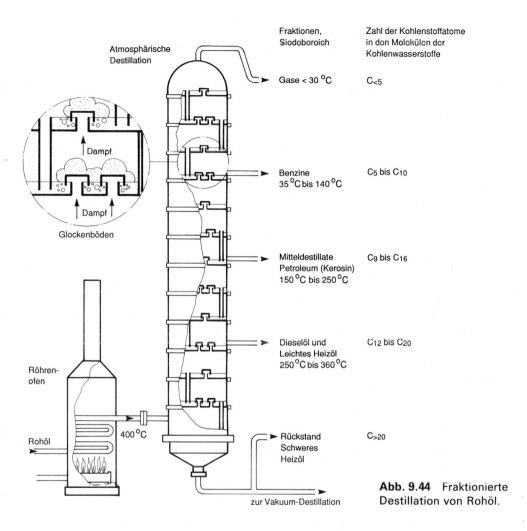

Fraktionen, Siedeboreich	Zahl der Kohlenstoffatome in den Molekülen der Kohlenwasserstoffe
Gase < 30 °C	$C_{<5}$
Benzine 35 °C bis 140 °C	C_5 bis C_{10}
Mitteldestillate Petroleum (Kerosin) 150 °C bis 250 °C	C_9 bis C_{16}
Dieselöl und Leichtes Heizöl 250 °C bis 360 °C	C_{12} bis C_{20}
Rückstand Schweres Heizöl	$C_{>20}$

Abb. 9.44 Fraktionierte Destillation von Rohöl.

9.13.4 Cracken

Die Zusammensetzung von Rohölen kann je nach Herkunftsgebiet stark variieren. Allen ist jedoch eines gemeinsam: Gemessen am tatsächlichen Bedarf liefern sie bei der fraktionierten Destillation zu wenige Benzine, Dieselöl und leichtes Heizöl. Diese lassen sich jedoch aus den in großen Mengen anfallenden hochsiedenden Fraktionen gewinnen. Dazu müssen die großen Kohlenwasserstoff-Moleküle in kleinere zerlegt werden. Diese Zerlegung nennt man *Cracken**.

Beim *thermischen Cracken* wird z. B. schweres Heizöl oder Rohbenzin (technischer Name: Naphtha) unter Druck auf etwa 450 °C bis 500 °C erhitzt. Dadurch geraten die großen Moleküle in so starke Schwingungen, daß ein Teil der C—C-Bindungen zerbricht.

---

* to crack (englisch) aufbrechen.

245

Beim *katalytischen Cracken,* das bei etwa 500 °C in Gegenwart eines Katalysators erfolgt, wird ein wesentlich höheres Umwandlungsergebnis und eine bessere Qualität erzielt. So entstehen auch verzweigte Alkane und Alkene, die als klopffeste Komponenten Ottokraftstoffen zugemischt werden können.

Versuch 66 Cracken von Paraffinöl mit Katalysator

Zuerst wird der Katalysator erhitzt, dann das Paraffinöl. Nachdem die Knallgasprobe durchgeführt wurde, werden die Dämpfe entzündet.

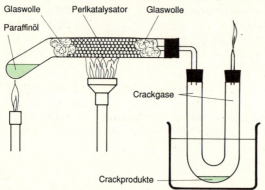

Abb. 9.45 Versuchsanordnung. Cracken von Paraffinöl mit Katalysator.

Das in der Erdölraffinerie gewonnene Rohbenzin ist das wichtigste Einsatzprodukt der Petrochemie. Es wird in erster Linie zu Alkenen (früherer Name: Olefine), aber auch zu Aromaten verarbeitet. Die Verarbeitung des Rohbenzins erfolgt in den Olefinanlagen durch *Steamcracken** in Gegenwart von Wasserdampf bei Temperaturen von 750 °C bis 850 °C.

9.13.5 Verkokung

Versuch 67 Verkokung im Experiment

In einem schwerschmelzbaren Reagenzglas werden kleine Stücke Steinkohle (z. B. Eierkohle) erhitzt. Nachdem die Knallgasprobe durchgeführt wurde, kann das Gas entzündet werden.

Teer und Ammoniakwasser kondensieren, Kokereigas entweicht und verbrennt.

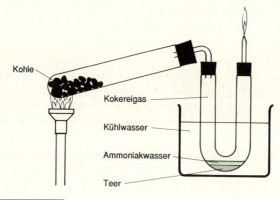

Abb. 9.46 Versuchsanordnung. Verkokung im Experiment.

---

* steam (englisch) Dampf.

Wird Steinkohle unter Luftabschluß bei Temperaturen zwischen 1100 °C und 1400 °C (*„Hochtemperaturverkokung"*) längere Zeit erhitzt, so entsteht als fester Rückstand Koks. Er wird zu Heizzwecken, größtenteils aber als Reduktionsmittel zur Gewinnung von Eisen genutzt. Die Eisengewinnung hätte ohne Koks aus Steinkohle niemals die heutigen Ausmaße erreichen können.

Bei der Verkokung entweichen auch größere Mengen heißer Gase. Beim Abkühlen entsteht zuerst Steinkohlenteer. Er enthält allein über 300 wichtige Verbindungen und diente lange Zeit als Hauptrohstoffquelle für viele Grundstoffe der chemischen Industrie, die heute aus Erdöl gewonnen werden. Bei seiner Weiterverarbeitung verbleibt ein Rückstand, der als Straßenteer Verwendung findet. Ein weiteres Kondensationsprodukt ist Benzol, das vor allem als Benzinzusatz sowie als Grundstoff für Farb- und Kunststoffe eingesetzt wird. Das im Kondensat enthaltene Ammoniak ist ein Grundstoff zur Herstellung von Mineraldüngern.

Das nach der Kondensation übrigbleibende Gas, das überwiegend aus Wasserstoff (55 %) und Methan (20 %) besteht, wurde früher nach Zugabe eines Gemisches aus Kohlenstoffmonooxid und Wasserstoff als *Stadtgas* den Haushalten zugeführt. Nach Verdrängung des Stadtgases durch das Erdgas wird das Gas meist zur Aufheizung der Kokskammern oder im Hochofenbetrieb zur Aufheizung der Heißwinde eingesetzt.

9.13.6 Kohlehydrierung

Bereits vor dem Zweiten Weltkrieg wurde in Deutschland ein Verfahren zur Gewinnung von Benzin aus Kohle, die *„Kohleverflüssigung"*, entwickelt. Dazu werden Kohlestaub, ein Katalysator und Schweröl zu einem Brei vermischt und nach Zusatz von Wasserstoff aufgeheizt. Bei Temperaturen zwischen 450 °C und 500 °C und Drücken von 300 bar bis 400 bar werden die großen Moleküle der Kohle gespalten und hydriert. Die dabei gewonnenen Benzine sind Vorprodukte für die Erzeugung von Treibstoffen, Heizöl oder von Rohstoffen für die chemische Industrie.

9.13.7 Synthesegas aus Kohle

Auch aus Kohlenstoffmonooxid und Wasserstoff lassen sich Kohlenwasserstoffe gewinnen. In der Technik leitet man dazu ein Gemisch aus Wasserdampf und Luft über erhitzten Koks:

$$3\,C + H_2O + O_2 \longrightarrow 3\,CO + H_2$$

Das dabei entstehende Gemisch aus Kohlenstoffmonooxid und Wasserstoff wird noch mit Wasserstoff angereichert. Dieses Gemisch, das *Synthesegas* genannt wird, ist vielfältigen Umsetzungen zugänglich. Je nach Mischungsverhältnissen, Reaktionsbedingungen (Druck, Temperatur, Zeit) und Katalysatoren können gasförmige und flüssige Kohlenwasserstoffe oder auch organische Sauerstoffverbindungen gewonnen werden.

9.14 Übungsaufgaben

Zur Wiederholung

W 1. Ordnen Sie die Pentanisomere nach steigender Siedetemperatur und begründen Sie die Reihenfolge.

W 2. a) Stellen Sie die Halbstrukturformeln für die Moleküle der folgenden Verbindungen auf: 3,3-Dimethylhexan, 2-Methylhexan, 3-Ethylhexan, 3-Ethyl-2-methylpentan, 2,3,4-Trimethylhexan.
b) Welche der Moleküle und Verbindungen sind isomer zueinander?

W 3. Wenden Sie am folgenden Beispiel die Nomenklaturregeln an:

$$CH_3-CH_2-CH-CH-CH-CH_2-CH_2-CH_3$$

$$\begin{array}{ccc} CH_3 & CH_2 & CH_3 \\ & | & \\ & CH_3 & \end{array}$$

W 4. Formulieren Sie den Mechanismus für die Bromierung eines Alkans (vereinfachte Formel $R-CH_3$).

W 5. Die $C-C$-Bindungslänge im Benzol beträgt 139 pm, die im Ethan 154 pm und die im Ethen 134 pm. Was kann man aus dem Vergleich der Bindungslängen schließen?

W 6. Folgt die Zahl der π-Elektronen auch bei Anthracen der Hückel-Regel?

W 7. Welcher Reaktionstyp ist typisch für die Alkene und welcher für die Aromaten?

W 8. Zeichnen Sie die Strukturformel von tertiärem Pentanol. Wie lautet sein systematischer Name?

W 9. Begründen Sie, warum Ethanol im Vergleich mit Propan eine recht hohe Siedetemperatur besitzt.

W 10. Begründen Sie, warum innerhalb der homologen Reihe mit steigender Molekülgröße die Löslichkeit der Alkanole in Wasser abnimmt.

W 11. Welches Volumen hat die Wasserstoffportion (0 °C, 1013 mbar), die bei der Reaktion von 2,3 g Ethanol mit einer genügend großen Natriumportion gebildet wird?

W 12. Welche Oxidationsprodukte können entstehen, wenn 1-Butanol bzw. 2-Butanol mit Kupfer(II)-oxid reagieren?

W 13. Die Schmelztemperatur von Tristearinsäureglycerinester beträgt 72 °C, die von Triölsäureglycerinester −5 °C. Erklären Sie, worauf der große Unterschied zwischen den Schmelztemperaturen zurückzuführen ist.

W 14. Erklären Sie folgenden Sachverhalt: Phenol ergibt mit Wasser eine Emulsion, mit Natronlauge eine Lösung.

W 15. Welche funktionellen Gruppen weist die Aminosäure a) Alanin und b) Threonin auf?

W 16. Welche Teilchen entstehen bei Zugabe von Oxonium-Ionen zu einer neutralen Alanin-Lösung?

W 17. Wie viele verschiedene Tripeptide lassen sich aus Glycerin und Alanin bilden? Geben Sie die Aminosäuresequenzen der Tripeptide mit den Kurzzeichen für die Aminosäuren an.

W 18. Welche Sekundärstrukturen können bei Proteinen auftreten? Wie kommen sie zustande?

W 19. Welche funktionellen Gruppen weisen a) die Glucose- und b) die Fructose-Moleküle in der Kettenform auf?

W 20. Saccharose ist ein Disaccharid. Aus welchen Monosacchariden kann sie aufgebaut werden?

W 21. Wie läßt sich experimentell entscheiden, ob eine Glucose- oder eine Saccharose-Lösung vorliegt?

W 22. Wodurch unterscheiden sich Stärke und Cellulose in ihrem molekularen Aufbau?

W 23. Wie läßt sich experimentell nachprüfen, ob ein Nahrungsmittel Stärke enthält?

W 24. Wie viele asymmetrische C-Atome weist das Glucose-Molekül in der Kettenform auf?

W 25. Welche wesentlichen Unterschiede bestehen in der Zusammensetzung von Erdgas, Erdöl und Steinkohle?

W 26. Welchen Zweck verfolgt man mit dem Cracken von Kohlenwasserstoffen?

W 27. Welche Stoffe erhält man bei der Verkokung von Steinkohle?

Zur Vertiefung

V 1. Vergleichen Sie die Gesamtreaktionsgleichungen für die Addition von Brom an Ethen und für hypothetische Substitutionen. Welche Volumenänderungen wären jeweils zu erwarten unter der Annahme, daß sowohl Brom als auch die organische Bromverbindung flüssig vorliegen?

V 2. Bei der Bromierung von Benzol erhält man neben Brombenzol auch drei isomere Dibrombenzole:

1,2-Dibrombenzol	1,3-Dibrombenzol	1,4-Dibrombenzol
o(rtho)*-Dibrombenzol	m(eta)**-Dibrombenzol	p(ara)***-Dibrombenzol

Geben Sie die Strukturformeln und Namen der möglichen Tribrombenzole an.

---

* orthos (griechisch) gerade, nebeneinander.
** meta (griechisch) inmitten.
*** para (griechisch) gleichartig.

V 3. Die Volumenkonzentration des Ethanols beträgt bei Bier etwa 4%, bei Wein etwa 10%, bei Branntwein etwa 40% (ϱ (Ethanol) = 0,785 g/cm³). Mit diesen Angaben und dem Volumen des Getränks läßt sich die Masse des enthaltenen Ethanols berechnen. Daraus läßt sich der Massenanteil des Ethanols im Blut nach einer einfachen Formel abschätzen:

$$w(\text{Ethanol im Blut}) = \frac{m(\text{Ethanol})}{m(\text{Person}) \cdot r}$$

Reduktionsfaktor r:
beim Mann $r = 0,68$,
bei der Frau $r = 0,55$.
Berechnen Sie den sich ergebenden Massenanteil des Ethanols im Blut für verschiedene Getränkemengen und -sorten.

V 4. Formulieren Sie die Reaktionsgleichungen für die Verbrennung von n-Heptan
a) mit Sauerstoff,
b) mit Luft ($4N_2 + O_2$).
Vergleichen Sie die Anzahl der Gasteilchen vor und nach der Reaktion. Durch welchen Faktor wird überwiegend die bei der Verbrennung im Motor am Kolben verrichtete Arbeit ermöglicht.

V 5. Monobromethan kann sowohl aus Brom und Ethan als auch aus Bromwasserstoff und Ethen hergestellt werden. Welches Verfahren ist günstiger hinsichtlich der Reinheit des entstehenden Produkts?

V 6. Zink reagiert mit verdünnter Essigsäure unter Bildung von Wasserstoff. Welches Reaktionsprodukt entsteht außerdem? Formulieren Sie die Reaktionsgleichung.

V 7. Warum schmilzt Alanin (α-Aminopropansäure) erst bei ca. 230 °C (unter Zersetzung), während Milchsäure (α-Hydroxypropansäure) schon bei 17 °C schmilzt?

V 8. Ein Peptid besteht aus den folgenden Aminosäuren: Ala, Ser, Thr, Cys, Lys, Gly (2mal), Val (2mal), Phe (2mal). Bei der Zerlegung erhält man Spaltstücke mit den folgenden Sequenzen: Phe-Lys, Gly-Ala-Val, Thr-Cys, Gly-Ser, Val-Val-Gly, Cys-Phe-Phe, Ser-Thr, Phe-Phe. Wie lautet die Sequenz des untersuchten Peptids?

V 9. Durch Oxidation von Glycerin (Propantriol) können verschiedene Triosen gebildet werden. Zeichnen Sie die Kettenformeln für zwei unterschiedliche Triose-Moleküle auf.

V 10. Eine frisch hergestellte α-Glucose-Lösung weist zunächst einen Drehwinkel von +112° auf. Mit der Zeit sinkt dieser Drehwinkel auf den konstanten Wert von +53°. Eine frisch hergestellte β-Glucose-Lösung weist zunächst einen Drehwinkel von +19° auf. Mit der Zeit steigt dieser Drehwinkel ebenfalls auf den konstanten Wert von +53°. Geben Sie eine Erklärung für diese Beobachtung.

V 11. Warum muß der Rückstand der fraktionierten Destillation bei vermindertem Druck destilliert werden?

V 12. Warum wird das beim Überleiten von Wasserdampf und Luft über erhitzten Koks erhaltene Gemisch aus Kohlenstoffmonooxid und Wasserstoff noch mit Wasserstoff angereichert?

Erstmals hat im Jahre 1846 Christian Schönbein* — rein zufällig — die Zusammensetzung des Cellulose-Moleküls umgestaltet und damit durch Abwandlung eines Naturstoffes einen Kunststoff hergestellt.

Schönbein führte in der Küche seiner Wohnung Experimente durch. Dabei zerbrach eine Flasche, in der er Salpetersäure und Schwefelsäure destillierte. Die ätzende Flüssigkeit ergoß sich über den Fußboden. In Ermangelung eines Putzlappens wischte Schönbein die Flüssigkeit mit der baumwollenen Schürze seiner Frau auf. Er wusch die Schürze aus und hing sie zum Trocknen vor einen heißen Ofen. Aber anstatt nur zu trocknen, begann die Schürze stürmisch zu verbrennen. Schönbein hatte Baumwolle in Cellulosenitrat (Schießbaumwolle) umgewandelt, den Grundstoff für rauchloses Pulver.

Im Jahre 1907 stellte Baekeland** aus zwei niedermolekularen Stoffen, nämlich Phenol (C_6H_5OH) und Formaldehyd (HCHO) den ersten vollsynthetischen Kunststoff her. Er erhielt einen harzähnlichen, harten Stoff, der maschinell bearbeitet werden kann und unempfindlich gegenüber Säuren und Wettereinflüssen ist. Den neuen Stoff nannte er Bakelit.

10.1 Begriffsbestimmungen

Von H. Staudinger***, der als der Vater der Kunststoffchemie gilt, ist 1922 der Begriff *Makromoleküle***** (Riesenmoleküle) geprägt worden.

> In Makromolekülen sind viele hundert (fast immer Kohlenstoff-)Atome miteinander verbunden. Die Bindungsart ist die gleiche wie bei niedermolekularen organischen Stoffen.

Typisch für die Makromoleküle ist, daß sie aus einer oder wenigen verschiedenen Grundeinheiten bestehen, die sich immer wiederholen. Moleküle, die so aufgebaut sind, bezeichnet man auch als *Polymere******.

> Die Grundeinheiten, aus denen sich das Polymer bildet, werden Monomere****** genannt. Polymere sind Makromoleküle.

---

    * Schönbein, Christian Friedrich, deutscher Chemiker; 1799 ... 1868
   ** Baekeland, Leo Hendrik, aus Belgien stammender amerikanischer Chemiker; 1863 ... 1944.
  *** Staudinger, Hermann, deutscher Chemiker; 1881 ... 1965.
 **** makros (griechisch) groß, lang.
***** polys (griechisch) viel, die große Menge; meros (griechisch) Teil.
****** monos (griechisch) allein, einzig.

Polymere werden auch von der Natur produziert. *Biopolymere* sind natürliche Polymere, wie Proteine, Enzyme und Nucleinsäuren, aber auch die Cellulose und die Stärke der Pflanzen.

Werkstoffe, die (im wesentlichen) aus makromolekularen organischen Verbindungen bestehen, bezeichnet man als *Kunststoffe*.

Kunststoffe werden entweder durch Abwandeln natürlicher Makromoleküle oder synthetisch aus niedermolekularen organischen Stoffen hergestellt.

Deshalb unterscheidet man manchmal zwischen *halbsynthetischen* oder *teilsynthetischen* Kunststoffen aus natürlichen Monomeren und *vollsynthetischen* Kunststoffen aus künstlich hergestellten Monomeren.

Kunststoffe sind in der Regel unter bestimmten Bedingungen (Temperatur, Druck) umformbar und schmelzbar. Sie werden auch Plaste genannt. Die englische Bezeichnung für Kunststoffe, plastics, ist in Plastik eingedeutscht worden; sie wird aber oft in abwertendem Sinne benutzt.

Die Makromoleküle sind meist überwiegend linear, also kettenförmig. Ihre Länge liegt im Bereich von 1 nm bis 1 μm (10^{-9} m bis 10^{-6} m).

Die Größe eines Makromoleküls wird durch *die (relative) Molekülmasse* und durch den *Polymerisationsgrad* veranschaulicht. Der Polymerisationsgrad gibt an, wie viele Monomere in einem Makromolekül zusammengelagert sind.

Da bei allen Kunststoffen immer verschieden große Makromoleküle vorliegen, können auch nur Mittelwerte angegeben werden:

- Die mittlere Molekülmasse der Kunststoffe liegt zwischen zehntausend und drei Millionen.
- Der mittlere Polymerisationsgrad liegt zwischen einigen hundert und einigen zehntausend.

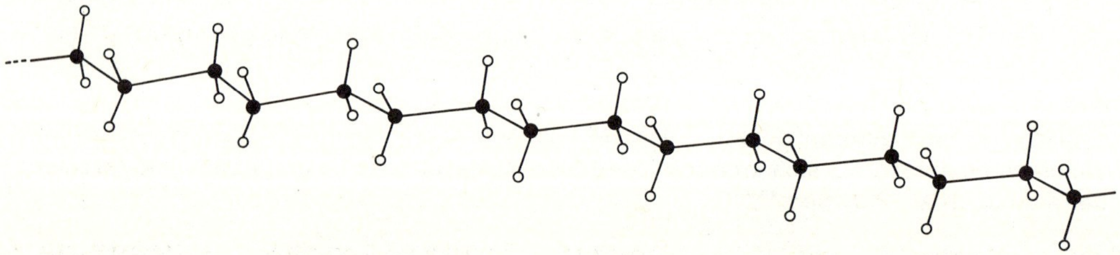

Abb. 10.1 Ausschnitt einer räumlichen Darstellung eines Polyethylen-Moleküls.

Der tatsächliche Bau der Makromolekülketten ist nicht flächig und geradlinig, wie es durch die flächig gezeichneten Strukturformeln den Anschein hat, sondern wegen der tetraedrischen Anordnung der vier Kohlenstoff-Valenzen von etwa 109,5° gewinkelt. Dies gilt für alle Ketten gesättigter Kohlenstoffverbindungen, also praktisch für alle Kunststoff-Moleküle.

Makromoleküle entstehen, wenn einzelne Monomere wie Glieder einer langen Kette miteinander verknüpft werden. Man unterscheidet bei der Bildung von Makromolekülen zwischen *Polymerisation, Polyaddition* und *Polykondensation*.

252

10.2 Polymerisationskunststoffe

10.2.1 Die Polymerisation

Die durch Polymerisation zu verknüpfenden Monomere müssen mindestens eine *Doppelbindung* enthalten. Diese ist meist eine $C=C$-Bindung, wie z. B. bei $CH_2=CH_2$.

Bei der Polymerisation wird in jedem Monomer eine Doppelbindung zur Einfachbindung.

Dadurch werden die zwei ursprünglich doppelt gebundenen Atome befähigt, das vorstehende und nachfolgende Glied der Kette zu binden.
Die Grundform der Polymerisation ist die des Ethens:

$$n\,CH_2=CH_2 \longrightarrow \cdots[-CH_2-CH_2-]\cdots_n$$

Ein Molekül-Orbital der Doppelbindung wird entkoppelt, so daß eine Einfachbindung entsteht. Die beiden Elektronen können entweder auf die beiden Kohlenstoff-Atome verteilt werden (Möglichkeit I), oder beide Elektronen gehen an ein Kohlenstoff-Atom (Möglichkeit II). Dadurch bekommen die beiden Kohlenstoff-Atome entgegengesetzte elektrische Ladung.

Möglichkeit I:
Elektronen werden auf beide Kohlenstoff-Atome verteilt.

Möglichkeit II:
Beide Elektronen gehen an ein Kohlenstoff-Atom.

Die Polymerisation des Ethens ist charakteristisch für alle Polymerisationen.
Beispiele für einige wichtige Monomere für Polymerisationen sind:

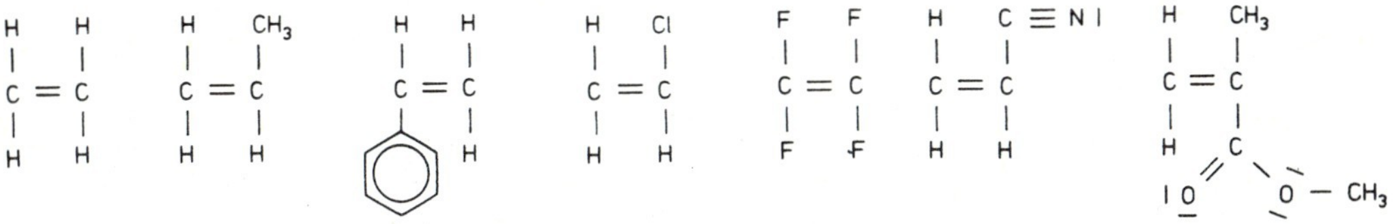

Ethen / Ethylen   Propen / Propylen   Styrol   Chlorethen / Vinylchlorid   Tetrafluor-ethen / Tetrafluor-ethylen   Acrylnitril   Methylmethacrylat

Abb. 10.2 Einige wichtige Monomere für Polymerisationen.

Nebenprodukte treten bei der Polymerisation nicht auf. Die Sequenz der Atome in den Polymeren ist die gleiche wie bei den einzelnen Monomeren.

Mischpolymerisation ist möglich, wenn man zwei ähnliche Monomere $CH_2{=}CHR$ und $CH_2{=}CHR'$ gemeinsam polymerisieren läßt. Es bildet sich eine Kette, bei der der Einbau des anderen Monomers ($CH_2{=}CHR'$) von der Zusammensetzung des Monomeren-Gemisches und den Arbeitsbedingungen abhängig, aber im Grunde zufällig ist.

10.2.2 Die radikalische Polymerisation

Versuch 68 Herstellen von Polystyrol (PS)

Lehrerversuch!

In ein Reagenzglas werden etwa 5 ml Styrol gefüllt und etwa 0,5 ml Benzoylperoxid-Paste zugegeben und vermischt. Das Reagenzglas wird in ein beheiztes Sandbad gestellt. Es soll ein ruhiger Siedevorgang erfolgen. Das kann durch entsprechende Eintauchtiefe reguliert werden (Styrol siedet bei 146 °C).

Vorsicht bei der Durchführung des Versuchs!

Beim Umgang mit organischen Peroxiden ist äußerste Vorsicht geboten. Sie dürfen auf keinen Fall in die Augen gelangen. Sie dürfen nur in feuchtem Zustand benutzt werden, daher werden sie meistens mit etwa 20% Wasser angeteigt als Paste geliefert. Sie dürfen nicht verrieben und deshalb auch nicht in Gefäßen mit Schliffstopfen aufbewahrt werden!

Man kann beobachten, daß die Flüssigkeit nach etwa zehn Minuten dickflüssig wird; dann erstarrt sie nach dem Erkalten zu einem glasklaren Polystyrolblock. Das Erkalten kann durch Eintauchen in kaltes Wasser beschleunigt werden. Durch Zerschlagen des Reagenzglases legt man das Polystyrol frei.

Bei dem Versuch 68 ist die folgende Polymerisationsreaktion abgelaufen:

Versuch 69 Herstellen von Acrylglas

Lehrerversuch!

In ein Reagenzglas werden etwa 5 ml Methylmethacrylat (Methacrylsäuremethylester) gefüllt und etwa 0,5 ml Benzoylperoxid-Paste zugegeben und vermischt. Das Reagenzglas wird 10 min ... 15 min lang im Wasserbad erwärmt.

Aufwallen zeigt den Reaktionsbeginn an. Es bildet sich glasklares Polymethylmethacrylat (Acrylglas).

Vorsicht bei Durchführung des Versuchs! Umgang mit Peroxiden siehe Versuch 68

Bei dem Versuch 69 ist die folgende Polymerisationsreaktion abgelaufen:

Bei der radikalischen Polymerisation wird die Doppelbindung des Monomers durch *Radikale* angegriffen.

Radikale sind sehr reaktionsfähige Atomgruppen, die ein bindungsfähiges Atom-Orbital, also ein einzelnes Elektron, besitzen.

Jede Polymerisation läuft in drei Stufen ab:
Startreaktion — Kettenwachstum — Kettenabbruch.

Die *Startreaktion* erfolgt allgemein dadurch, daß geeignete Stoffe *(Initiatoren)* durch Energiezufuhr in Radikale (R·) gespalten werden:

$$R—R \longrightarrow 2R·$$

Initiatoren sind Verbindungen, die bei geringer Energiezufuhr (Erwärmung) unter Bildung von Radikalen zerfallen.[*] Solche Stoffe sind unter anderen:

- Azo-isobuttersäurenitril. Es zerfällt bei geringer Erwärmung in zwei Isobutyronitril-Radikale und ein Stickstoff-Molekül:

- Benzoylperoxid. Es zerfällt bei geringer Erwärmung in zwei Benzoyloxy-Radikale:

Das *Kettenwachstum* kann an der Bildung von Polyethylen erläutert werden.
Die Doppelbindung des Ethens wird von den Starter-Radikalen so angegriffen, daß die Spaltung des einen Molekül-Orbitals nach der Möglichkeit I (s. S. 256) erfolgt. Beide Elektronen werden auf die beiden Kohlenstoff-Atome verteilt. Das Starter-Radikal bildet mit einem Elektron des Ethens ein Molekül-Orbital:

Das vom Starter-Radikal angegriffene Monomer wird selbst zum Radikal und greift unter Anlagerung ein neues Monomer an:

---

[*] Unter Photopolymerisation versteht man den Kettenstart durch Lichtenergie. Dabei kann Lichtenergie die Monomere zu Radikalen machen und so den Kettenstart auslösen.

Das dabei entstandene Radikal greift wieder ein Monomer an:

$$\begin{array}{c} \text{H} \quad \text{H} \quad \text{H} \quad \text{H} \\ | \quad | \quad | \quad | \\ \text{R}-\text{C}-\text{C}-\text{C}-\text{C}\cdot \\ | \quad | \quad | \quad | \\ \text{H} \quad \text{H} \quad \text{H} \quad \text{H} \end{array} + \begin{array}{c} \text{H} \quad \text{H} \\ | \quad | \\ \text{C}=\text{C} \\ | \quad | \\ \text{H} \quad \text{H} \end{array} \longrightarrow \begin{array}{c} \text{H} \quad \text{H} \quad \text{H} \quad \text{H} \quad \text{H} \quad \text{H} \\ | \quad | \quad | \quad | \quad | \quad | \\ \text{R}-\text{C}-\text{C}-\text{C}-\text{C}-\text{C}-\text{C}\cdot \\ | \quad | \quad | \quad | \quad | \quad | \\ \text{H} \quad \text{H} \quad \text{H} \quad \text{H} \quad \text{H} \quad \text{H} \end{array}$$

Bei ständiger Wiederholung der radikalischen Anlagerung entsteht ein immer länger werdendes Ketten-Radikal (allgemeine Formulierung):

$$n \begin{array}{c} \text{H} \quad \text{H} \\ | \quad | \\ \text{C}=\text{C} \\ | \quad | \\ \text{H} \quad \text{H} \end{array} \longrightarrow \cdots \left[\begin{array}{c} \text{H} \quad \text{H} \\ | \quad | \\ -\text{C}-\text{C}- \\ | \quad | \\ \text{H} \quad \text{H} \end{array} \right]_n \cdots$$

Auf diesem Wege wäre es denkbar, daß es zur Bildung eines unendlich langen Ketten-Moleküls kommt. Tatsächlich erfolgt aber irgendwann ein Abbruch des Kettenwachstums.

Der *Kettenabbruch* kann auf verschiedene Weise erfolgen:

● Ein wachsendes Ketten-Radikal trifft auf ein Starter-Radikal:

$$\text{R}\cdot + \begin{array}{c} \text{H} \quad \text{H} \quad \text{H} \quad \text{H} \\ | \quad | \quad | \quad | \\ \cdot\text{C}-\text{C}-\text{C}-\text{C}-\text{R} \\ | \quad | \quad | \quad | \\ \text{H} \quad \text{H} \quad \text{H} \quad \text{H} \end{array} \longrightarrow \begin{array}{c} \text{H} \quad \text{H} \quad \text{H} \quad \text{H} \\ | \quad | \quad | \quad | \\ \text{R}-\text{C}-\text{C}-\text{C}-\text{C}-\text{R} \\ | \quad | \quad | \quad | \\ \text{H} \quad \text{H} \quad \text{H} \quad \text{H} \end{array}$$

● Zwei wachsende Ketten-Radikale stoßen aufeinander und schließen sich zusammen:

$$\begin{array}{c} \text{H} \quad \text{H} \quad \text{H} \quad \text{H} \\ | \quad | \quad | \quad | \\ \text{R}-\text{C}-\text{C}-\text{C}-\text{C}\cdot \\ | \quad | \quad | \quad | \\ \text{H} \quad \text{H} \quad \text{H} \quad \text{H} \end{array} + \begin{array}{c} \text{H} \quad \text{H} \quad \text{H} \quad \text{H} \\ | \quad | \quad | \quad | \\ \cdot\text{C}-\text{C}-\text{C}-\text{C}-\text{R} \\ | \quad | \quad | \quad | \\ \text{H} \quad \text{H} \quad \text{H} \quad \text{H} \end{array} \longrightarrow \begin{array}{c} \text{H} \quad \text{H} \quad \text{H} \quad \text{H} \quad \text{H} \quad \text{H} \quad \text{H} \quad \text{H} \\ | \quad | \quad | \quad | \quad | \quad | \quad | \quad | \\ \text{R}-\text{C}-\text{C}-\text{C}-\text{C}-\text{C}-\text{C}-\text{C}-\text{C}-\text{R} \\ | \quad | \quad | \quad | \quad | \quad | \quad | \quad | \\ \text{H} \quad \text{H} \quad \text{H} \quad \text{H} \quad \text{H} \quad \text{H} \quad \text{H} \quad \text{H} \end{array}$$

● Zwei Ketten-Radikale disproportionieren:

$$\begin{array}{c} \text{H} \quad \text{H} \quad \text{H} \quad \text{H} \\ | \quad | \quad | \quad | \\ \text{R}-\text{C}-\overset{-II}{\text{C}}-\overset{-II}{\text{C}}-\overset{-II}{\text{C}}\cdot \\ | \quad | \quad | \quad | \\ \text{H} \quad \text{H} \quad \text{H} \quad \text{H} \end{array} + \begin{array}{c} \text{H} \quad \text{H} \quad \text{H} \quad \text{H} \\ | \quad | \quad | \quad | \\ \cdot\overset{-II}{\text{C}}-\overset{-II}{\text{C}}-\overset{-II}{\text{C}}-\text{C}-\text{R} \\ | \quad | \quad | \quad | \\ \text{H} \quad \text{H} \quad \text{H} \quad \text{H} \end{array} \longrightarrow \begin{array}{c} \text{H} \quad \text{H} \quad \text{H} \quad \text{H} \\ | \quad | \quad | \quad | \\ \text{R}-\text{C}-\overset{-II}{\text{C}}-\overset{-II}{\text{C}}-\overset{-III}{\text{C}}-\text{H} \\ | \quad | \quad | \quad | \\ \text{H} \quad \text{H} \quad \text{H} \quad \text{H} \end{array} + \begin{array}{c} \text{H} \quad \text{H} \quad \text{H} \quad \text{H} \\ | \quad | \quad | \quad | \\ \overset{-I}{\text{C}}=\overset{-I}{\text{C}}-\overset{-II}{\text{C}}-\text{C}-\text{R} \\ | \quad | \quad | \quad | \\ \text{H} \quad \text{H} \quad \text{H} \quad \text{H} \end{array}$$

Ein Wasserstoff-Atom wechselt von einem Ketten-Radikal zum anderen über, wodurch ein gesättigtes und ein ungesättigtes Ketten-Molekül entsteht. Man nennt diesen Vorgang Disproportionierung, weil zuvor gleiche Oxidationszahlen von Atomen (hier C-Atomen) dadurch unterschiedlich werden (vgl. Abschnitt 7.8.1).

Das Eintreten einer Abbruchreaktion ist zufällig, so daß Makromoleküle mit verschiedenen Kettenlängen entstehen. Das Ergebnis der Polymerisation ist dadurch immer ein Stoff, der ein Gemisch unterschiedlich großer Makromoleküle darstellt; dieses Gemisch kann immer nur mit einer mittleren Molekülmasse und mit einem mittleren Polymerisationsgrad beschrieben werden (vgl. Abschnitt 10.1).

Die *Kettenlänge* kann durch die Temperatur und durch die Konzentration der Starter-Radikale gesteuert werden.

Bei hoher Konzentration der Starter-Radikale und bei hoher Reaktionstemperatur entstehen viele wachsende Ketten mit niedrigem Polymerisationsgrad.

Es kommt dabei zu häufigeren Abbruchreaktionen. Die entstehenden Makromoleküle sind dadurch relativ klein. Der Polymerisationsvorgang läuft schnell ab.

Bei geringer Konzentration der Starter-Radikale und bei niedriger Reaktionstemperatur entstehen wenige wachsende Ketten mit hohem Polymerisationsgrad.

Es kommt zu weniger Abbruchreaktionen. Die entstehenden Makromoleküle sind dadurch relativ groß. Der Polymerisationsvorgang läuft langsam ab.

Manchmal müssen Polymerisationen abgebremst werden. Das wird durch Zugabe von *Inhibitoren** erreicht, die mit den Starter-Radikalen reagieren. Inhibitoren setzen die Konzentration der Starter-Radikale herab und lassen so die Polymerisation langsamer ablaufen.

10.2.3 Die ionische Polymerisation

Die radikalische Polymerisation kommt bei Polymerisationen am häufigsten vor. Es sind aber auch durch *Ionen* ausgelöste Reaktionsmechanismen möglich. Sowohl *Kationen* als auch *Anionen* können Polymerisationen bewirken.

Bei der ionischen Polymerisation erfolgt die Auflösung der Doppelbindung nach der in Abschnitt 10.2.1 (s. S. 256) dargestellten Möglichkeit II durch Verlagerung der beiden freiwerdenden Elektronen auf eines der beiden C-Atome.

10.2.3.1 Die kationische Polymerisation

Bei der kationischen Polymerisation erfolgt der Start durch Kationen.

Im einfachsten Fall kann das Starter-Ion ein Proton (H^+) einer Säure sein. Das Kation besitzt *Elektronenmangel*. Bei Annäherung eines Kations an ein Monomer zieht es beide Elektronen von einem Molekül-Orbital der Doppelbindung an. Dadurch wird das Kation an ein Kohlenstoff-Atom der Doppelbindung gebunden. Das andere Kohlenstoff-Atom hat dann Elektronenmangel, also eine positive elektrische Ladung. Aus dem Monomer wird mit dem Kation ein Carbonium-Ion**, bei dem das endständige C-Atom die positive Ladung trägt:

$$H^+ \;+\; \overset{\displaystyle H \;\; H}{\underset{\displaystyle H \;\; H}{C = C}} \;\longrightarrow\; \overset{\displaystyle H \;\; H}{\underset{\displaystyle H \;\; H}{H - C - C^{\oplus}}}$$

Das so entstandene Carbonium-Ion bewirkt bei dem nächsten Monomer wieder eine Elektronenverlagerung und Auflösung der Doppelbindung, so daß es zum Kettenwachstum kommt (s. S. 261).

---

* inhibere (lateinisch) zurückhalten, verzögern.
** Carbonium-Ionen sind positiv geladene Kohlenstoff-Wasserstoff-Atomgruppen, die meistens so unbeständig sind, daß sie nur als Zwischenprodukte auftreten.

$$
\begin{array}{ccccccccc}
& H & H & & H & H & & H & H & H & H \\
& | & | & & | & | & & | & | & | & | \\
H - & C - & C^{\oplus} & + & C = & C & \longrightarrow & H - C - C - C - C^{\oplus} \\
& | & | & & & | & & | & | & | & | \\
& H & H & & & H & & H & H & H & H
\end{array}
\qquad \text{... usw.}
$$

Der Kettenabbruch erfolgt bei der kationischen Polymerisation häufig dadurch, daß sich ein Anion an das Carbonium-Ion anlagert.

10.2.3.2 Die anionische Polymerisation

Bei der anionischen Polymerisation erfolgt der Start durch Anionen.

Das Anion, allgemein mit A^- gekennzeichnet, besitzt *Elektronenüberschuß*. Bei Annäherung an ein Monomer stößt es beide Elektronen eines Molekül-Orbitals der Doppelbindung ab.

Aus dem Monomer wird durch Anlagerung des Anions ein Carban-Ion*, bei dem das endständige C-Atom die negative Ladung trägt:

$$
\begin{array}{ccccccc}
& & H & H & & H & H \\
& & | & | & & | & | \\
A^- & + & C = & C & \longrightarrow & A - C - C\,|^{\ominus} \\
& & | & | & & | & | \\
& & H & H & & H & H
\end{array}
$$

Das Carban-Ion bewirkt bei dem nächsten Monomer wieder eine Elektronenverlagerung und Auflösung der Doppelbindung, so daß es zum Kettenwachstum kommt:

$$
\begin{array}{ccccccccc}
& H & H & & H & H & & H & H & H & H \\
& | & | & & | & | & & | & | & | & | \\
A - & C - & C\,|^{\ominus} & + & C = & C & \longrightarrow & A - C - C - C - C\,|^{\ominus} \\
& | & | & & | & | & & | & | & | & | \\
& H & H & & H & H & & H & H & H & H
\end{array}
\qquad \text{... usw.}
$$

Der Kettenabbruch erfolgt bei der anionischen Polymerisation häufig dadurch, daß sich ein Kation an das Carban-Ion anlagert.

10.2.4 Wichtige Polymerisationskunststoffe und deren Verwendung

Da alle Polymerisationen ohne Abspaltung von Nebenprodukten ablaufen und sich auch die Sequenz der Atome in den Polymeren gegenüber dem Monomer nicht ändert, nennen die Namen der Polymere die Namen der Ausgangsstoffe. Ihre Strukturformel unterscheidet sich von der der Monomere auch nur durch die aufgespaltenen Doppelbindungen, die die Kettenbildung ermöglichten (vgl. Abschnitt 10.2.1).

Unter Homopolymeren versteht man Kunststoffe, deren Makromoleküle aus gleichen Monomeren aufgebaut sind.
Copolymere oder Mischpolymere enthalten zwei oder mehr verschiedene Monomeren-Arten in der Molekülkette.
Polymeren-Gemische sind Gemische unterschiedlicher Polymere.

---

* Carban-Ionen sind negativ geladene Kohlenstoff-Wasserstoff-Atomgruppen, die meistens so unbeständig sind, daß sie nur als Zwischenprodukte auftreten.

Viele der technisch wichtigen Kunststoffe entstehen durch Polymerisation. In diesem Buch können nur wenige charakteristische Beispiele für die Verwendung der einzelnen Kunststoffe genannt werden (vgl. Tabelle 28). Es werden nur Homopolymere aufgeführt, obwohl technisch häufig Copolymere oder Polymeren-Gemische benutzt werden.

Tabelle 28 Wichtige Polymerisationskunststoffe und deren Verwendung

Name	Kurz-zeichen	Formel	Verwendung
Polyethylen	PE	$\cdots -\!\!\begin{array}{c} H \\ | \\ C \\ | \\ H \end{array}\!\!-\!\!\begin{array}{c} H \\ | \\ C \\ | \\ H \end{array}\!\!-\cdots \Big]_n$	Folien (Tragetaschen), Behälter (Flaschen), Rohre, Haushaltsgeräte, Elektroteile, Spielzeug, Flaschenkästen, Mülltonnen, Heizöl- und Lagertanks.
Polypropylen	PP	$\cdots -\!\!\begin{array}{c} H \\ | \\ C \\ | \\ H \end{array}\!\!-\!\!\begin{array}{c} CH_3 \\ | \\ C \\ | \\ H \end{array}\!\!-\cdots \Big]_n$	Gebrauchsartikel, Kofferschalen, Verpackungsfolien und -bänder, Teppichgrundgewebe; aus kautschuk-modifiziertem PP: Stoßfangteile für Kraftfahrzeuge.
Polyvinyl-chlorid	PVC	$\cdots -\!\!\begin{array}{c} H \\ | \\ C \\ | \\ H \end{array}\!\!-\!\!\begin{array}{c} Cl \\ | \\ C \\ | \\ H \end{array}\!\!-\cdots \Big]_n$	Apparateteile, korrosionsfeste Leitungen und Rohre, Bodenbeläge, Folien, Ummantelung von Kabeln und Drähten, Beschichtungen für Gewebe, weiche Formteile.
Polytetrafluor-ethylen	PTFE	$\cdots -\!\!\begin{array}{c} F \\ | \\ C \\ | \\ F \end{array}\!\!-\!\!\begin{array}{c} F \\ | \\ C \\ | \\ F \end{array}\!\!-\cdots \Big]_n$	Hitzebeständige Beschichtungen und chemikalienfeste Dichtungen, wartungsfreie Gleitlager, Elektroisolation, Formteile, Beschichtungen mit abweisender Oberfläche.
Polyacrylnitril	PAN	$\cdots -\!\!\begin{array}{c} H \\ | \\ C \\ | \\ H \end{array}\!\!-\!\!\begin{array}{c} C\equiv N \\ | \\ C \\ | \\ H \end{array}\!\!-\cdots \Big]_n$	Textilfasern mit hoher Reißfestigkeit und geringer Feuchtigkeitsaufnahme, Seile und Taue, Zeltplanen. Mischpolymerisate für Synthesekautschuk und Klebstoffe.
Polystyrol	PS	$\cdots -\!\!\begin{array}{c} H \\ | \\ C \\ | \\ H \end{array}\!\!-\!\!\begin{array}{c} H \\ | \\ C \\ | \\ \bigcirc \end{array}\!\!-\cdots \Big]_n$	Formteile, Spritzgußteile, Folien, Fäden, transparente Massenartikel, Elektroteile. Als Schaum zur Wärme- und Schallisolation, Verpackungen (stoßmildernd).
Polymethyl-methacrylat	PMMA	$\cdots -\!\!\begin{array}{c} H \\ | \\ C \\ | \\ H \end{array}\!\!-\!\!\begin{array}{c} CH_3 \\ | \\ C \\ | \\ C \end{array}\!\!-\cdots \Big]_n$ ($O = O - CH_3$)	Acrylglas (Sicherheitsgläser), Uhrgläser, Linsen, Rücklichter, Blinkergehäuse; Lacke, Klebstoffe; in der Medizin: Knochenersatz, Zahnprothesen.

10.3 Polykondensationskunststoffe

10.3.1 Die Polykondensation

> Polykondensationskunststoffe entstehen aus Monomeren unter Abspaltung kleiner Moleküle, meist Wasser.

Die Verknüpfung der Monomeren erfolgt über zwei funktionelle Gruppen (Atome oder Atomgruppen), die abgespalten werden und ein kleines Molekül als Nebenprodukt bilden. Dabei können entweder gleichartige Monomere vom Typ A—R—B die beiden funktionellen Gruppen besitzen und miteinander nach dem allgemeinen Reaktionsschema reagieren:

$$n\,A—R—B \longrightarrow A—[—R—]_n—B + (n-1)\,A—B$$

Oder es reagieren Monomeren-Paare der Typen A—R_1—A und B—R_2—B miteinander nach:

$$n\,A—R_1—A + n\,B—R_2—B \longrightarrow A—[—R_1—R_2—]_n—B + (2n-1)\,A—B$$

In beiden Fällen wird A—B abgespalten.

Da die beiden verschiedenen Monomere (A—R_1—A und B—R_2—B) bei der zweiten Möglichkeit immer wieder Reaktionspartner sind, müssen sie im richtigen stöchiometrischen Verhältnis vorliegen. Die entstehende Kette kann deshalb nur streng dem Schema ...—R_1—...—R_2—...—R_1—...—R_2—...—R_1—...—R_2—... folgen.

Zwei wichtige Reaktionen, die zur Bildung von Kondensaten führen, sind im Bereich der niedermolekularen Verbindungen die Bildung der Ester und der Amide:

Ester:

$$R_1—\underset{\underset{O}{\|}}{C}—\overline{O}—H \; + \; H—\overline{O}—R_2 \longrightarrow R_1—\underset{\underset{O}{\|}}{C}—\overline{O}—R_2$$

Amide:

$$R_1—\underset{\underset{O}{\|}}{C}—\overline{O}—H \; + \; H—\overset{H}{\underset{\,}{N}}—R_2 \longrightarrow R_1—\underset{\underset{O}{\|}}{C}—\overset{H}{\underset{\,}{N}}—R_2$$

Mischpolykondensation ist möglich, wenn zwei ähnliche Monomere (A—R—B und A—R'—B) gemeinsam reagieren. Es bildet sich eine Kette, bei der der Einbau des anderen Monomers von der Zusammensetzung des Monomeren-Gemisches und den Arbeitsbedingungen abhängig, aber im Grunde zufällig ist.

Zu Polykondensationen kommt man, wenn (mindestens) zwei funktionelle Gruppen am Monomer sitzen:

- Polyester werden aus Hydroxocarbonsäuren HO—R—COOH (Typ A—R—B) oder Monomeren-Paaren von Diolen HO—R—OH und Dicarbonsäuren HOOC—R—COOH (Typ A—R_1—A und B—R_2—B) gebildet.
- Polyamide entstehen entweder aus Aminocarbonsäuren H_2N—R—COOH (Typ A—R—B) oder Diaminen H_2N—R_1—NH_2 und Dicarbonsäuren HOOC—R_2—COOH (Typ A—R_1—A und B—R_2—B).
- Formaldehyd-, Phenol- und Harnstoff-Harze werden durch Wasserabspaltung bei Kondensationen mit Aldehyden (besonders Formaldehyd HCHO) und anderen Komponenten (Phenolen, Aminen) hergestellt (vgl. Abschnitt 10.3.4).

10.3.2 Polyesterkunststoffe (SP und UP)

Polyester entstehen durch Polykondensation von mehrwertigen Alkoholen mit mehrwertigen Carbonsäuren.

Bei der Polykondensation von Diolen und Dicarbonsäuren entstehen lineare Polyester:

$$H - \overline{O} - (CH_2)_x - \overline{O} - H \ + \ H - \overline{O} - \underset{\underset{O}{\|}}{C} - (CH_2)_y - \underset{\underset{O}{\|}}{C} - \overline{O} - H$$

$$\longrightarrow \quad \cdots - \overline{O} - (CH_2)_x - \overline{O} - \underset{\underset{O}{\|}}{C} - (CH_2)_y - \underset{\underset{O}{\|}}{C} - \cdots \Big]_n$$

Je nachdem, welches Diol und welche Dicarbonsäure eingesetzt wird, entstehen Polyester mit unterschiedlichen Eigenschaften. Man unterscheidet zwischen *gesättigten Polyestern* (SP) und *ungesättigten Polyestern* (UP).
Ungesättigte Polyester enthalten noch Doppelbindungen, die eine nachträgliche Vernetzung, z. B. mit Styrol, ermöglichen.

Ein wichtiger Polyesterkunststoff ist das Polyethylenterephthalat (PETP), das durch Polykondensation von Terephthalsäure und Ethylenglykol entsteht*:

$$H - \overline{O} - \underset{\underset{O}{\|}}{C} - \bigcirc - \underset{\underset{O}{\|}}{C} - \overline{O} - H \ + \ H - \overline{O} - (CH_2)_2 - \overline{O} - H$$

$$\longrightarrow \quad \cdots - \overline{O} - \underset{\underset{O}{\|}}{C} - \bigcirc - \underset{\underset{O}{\|}}{C} - \overline{O} - (CH_2)_2 - \cdots \Big]_n$$

10.3.3 Polyamidkunststoffe (PA)

Versuch 70 Herstellen von Polyamid PA 66 (Nylon)
Lehrerversuch!
5 ml Adipinsäuredichlorid $Cl-OC-(CH_2)_4-CO-Cl$ werden in etwa 50 ml Tetrachlormethan CCl_4 aufgelöst und mit einer Lösung von 7 g Hexamethylendiamin $H_2N-(CH_2)_6-NH_2$ in 20 ml Wasser vorsichtig überschichtet.
Die beiden Flüssigkeiten mischen sich nicht. An der Grenzfläche entsteht eine dünne Haut. Wenn diese in der Mitte mit einer Pinzette nach oben gezogen wird, entsteht ein dünner Faden, den man beliebig lang ziehen kann, weil sich an der Grenzfläche die Haut sofort neu bildet. Wenn man über dem Gefäß eine einfache Haspel angebracht hat, kann man besonders gut zeigen, wieviel Faden entsteht (und wie schnell).

---

* Bei der Produktion von PETP geht man vom Dimethylester der Terephthalsäure
$CH_3-OOC-C_6H_4-COO-CH_3$ aus. Bei der Polykondensation wird nicht Wasser, sondern Methanol
CH_3OH abgetrennt.

Polyamide entstehen parallel zur Bildung von Polyestern durch Polykondensation von Diaminen und Dicarbonsäuren:

$$H - \underset{\underset{H}{|}}{N} - (CH_2)_x - \underset{\underset{H}{|}}{N} - H \;+\; H - \overline{O} - \underset{\underset{O}{\|}}{C} - (CH_2)_y - \underset{\underset{O}{\|}}{C} - \overline{O} - H$$

$$\longrightarrow \cdots \left[- \underset{\underset{H}{|}}{N} - (CH_2)_x - \underset{\underset{H}{|}}{N} - \underset{\underset{O}{\|}}{C} - (CH_2)_y - \underset{\underset{O}{\|}}{C} - \right]_n \cdots$$

Bei diesem Demonstrationsversuch hat man die Dicarbonsäure durch ihr Dichlorid ersetzt, um die Reaktion auf einfache Weise ablaufen zu lassen. Bei der hier vorliegenden Polykondensation wird als Nebenprodukt nicht Wasser, sondern Hydrogenchlorid HCl gebildet (das sich in der wäßrigen Phase löst). Das Produkt der Polykondensation ist das gleiche, als wenn man unter Wasserabspaltung die Dicarbonsäure selbst hätte reagieren lassen.

Polyamide können auch aus gleichen Monomeren entstehen, die eine Amino-Gruppe und eine Carbonsäure-Gruppe enthalten, also aus Aminosäuren:

$$H - \underset{\underset{H}{|}}{N} - (CH_2)_x - \underset{\underset{O}{\|}}{C} - \overline{O} - H \;+\; H - \underset{\underset{H}{|}}{N} - (CH_2)_x - \underset{\underset{O}{\|}}{C} - \overline{O} - H \longrightarrow \cdots \left[- \underset{\underset{H}{|}}{N} - (CH_2)_x - \underset{\underset{O}{\|}}{C} - \right]_n \cdots$$

> Polyamide sind Polykondensate, die entweder aus Monomeren-Paaren von mehrwertigen Aminen und mehrwertigen Carbonsäuren oder aus gleichartigen Aminosäuren entstanden sind.

Bei den aus gleichartigen Monomeren gebildeten Polyamiden spricht man auch vom *Perlontyp* der Polyamide, gegenüber den aus Diamin und Dicarbonsäure gebildeten, die als *Nylontyp* der Polyamide bezeichnet werden.

Zur Unterscheidung der verschiedenen Polyamide wird dem Kurzzeichen PA die Anzahl der C-Atome in der Aminosäure (Perlontyp) zugefügt, z. B. PA 6 für das handelsübliche Perlon ...[—NH—$(CH_2)_5$CO—]$_n$...; bei den Polyamiden des Nylontyps wird hinter dem Kurzzeichen PA zuerst die Anzahl der C-Atome im Diamin, dann die in der Dicarbonsäure genannt. Das Nylon aus Versuch 70 ist demnach PA 66.

10.3.4 Phenol-Formaldehyd-Harze (PF)

Versuch 71 Herstellen von Phenol-Formaldehyd-Harz (PF)
Lehrerversuch!
5 g Resorcin HO—C_6H_4—OH werden im Reagenzglas in möglichst wenig leicht erwärmtem Wasser gelöst, dann gibt man etwa das gleiche Volumen Formaldehyd-Lösung (30%ig) hinzu. Nach Vermischen läßt man vorsichtig am Glasrand einige Tropfen Natronlauge (etwa 20%ig) zufließen.

Die Lösung färbt sich zuerst rot, dann bildet sich ein festes Phenolharz.
Ersetzt man in dem Versuch das Resorcin gegen Phenol C_6H_5—OH, so erhält man als Reaktionsprodukt eine klebrige, braune Masse. Sie erstarrt erst nach längerem Erwärmen auf über 100 °C (z. B. im Trockenschrank).

Phenol-Formaldehyd-Harz ist der älteste vollsynthetische Kunststoff (Bakelit, s. S. 254), er gehört zur Gruppe der Phenoplaste.

Phenol-Formaldehyd-Harze entstehen durch Polykondensation aus Phenol und Formaldehyd unter Wasserabspaltung.

Die so entstandenen linearen Makromoleküle sind ein Zwischenprodukt bei der Herstellung von Phenol-Formaldehyd-Harzen. Wird die Polykondensation im basischen Medium durchgeführt und liegt noch ein Formaldehyd-Überschuß vor, wird das Zwischenprodukt durch Erhitzen vernetzt (vgl. Versuch 71). Lagerfähigere Zwischenprodukte entstehen, wenn die Polykondensation im sauren Medium mit Phenol-Überschuß durchgeführt wird; sie werden mit Hexamethylentetramin $(CH_2)_6N_4$ vernetzt („gehärtet").

10.3.5 Harnstoff-Formaldehyd-Harze (UF)

Versuch 72 Herstellen von Harnstoff-Formaldehyd-Harz (UF)
In ein Reagenzglas werden 2 g . . . 3 g Harnstoff gegeben, und man fügt soviel Formaldehyd-Lösung (30 %ig) zu, daß sich der Harnstoff gerade löst.
Durch Zutropfen von wenigen Tropfen konzentrierter Salzsäure wird die Reaktion ausgelöst. Es tritt Reaktionswärme auf, und es entsteht ein fester Stoff.

Das Harnstoff-Formaldehyd-Harz gehört zur Gruppe der Aminoplaste.

Harnstoff-Formaldehyd-Harze entstehen durch Polykondensation aus Harnstoff und Formaldehyd unter Wasserabspaltung.

10.3.6 Wichtige Polykondensationskunststoffe und deren Verwendung

Die wichtigsten Polykondensationskunststoffe und deren Verwendung sind in Tabelle 29 zusammengestellt.

Tabelle 29 Wichtige Polykondensationskunststoffe und deren Verwendung

Name	Kurz-zeichen	Formel	Verwendung
Polyester (gesättigt)	SP	$[-O-R_1-O-CO-R_2-CO-]_n$ R_1 und R_2 ohne C=C-Bindungen	Fasern, z.B. für Gewebe, Folien (Tonbänder aus PETP), Formteile, Zahnräder, Lager.
Polyester (ungesättigt)	UP	$[-O-R_1-O-CO-R_2-CO-]_n$ C=C-Bindung(en) meist in R_2	Lackharze, Gießharze, Laminierharze; mit Glasfasern: Behälter (Öl- und Lagertanks), Rohre, Möbel, Boote, Karosserieteile; Weichmacher für PVC.
Poly-carbonate	PC	$[-O-R-O-CO-]_n$ $-R-$ oft $-C_6H_4-C(CH_3)_2-C_6H_4-$	Tafeln, Rohre, Folien, schußfeste Verglasungen, Gehäuse für optische Geräte, Sicherheitshelme, Elektro-Isolierfolien, technischer Konstruktionswerkstoff, Haushaltsgeräte.
Polyamide	PA	$[-NH-(CH_2)_x-NH-CO-(CH_2)_y-CO-]_n$ Nylon-Typ: z.B. PA 66 $\longrightarrow$ x=6, y=4 PA 610 $\longrightarrow$ x=6, y=8 oder $[-NH-(CH_2)_x-CO-]_n$ Perlon-Typ: z.B. PA 6 $\longrightarrow$ x=5	Textilfasern, Angelschnüre, Seile, Kunststoffdrähte; Schläuche (Benzinleitungen), Rohre, Folien; korrosionsbeständige Überzüge; Maschinenelemente, Schrauben, Lager, Buchsen.
Phenol-Formaldehyd (-Harze)	PF	$[-C_6H_3OH-CH_2-]_n$ statt $-C_6H_3OH-$ auch z.B. $-C_6H_2(OH)_2- \triangleq RF$	Nur für dunkel gefärbte Gegenstände, da PF nachdunkelt: elektrische Geräte, Steckdosen, Schalter, Stecker usw.; hitzebeständige Griffe (Töpfe, Bügeleisen); Bindemittel für Hartfaserplatten u.ä.; als Schaum zur Wärme- und Kälteisolierung.
Harnstoff-Formaldehyd (-Harze)	UF	$[-NH-CO-NH-CH_2-]_n$	UF ist hell mit guten elektrischen Eigenschaften: Schalter, Steckdosen usw.; Haushaltsgeräte.

10.4 Polyadditionskunststoffe

10.4.1 Die Polyaddition

Die Polyaddition ist der Polymerisation ähnlich.

> Polyaddition ist die Bildung von Makromolekülen aus Monomeren, die (mindestens) eine Doppelbindung besitzen müssen. Dabei entstehen keine Nebenprodukte.

Durch Aufspaltung von Doppelbindungen entstehen die zur Zusammenlagerung der Monomere erforderlichen zusätzlichen Bindungen.
Der Unterschied zur Polymerisation besteht darin, daß die aufzuspaltende Doppelbindung zwischen beliebigen Atomen vorliegen kann. Meistens ist sie eine $C=O$- oder $C=N$-Bindung, während bei der Polymerisation normalerweise eine Doppelbindung zwischen zwei Kohlenstoff-Atomen aufgespalten wird.

> Die Sequenz der Atome ändert sich, weil ein Atom oder eine Atomgruppe, meist ein Wasserstoff-Atom, umgelagert wird.

Es gibt zwei unterschiedliche Möglichkeiten der Polyaddition:

- Polyaddition mit gleichartigen Monomeren.
  Das Monomer muß sowohl die aufzuspaltende Doppelbindung als auch die Atomgruppe, die sich dabei anlagert, enthalten. Ein solches Monomer kann man allgemein mit $HR_1=R_2$ beschreiben. $HR_1 \ldots$ beschreibt die Atomgruppe, die sich an die aufzuspaltende Doppelbindung $\ldots =R_2$ anlagert. Das allgemeine Reaktionsschema ist dann:
  $(n+2) HR_1=R_2 \longrightarrow HR_1-R_2H-[-R_1-R_2H-]_n-R_1=R_2$
  Mischpolyaddition ist möglich, wenn zwei ähnliche Monomere gemeinsam reagieren. Es bildet sich auch hier eine Kette, bei der der Einbau des anderen Monomers von der Zusammensetzung des Monomeren-Gemisches und von den Arbeitsbedingungen abhängig, aber im Grunde zufällig ist.

- Polyaddition mit Monomeren-Paaren.
  Das eine Monomer enthält zweimal die aufzuspaltende Doppelbindung — hier mit $R=R_1=R$ beschrieben — und das andere zweimal die sich anlagernde Gruppe — hier mit $H-R_2-H$ bezeichnet. Das allgemeine Reaktionsschema ist jetzt:
  $(n+1) R=R_1=R + (n+1) H-R_2-H \longrightarrow R=R_1-RH-[-R_2-HR-R_1-RH-]_n-R_2-H$

  Da die beiden verschiedenen Monomere ($R=R_1=R$ und $H-R_2-H$) hier Reaktionspartner sind, müssen sie im richtigen stöchiometrischen Verhältnis vorliegen, und die entstehende Kette kann nur streng dem Schema
  $\ldots -R_1-\ldots -R_2-\ldots -R_1-\ldots -R_2-\ldots -R_1-\ldots -R_2-\ldots$ folgen.

  In den beiden folgenden Abschnitten werden an zwei wichtigen Polyadditionskunststoffen diese beiden Möglichkeiten dargestellt.

10.4.2 Polyurethane (PUR)

> Wichtige durch Polyaddition aus Monomeren-Paaren hergestellte Kunststoffe sind die Polyurethane.

Urethane sind niedermolekulare organische Verbindungen, die durch Addition von Isocyanaten R_1—N=C=O und Alkoholen R_2—O—H entstehen:

$$R_1 - N = C \quad + \quad H - O - R_2 \quad \longrightarrow \quad R_1 - N - C - O - R_2$$

Damit durch diese Reaktion Makromoleküle entstehen können, müssen an jedem Monomeren (mindestens) zwei funktionsfähige Gruppen sein.

- Lineare Polyurethane entstehen, wenn Diisocyanate und zweiwertige Alkohole (Diole) miteinander reagieren, etwa Hexamethylendiisocyanat O=C=N—$(CH_2)_6$—N=C=O und 1,4-Butandiol HO—$(CH_2)_4$—OH:

$$\cdots (CH_2)_4 - O - H \;+\; C = N - (CH_2)_6 - N = C \;+\; H - O - (CH_2)_4 - O - H \;+\; C = N - (CH_2)_6 \cdots$$

$$\longrightarrow \cdots - O - (CH_2)_4 - O - C - N - (CH_2)_6 - N - C - O - (CH_2)_4 - O - C - N - (CH_2)_6 - N - C - \cdots$$

$$\longrightarrow \cdots \left[- C - N - (CH_2)_6 - N - C - O - (CH_2)_4 - O - \right]_n \cdots$$

- Vernetzte Polyurethane entstehen, wenn Verbindungen mit mehr als zwei Isocyanat-Gruppen, z. B. Triisocyanate, mit mehr als zweiwertigen Alkoholen — Triolen, Tetraolen usw. — reagieren.

Vernetzte Polyurethane können verschäumt werden, wenn während der Polyadditionsreaktion ein Gas als Treibmittel zugegen ist. Bei den Polyurethanen gibt es dazu eine besondere Möglichkeit.

Wenn die Komponente mit den Hydroxy-Gruppen etwas Wasser enthält, reagiert dieses mit dem Isocyanat unter Bildung von Amin und Kohlenstoffdioxid. Damit wird der Kunststoff aufgeschäumt: R—N=C=O + $H_2O \longrightarrow R$—NH_2 + CO_2

Versuch 73 Herstellen eines Polyurethanschaumstoffs

Lehrerversuch!

Zweckmäßigerweise verwendet man die zum Herstellen von Polyurethanschaum im Handel erhältlichen Reaktionskomponenten in den vom Hersteller angegebenen Mengenverhältnissen. Als Grundregel kann gelten, daß man etwa 50 % mehr Volumen der Isocyanat-Komponente verwenden muß. Die Mischung und Reaktion führt man am besten in einem Pappbecher durch.

Die Vermischung muß schnell erfolgen, deshalb ist ein breiter Holzspatel (dünne Holzleiste) geeigneter als ein Glasstab. Die Mischung sollte nicht mehr als 20 % des Pappbechers füllen.

Nach kurzer Zeit setzt die Reaktion ein, und es steigt ein klebriger Schaum hoch, der bald zum Schaumstoff aushärtet. Dabei kann eine beträchtliche Wärmeentwicklung beobachtet werden. (Deshalb kein Glas und keinen Kunststoffbecher benutzen.) Der ausgehärtete Schaum kann mit einem Messer geschnitten oder mit einer Säge zerteilt werden.
Vorsicht bei Durchführung des Versuchs!
Die Ausgangssubstanzen dürfen nicht auf die Haut kommen — Handschuhe tragen! Notfalls sofort mit viel Wasser und Seife abwaschen!
Man sorge großflächig für einen Schutz der Arbeitsfläche (z. B. mit Pappe oder Aluminiumfolie).

10.4.3 Epoxid-Harze (EP)

Bei den Epoxid-Harzen tritt die Polyaddition erst als Endreaktion auf; die für diese Reaktion benötigten Komponenten werden durch niedermolekulare Additions- und Kondensations-Reaktionen hergestellt.

Es tritt noch eine Besonderheit auf, die darin besteht, daß nicht eine Doppelbindung zwischen zwei Atomen, sondern ein Ringschluß zwischen drei Atomen die erforderlichen zusätzlichen Valenzen freisetzt.
Als Ausgangsmonomere für die Epoxid-Harzgrundmasse reagieren Epichlorhydrin und Bisphenol A. Bisphenol A heißt mit korrektem systematischen Namen 2,2-Bis(4-hydroxyphenyl)propan. Epichlorhydrin enthält einen reaktionsfähigen Dreierring zwischen zwei Kohlenstoff-Atomen und einem Sauerstoff Atom.

1. Reaktionsstufe. Addition zwischen Epichlorhydrin und Bisphenol A:

2. Reaktionsstufe. Durch NaOH wird Cl gegen OH ersetzt (dabei entsteht NaCl), und es erfolgt eine Abspaltung von H_2O (Kondensation). Dadurch entsteht eine neue Epoxid-Gruppe:

3. Reaktionsstufe. Verlängerung der Kette durch Addition ergibt die Epoxid-Harzgrundmasse:

$$H-\underset{\underset{O}{\diagdown\diagup}}{\overset{\overset{H}{|}}{C}}-\underset{\underset{H}{|}}{\overset{\overset{H}{|}}{C}}-\underset{\underset{H}{|}}{\overset{\overset{H}{|}}{C}}-\bar{O}-\bigcirc\!-\underset{\underset{CH_3}{|}}{\overset{\overset{CH_3}{|}}{C}}-\bigcirc\!-\bar{O}-H \;+\; H-\underset{\underset{O}{\diagdown\diagup}}{\overset{\overset{H}{|}}{C}}-\underset{\underset{H}{|}}{\overset{\overset{H}{|}}{C}}-\underset{\underset{H}{|}}{\overset{\overset{H}{|}}{C}}-\bar{O}-\bigcirc\!-\underset{\underset{CH_3}{|}}{\overset{\overset{CH_3}{|}}{C}}-\bigcirc\!-\bar{O}-H$$

$$\longrightarrow H-\underset{\underset{O}{\diagdown\diagup}}{\overset{\overset{H}{|}}{C}}-\underset{\underset{H}{|}}{\overset{\overset{H}{|}}{C}}-\underset{\underset{H}{|}}{\overset{\overset{H}{|}}{C}}-\bar{O}-\bigcirc\!-\underset{\underset{CH_3}{|}}{\overset{\overset{CH_3}{|}}{C}}-\bigcirc\!-\bar{O}-\underset{\underset{H}{|}}{\overset{\overset{H}{|}}{C}}-\underset{\underset{OH}{|}}{\overset{\overset{H}{|}}{C}}-\underset{\underset{H}{|}}{\overset{\overset{H}{|}}{C}}-\bar{O}-\bigcirc\!-\underset{\underset{CH_3}{|}}{\overset{\overset{CH_3}{|}}{C}}-\bigcirc\!-\bar{O}-H$$

Allgemeines Schema für die Bildung der Epoxid-Harzgrundmasse:

$$n \quad H-\underset{\underset{O}{\diagdown\diagup}}{\overset{\overset{H}{|}}{C}}-\underset{\underset{H}{|}}{\overset{\overset{H}{|}}{C}}-\underset{\underset{H}{|}}{\overset{\overset{H}{|}}{C}}-\bar{O}-\bigcirc\!-\underset{\underset{CH_3}{|}}{\overset{\overset{CH_3}{|}}{C}}-\bigcirc\!-\bar{O}-H$$

$$\longrightarrow \cdots\left[-\bar{O}-\bigcirc\!-\underset{\underset{CH_3}{|}}{\overset{\overset{CH_3}{|}}{C}}-\bigcirc\!-\bar{O}-\underset{\underset{H}{|}}{\overset{\overset{H}{|}}{C}}-\underset{\underset{OH}{|}}{\overset{\overset{H}{|}}{C}}-\underset{\underset{H}{|}}{\overset{\overset{H}{|}}{C}}-\right]_n\cdots$$

Arbeitet man bei der Polyaddition mit einem Überschuß an Epichlorhydrin, so erhält man eine Epoxid-Harzgrundmasse, deren Molekülketten an beiden Enden Epoxid-Gruppen aufweisen:

$$H-\underset{\underset{O}{\diagdown\diagup}}{\overset{\overset{H}{|}}{C}}-\underset{\underset{H}{|}}{\overset{\overset{H}{|}}{C}}-\underset{\underset{H}{|}}{\overset{\overset{H}{|}}{C}}-\cdots\left[\cdots\cdots\cdots\cdots\right]_n\cdots-\bar{O}-\underset{\underset{H}{|}}{\overset{\overset{H}{|}}{C}}-\underset{\underset{H}{|}}{\overset{\overset{H}{|}}{C}}-\underset{\underset{O}{\diagdown\diagup}}{\overset{\overset{H}{|}}{C}}-H$$

4. Reaktionsstufe. Polyaddition zum gehärteten Epoxid-Harz. Zwischen den Epoxid-Gruppen der Epoxid-Harzgrundmasse und einem Amin R—NH_2 findet die Polyaddition statt:

$$\cdots-\bar{O}-\underset{\underset{H}{|}}{\overset{\overset{H}{|}}{C}}-\underset{\underset{O}{\diagdown\diagup}}{\overset{\overset{H}{|}}{C}}-\underset{\underset{H}{|}}{\overset{\overset{H}{|}}{C}}-H \;+\; H-\underset{\underset{R}{|}}{\overset{\overset{H}{|}}{N}}-H \;+\; H-\underset{\underset{O}{\diagdown\diagup}}{\overset{\overset{H}{|}}{C}}-\underset{\underset{H}{|}}{\overset{\overset{H}{|}}{C}}-\underset{\underset{H}{|}}{\overset{\overset{H}{|}}{C}}-\bar{O}-\cdots$$

$$\longrightarrow \cdots-\bar{O}-\underset{\underset{H}{|}}{\overset{\overset{H}{|}}{C}}-\underset{\underset{OH}{|}}{\overset{\overset{H}{|}}{C}}-\underset{\underset{H}{|}}{\overset{\overset{H}{|}}{C}}-\underset{\underset{R}{|}}{\overset{\overset{}{}}{N}}-\underset{\underset{H}{|}}{\overset{\overset{H}{|}}{C}}-\underset{\underset{OH}{|}}{\overset{\overset{H}{|}}{C}}-\underset{\underset{H}{|}}{\overset{\overset{H}{|}}{C}}-\bar{O}-\cdots$$

Dabei findet starke Vernetzung statt, die hier im schematischen Reaktionsmechanismus nicht zu sehen ist, weil das Amin R—NH$_2$ nur mit einer Amin-Gruppe dargestellt ist. Es werden für diese Reaktion aber Komponenten mit vielen Amin-Gruppen im Molekül eingesetzt, so daß eine vielfache räumliche Vernetzung stattfindet.

Versuch 74 Herstellen eines Epoxid-Harzes (EP)

Die Herstellung eines Epoxid-Harzes aus der Epoxid-Harzgrundmasse und einem Amin (4. Reaktionsschritt in der vorhergehenden Beschreibung) ist einfach darstellbar, weil die beiden Reaktionspartner als handelsübliche Zweikomponentenkleber leicht zugänglich sind.

Beim Ansatz des Reaktionsgemisches richte man sich nach der Gebrauchsanweisung, die die Epoxid-Harzgrundmasse meist als Binder, das Amin als Härter bezeichnet. Mit einem größeren Ansatz (die Packungen enthalten Material für ca. 30 g Epoxid-Harz) kann die Herstellung eines Formstücks durch Eingießen in eine geeignete Form, auch das Eingießen kleiner Teile und die Verstärkung durch Glasfasern gezeigt werden (Formen einfetten; besser ist es, sie mit Trennlack zu behandeln).

10.4.4 Wichtige Polyadditionskunststoffe und deren Verwendung

Die wichtigsten Polyadditionskunststoffe und deren Verwendung sind in Tabelle 30 zusammengestellt.

Tabelle 30 Wichtige Polyadditionskunststoffe und deren Verwendung

Name	Kurz-zeichen	Formel	Verwendung
Polyurethane	PUR	[—CO—NH—R$_1$—NH—CO—R$_2$—O—]$_n$	PUR gummielastisch: elastomerer Vollstoff: federnde Maschinenteile, Sportplatzbeläge, Skistiefel, Rollschuhrollen. PUR-Schaum: Matratzen, Polster, Verpackungen, Schuhsohlen.
Epoxid-Harze	EP	[—O—R—O—CH$_2$—CH(OH)—CH$_2$—]$_n$ —R— = —C$_6$H$_4$—C(CH$_3$)$_2$—C$_6$H$_4$—	Lackharz, Beschichtungsmassen, Kitte und Zweikomponentenkleber, Gießharze. Formteile für Flugzeug-, Apparate- und Elektroindustrie.

10.5 Natürliche Polymere und deren technische Verwendung

In der Natur vorkommende Polymere, z. B. Cellulose, Eiweiß, Kautschuk, werden chemisch umgewandelt und sind die Vorläufer der vollsynthetischen Kunststoffe.

Cellulose ist ein Makromolekül, das aus lauter β-Glucoseeinheiten (vgl. Abschnitt 9.11.1.1) aufgebaut ist. Jeder dieser Glucosebausteine besitzt noch drei freie OH-Gruppen.
Durch Veresterung mit Salpetersäure erhält man *Cellulosenitrat*. Je nachdem, wie viele OH-Gruppen verestert wurden, erhält man stark nitrierte oder weniger stark nitrierte Cellulosenitrate. Stark nitrierte Cellulose ist explosiv (Schießbaumwolle). Die weniger stark

nitrierte Cellulose wird für Nitrolacke verwendet. Durch Zugabe von Campher zu der weniger stark nitrierten Cellulose entsteht Celluloid (Tischtennisbälle, Filmmaterial).
Verestert man die Cellulose mit Essigsäure, entstehen *Celluloseacetate*. Sind alle OH-Gruppen verestert, tritt gute Isolierwirkung auf (Kabelummantelungen). Die etwas weniger stark veresterte Cellulose wird zu Rohren, Folien und klaren, transparenten Gebrauchsgegenständen verarbeitet (Brillenrahmen, Schriftschablonen, Zahnbürsten, Werkzeuggriffe). Celluloseacetat ist in Aceton löslich und läßt sich zu Fäden verspinnen (Acetatseide).

Durch Härten von *Milcheiweiß* (Casein) in wäßrigen Methanolbädern entsteht *Kunsthorn*. Der Prozeß des Härtens dauert wochenlang. Aus Kunsthorn werden heute vor allem Knöpfe, Griffe und Möbelbeschläge hergestellt.

Naturkautschuk wird aus dem Milchsaft („Latex") verschiedener tropischer Bäume gewonnen. Die Kautschukteilchen liegen fein verteilt als wäßrige, eiweißhaltige Emulsion vor und werden durch organische Säuren ausgeflockt (koaguliert)*. In diesem Zustand ist der Naturkautschuk noch nicht als Gummi verwendbar sondern muß erst noch mit elementarem Schwefel vernetzt werden *(Vulkanisation)*. Bei geringer Vernetzung entsteht Weichgummi, bei starker Vernetzung erhält man den weniger elastischen Hartgummi (Autoreifen).

10.6 Zusammenhänge zwischen der Struktur und den Eigenschaften der Kunststoffe

10.6.1 Die Ordnung der Makromoleküle

Primärbindungen (Hauptvalenzen) der Makromoleküle (—C—C—C-Bindungen) ergeben die Gestalt und die Größe der Makromoleküle.
Sekundärbindungen (Nebenvalenzen) sind in erster Linie für das physikalische Verhalten der Kunststoffe verantwortlich. Sekundärbindungen treten *zwischen* den Makromolekülen auf. Man bezeichnet sie deswegen auch als zwischenmolekulare Kräfte. Als zwischenmolekulare Kräfte kommen in Betracht:

• van-der-Waals-Kräfte,
• Dipolkräfte (besonders Wasserstoffbrücken).

Je nach der gegenseitigen Lage der Makromoleküle und den dabei auftretenden Sekundärbindungen unterscheidet man verschiedene *Ordnungszustände* der Molekülverbände.
Der *amorphe Zustand* liegt dann vor, wenn die Makromoleküle — vergleichbar mit den Molekülen innerhalb einer Flüssigkeit — völlig ungeordnet sind. Dabei treten als Sekundärbindungen nur van-der-Waals-Kräfte auf. Kunststoffe mit amorphem Zustand erstarren zu einem „organischen Glas", sie sind glasklar und spröde (**Abb. 10.3**, S. 274).

---

* coagulum (lateinisch), Gerinnungsmittel, Geronnenes.

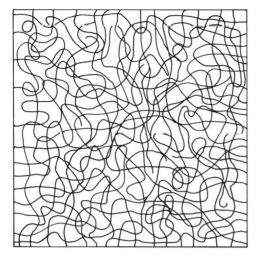 

Abb. 10.3 Der amorphe Zustand.   **Abb. 10.4** Der teilkristalline Zustand.

Bei einigen Kunststoffen ist der *teilkristalline Zustand* durch Dipolkräfte (Wasserstoffbrük-ken) zwischen benachbarten Makromolekülketten möglich. Die Makromoleküle richten sich dadurch parallel zueinander aus. Dies erfolgt jedoch nicht über die gesamte Länge der Ma-kromolekülketten, sondern immer nur in Teilbereichen. Die intermolekularen Verknüpfungs-bereiche der Molekülketten bezeichnet man als *Kristallite*. Zwischen den kristallinen Ab-schnitten liegen immer amorphe Bereiche.

> Als kristallin bezeichnete Kunststoffe sind niemals völlig kristallin; sie sind teilkristallin. Der Kristallinitätsgrad gibt an, welcher Anteil der beteiligten Makromoleküle sich im kri-stallinen Zustand befindet.

Beispiel:
Ein bestimmter Kunststoff besitzt einen Kristallinitätsgrad von 70%. Dies bedeutet, daß 70% der Makro-moleküle sich im kristallinen Zustand befindet, 30% dagegen im amorphen Zustand.

Höhere Kristallinitätsgrade ergeben sich, wenn:

- gestrecktere Makromolekülketten vorhanden sind,
- die räumliche Anordnung der Seitenketten der Makromoleküle regelmäßiger ist,
- kleinere Seitenketten vorhanden sind,
- die Sekundärbindungen stärker sind.

Optisch erkennt man das Vorliegen kristalliner Bereiche daran, daß der Kunststoff milchig trübes Aussehen besitzt.
Polyethylen (PE) und Polypropylen (PP) sind milchig weiß; der Anteil an Kristalliten beträgt bei PE 40% ... 80%, bei PP 60% ... 70%.
Polytetrafluorethylen (PTFE) ist weiß und undurchsichtig; der Anteil der Kristallite liegt zwi-schen 53% und 70%.

Polyvinylchlorid hart (PVC-U*) und Polystyrol (PS) sind jedoch klar und durchsichtig, weil sie überwiegend amorph sind.

Neben dem Aussehen sind auch Dichte, Härte und Zugfestigkeit eines Kunststoffes von seinem Kristallinitätsgrad abhängig.

Steifigkeit und Resistenz gegenüber Lösemitteln nehmen mit steigendem Kristallinitätsgrad zu, die Lichtdurchlässigkeit nimmt ab.

Polyethylen (PE) ist der Kunststoff mit dem einfachsten Molekülaufbau. Es ist von großer technischer Bedeutung. Am Beispiel des Polyethylens lassen sich wichtige Eigenschaften der Kunststoffe besonders gut aufzeigen.

Polyethylen $\cdots[-CH_2-CH_2-]_n\cdots$

Je nach Herstellungsart unterscheidet man:

- Hochdruck-Polyethylen,
- Mitteldruck-Polyethylen**,
- Normaldruck-Polyethylen**.

Hochdruck-Polyethylen. Polymerisationsbedingungen: 250 bar; 200 °C.
Bei der Hochdruckpolymerisation entsteht Polyethylen mit vielen Seitenverzweigungen.

$$
\begin{array}{c}
\text{H}\quad\text{H} \\
|\quad| \\
\text{C}=\text{C} \\
|\quad| \\
\text{H}\quad\text{H}
\end{array}
+
\begin{array}{c}
\text{H}-\text{C}-\text{H} \\
\| \\
\text{H}-\text{C}-\text{H}
\end{array}
+
\begin{array}{c}
\text{H}\quad\text{H} \\
|\quad| \\
\text{C}=\text{C} \\
|\quad| \\
\text{H}\quad\text{H}
\end{array}
+
\begin{array}{c}
\text{H}\quad\text{H} \\
|\quad| \\
\text{C}=\text{C} \\
|\quad| \\
\text{H}\quad\text{H}
\end{array}
\longrightarrow
\begin{array}{c}
\text{H}\ \ \text{H}\ \ \text{CH}_3\ \text{H}\ \ \text{H}\ \ \text{H}\ \ \text{H} \\
|\ \ |\ \ |\ \ |\ \ |\ \ |\ \ | \\
\cdots-\text{C}-\text{C}-\text{C}-\text{C}-\text{C}-\text{C}-\text{C}-\cdots \\
|\ \ |\ \ |\ \ |\ \ |\ \ |\ \ | \\
\text{H}\ \ \text{H}\ \ \text{H}\ \ \text{H}\ \ \text{H}\ \ \text{H}\ \ \text{H}
\end{array}
$$

Der *Verzweigungsgrad* wird durch die Anzahl der CH_3-Gruppen angegeben, die pro 1000 Kohlenstoff-Atome der zentralen Makromolekülkette auftreten.
Der Verzweigungsgrad 50 bedeutet also: Im Abschnitt von 1000 Kohlenstoff-Atomen der zentralen Makromolekülkette liegen 50 Verzweigungen durch CH_3-Gruppen vor.

Wegen der zahlreichen Verzweigungen haben die Makromolekülketten beim Hochdruck-Polyethylen einen größeren Abstand voneinander und eine größere Beweglichkeit. Dadurch besteht auch keine allzugroße Möglichkeit zur Kristallisation. Hochdruck-Polyethylen ist weich und besitzt niedrige Zugfestigkeit sowie niedrige Dichte.

Mitteldruck-Polyethylen. Polymerisationsbedingungen: 50 bar; 150 °C ... 180 °C. Der Verzweigungsgrad ist geringer als beim Hochdruck-Polyethylen, die Neigung zur Kristallisation größer; Dichte, Härte und Zugfestigkeit nehmen zu.

Normaldruck-Polyethylen. Polymerisationsbedingungen: Normaldruck; unter 100 °C. Hier ist die Neigung zur Kristallisation am größten, da die Makromoleküle bevorzugt als geradlinige Ketten vorliegen. Dichte, Härte und Zugfestigkeit sind größer als bei Mitteldruck-Polyethylen.

---

* U — unplasticized (englisch) nicht plastifiziert, hart.
  PVC-U ist die Bezeichnung für Hart-PVC (PVC hart); Gegensatz: P — plasticized PVC-P, Weich-PVC (PVC weich).
** Normaldruck-Polyethylen und Mitteldruck-Polyethylen werden häufig unter der Bezeichnung Niederdruck-Polyethylen zusammengefaßt.

Die *Dichte* wird als Unterscheidungskriterium verwendet: Hochdruck-Polyethylen mit niederer Dichte wird als PE-LD (*P*olyethylen-*L*ow *D*ensity) und Niederdruck-Polyethylen mit hoher Dichte als PE-HD (*P*olyethylen-*H*igh *D*ensity) bezeichnet.

Tabelle 31 Eigenschaften von PE-LD und PE-HD im Vergleich

Eigenschaften	PE-LD	PE-HD
Dichte in g/cm^3	0,915 ... 0,92	0,93 ... 0,96
Verzweigungsgrad	35 ... 25	10 ... 2
Kristallinitätsgrad in %	55 ... 65	65 ... 95
Zugfestigkeit in N/mm^2	8 ... 15	20 ... 40

10.6.2 Die räumliche Anordnung der Substituenten*

Bei der Polymerisation vom Typ $\cdots\left[-CH_2-\underset{\underset{R}{|}}{CH}-\right]_n\cdots$ kann R (Substituent, z.B. CH_3, C_6H_5, Cl)

gegenüber der Kohlenstoffkette drei verschiedene räumliche Anordnungen** einnehmen:

- Ataktische Anordnung. Die Substituenten sind willkürlich und ohne Ordnung zu beiden Seiten der Kohlenstoffkette verteilt:

 Kohlenstoffkette

- Isotaktische Anordnung. Die Substituenten liegen auf der gleichen Seite der Kohlenstoffkette:

R R R R R R R R
| | | | | | | |
——————————————— Kohlenstoffkette

- Syndiotaktische Anordnung. Die Substituenten befinden sich in regelmäßiger Folge abwechselnd auf verschiedenen Seiten der Kohlenstoffkette:

R   R   R   R
| | | |
——————————————— Kohlenstoffkette
| | | |
R   R   R   R

Die räumliche Anordnung der Substituenten innerhalb der Makromoleküle hat auf deren Fähigkeit zur Kristallisation großen Einfluß:

- Bei isotaktischer und syndiotaktischer Anordnung ist der Bau der Makromoleküle symmetrisch. Die Fähigkeit zur Kristallisation wird begünstigt.
- Bei ataktischen Anordnungen ist der Bau der Makromoleküle unsymmetrisch. Die Fähigkeit zur Kristallisation wird nicht begünstigt.

Bestimmte Eigenschaften lassen sich aufgrund der verschiedenen räumlichen Anordnung der Substituenten bei Polypropylen (**PP**) und Polystyrol (**PS**) ableiten.

---

* substituere (lateinisch) dahinterstellen, ersetzen.
** Die räumliche Anordnung der Substituenten kann z.B. durch Katalysatoren (Ziegler-Natta-Katalysatoren) beeinflußt werden.

Das Polypropylen mit ataktischer Anordnung ist amorph; der Kristallinitätsgrad liegt wegen der unregelmäßigen Anordnung der CH_3-Gruppen deshalb nur bei etwa 20%. Die mechanische Beanspruchbarkeit ist äußerst gering, so daß reines ataktisches Polypropylen keine technische Verwendung findet.

Das Polypropylen mit isotaktischer Anordnung besitzt wegen seiner regelmäßigen Anordnung der CH_3-Gruppen viele kristalline Bereiche; der Kristallinitätsgrad liegt zwischen 60% und 70%. Die gleichmäßig gebauten Makromolekülketten können sich leicht ordnen; Polypropylen mit isotaktischer Anordnung weist daher hohe mechanische Beanspruchbarkeit, wie Zugfestigkeit (Kordeln, Bindegarn, Bänder für Verpackung), Schlagzähigkeit (Haushaltsgeräte) und Formstabilität (Behälter) auf.

Beim Polystyrol ist die Anordnung der Seitengruppe (Phenylgruppe) immer ataktisch. Sein Kristallinitätsgrad ist gering; der Kunststoff ist wegen seiner amorphen Struktur glasartig, hart und spröde.

10.6.3 Thermisches Verhalten und Verarbeitung von Kunststoffen

Versuch 75 Wärmeverhalten verschiedener Kunststoffe

Proben von Polyethylen niederer Dichte (PE-LD), Polyvinylchlorid hart (PVC-U), Polystyrol (PS), Polytetrafluorethylen (PTFE) und Phenol-Formaldehyd-Harz (PF) werden jeweils in ein Reagenzglas gegeben und langsam mit kleiner Flamme des Bunsenbrenners erwärmt.

Versuch 76 Brennverhalten verschiedener Kunststoffe

Proben von Polyethylen niederer Dichte (PE-LD), Polyvinylchlorid hart (PVC-U), Polystyrol (PS), Polytetrafluorethylen (PTFE) und Phenol-Formaldehyd-Harz (PF) werden mit der Tiegelzange direkt in die Flamme des Bunsenbrenners gebracht.
Es ist darauf zu achten, daß die Unterlage feuerfest ist!

Zusammenfassung der Ergebnisse von Versuch 75 und Versuch 76					
	Polyethylen niederer Dichte (PE-LD)	Polyvinyl-chlorid hart (PVC-U)	Polystyrol (PS)	Polytetra-fluorethylen (PTFE)	Phenol-Formaldehyd-Harz (PF)
Eigenschaften bei Raumtemperatur	weich, biegsam, wachsartige Oberfläche	mittelhart, elastisch, schwer zerbrechlich	hart, spröde, zerbrechlich	elastisch, zäh	hart, spröde
Verhalten bei zunehmendem Erwärmen bzw. Erhitzen	wird weich, bildet dünnflüssige Schmelze, Zersetzung ohne Rückstand	wird weich, kautschukähnliche Zähigkeit, Zersetzung, verkohlter Rückstand	wird weich, zähflüssige Schmelze, Zersetzung, geringer Rückstand	wird weich; schmilzt nicht, Zersetzung	bleibt fest, Zersetzung
Geruch der entweichenden Dämpfe	nach Kerzenwachs	stechend, kratzend (Hydrogenchlorid)	süßlich	stechend, kratzend (Flußsäure)	nach Phenol

Zusammenfassung der Ergebnisse von Versuch 75 und Versuch 76					
	Polyethylen niederer Dichte (PE-LD)	Polyvinyl-chlorid hart (PVC-U)	Polystyrol (PS)	Polytetra-fluorethylen (PTFE)	Phenol-Formaldehyd-Harz (PF)
Verhalten beim Ver-brennen	schwer ent-flammbar; brennt weiter, wenn die Zündflamme entfernt wird; tropft, Trop-fen brennen	brennt in der Flamme gelb, rußend; ver-lösсht außer-halb der Zündflamme	brennt gelb-leuchtend, stark rußend; brennt nach Entfernen der Zündflamme weiter	brennt nicht, verkohlt nicht	brennt mit heller, rußen-der Flamme; verlöscht außerhalb der Zündflamme
Einteilung	Plastomere	Plastomere	Plastomere	Plastomere	Duromere

Je nach dem Verhalten der Kunststoffe beim Erwärmen unterscheidet man Plastomere (Thermoplaste*), Duromere (Duroplaste**) und Elastomere (Elastoplaste).

10.6.3.1 Plastomere (Thermoplaste)

Plastomere sind Kunststoffe, die beim Erwärmen weichelastisch werden und sich um-formen lassen. Sie bestehen aus langkettigen Makromolekülen, die nur durch Sekundär-bindungen miteinander verbunden sind.

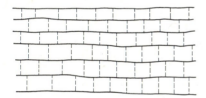

Abb. 10.5 Mögliche Molekülstruktur von Plastomeren. Zwischen den Molekülketten befinden sich nur Sekundärbindungen, es erfolgt keine Vernetzung.

Die Fadenmoleküle werden aus vielen gleichen oder gleichartigen Monomeren gebildet, die linear oder verzweigt angeordnet werden.
Beim Erwärmen durchlaufen alle Plastomere verschiedene Zustände und Übergangsberei-che.

Thermisches Verhalten von Plastomeren:

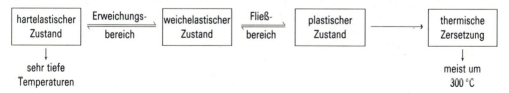

---

* thermos (griechisch) warm.
** durus (lateinisch) hart.

Im hartelastischen Zustand (Glaszustand) haften die Makromoleküle durch Sekundärbindungen fest aneinander und sind nicht beweglich. Das Material ist spröde und hart. Sehr gut kann man dies feststellen, wenn im Winter ein PVC-Gartenschlauch „einfriert". Verbiegungen führen sehr leicht zum Bruch des PVC-Schlauches. Beim Erwärmen von Plastomeren nehmen Härte und Sprödigkeit ab.

Im Erweichungsbereich sind die Plastomere weichelastisch und biegsam. (Diesen Bereich bezeichnet man auch als Einfrierbereich, wenn man weichelastische Plastomere abkühlt).

Tabelle 32 Erweichungsbereiche einiger Plastomere

PE-LD	Polyethylen niederer Dichte	$-100\,°C \ldots -70\,°C$
PP	Polypropylen	$\approx -32\,°C$
PS	Polystyrol	$+80\,°C \ldots +100\,°C$
PVC-U	Polyvinylchlorid hart	$+65\,°C \ldots +100\,°C$
PTFE	Polytetrafluorethylen	$\approx -20\,°C$
PUR	Polyurethan-Weichschaum	$-40\,°C \ldots -20\,°C$
PB	Polybuten-1	$\approx -25\,°C$
PIB	Polyisobutylen	$\approx -70\,°C$

Die unterschiedlichen Erweichungsbereiche erklären sich durch die Verschiedenartigkeit der Substituenten:
Bei Polyethylen niederer Dichte, Polypropylen und Polytetrafluorethylen sind wegen der geringen Größe der Substituenten die van-der-Waals-Kräfte gering. Dipolkräfte können bei Polyethylen niederer Dichte und Polypropylen überhaupt nicht auftreten. Obwohl beim Polytetrafluorethylen die C—F-Bindungen sehr polar sind, treten Dipolkräfte aber innerhalb der Makromolekülketten wegen des völlig symmetrischen Baus nicht auf.
Bei Polyvinylchlorid hart dagegen liegen sehr starke Dipolkräfte vor, die einen zusätzlichen Zusammenhalt der Makromolekülketten zur Folge haben.
Bei Polystyrol treten keine Dipolkräfte auf. Bedingt durch die große Phenyl-Gruppe sind hier jedoch die van-der-Waals-Kräfte beträchtlich.
Allgemein gilt: Hohe Sekundärbindungen bedingen einen hohen Erweichungsbereich.

Im weichelastischen Zustand haben die Plastomere unterschiedliche physikalische Eigenschaften, je nachdem, ob sie eine amorphe oder kristalline Struktur besitzen. Amorphe Kunststoffe sind gummielastisch. Es können sehr leicht Formveränderungen hervorgerufen werden.
Kristalline Kunststoffe sind zähelastisch und hornartig. Die vorhandenen Kristallite beeinträchtigen die Beweglichkeit der Makromoleküle und verhindern dadurch eine Gummielastizität.

Als Fließbereich wird der Übergang vom weichelastischen in den plastischen Zustand bezeichnet. Infolge der Wärmezufuhr können die langen Fadenmoleküle sich gegeneinander bewegen und aneinander vorbeigleiten. Von den Sekundärbindungen werden die Dipolkräfte (Wasserstoffbrücken) aufgehoben. Wirksam sind nur noch die van-der-Waals-Kräfte. Diese nehmen mit steigender Molekülmasse zu.

Im plastischen Zustand werden nach Überschreiten des Fließbereichs durch Erwärmung — wegen der stärkeren Bewegung der Makromoleküle — die Van-der-Waals-Kräfte immer geringer; die Molekülketten können sich frei bewegen. Der Kunststoff schmilzt, er wird plastisch. Die Viskosität der Schmelze ist niedrig, wenn die Molekülmasse niedrig ist. Die Ketten bewegen sich heftiger. Dagegen hat eine hohe Molekülmasse eine hohe Viskosität der Schmelze zur Folge.

Die thermische Zersetzung (Pyrolyse) erfolgt bei hohen Temperaturen. Die Molekülketten zerreißen wegen der sehr starken thermischen Bewegung. Die Bindungen zwischen den Kohlenstoff-Atomen, die die Ketten bilden, werden aufgelöst. Der Kunststoff wird thermisch zerstört.

> Die Verarbeitung der Plastomere erfolgt im plastischen Zustand.

Das plastomere Grundmaterial liegt meistens als Pulver oder Granulat vor. Es wird nach Zugabe von Zusatzstoffen (z. B. Pigmente, Gleitmittel, Stabilisatoren) erhitzt und dadurch in den verarbeitungsfähigen Zustand gebracht.
Mit Hilfe von Schneckenpressen (Extruder) wird der Plastomer durch Düsen gepreßt: Breitschlitzdüsen erzeugen breite Bahnen und Ringdüsen Rohre und Schläuche. Folien entstehen durch Aufblasen der Rohre. Ebenso können noch weiche Schläuche zu Hohlkörpern geblasen werden *(Spritzblasen)*. Beim *Spritzgießen* wird das weichelastische plastomere Material in eine geschlossene und gekühlte Form gespritzt. Nach dem Abkühlen wird das Formteil aus der Form ausgestoßen.

Will man — für bestimmte Anwendungsbereiche — Plastomere flexibler und elastischer machen, werden sogenannte Weichmacher zugesetzt. Dies sind nichtflüchtige und niedermolekulare Stoffe, die sich zwischen die Fadenmoleküle lagern, so daß diese besser aneinander vorbeigleiten können.

Beispiele für Plastomere:
Polymerisationskunststoffe: Polyethylen, Polypropylen, Polyvinylchlorid, Polystyrol, Polytetrafluorethylen.
Polykondensationskunststoff: Polyamid.
Polyadditionskunststoff: lineare Polyurethane.

10.6.3.2 Duromere (Duroplaste)

Duromere sind Kunststoffe, die bei Raumtemperatur und tieferen Temperaturen spröde sind.

> Duromere sind plastisch nicht umformbar und werden beim Erwärmen (etwa 300 °C und höher) unmittelbar zerstört (thermische Zersetzung).
> Die einzelnen Makromoleküle sind wie ein räumliches Netzwerk miteinander durch Primärbindungen sehr eng verbunden.

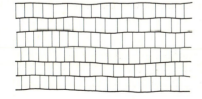

Abb. 10.6 Mögliche Molekülstruktur von Duromeren. Dichte Vernetzung der Molekülketten durch viele Primärbindungen.

Durch diese engmaschige Verknüpfung besitzen die Molekülketten eine geringe Bewegungsmöglichkeit, die Elastizität geht verloren. Nach der Aushärtung lassen sie sich nicht mehr umformen.

Thermisches Verhalten von Duromeren:

Beispiele für Duromere:
Polymerisationskunststoffe: keine.
Polykondensationskunststoffe: Phenol-Formaldehyd-Harz, Harnstoff-Formaldehyd-Harz.
Polyadditionskunststoff: Epoxid-Harz.

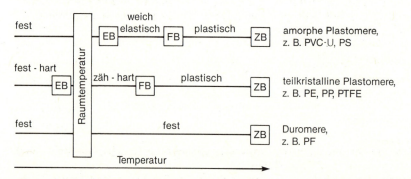

Abb. 10.7 Thermisches Verhalten von Plastomeren und Duromeren im Vergleich.
EB = Erweichungsbereich; FB = Fließbereich; ZB = Zersetzungsbereich.

> Duromere können nach der Härtung nur noch mechanisch weiterbearbeitet werden.

In diesem Zustand sind sie nicht mehr wärmeverformbar oder schweißbar. Deshalb werden die noch nicht voll vernetzten duromeren Vorprodukte im gelösten, flüssigen oder plastischen Zustand geformt und erst danach gehärtet. Beim *Spritzgießen* wird die plastische Masse in eine Form gespritzt, wobei die Form auf die Härtetemperatur erhitzt wird. Beim *Formpressen* werden die duromeren Vorprodukte mit hydraulischen Pressen unter hohem Druck in beheizte Stahlformen gepreßt und gehärtet.

10.6.3.3 Elastomere (Elastoplaste)

Elastomere (z. B. Naturgummi und synthetische Gummistoffe) lassen Dehnungen bis zum Mehrfachen ihrer Ausgangslänge zu und kehren anschließend ganz oder zumindest weitgehend in ihren ursprünglichen Zustand zurück.

> Elastomere bestehen aus Molekülketten, die durch wenige Primärbindungen nur weitmaschig miteinander vernetzt sind.

278

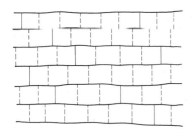

Abb. 10.8 Mögliche Molekülstruktur von Elastomeren. Nur geringe Vernetzung durch wenige Primärbindungen zwischen den Molekülketten.

Das Dehnen von Elastomeren bewirkt, daß die Molekülketten aus einer ungeordneten Position in eine energetisch ungünstigere, geordnete Position gebracht werden. Entfällt die Kraft, dann nehmen die Moleküle von sich aus die energetisch günstigere, ungeordnete Position ein. In der Kälte ist die Rückkehr in die Ausgangslage deutlich verlangsamt. Bei tieferen Temperaturen sind Elastomere (Gummi) spröde und können zerbrechen. Bei Raumtemperatur sind sie weichelastisch. Bei hohen Temperaturen zersetzen sich Elastomere. Der plastische Zustand fehlt, gummielastische Stoffe schmelzen daher nicht.

Thermisches Verhalten von Elastomeren:

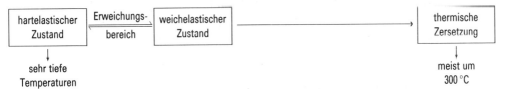

Elastomere werden vor der Vernetzung z. B. aus Emulsionen (Latex vgl. Abschnitt 10.5) formgebend verarbeitet und anschließend vernetzt.
Die Formgebung und Koagulation von Latex erfolgt häufig im *Tauchverfahren*. Dabei taucht eine auf etwa 70 °C erwärmte Glas- oder Leichtmetallform in Latex ein. An der Oberfläche der Form koaguliert eine dünne Schicht. Eine andere Möglichkeit ist das *Streichverfahren*. Hierbei werden Gewebe mit Latex bestrichen und somit imprägniert. Anschließend an die Koagulation erfolgt die Vernetzung *(Vulkanisation)* durch Dampf, kochendes Wasser oder heiße Luft bei Anwesenheit von Vernetzungsmitteln und Beschleunigern.

10.7 Das Löseverhalten von Kunststoffen

Lösemittel können den Zusammenhalt der Makromolekülketten lockern. Bleibt der Zusammenhalt an einigen Stellen noch bestehen, spricht man von *Qellung* eines Kunststoffs. Werden die Molekülketten vollkommen voneinander getrennt, so spricht man von *Lösung*. Bei den Lösemitteln unterscheidet man zwischen polaren und unpolaren Lösemitteln. Bei polaren Lösemitteln wirken überwiegend die Dipolkräfte, bei unpolaren nur die van-der-Waals-Kräfte.

Beispiele für unpolare Lösemittel:
Benzin, Benzol, Mineralöl.

Beispiele für polare Lösemittel:
Alkohole, Chlorkohlenwasserstoffe.

Der Lösevorgang hängt von der Art des Lösemittels und dem chemischen Aufbau des Kunststoffs ab.

Ein Stoff ist nur dann ein gutes Lösemittel für Kunststoffe, wenn zwischen seinen Molekülen ähnliche Sekundärbindungen wie zwischen den Makromolekülketten der Kunststoffe vorliegen.

Allgemein gilt: Polare Lösemittel lösen polare Kunststoffe, unpolare Lösemittel lösen unpolare Kunststoffe.

Polyvinylchlorid ist gegenüber unpolaren Lösemitteln (z. B. Benzin) beständig, aufgelöst wird es jedoch von polaren Lösemitteln (Chlorkohlenwasserstoffe). Ursache dafür ist die polarisierte Bindung zwischen Kohlenstoff und Chlor; an die polarisierten Atome können sich die entsprechenden polarisierten Teile des Lösemittels anlagern.

Polytetrafluorethylen besitzt zwar ebenfalls eine sehr starke Polarisierung — verursacht durch die Fluor-Atome —, die Dipolkräfte heben sich aber wegen der vollständigen Substituierung gegenseitig auf. Das Molekül ist daher gänzlich unpolar. Polytetrafluorethylen wird somit von keinem polaren Lösemittel aufgelöst. Aber auch in unpolaren Lösemitteln ist PTFE unlöslich. Der Grund für die generelle Unlöslichkeit beruht darin, daß die großen Fluor-Atome die zentrale Kohlenstoffkette völlig nach außen hin abschirmen.

Polyethylen niederer Dichte ist in unpolaren Lösemitteln gut löslich und gegenüber polaren Lösemitteln beständig. Polyethylen ist ein Kunststoff mit unpolarem Charakter und kann mit den Paraffinen (Alkanen) verglichen werden.
Trotzdem ist Polyethylen hoher Dichte im Vergleich zu Polyethylen niederer Dichte gegenüber Benzin so beständig, daß es sogar für Treibstoffbehälter (Reservekanister) verwendet werden kann. Polyethylen hoher Dichte und Polyethylen niederer Dichte unterscheiden sich nicht nur in ihrer Dichte, sondern auch in ihrem Kristallinitätsgrad. Dieser liegt bei Polyethylen hoher Dichte zwischen 65 % und 95 %, bei Polyethylen niederer Dichte dagegen zwischen 55 % und 65 %.
Die Moleküle des Lösemittels dringen zuerst in die amorphen Teilbereiche ein; mit zunehmender Kristallinität ist dagegen deren Eindringen erschwert.

Stoffe mit niedrigem Kristallinitätsgrad sind leichter löslich als solche mit hohem.

Polyethylen ist ein thermoplastischer Kunststoff, dessen Vernetzung auf Sekundärbindungen beruht. Plastomere sind daher in entsprechenden Lösemitteln löslich.

Duromere sind in keinem Lösemittel löslich, sie besitzen nicht einmal die Fähigkeit zur Quellung. Bei Duromeren erfolgt die Vernetzung durch Primärbindungen.

Primärbindungen sind so stabil, daß sie von den Molekülen des Lösemittels nicht gelöst werden können.

10.8 Übungsaufgaben

Zur Wiederholung

W 1. Was haben Makromoleküle mit einfachen (niedermolekularen) organischen Verbindungen gemeinsam?

W 2. Welchen grundsätzlichen Aufbau haben Makromoleküle?

W 3. Wodurch wird die (durchschnittliche) Größe eines Makromoleküls beschrieben?

W 4. In welchen Schritten läuft eine Polymerisation ab?

W 5. Welche Möglichkeiten gibt es, eine Polymerisation in Gang zu setzen?

W 6. Bei welcher Bildungsreaktion von Makromolekülen entstehen Nebenprodukte, wie viele und welche?

W 7. Aus Acrylnitril $H_2C=CHCN$ wird durch anionische Polymerisation Polyacrylnitril (PAN). Der Reaktionsablauf ist zu formulieren.

W 8. Welche Formel hat das durch Polykondensation entsprechend Versuch 70 aus Hexamethylendiamin ($H_2N-(CH_2)_6-NH_2$) und Sebacinsäuredichlorid (Decandisäuredichlorid $Cl-OC-(CH_2)_8-CO-Cl$) erzeugte Polyamid 610?

W 9. Welche Masse Formaldehyd-Lösung ($w(HCHO)=35\%$) ist erforderlich, wenn man 50 g Phenol durch Polykondensation zu $\ldots-C_6H_3OH-CH_2-\ldots$ umsetzen will?

W 10. Was versteht man unter dem Kristallinitätsgrad, und warum kann dieser nie 100% erreichen?

W 11. Welche Möglichkeiten der Anordnung der Substituenten zur zentralen Molekülkette sind möglich; wie heißen sie?

W 12. Wodurch unterscheidet sich der hartelastische Zustand vom weichelastischen Zustand?

W 13. Warum sind Duromere nicht umformbar?

W 14. Ein Kunststoff wird gut von einem polaren Lösemittel, z. B. einem Chlorkohlenwasserstoff, gelöst. Welche Kräfte bewirken überwiegend die Sekundärbindungen?

Zur Vertiefung

V 1. Ein Niederdruck-Polyethylen hat die (relative) Molekülmasse von 400000. Wie groß ist sein Polymerisationsgrad?

V 2. Ein ungesättigtes Polyesterharz (UP) entsteht durch Polykondensation von Maleinsäure $HOOC-CH=CH-COOH$ mit Ethylenglycol $HO-CH_2-CH_2-OH$. Die Bildung dieses Makromoleküls ist zu formulieren.

V 3. Ein ungesättigtes Polyesterharz (UP) enthält in der Kette der Makromoleküle noch viele Doppelbindungen. Als Basis für Gießharze kommt dieses gelöst in Styrol $C_6H_5-CH=CH_2$ in den Handel. Welche Reaktion muß damit zum Vernetzen (Härten) ablaufen, und wie kann diese ausgelöst werden?

V 4. Warum sind Behälter aus glasklaren Kunststoffen bei gleicher Wandstärke bruchempfindlicher als solche aus milchig-trüben Kunststoffen?

V 5. Welches Verhalten der Elastomere bestätigt die Annahme, daß neben der weitmaschigen Vernetzung durch Primärbindungen auch Sekundärbindungen vorliegen?

V 6. Alleskleber sind meistens Cellulosederivate, also halbsynthetische Kunststoffe, gelöst in Aceton $(CH_3)_2CO$, in Estern, z. B. Essigsäureethylester $CH_3COOC_2H_5$, in Methylenchlorid CH_2Cl_2, in Trichlorethylen $CHCl{=}CCl_2$ oder ähnlichen Lösemitteln. Welche Kräfte bewirken demnach die Nebenvalenzen dieser Cellulosederivate?

V 7. Einwegbehälter aus Kunststoffen, z. B. für wäßrige Lösungen von Reinigungsmitteln, dürfen *nicht* als Benzinbehälter (Reservekanister) benutzt werden, auch wenn sie durch Benzin weder gelöst noch zur Quellung gebracht werden. Es wird dabei dringend vor *Explosionsgefahr* im Aufbewahrungsraum trotz dicht verschlossenem Behälter gewarnt. Welche Erklärung ist dafür möglich?

11 Anhang

11.1 Tabellenanhang

Tabelle A1 Griechische Buchstaben

Alpha	Beta	Gamma	Delta	Epsilon	Zeta	Eta	Theta
$A\ \alpha$	$B\ \beta$	$\Gamma\ \gamma$	$\Delta\ \delta$	$E\ \varepsilon$	$Z\ \zeta$	$H\ \eta$	$\Theta\ \vartheta$
Jota	Kappa	Lambda	My	Ny	Xi	Omikron	Pi
$I\ \iota$	$K\ \kappa$	$\Lambda\ \lambda$	$M\ \mu$	$N\ \nu$	$\Xi\ \xi$	$O\ o$	$\Pi\ \pi$
Rho	Sigma	Tau	Ypsilon	Phi	Chi	Psi	Omega
$P\ \varrho$	$\Sigma\ \sigma$	$T\ \tau$	$Y\ \upsilon$	$\Phi\ \varphi$	$X\ \chi$	$\Psi\ \psi$	$\Omega\ \omega$

Tabelle A2 Molare Normvolumen ausgewählter realer Gase

Gas	Formel	$\dfrac{M(X)}{\text{g/mol}}$	$\dfrac{V_{m,n}}{\text{l/mol}}$
Ammoniak	NH_3	17,031	22,08
Butan	C_4H_{10}	58,123	21,50
Chlor	Cl_2	70,9054	22,06
Ethan	C_2H_6	30,070	22,17
Ethanol	C_2H_5OH	46,069	22,55
Ethen	C_2H_4	28,054	22,26
Ethin (Acetylen)	C_2H_2	26,038	22,24
Fluor	F_2	37,9968	22,404
Helium	He	4,0026	22,43
Hydrogenchlorid	HCl	36,4618	22,24
Hydrogensulfid	H_2S	34,082	22,14
Kohlenstoffdioxid	CO_2	44,010	22,263
Kohlenstoffmonooxid	CO	28,011	22,409
Methan	CH_4	16,0428	22,381
Methanol	CH_3OH	32,042	22,470
Neon	Ne	20,1797	22,412
Pentan	C_5H_{12}	72,150	20,87
Propan	C_3H_8	44,096	21,94
Propen	C_3H_6	42,081	21,97
Sauerstoff	O_2	31,9988	22,394
Schwefeldioxid	SO_2	64,065	21,89
Stickstoff	N_2	28,0135	22,402
Stickstoffmonooxid	NO	30,0061	22,39
Trichlormethan	$CHCl_3$	119,377	22,60
Wasserstoff	H_2	2,01588	22,431

Tabelle A3 Protonenzahlen und relative Atommassen aller Elemente nach IUPAC 1985

Die Werte der Atommassen sind für die natürlich auf der Erde existierenden Elemente angegeben.
Die Atommassen mancher Elemente sind nicht konstant, sondern abhängig von Herkunft und Behandlung des Materials. Die Genauigkeit der Werte ist ± 1 der letzten Ziffer, sofern nicht anders angegeben.

a) nach Symbolen

Symbol	Element	Protonen- zahl Z	relative Atom- masse A_r	Symbol	Element	Protonen- zahl Z	relative Atom- masse A_r
Ac	Actinium*	89	227,0278•	N	Stickstoff _Nitrogen_	7	14,0067
Ag	Silber	47	107,8682 ±2	Na	Natrium	11	22,989768 ±6
Al	Aluminium	13	26,981539 ±5	Nb	Niob	41	92,90638 ±2
Am	Americium*	95	(243)	Nd	Neodym	60	144,24 ±3
Ar	Argon	18	39,948	Ne	Neon	10	20,1797 ±6
As	Arsen	33	74,92159 ±2	Ni	Nickel	28	58,69
At	Astat*	85	(210)	No	Nobelium*	102	(259)
Au	Gold	79	196,96654 ±3	Np	Neptunium*	93	237,0482•
B	Bor	5	10,811 ±5	O	Sauerstoff _Oxygen_	8	15,9994 ±3
Ba	Barium	56	137,33	Os	Osmium	76	190,2
Be	Beryllium	4	9,012182 ±3	P	Phosphor	15	30,973762, ±4
Bi	Bismut	83	208,9804	Pa	Protactinium*	91	231,03588 ±2
Bk	Berkelium*	97	(247)	Pb	Blei	82	207,2
Br	Brom	35	79,904	Pd	Palladium	46	106,42
C	Kohlenstoff _Carbon_	6	12,011	Pm	Promethium*	61	(145)
Ca	Calcium	20	40,078 ±4	Po	Polonium	84	(209)
Cd	Cadmium	48	112,411 ±8	Pr	Praseodym	59	140,90765 ±3
Ce	Cer	58	140,115 ±4	Pt	Platin	78	195,08 ±3
Cf	Californium*	98	(251)	Pu	Plutonium*	94	(244)
Cl	Chlor	17	35,4529 ±9	Ra	Radium*	88	226,0254•
Cm	Curium*	96	(247)	Rb	Rubidium	37	85,4678 ±3
Co	Cobalt	27	58,93320 ±1	Re	Rhenium	75	186,207
Cr	Chrom	24	51,9961 ±6	Rh	Rhodium	45	102,90550 ±3
Cs	Caesium	55	132,90543 ±5				

Symbol	Element	Ordnungszahl	Atommasse
Cu	Kupfer	29	63,546±3
Dy	Dysprosium	66	162,50±3
Er	Erbium	68	167,26±3
Es	Einsteinium*	99	(252)
Eu	Europium	63	151,965±9
F	Fluor	9	18,9984032±9
Fe	Eisen	26	55,847±3
Fm	Fermium*	100	(257)
Fr	Francium*	87	(223)
Ga	Gallium	31	69,723±4
Gd	Gadolinium	64	157,25±3
Ge	Germanium	32	72,61±2
H	Wasserstoff / *Hydrogen*	1	1,00794±7
He	Helium	2	4,002602±2
Hf	Hafnium	72	178,49±2
Hg	Quecksilber	80	200,59±3
Ho	Holmium	67	164,93032±3
I	Iod	53	126,90447±3
In	Indium	49	114,82
Ir	Iridium	77	192,22±3
K	Kalium	19	39,0983
Kr	Krypton	36	83,80
La	Lanthan	57	138,9055±2
Li	Lithium	3	6,941±2
Lr	Lawrencium*	103	(260)
Lu	Lutetium	71	174,967
Md	Mendelevium*	101	(258)
Mg	Magnesium	12	24,3050±6
Mn	Mangan	25	54,93805±1
Mo	Molybdän	42	95,94
Rn	Radon*	86	(222)
Ru	Ruthenium	44	101,07±2
S	Schwefel / *Sulfur*	16	32,066±6
Sb	Antimon	51	121,75±3
Sc	Scandium	21	44,955910±9
Se	Selen	34	78,96±3
Si	Silicium	14	28,0855±3
Sm	Samarium	62	150,36±3
Sn	Zinn	50	118,710±7
SR	Strontium	38	87,62
Ta	Tantal	73	180,9479
Tb	Terbium	65	158,92534±3
Tc	Technetium*	43	(98)
Te	Tellur	52	127,60±3
Th	Thorium*	90	232,0381
Ti	Titan	22	47,88±3
Tl	Thallium	81	204,3833±2
Tm	Thulium	69	168,9342
U	Uran*	92	238,0289
Unh	Unnilhexium*	106	(263)
Unp	Unnilpentium*	105	(262)
Unq	Unnilquadium*	104	(261)
Uns	Unnilseptium*	107	(262)
V	Vanadium	23	50,9415
W	Wolfram	74	183,85±3
Xe	Xenon	54	131,29±2
Y	Yttrium	39	88,90585±2
Yb	Ytterbium	70	173,04±3
Zn	Zink	30	65,39±2
Zr	Zirconium	40	91,224±2

( ) Nukleonenzahl des jeweils langlebigsten Isotops.

* Radioaktive Elemente (Elemente, von denen nur instabile Isotope existieren).

• Atommasse des langlebigsten Isotops; Wert von 1981.

Tabelle A 3 Protonenzahlen und relative Atommassen aller Elemente nach IUPAC 1985 (Fortsetzung)

Die Werte der Atommassen sind für die natürlich auf der Erde existierenden Elemente angegeben. Die Atommassen mancher Elemente sind nicht konstant, sondern abhängig von Herkunft und Behandlung des Materials. Die Genauigkeit der Werte ist ±1 der letzten Ziffer, sofern nicht anders angegeben.

b) nach Elementen

Element	Symbol	Protonen- zahl Z	relative Atom- masse A_r	Element	Symbol	Protonen- zahl Z	relative Atom- masse A_r
Actinium*	Ac	89	227,0278•	Natrium	Na	11	22,989768±6
Aluminium*	Al	13	26,981539±5	Neodym	Nd	60	144,24±3
Americium*	Am	95	(243)	Neon	Ne	10	20,1797±6
Antimon	Sb	51	121,75±3	Neptunium*	Np	93	237,0482•
Argon	Ar	18	39,948	Nickel	Ni	28	58,69
Arsen	As	33	74,92159±2	Niob	Nb	41	92,90638±2
Astat*	At	85	(210)	Nobelium*	No	102	(259)
Barium	Ba	56	137,33	Osmium	Os	76	190,2
Berkelium*	Bk	97	(247)	Palladium	Pd	46	106,42
Beryllium	Be	4	9,012182±3	Phosphor	P	15	30,973762±4
Bismut	Bi	83	208,9804	Platin	Pt	78	195,08±3
Blei	Pb	82	207,2	Plutonium*	Pu	94	(244)
Bor	B	5	10,811±5	Polonium*	Po	84	(209)
Brom	Br	35	79,904	Praseodym	Pr	59	140,90765±3
Cadmium	Cd	48	112,411±8	Promethium*	Pm	61	(145)
Calcium	Ca	20	40,078±4	Protactinium*	Pa	91	231,03588±2
Californium*	Cf	98	(251)	Quecksilber	Hg	80	200,59±3
Caesium	Cs	55	132,90543±5	Radium*	Ra	88	226,0254•
Cer	Ce	58	140,115±4	Radon*	Rn	86	(222)
Chlor	Cl	17	35,4529±9	Rhenium	Re	75	186,207
Chrom	Cr	24	51,9961±6	Rhodium	Rh	45	102,90550±3
Cobalt	Co	27	58,93320±1	Rubidium	Rb	37	85,4678±3
Curium*	Cm	96	(247)	Ruthenium	Ru	44	101,07±2
Dysprosium	Dy	66	162,50±3	Samarium	Sm	62	150,36±3
Einsteinium*	Es	99	(252)	Sauerstoff	O	8	15,9994±3

Element	Symbol	Nr.	Atommasse	Element	Symbol	Nr.	Atommasse
Eisen	Fe	26	55,847±3	Scandium	Sc	21	44,955910±9
Erbium	Er	68	167,26±3	Schwefel	S	16	32,066±6
Europium	Eu	63	151,965±9	Selen	Se	34	78,96±3
Fermium*	Fm	100	(257)	Silber	Ag	47	107,8682±2
Fluor	F	9	18,9984032±9	Silicium	Si	14	28,0855±3
Francium*	Fr	87	(223)	Stickstoff	N	7	14,0067
Gadolinium	Gd	64	157,25±3	Strontium	Sr	38	87,62
Gallium	Ga	31	69,723±4	Tantal	Ta	73	180,9479
Germanium	Ge	32	72,61±2	Technetium*	Tc	43	(98)
Gold	Au	79	196,96654±3	Tellur	Te	52	127,60±3
Hafnium	Hf	72	178,49±2	Terbium	Tb	65	158,92534±3
Helium	He	2	4,002602±2	Thallium	Tl	81	204,3833±2
Holmium	Ho	67	164,93032±3	Thorium*	Th	90	232,0381
Indium	In	49	114,82	Thulium	Tm	69	168,9342
Iod	I	53	126,90447±3	Titan	Ti	22	47,88±3
Iridium	Ir	77	192,22±3	Unnilhexium*	Unh	106	(263)
Kalium	K	19	39,0983	Unnilpentium*	Unp	105	(262)
Kohlenstoff	C	6	12,011	Unnilquadium*	Unq	104	(261)
Krypton	Kr	36	83,80	Unnilseptium*	Uns	107	(262)
Kupfer	Cu	29	63,546±3	Uran*	U	92	238,0289
Lanthan	La	57	138,9055±2	Vanadium	V	23	50,9415
Lawrencium*	Lr	103	(260)	Wasserstoff	H	1	1,00794±7
Lithium	Li	3	6,941±2	Wolfram	W	74	183,85±3
Lutetium	Lu	71	174,967	Xenon	Xe	54	131,29±2
Magnesium	Mg	12	24,3050±6	Ytterbium	Yb	70	173,04±3
Mangan	Mn	25	54,93805±1	Yttrium	Y	39	88,90585±2
Mendelevium*	Md	101	(258)	Zink	Zn	30	65,39±2
Molybdän	Mo	42	95,94	Zinn	Sn	50	118,710±7
				Zirconium	Zr	40	91,224±2

( ) Nukleonenzahl des jeweils langlebigsten Isotops.

* Radioaktive Elemente (Elemente, von denen nur instabile Isotope existieren).

• Atommasse des langlebigsten Isotops; Wert von 1981.

287

Tabelle A 4 Molare Bildungsenthalpien ausgewählter organischer Stoffe

Stoff	Zustand	$\dfrac{\Delta H_B}{\text{kJ/mol}}$	Stoff	Zustand	$\dfrac{\Delta H_B}{\text{kJ/mol}}$
gesättigte Kohlenwasserstoffe			**Alkohole**		
CH_4	gasförmig	-75	C_2H_5OH	flüssig	-278
C_2H_6	gasförmig	-85	$CH_3CH_2CH_2OH$	flüssig	-304
C_3H_8	gasförmig	-104	$CH_3CH(OH)CH_3$	flüssig	-318
C_4H_{10}	gasförmig	-126	CH_2OH-CH_2OH	flüssig	-455
C_5H_{12}	flüssig	-173	$CH_2OH-CHOH-CH_2OH$	flüssig	-669
ungesättigte Kohlenwasserstoffe			**Ether**		
C_2H_2	gasförmig	227	$(CH_3)_2O$	gasförmig	-185
C_2H_4	gasförmig	$52{,}3$	$CH_3-O-C_2H_5$	gasförmig	-217
C_3H_6	gasförmig	$20{,}4$	$(C_2H_5)_2O$	flüssig	-280
$CH_2=C=CHCH_3$	gasförmig	162	**Aldehyde und Ketone**		
$CH_2=CHCH=CH_2$	gasförmig	111			
cyclische Kohlenwasserstoffe			$HCHO$	gasförmig	-117
			CH_3CHO	flüssig	-192
$(CH_2)_5$	flüssig	-106	CH_3COCH_3	flüssig	-248
$(CH_2)_6$	flüssig	-156	$C_2H_5COCH_3$	flüssig	-280
aromatische Kohlenwasserstoffe			**Carbonsäuren**		
C_6H_6	flüssig	$49{,}0$	$HCOOH$	flüssig	-425
$C_6H_5CH_3$	flüssig	$12{,}0$	CH_3COOH	flüssig	-485
$C_6H_4(CH_3)_2(1{,}3)$	flüssig	$-25{,}4$	CH_3CH_2COOH	flüssig	-509
$C_6H_5CH=CH_2$	flüssig	104	C_6H_5COOH	fest	-385
Halogen-Verbindungen			$(COOH)_2$	fest	-828
			$C_6H_4(COOH)_2(1{,}2)$	fest	-782
CH_3Cl	gasförmig	-81	$HO-C_6H_4-COOH(1{,}2)$	fest	-585
CH_3Br	gasförmig	-35	**Benzol-Derivate**		
CH_2Cl_2	flüssig	-121			
$CHCl_3$	flüssig	-132	C_6H_5OH	fest	-155
CCl_4	flüssig	-137	$C_6H_4(OH)_2(1{,}4)$	fest	-358
Alkohole			C_6H_5Cl	flüssig	$10{,}6$
			$C_6H_5NH_2$	flüssig	35
CH_3OH	flüssig	-239	$C_6H_5NO_2$	flüssig	18

Tabelle A5 Molare Bildungsenthalpien ausgewählter anorganischer Stoffe

Stoff	Zustand	$\dfrac{\Delta H_B}{kJ/mol}$	Stoff	Zustand	$\dfrac{\Delta H_B}{kJ/mol}$
Al_2O_3	fest	−1676	KOH	fest	−426
CO	gasförmig	−110,6	MgO	fest	−602
CO_2	gasförmig	−393,7	NH_3	gasförmig	−46,0
CaO	fest	−635,5	NH_4Cl	fest	−315
$Ca(OH)_2$	fest	−986	NH_4NO_3	fest	−365
$CaCO_3$	fest	−1207	N_2H_4	flüssig	50,6
$Ca_3(PO_4)_2$	fest	−4125	NO_2	gasförmig	33,3
CaC_2	fest	−60	N_2O_4	gasförmig	9,2
$CaSiO_3$	fest	−1580	HNO_3	flüssig	−173,2
Fe_2O_3	fest	−824	NaOH	fest	−427
Fe_3O_4	fest	−1118	NaCl	fest	−411,0
FeS	fest	−100,5	NaBr	fest	−360
FeS_2	fest	−178	NaI	fest	−288
H_2O	flüssig	−286,0	Na_2CO_3	fest	−1131
H_2O	gasförmig	−241,8	H_3PO_4	fest	−1282
H_2O_2	flüssig	−188	$POCl_3$	flüssig	−611
HF	gasförmig	−268,6	H_2S	gasförmig	−20,6
HCl	gasförmig	−92,4	SO_2	gasförmig	−297
HBr	gasförmig	−36,4	SO_3	fest	−455
HI	gasförmig	25,9	H_2SO_4	flüssig	−812
KCl	fest	−436	SiO_2	fest	−851

Tabelle A6 Säuren und ihre Säurerestionen

Säure		Anion	
Formel	Name	Formel	Name
HCl	Chlorwasserstoffsäure, Hydrogenchlorid, Salzsäure	Cl^-	Chlorid
HBr	Bromwasserstoffsäure, Hydrogenbromid	Br^-	Bromid
HI	Iodwasserstoffsäure, Hydrogeniodid	I^-	Iodid
HF	Fluorwasserstoffsäure, Hydrogenfluorid, Flußsäure	F^-	Fluorid
HNO_3	Salpetersäure	NO_3^-	Nitrat
HNO_2	salpetrige Säure	NO_2^-	Nitrit
H_2SO_4	Schwefelsäure	HSO_4^-	Hydrogensulfat
		SO_4^{2-}	Sulfat
H_2SO_3	schweflige Säure	HSO_3^-	Hydrogensulfit
		SO_3^{2-}	Sulfit
H_2S	Schwefelwasserstoffsäure, Hydrogensulfid	HS^-	Hydrogensulfid
		S^{2-}	Sulfid
H_3PO_4	(Ortho-)Phosphorsäure*	$H_2PO_4^-$	Dihydrogenphosphat
		HPO_4^{2-}	Hydrogenphosphat
		PO_4^{3-}	(Ortho-)Phosphat*
HPO_3	Metaphosphorsäure	PO_3^-	Metaphosphat
$H_4P_2O_7$	Diphosphorsäure	$P_2O_7^{4-}$	Diphosphat
$HClO_3$	Chlorsäure	ClO_3^-	Chlorat
$HClO_4$	Perchlorsäure	ClO_4^-	Perchlorat
$HClO_2$	chlorige Säure	ClO_2^-	Chlorit
$HClO$	hypochlorige Säure	ClO^-	Hypochlorit
H_2CO_3	Kohlensäure	HCO_3^-	Hydrogencarbonat
		CO_3^{2-}	Carbonat
H_4SiO_4	(Ortho-)Kieselsäure*	SiO_4^{4-}	(Ortho-)Silicat*
H_2SiO_3	Metakieselsäure	SiO_3^{2-}	Metasilicat
CH_3COOH	Essigsäure	CH_3COO^-	Acetat
$(COOH)_2$	Oxalsäure	$C_2O_4^{2-}$	Oxalat
$HMnO_4$	Permangansäure	MnO_4^-	Permanganat
H_2CrO_4	Chromsäure	CrO_4^{2-}	Chromat
$H_2Cr_2O_7$	Dichromsäure	$Cr_2O_7^{2-}$	Dichromat

* Die in Klammern gesetzten Zusätze können weggelassen werden.

Tabelle A7 Säurekonstanten und Basenkonstanten wichtiger Säure-Base-Paare

Säure	Base	$\dfrac{K_S}{\text{mol/l}}$	$\dfrac{K_B}{\text{mol/l}}$
$HClO_4$	ClO_4^-	10^9	10^{-23}
HI	I^-	10^9	10^{-23}
HBr	Br^-	10^6	10^{-20}
HCl	Cl^-	10^3	10^{-17}
H_2SO_4	HSO_4^-	10^3	$9,7 \cdot 10^{-17}$
H_3O^+	H_2O	55	$1,8 \cdot 10^{-16}$
HNO_3	NO_3^-	22	$4,5 \cdot 10^{-16}$
H_2CrO_4	$HCrO_4^-$	10	10^{-55}
$H_2C_2O_4$	$HC_2O_4^-$	$5,9 \cdot 10^{-2}$	$1,7 \cdot 10^{-13}$
H_2SO_3	HSO_3^-	$1,6 \cdot 10^{-2}$	$6,3 \cdot 10^{-13}$
HSO_4^-	SO_4^{2-}	$1,26 \cdot 10^{-2}$	$8 \cdot 10^{-13}$
H_3PO_4	$H_2PO_4^-$	$7,5 \cdot 10^{-3}$	$1,3 \cdot 10^{-12}$
HF	F^-	$7 \cdot 10^{-4}$	$1,4 \cdot 10^{-11}$
HNO_2	NO_2^-	$6 \cdot 10^{-4}$	$1,7 \cdot 10^{-11}$
$HCOOH$	$HCOO^-$	$1,77 \cdot 10^{-4}$	$5,65 \cdot 10^{-11}$
$[Fe(H_2O)_6]^{3+}$	$[Fe(H_2O)_5OH]^{2+}$	$6,5 \cdot 10^{-5}$	$1,5 \cdot 10^{-12}$
$HC_2O_4^-$	$C_2O_4^{2-}$	$5,2 \cdot 10^{-5}$	$1,9 \cdot 10^{-10}$
$C_6H_5NH_3^+$	$C_6H_5NH_2$	$2,5 \cdot 10^{-5}$	$4 \cdot 10^{-10}$
CH_3COOH	CH_3COO^-	$1,754 \cdot 10^{-5}$	$5,70 \cdot 10^{-10}$
$[Al(H_2O)_6]^{3+}$	$[Al(H_2O)_5OH]^{2+}$	$1,3 \cdot 10^{-5}$	$7,7 \cdot 10^{-10}$
H_2CO_3	HCO_3^-	$4,3 \cdot 10^{-7}$	$2,3 \cdot 10^{-8}$
H_2S	HS^-	$9 \cdot 10^{-8}$	$1,1 \cdot 10^{-7}$
$N_2H_5^+$	N_2H_4	$7 \cdot 10^{-8}$	$1,4 \cdot 10^{-7}$
HSO_3^-	SO_3^{2-}	$6,3 \cdot 10^{-8}$	$1,6 \cdot 10^{-7}$
$H_2PO_4^-$	HPO_4^{2-}	$6,23 \cdot 10^{-8}$	$1,61 \cdot 10^{-7}$
NH_4^+	NH_3	$5,6 \cdot 10^{-10}$	$1,8 \cdot 10^{-5}$
HCN	CN^-	$4,9 \cdot 10^{-10}$	$2,0 \cdot 10^{-5}$
HCO_3^-	CO_3^{2-}	$5,61 \cdot 10^{-11}$	$1,78 \cdot 10^{-4}$
HPO_4^{2-}	PO_4^{3-}	$4,4 \cdot 10^{-13}$	$2,3 \cdot 10^{-2}$
HS^-	S^{2-}	$1,3 \cdot 10^{-13}$	$7,7 \cdot 10^{-2}$
H_2O	OH^-	$1,8 \cdot 10^{-16}$	55
NH_3	NH_2^-	10^{-23}	10^9
OH^-	O^{2-}	10^{-24}	10^{10}

Tabelle A8 Standardpotentiale

Red $\rightleftharpoons$ Ox	$+z^*$ Elektronen	$\dfrac{U_{std}}{V}$
$Li \rightleftharpoons Li^+$	$+\ e^-$	$-3,040$
$K \rightleftharpoons K^+$	$+\ e^-$	$-2,931$
$Ba \rightleftharpoons Ba^{2+}$	$+2e^-$	$-2,912$
$Ca \rightleftharpoons Ca^{2+}$	$+2e^-$	$-2,868$
$Na \rightleftharpoons Na^+$	$+\ e^-$	$-2,71$
$Mg \rightleftharpoons Mg^{2+}$	$+2e^-$	$-2,372$
$Al \rightleftharpoons Al^{3+}$	$+3e^-$	$-1,662$
$Zn \rightleftharpoons Zn^{2+}$	$+2e^-$	$-0,762$
$Cr \rightleftharpoons Cr^{3+}$	$+3e^-$	$-0,744$
$S^{2-} \rightleftharpoons S$	$+2e^-$	$-0,476$
$Fe \rightleftharpoons Fe^{2+}$	$+2e^-$	$-0,447$
$Cd \rightleftharpoons Cd^{2+}$	$+2e^-$	$-0,403$
$Ni \rightleftharpoons Ni^{2+}$	$+2e^-$	$-0,257$
$Sn \rightleftharpoons Sn^{2+}$	$+2e^-$	$-0,138$
$Pb \rightleftharpoons Pb^{2+}$	$+2e^-$	$-0,126$
$Fe \rightleftharpoons Fe^{3+}$	$+3e^-$	$-0,037$
$2H_2O + H_2 \rightleftharpoons 2H_3O^+$	$+2e^-$	$0,000$
$Sn^{2+} \rightleftharpoons Sn^{4+}$	$+2e^-$	$0,151$
$Cu^+ \rightleftharpoons Cu^{2+}$	$+\ e^-$	$0,153$
$Cu \rightleftharpoons Cu^{2+}$	$+2e^-$	$0,342$
$4OH^- \rightleftharpoons O_2 + 2H_2O$	$+4e^-$	$0,401$
$Cu \rightleftharpoons Cu^+$	$+\ e^-$	$0,521$
$2I^- \rightleftharpoons I_2$	$+2e^-$	$0,536$
$2H_2O + H_2O_2 \rightleftharpoons O_2 + 2H_3O^+$	$+2e^-$	$0,695$
$Fe^{2+} \rightleftharpoons Fe^{3+}$	$+\ e^-$	$0,771$
$Hg \rightleftharpoons Hg^+$	$+\ e^-$	$0,797$
$Ag \rightleftharpoons Ag^+$	$+\ e^-$	$0,800$
$Hg \rightleftharpoons Hg^{2+}$	$+2e^-$	$0,851$
$Hg^+ \rightleftharpoons Hg^{2+}$	$+\ e^-$	$0,920$
$2Br^- \rightleftharpoons Br_2$	$+2e^-$	$1,066$
$Pt \rightleftharpoons Pt^{2+}$	$+2e^-$	$1,118$
$6H_2O + Mn^{2+} \rightleftharpoons MnO_2 + 4H_3O^+$	$+2e^-$	$1,224$
$2Cl^- \rightleftharpoons Cl_2$	$+2e^-$	$1,358$
$Au \rightleftharpoons Au^{3+}$	$+3e^-$	$1,498$
$12H_2O + Mn^{2+} \rightleftharpoons MnO_4^- + 8H_3O^+$	$+5e^-$	$1,507$
$6H_2O + MnO_2 \rightleftharpoons MnO_4^- + 4H_3O^+$	$+3e^-$	$1,679$
$6H_2O + PbSO_4 \rightleftharpoons PbO_2 + SO_4^{2-} + 4H_3O^+$	$+2e^-$	$1,691$
$3H_2O + O_2 \rightleftharpoons O_3 + 2H_3O^+$	$+2e^-$	$2,076$
$2F^- \rightleftharpoons F_2$	$+2e^-$	$2,866$

11.2 Antworten zu den Übungsaufgaben

Antworten zu den Übungsaufgaben von Kapitel 1

W 1. Die Beträge der Ladungen eines Protons bzw. Elektrons sind gleich, nämlich je eine elektrische Elementarladung.

W 2. Die Gliederung der Elektronenhülle in sieben Schalen (Hauptenergieniveaus) und deren Besetzung mit Elektronen nach der Formel $2n^2$ ist in beiden Modellen gleich.

W 3. Möglich sind n Unterniveaus (aber höchstens 4), n^2 Orbitale (aber höchstens 16) und $2n^2$ Elektronen (aber höchstens 32).

W 4. Ein Modell ist niemals ein Abbild der Wirklichkeit, sondern nur eine Vorstellungshilfe. Es versucht lediglich, festgestellte Fakten und theoretische Erkenntnisse zu veranschaulichen. Diese können so vielfältig sein, daß unter Umständen erst mehrere, voneinander verschiedene Modelle zum gewünschten Ergebnis führen.

W 5. Der Beweis liegt in der Existenz der Linienspektren.

W 6. Jede Spektrallinie entspricht der Differenz zweier Energiezustände eines Elektrons.

W 7. Das Orbital umfaßt einen diffus auslaufenden, unbegrenzten Raum.

W 8.

$1s^2 2s^2 2p^6 3s^2 3p^1$

W 9. Das energiereichere 3s-Orbital kann erst dann mit einem Elektron besetzt werden, wenn alle energieärmeren 2p-Orbitale doppelt besetzt sind.

W 10. Es sind drei 3d-Orbitale doppelt besetzt.

V 1. Der Kanalstrahl entsteht dadurch, daß die Elektronen des Katodenstrahls beim Zusammenstoß mit den Teilchen der Gasfüllung aus deren Atomen Elektronen herausschlagen. Der Verlust eines Elektrons führt aber nur beim Wasserstoff-Atom zu einem Proton.

V 2. Die Ladung der ablenkenden Kerne eines Elements (d. h. dessen Protonenzahl) kann über die Messung der Ablenkwinkel der α-Strahlen bestimmt werden.

V 3. Negativ geladene Atomkerne würden die α-Teilchen anziehen und somit verhindern, daß sie die Folie durchdringen.

V 4. Freie Neutronen zerfallen in Protonen und Elektronen. Der dabei auftretende Massendefekt (vgl. Tabelle 1) ist durch die Freisetzung von Energie bedingt.

V 5. Der Würfel enthält 10^{24} Atome. Hintereinandergereiht würden sie eine Länge von 10^{11} km haben. (1 Lichtjahr $= 9,5 \cdot 10^{12}$ km).

V 6. Ein mit hoher Geschwindigkeit kreisendes Elektron müßte nach den Gesetzen des Elektromagnetismus ständig Energie abstrahlen und somit nach kürzester Zeit in den Kern stürzen. Bohr stellte deshalb das Postulat auf, daß sich die Elektronen auf ihren Bahnen ohne Energieverlust bewegen.

V 7. Diese Länge entspricht dem von Bohr errechneten Bahnradius für das Wasserstoff-Atom.

Antworten zu den Übungsaufgaben von Kapitel 2

W 1. Das chemische Verhalten eines Atoms ist abhängig vom Bau seiner Elektronenhülle. Atome mit gleicher Protonenzahl besitzen gleiche Elektronenhüllen.

W 2. Die chemischen Eigenschaften sind gleich, weil auch die Elektronenhüllen gleich sind. Unterschiede bestehen hingegen in physikalischen Eigenschaften, z. B. der Dichte und der Masse.

W 3. Es handelt sich dabei um Isotope des Chlors.

W 4. Nein. Übergangselemente sind echte Metalle, welche sich aus den Nebengruppenelementen und den Elementen der Lanthanoiden- und Actinoidengruppe zusammensetzen. Demgegenüber sind die Halbmetalle Hauptgruppenelemente, welche weder typische Metall- noch Nichtmetalleigenschaften aufweisen.

W 5. Benachbarte Hauptgruppenelemente unterscheiden sich nur in der Anzahl ihrer Außenelektronen. Benachbarte Übergangselemente haben in der Regel die gleiche Anzahl von Außenelektronen, aber unterschiedliche Anzahlen von Elektronen auf der vorletzten oder drittletzten Schale.

W 6. Verantwortlich für die chemische Verwandtschaft ist die gleiche Anzahl von Außenelektronen, verantwortlich für die Abstufung der Eigenschaften sind die unterschiedlichen Atomrümpfe.

W 7. Das Energieniveauschema zeigt, daß es auf dem 1. Hauptenergieniveau nur ein doppelt besetztes s-Orbital ≙ 2 Elektronen ≙ 2 Elemente gibt.

W 8. O, C, Ge, Ca, Rb.

W 9. Si, P, S, O, F.

W 10. Silicium ist chemisch näher mit dem Germanium verwandt, weil das Silicium-Atom und das Germanium-Atom die gleiche Anzahl von Außenelektronen besitzen.

V 1. Die Vorhersagen waren möglich, weil sich in einer Periode die Eigenschaften gesetzmäßig ändern und die Elemente einer Hauptgruppe chemisch miteinander verwandt sind.

V 2. Die Übergangselemente zeigen — wegen ihrer im allgemeinen gleichen Außenelektronenzahl — im chemischen Bereich oft keine deutlichen Periodizitäten, so z. B. bei der Wertigkeit (Valenz) oder beim Metallcharakter.

V 3. Aufgrund der chemischen Ähnlichkeit der Hauptgruppenelemente müssen bei sämtlichen Alkalimetallen Oxide der Form X_2O und bei sämtlichen Vertretern der 4. Hauptgruppe Oxide der Form XO_2 existieren.

V 4. Aufgrund des periodischen Verlaufs von Eigenschaften im Periodensystem haben die Hydride der 3. Periode die Formeln NaH, MgH_2, AlH_3, SiH_4, PH_3, H_2S, HCl.

V 5. Da das Molekül NO_2 eine ungerade Anzahl von Außenelektronen besitzt, kann die Oktettregel bestenfalls bei N_2O erfüllt sein. Die Existenz der anderen Verbindung (NO_2) ist ein Beweis dafür, daß die Oktettregel kein naturwissenschaftliches Gesetz darstellt.

Antworten zu den Übungsaufgaben von Kapitel 3

W 1. Sowohl Molekül-Orbitale als auch nichtbindungsfähige Atom-Orbitale haben zwei Elektronen (mit entgegengeseztem Elektronenspin). Der Unterschied besteht darin, daß Molekül-Orbitale zwei Atomkerne, nichtbindungsfähige Atom-Orbitale jedoch nur einen Atomkern umgeben.

W 2. Durch Überlappung von zwei bindungsfähigen Atom-Orbitalen zweier Atome. Es können s- und s-Orbitale, p- und s-Orbitale und p- und p-Orbitale beteiligt sein.

W 3. Der Punkt kennzeichnet ein bindungsfähiges Atom-Orbital, der Strich am Symbol ein nichtbindungsfähiges Atom-Orbital.

W 4. Bei der C=C-Bindung berühren sich die Tetraeder mit einer Kante, bei der C≡C-Bindung mit einer Fläche. Dadurch rücken die Tetraedermittelpunkte näher zusammen.

W 5. Alle sechs Atome liegen in einer Ebene.

W 6. Wenn z.B. zwei Atome, die unterschiedliche EN-Werte aufweisen, sich zu einem Molekül verbinden, z.B. H—F̅|.

Entweder H—F̅| oder H ◄ F̅|.

W 7. Wasserstoff (H_2) weist eine unpolare Atombindung auf. Ammoniak (NH_3) hat drei polare Atombindungen; es ist ein Dipol-Molekül. Methan (CH_4) besitzt vier polare Atombindungen, es ist kein Dipol-Molekül.

W 8. Van-der-Waals-Kräfte sind schwache elektrostatische Anziehungskräfte, die zwischen benachbarten Teilchen auftreten. Sie entstehen durch asymmetrische Ladungsverteilungen in den Elektronenhüllen.

V 1. Nein! Das Tetraedermodell ergibt eine gewinkelte Kohlenstoffkette:

V 2. Sauerstoff — 2. Periode — Doppelbindung — zweiatomige Moleküle — Gas — geringe van-der-Waals-Kräfte.
Schwefel — 3. Periode — Einfachbindung — achtatomige Moleküle — Molekülgitter — hohe van-der-Waals-Kräfte.

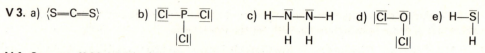

V 3. a) $\langle S{=}C{=}S \rangle$ b) $|\overline{Cl}{-}\overline{P}{-}\overline{Cl}|$ c) $H{-}\overline{N}{-}\overline{N}{-}H$ d) $|\overline{Cl}{-}\overline{O}|$ e) $H{-}\overline{S}|$

                                        $|\underline{Cl}|$ H   H $|\underline{Cl}|$ H

V 4. Sauerstoff-Molekül: $\langle O{=}O \rangle$ Doppelbindung;

Chlor-Molekül: $|\overline{Cl}{-}\overline{Cl}|$ Einfachbindung.

Bei der Reaktion der Gase müssen die Moleküle gespalten werden. Eine Einfachbindung ist leichter zu spalten als eine Doppelbindung. Chlor ist reaktionsfähiger als Sauerstoff.

V 5. a) Abstoßung zwischen Kern von F_I und Kern F_{II}. Anziehung zwischen Kern von F_I und Elektronenhülle F_{II} und umgekehrt. b) Zur chemischen Bindung kommt es, wenn die Abstoßungskräfte und Anziehungskräfte gleich groß sind. c) $1s^2 2s^2 2p_x^2 p_y^2 p_z^1$. d) Nur das $2p_z^1$-Orbital ist bindungsfähig, da dieses nur einfach besetzt ist.

V 6. a) CH_4, CF_4, CCl_4, CBr_4. Es handelt sich jeweils um unpolare Moleküle, daher sind für die Siedetemperatur nur die van-der-Waals-Kräfte maßgebend. Die van-der-Waals-Kräfte werden bei zunehmender Masse größer.
b) CH_4, NH_3, H_2O. Alle Moleküle besitzen fast die gleiche Masse. CH_4 ist kein Dipol-Molekül, H_2O ist jedoch stärker polar als NH_3. Die auftretenden Dipolkräfte werden mit zunehmender Polarisierung größer.

Antworten zu den Übungsaufgaben von Kapitel 4

W 1. Es handelt sich um das Oxid-Ion O^{2-}.

W 2. Keine Edelgaskonfiguration besitzen Pb^{2+}, Ga^{3+}, Fe^{3+}.

W 3. $3\dot{M}g{\cdot} \rightarrow 3Mg^{2+} + 6e^-$

$$\downarrow$$

     $2|\dot{\underline{N}}{\cdot}\ + 6e^- \rightarrow 2|\overline{\underline{N}}|^{3-}$

W 4. Da ein Chlorid-Ion wesentlich größer als ein Natrium-Ion ist, können dafür nicht die Größenverhältnisse verantwortlich sein, denn um ein Chlorid-Ion haben wesentlich mehr Natrium-Ionen Platz. Verantwortlich dafür ist vielmehr die Tatsache, daß um ein Natrium-Ion nur sechs Chlorid-Ionen Platz finden und zwischen Natrium-Ionen und Chlorid-Ionen ein Zahlenverhältnis von 1:1 gewahrt bleiben muß.

W 5. Für die Ionisierung des Magnesiums muß — trotz geringerer Protonenzahl — mehr Energie aufgewendet werden, weil Magnesium den kleineren Atomradius besitzt.

W 6. Im Magnesiumoxid ist — wie im Natriumchlorid — aufgrund der herrschenden Ladungsverhältnisse (Mg^{2+} bzw. O^{2-}) das Ionenverhältnis 1:1. Auch das Größenverhältnis der entsprechenden Metall- und Nichtmetall-Ionen stimmt in etwa überein. Daher muß Magnesiumoxid ebenfalls im Steinsalzgitter kristallisieren.

W 7. Die entsprechenden Metall- und Nichtmetall-Ionen haben etwa die gleiche Größe. Trotzdem muß die Gitterenergie beim Calciumoxid wesentlich größer sein, weil die Calcium-Ionen und die Oxid-Ionen doppelt so hoch geladen sind wie die Natrium-Ionen und die Fluorid-Ionen.

W 8. Die freigesetzte Hydratationsenergie ist bei Natriumchlorid größer, weil die Natrium-Ionen bei gleicher Ladung kleiner sind als die Kalium-Ionen.

V 1. a) $Mg_3(PO_4)_2$, b) $(NH_4)_2SO_4$, c) Na_2CO_3, d) $CaSO_3$, e) KNO_3, f) $AlCl_3$.

V 2. a) Bariumsulfat, b) Calciumphosphat, c) Eisen(III)-sulfat, d) Eisen(II)-sulfat, e) Kaliumsulfid, f) Silberchlorid.

V 3. a) Pb^{2+} und NO_3^-, b) NH_4^+ und CO_3^{2-}, c) K^+ und SCN^-, d) Al^{3+} und NO_2^-.

V 4. Der Übergang von mehr als einem Elektron wäre im ganzen gesehen energetisch ungünstig. Die Ionisierungsenergie für das zweite Elektron ist fast zehnmal so groß wie für das erste, und auch die Elektronenaffinität wäre für das zweite Elektron nicht mehr exotherm, sondern endotherm.

V 5. Geeignet für diese Reaktion wäre ein wasserlösliches Blei(II)-Salz, z. B. Bleiacetat $Pb(CH_3COO)_2$ und ein wasserlösliches Iodid, z. B. Kaliumiodid KI:
$$Pb^{2+}_{\;aq} + 2\,CH_3COO^-_{\;aq} + 2\,K^+_{\;aq} + 2\,I^-_{\;aq} \longrightarrow PbI_2{\downarrow} + 2\,K^+_{\;aq} + 2\,CH_3COO^-_{\;aq}$$

Antworten zu den Übungsaufgaben von Kapitel 5

W 1. Wegen $n(Cl_2) = \frac{1}{2} \cdot n(Cl)$ wird $n(Cl_2) = \dfrac{4{,}80 \text{ mol}}{2} = 2{,}40$ mol

W 2. a)   80,912 u   c) 342,154 u   e) 95,9793 u
b) 297,135 u   d)   18,0385 u

W 3. a) 98,916   b) 60,053   c) 323,4   d) 121,093

W 4. Gegeben: $m(O_2) = 285$ mg   Gesucht: $m(Cu)$
$\quad\quad\quad\quad M(O_2) = 31{,}9988$ g/mol
$\quad\quad\quad\quad M(Cu) = 63{,}546$ g/mol

stöchiometrische Beziehung: $n(Cu) = 2 \cdot n(O_2)$

$$m(O_2) \xrightarrow[\;M(O_2)\;]{} n(O_2) \xrightarrow[\;\text{st. B.}\;]{} n(Cu) \xrightarrow[\;M(Cu)\;]{} m(Cu)$$

$$\frac{m(O_2)}{M(O_2)} \cdot 2 \cdot M(Cu) = m(Cu)$$

$$m(Cu) = \frac{285}{31{,}9988} \cdot 2 \cdot 63{,}546 \;\; \frac{mg \cdot mol}{g} \cdot 1 \cdot \frac{g}{mol} = 1\,132 \text{ mg} = 1{,}132 \text{ g}$$

W 5. Gegeben: $m(Fe) = 125$ g   Gesucht: $m(Al_2O_3)$
$\quad\quad\quad\quad M(Fe) = 55{,}847$ g/mol
$\quad\quad\quad\quad M(Al_2O_3) = 101{,}9613$ g/mol

stöchiometrische Beziehung: $n(Al_2O_3) = \dfrac{4}{9}\, n(Fe)$

$$m(Fe) \xrightarrow[\;M(Fe)\;]{} n(Fe) \xrightarrow[\;\text{st. B.}\;]{} n(Al_2O_3) \xrightarrow[\;M(Al_2O_3)\;]{} m(Al_2O_3)$$

$$\frac{m(Fe)}{M(Fe)} \cdot \frac{4}{9} \cdot M(Al_2O_3) = m(Al_2O_3)$$

$$m(Al_2O_3) = \frac{125}{55{,}847} \cdot \frac{4}{9} \cdot 101{,}9613 \;\; \frac{g \cdot mol}{g} \cdot 1 \cdot \frac{g}{mol} = 101{,}4 \text{ g}$$

W 6. Gegeben: $m(NaCl)$ = 50 kg   Gesucht: $m(Na_2SO_4)$
          $M(NaCl)$ = 58,442 g/mol
          $M(Na_2SO_4)$ = 142,043 g/mol

stöchiometrische Beziehung: $n(Na_2SO_4) = \dfrac{1}{2} \cdot n(NaCl)$

$$m(NaCl) \xrightarrow[M(NaCl)]{} n(NaCl) \xrightarrow[st.\ B.]{} n(Na_2SO_4) \xrightarrow[M(Na_2SO_4)]{} m(Na_2SO_4)$$

$$m(Na_2SO_4) = \frac{50}{58,442} \cdot \frac{1}{2} \cdot 142,043 \ \frac{kg \cdot mol}{g} \cdot \frac{1}{1} \cdot \frac{g}{mol} = 60,76 \ kg$$

W 7. Gegeben: $c(HNO_3)$ = 6,5 mol/l   Gesucht: $V(HNO_3\text{-L.})$
          $m(Cu)$ = 12,5 g

stöchiometrische Beziehung: $n(HNO_3) = \dfrac{8}{3} n(Cu)$

$$m(Cu) \xrightarrow[M(Cu)]{} n(Cu) \xrightarrow[st.\ B.]{} n(HNO_3) \xrightarrow[c(HNO_3)]{} V(HNO_3\text{-L.})$$

$$\frac{m(Cu)}{M(Cu)} \cdot \frac{8}{3} \cdot \frac{1}{c(HNO_3)} = V(HNO_3\text{-L.}) = \frac{12,5}{63,546} \cdot \frac{8}{3 \cdot 6,5} \ \frac{g \cdot mol}{g} \cdot \frac{1}{1} \cdot \frac{l}{mol} = 0,080\,7 \ l$$

$V(HNO_3\text{-L.}) = 80,7 \ ml$

W 8. a) 27,9 l   c) 2,10 m^3 e) 26,4 ml
          b) 6,08 l   d) 0,008 l ml = 8,1 mm^3

W 9. a) 38,0 g   c) 10,79 kg   e) 5,72 mg
          b) 98,2 g   d) 53,3 mg

W 10. $m(Brennst.) \xrightarrow[w(S)]{} m(S) \xrightarrow[M(S)]{} n(S) \xrightarrow[st.\ B.]{} n(SO_2) \xrightarrow[V_{m,0}]{} V_n(SO_2)$

$V_n(SO_2) = 4\,893 \ m^3$

W 11. $m(NH_4)_2SO_4 = 36,8 \ g$

W 12. $V(Luft) \longrightarrow V(O_2) \longrightarrow V_n(O_2) \longrightarrow n(O_2) \longrightarrow n(Pb) \longrightarrow m(Pb)$

$$m(Pb) = \frac{2,75 \cdot 0,21 \cdot 0,995 \cdot 273,15 \cdot}{292,15 \cdot 1,013\,25 \cdot 22,414} \quad \frac{2 \cdot 207,2}{} \ \frac{m^3 \cdot bar \cdot K \cdot kmol \cdot g}{K \cdot bar \cdot m^3 \quad mol} = 9,80 \ kg$$

W 13. $\Delta H_R = -1\,235 \ kJ/mol$

W 14. $\Delta H_R = -41 \ kJ/mol$
Die Konvertierung ist (leicht) exotherm, d. h., daß das konvertierte Gas etwas energieärmer ist als zuvor.

W 15. $3\,Fe_3O_4 + 8\,Al \longrightarrow 9\,Fe + 4\,Al_2O_3$ $\Delta H_R = -3\,350 \ kJ/mol$
          $Fe_2O_3 + 2\,Al \longrightarrow 2\,Fe + Al_2O_3$ $\Delta H_R = -852 \ kJ/mol$

Bei der Reduktion von Fe_3O_4 werden je Mol Eisen $\dfrac{3\,350 \ kJ/mol}{9 \ mol} = 372 \ kJ$, bei der

Reduktion von Fe_2O_3 werden je Mol Eisen $\dfrac{852 \ kJ/mol}{2 \ mol} = 426 \ kJ$ Wärme freigesetzt,

also bei Fe_3O_4 etwas weniger als bei Fe_2O_3; das Reaktionsgemisch wird sich weniger stark erhitzen.

V 1. $m_{med}(Cu) = X(^{63}Cu) \cdot m(^{63}Cu) + X(^{65}Cu) \cdot m(^{65}Cu)$

$$m_{med}(Cu) = \frac{69{,}17\% \cdot 62{,}929\,599\,2\ u + 30{,}83\% \cdot 64{,}927\,792\,4\ u}{100\%} = 63{,}545\,6\ u$$

V 2. Gegeben: $m(Koks) = 20\ kg$ Gesucht: $m(CO_2)$

$\qquad\qquad w(C) \quad = 86\% = 0{,}86$

$\qquad\qquad M(C) \quad = 12{,}011\ g/mol$

$\qquad\qquad M(CO_2) = 44{,}010\ g/mol$

stöchiometrische Beziehung: $n(CO_2) = n(C)$

Wegen $w(C) = \dfrac{m(C)}{m(Koks)}$ erweitert sich die Rechnung um einen Schritt:

$$m(Koks) \xrightarrow[w(C)]{\quad} m(C) \xrightarrow[M(C)]{\quad} n(C) \xrightarrow[\text{st. B.}]{\quad} n(CO_2) \xrightarrow[M(CO_2)]{\quad} m(CO_2)$$

$$\frac{m(Koks) \cdot w(C)}{M(C)} \cdot \frac{1 \cdot M(CO_2)}{1} = m(CO_2)$$

$$m(CO_2) = \frac{20 \cdot 0{,}86 \cdot 1 \cdot 44{,}010}{12{,}011} \ \frac{kg \cdot 1 \cdot mol \cdot 1 \cdot g}{g \cdot mol} = 63{,}0\ kg$$

V 3. Gegeben: $m(Fe_3O_4) = 45\ t$ Gesucht: $m(Fe_2O_3)$

$\qquad\qquad M(Fe_3O_4) = 231{,}539\ g/mol$

$\qquad\qquad M(Fe_2O_3) = 159{,}692\ g/mol$

Man könnte annehmen, es müsse zunächst berechnet werden, welche Masse von Eisen in der Magnetit Portion enthalten ist (es sind 32,58 t), um dann weiter zu rechnen, in welcher Eisen(III)-oxid-Portion diese Eisen-Portion enthalten ist. Es geht aber ohne die Ausrechnung dieser Eisen-Masse, weil aus den beiden stöchiometrischen Beziehungen $Fe_3O_4 \triangleq 3\,Fe$ und $Fe_2O_3 \triangleq 2\,Fe$ sofort die Verbindung $2\,Fe_3O_4 \triangleq 6\,Fe \triangleq 3\,Fe_2O_3$ hergestellt werden kann, so daß $n(Fe_2O_3)$ wird:

stöchiometrische Beziehung: $n(Fe_2O_3) = \dfrac{3}{2}\, n(Fe_3O_4)$

$$m(Fe_3O_4) \xrightarrow[M(Fe_3O_4)]{\quad} n(Fe_3O_4) \xrightarrow[\text{st. B.}]{\quad} n(Fe_2O_3) \xrightarrow[M(Fe_2O_3)]{\quad} m(Fe_2O_3)$$

$$m(Fe_2O_3) = \frac{45 \cdot 3 \cdot 159{,}692}{231{,}539 \cdot 2} \ \frac{t \cdot mol \cdot 1 \cdot g}{g \cdot mol} = 46{,}55\ t$$

V 4. $V(Ballon) = \dfrac{3{,}5^3 \cdot \pi}{6} = 22{,}45\ l$

$$V(H_2) \longrightarrow V_n(H_2) \longrightarrow n(H_2) \begin{cases} n(Al) \longrightarrow m(Al) \\ n(H_2SO_4) \longrightarrow m(H_2SO_4) \longrightarrow m(H_2SO_4\text{-L.}) \end{cases}$$

$m(Al) = 21{,}3\ g \qquad m(H_2SO_4\text{-L.}) = 387{,}5\ g$

V 5. $MAK \longrightarrow V(PbEt_4) \longrightarrow V_n(PbEt_4) \longrightarrow n(PbEt_4) \longrightarrow m(PbEt_4) \longrightarrow V(Kraftst.)$

$V(Kraftst.) = 48{,}1\ ml$

V 6. $M(S) = \dfrac{m(S)}{n(S)}; \quad V(S) \longrightarrow V_n(S) \longrightarrow n(S); \quad M(S) = 33{,}8\ g/mol$

V 7. $Ca(OH)_2 + CO_2 \longrightarrow CaCO_3 + H_2O \qquad \Delta H_{R,m} = -95\ kJ/mol$

$CaCO_3 + SiO_2 \longrightarrow CaSiO_3 + CO_2 \qquad \Delta H_{R,m} = 84\ kJ/mol$

$M(Ca(OH)_2) = 74{,}082\ g/mol$. Bei der Umsetzung von
$m(Ca(OH)_2) = 50\ kg \mathrel{\hat{=}} n(Ca(OH)_2) = 0{,}675\ kmol = n(CaCO_3)$ werden bei der ersten Reaktion $Q_1 = 64\ MJ$ Energie freigesetzt, bei der zweiten dagegen $Q_2 = 57\ MJ$ Energie benötigt.

Die erste Abbindereaktion verläuft als exotherme Reaktion relativ schnell, während die zweite endotherm ist, und da dem Mauerwerk nur wenig Energie zugeführt wird, verläuft sie nur sehr langsam.

V 8. $3\,MetO_2 + 4\,Al \longrightarrow 3\,Met + 2\,Al_2O_3 \qquad \Delta H_{R,1} = 2\,(-1\,676\ kJ/mol) - 3\,\Delta H_B(MetO_2)$

$MetO_2 + 2\,Mg \longrightarrow Met + 2\,MgO \qquad \Delta H_{R,2} = 2\,(-602\ kJ/mol) - \Delta H_B(MetO_2)$

$MetO_2 + 2\,Ca \longrightarrow Met + 2\,CaO \qquad \Delta H_{R,3} = 2\,(-635{,}5\ kJ/mol) - \Delta H_B(MetO_2)$

Die Reaktionsenthalpien der drei Reaktionen sind so nicht zu vergleichen, weil sich die erste auf die Reduktion von drei Mol Met bezieht, die anderen nur auf ein Mol. Zum Vergleich bezieht man die erste Reaktionsenthalpie auch auf ein Mol Met:

$$\Delta H_{R,1'} = \frac{\Delta H_{R,1}}{3} = \frac{2\,(-1\,676\ kJ/mol) - 3\,\Delta H_B(MetO_2)}{3}$$

$$\Delta H_{R,1'} = -1\,117\ kJ/mol - \Delta H_B(MetO_2)$$

Die Umsetzung mit Magnesium ist um 87 kJ/mol stärker exotherm als die alumino-therme Reaktion, die mit Calcium sogar um 154 kJ/mol. Mit beiden Metallen hätte der Versuch Aussicht auf Erfolg, bei Calcium mehr als bei Magnesium.

Antworten zu den Übungsaufgaben von Kapitel 6

W 1. $\dot{c} = k \cdot c(CH_4) \cdot c(Cl_2)$

W 2. Die Reaktionsgeschwindigkeit wird sechsmal so groß.

W 3. Die Reaktionsgeschwindigkeit sinkt auf a) 56,25 %, b) 25 % und c) 6,25 % des Anfangswertes.

W 4. Die Reaktion verläuft $2^3 = 8$ mal so schnell.

W 5. Nein, die Aktivierungsenergie ist lediglich so niedrig, daß die normale Temperatur schon ausreicht, um die Aktivierungsenergie zuzuführen.

W 6. Bei Versuch 16 bildet MnO_2 mit H_2O_2 das instabile Zwischenprodukt MnO_3, aber daraus wird wieder MnO_2, so daß dieses unverändert aus der Reaktion hervorgeht und der gleiche Vorgang erneut ablaufen kann. Es liegt also tatsächlich ein Kreisprozeß vor.

W 7. Das ist kein Zufall. Wenn man bedenkt, daß fast alle Lebensfunktionen mit Biokatalysatoren ablaufen, wird klar, daß Stoffe, die die Wirksamkeit der Katalysatoren beeinflussen, dadurch für Lebewesen gefährlich, d. h. giftig sind.

W 8. Da es zur Einstellung eines Gleichgewichts kommt, kann die Ausbeute niemals 100 % betragen.

W 9. Nein, da das Wasserstoff-Gas ständig entweicht, liegt kein geschlossenes System vor, und es kann sich kein Gleichgewicht einstellen.

W 10. Nein, nicht die Konzentrationen, sondern die Reaktionsgeschwindigkeiten sind gleich groß. Es wäre ein purer Zufall, wenn die Geschwindigkeitskonstanten (bei einer Reaktion des Typs A + B $\rightleftharpoons$ C + D) exakt gleich groß und damit die Gleichgewichtskonstante $K = 1,000$ wäre.

W 11. Bei einem so kleinen Wert von K muß der Zähler des MWG sehr klein und der Nenner sehr groß sein. Das bedeutet, daß das Gleichgewicht sehr weit links liegt, also nicht viel Substanz umgesetzt wird.

W 12. K ist temperaturabhängig, weil die beiden Geschwindigkeitskonstanten $\underline{k}$ und $\underset{=}{k}$ temperaturabhängig sind.

W 13. K ändert sich nicht, weil durch den Einsatz eines Katalysators $\underline{k}$ und $\underset{=}{k}$ um den gleichen Faktor verändert werden.

W 14. $K = \dfrac{c^2(CO_2)}{c^2(CO) \cdot c(O_2)}$

W 15. Die Reaktion verläuft ohne Änderung der Anzahl der Gasteilchen. Eine Druckänderung hat keinen Einfluß auf das Gleichgewicht.

W 16. Die Bildung von Kohlenstoffdioxid verläuft unter Verminderung der Anzahl der Gasteilchen, und sie ist exotherm. Deshalb fördern hohe Drücke und niedrige Temperaturen die Reaktion.

W 17. Wasserentziehende Mittel verkleinern den Faktor $c(H_2O)$ im Zähler der MWG-Gleichung. Um die Gleichgewichtskonstante wieder einzustellen, muß der Faktor $c(Ester)$ im Zähler vergrößert werden. Dabei verkleinern sich zugleich die Faktoren $c(Säure)$ und $c(Alkohol)$ im Nenner, weil Ester neu gebildet wird.

W 18. a) Da die Reaktion exotherm ist, verschiebt eine Temperaturerhöhung das Gleichgewicht nach links; wegen der Erhöhung der Reaktionsgeschwindigkeit beschleunigt sich aber die Einstellung der Gleichgewichtslage.
b) Ein Katalysator beschleunigt die Gleichgewichtseinstellung ohne Verschiebung des Gleichgewichts.

W 19. In der „verbrauchten Luft" geschlossener Räume ist $c(O_2)$ kleiner und $c(CO_2)$ größer als in frischer Luft. Beides verschiebt die Gleichgewichtslage auf die linke Seite und erschwert dadurch den Gasaustausch in den Lungenbläschen. Da sich $c(CO_2)$ relativ viel stärker erhöht, als sich $c(O_2)$ relativ erniedrigt, macht sich die Zunahme des Kohlenstoffdioxids stärker bemerkbar als die Abnahme des Sauerstoffs.

V 1. a) In beiden Fällen ist $c(A) \cdot c(B) = 0,25$ mol^2/l^2. Damit sind bei gleicher Temperatur die beiden Reaktionsgeschwindigkeiten gleich groß.
b) Hier kann keine Aussage über die beiden Reaktionsgeschwindigkeiten gemacht werden. Das Produkt der Konzentrationen ist zwar beidemal gleich, es ist jedoch nichts über die Geschwindigkeitskonstanten der beiden unterschiedlichen Reaktionen bekannt.

V 2. Durch den exothermen Verlauf erhöht sich die Temperatur des Systems. Dadurch vergrößert sich die Reaktionsgeschwindigkeit.

V 3. Unter der Voraussetzung, daß bei Start der Reaktion weder von Stoff C noch von Stoff D etwas vorhanden ist, macht es keinen Unterschied, weil von Stoff C und Stoff D jeweils gleiche Stoffmengenkonzentrationen entstehen.

V 4. Durch das Zerspanen (Vergrößerung der Oberfläche) wird die Reaktionsgeschwindigkeit erhöht.

V 5. In der Technik werden oft feste Stoffe als Katalysatoren verwendet. Dabei kommt es auf die wirksame Oberfläche an. Diese kann sich verkleinern, weil Verunreinigungen festsitzen, sie kann sich auch durch eine Polierwirkung verkleinern, und es können Partikel abgetragen werden. Die Verkleinerung der Oberfläche beeinträchtigt die Wirksamkeit.

V 6. Ja. Die Geschwindigkeitskonstante wird beim Einsatz eines Katalysators größer, da der Katalysator die Reaktionsgeschwindigkeit erhöht.

V 7. a) Die Einheit von K ist l/mol.
b) Die Einheit von $\underline{k}$ ist $l^2/(mol^2 \cdot s)$.
Die Einheit von $\underline{k}$ ist $l/(mol \cdot s)$.

V 8. Ja, denn die Aktivierungsenergie ist die Mindestenergie der Teilchen für wirksame Zusammenstöße. Eine Temperaturänderung verändert die Anzahl der Teilchen mit ausreichender Energie für wirksame Zusammenstöße und damit die Geschwindigkeitskonstante. Bei Änderung der Geschwindigkeitskonstanten muß sich dann zwangsläufig auch der Quotient der Geschwindigkeitskonstanten, also die Gleichgewichtskonstante, ändern.

V 9. Konzentrierte Schwefelsäure ist ein stark wasseranziehendes Mittel, vermindert also $c(H_2O)$ und verschiebt dadurch die Gleichgewichtslage nach rechts.

V 10. Die Gleichgewichtslage verschiebt sich nach rechts und die Ausbeute des Stoffes C wird größer.

V 11.

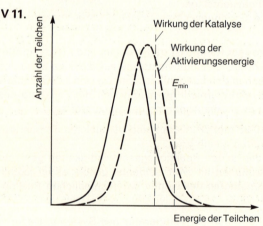

V 12. Günstig wäre es, noch höhere Drücke anzuwenden und Katalysatoren zu finden, die bei niedrigeren Temperaturen arbeiten.

Antworten zu den Übungsaufgaben von Kapitel 7

W 1. Das Molekül muß Wasserstoff enthalten.

W 2. Das Molekül muß (mindestens) ein freies Elektronenpaar besitzen, an das sich das Proton anlagern kann.

W 3. Von der elektrisch neutralen H_2SO_4 kann leichter ein H^+ abgegeben werden als vom elektrisch negativ geladenen HSO_4^-.

W 4. Die konjugierten Basen sind SO_3^{2-}, CN^- und $[Al(H_2O)_5OH]^{2+}$ (Sulfit-Ion, Cyanid-Ion, Pentaaquahydroxoaluminium-Ion).

W 5. Die konjugierten Säuren sind HF, HCOOH, HClO, HSCN und H_2SO_3 (Hydrogenfluorid = Flußsäure, Ameisensäure, hypochlorige Säure, Thiocyansäure und schweflige Säure).

W 6. $c(H_3O^+) = 10^{-3}$ mol/l; $c(OH^-) = 10^{-11}$ mol/l

W 7. $c(H_3O^+) = 10^{-11,5}$ mol/l $= 3,2 \cdot 10^{-12}$ mol/l
$c(OH^-) = 10^{-2,5}$ mol/l $= 3,2 \cdot 10^{-3}$ mol/l

W 8. pH $= 1$

W 9. $c(OH^-) = 0,5$ mol/l $= 5 \cdot 10^{-1}$ mol/l $\Longrightarrow c(H_3O^+) = 2 \cdot 10^{-14}$ mol/l $\Longrightarrow$ pH $= 13,70$

W 10. $c(H_3O^+) = \dfrac{1,9\%}{100\%} \cdot 0,5$ mol/l $= 0,0095$ mol/l $\Longrightarrow$ pH $= 2,02$

W 11. $c(NH_3) = \dfrac{\beta(NH_3)}{M(NH_3)} = \dfrac{166 \text{ g/l}}{17,03 \text{ g/mol}} = 9,75$ mol/l
$c(OH^-) = \alpha_B \cdot c(NH_3) = 0,004 \cdot 9,75$ mol/l $= 0,0390$ mol/l $\Longrightarrow$ pH $= 12,6$

W 12. Die Ameisensäure (HCOOH) ist stärker als die Essigsäure (CH_3COOH), d. h., bei gleichen Stoffmengenkonzentrationen c_0 ist die Ameisensäure stärker sauer (hat den kleineren pH-Wert) als die Essigsäure. Umgekehrt ist das Formiat-Ion ($HCOO^-$) eine schwächere Base als das Acetat-Ion (CH_3COO^-).

W 13. $NH_4^+ + OH^- \rightleftharpoons NH_3 + H_2O$. Dabei muß NH_3 gegenüber OH^- die schwächere Base sein, damit die Reaktion in der beschriebenen Richtung abläuft.

W 14. Die als Indikator zu verwendende Säure (allgemein: HInd) muß in wäßriger Lösung eine andere Farbe besitzen als ihre korrespondierende Base (allgemein: Ind^-).

W 15. Bei großem pH-Wert wird die Farbe von Ind^- angezeigt.

W 16. Nach Brønsted können nicht nur elektrisch neutrale Moleküle Säuren oder Basen sein, sondern auch Ionen, also auch die Kationen und Anionen der Salze. Neutral reagiert die Lösung eines Salzes nur dann, wenn das Kation als Säure und das Anion als Base gleich stark (oder gleich schwach) ist.

W 17. Die Wasser-Moleküle der Hydrathülle des Kaliums können nicht protolysieren, das Kation reagiert nicht als Säure. Das Acetat-Ion ist die korrespondierende Base der schwachen Essigsäure und deshalb deutlich basisch.
Die wäßrige Lösung von Kaliumacetat reagiert basisch.

W 18. Das Ammonium-Ion ist die korrespondierende Säure der schwachen Base Ammoniak, reagiert also deutlich sauer. Die Schwefelsäure ist eine so starke Säure, daß auch noch das Hydrogensulfat-Ion eine starke Säure ist. Das Sulfat-Ion ist demnach eine extrem schwache Base. Die wäßrige Lösung von Ammoniumsulfat reagiert sauer.

W 19. $Ca(OH)_2 + 2\,HNO_3 \longrightarrow Ca(NO_3)_2 + 2\,H_2O$

W 20. $2\,Al(OH)_3 + 3\,H_2SO_4 \longrightarrow Al_2(SO_4)_3 + 6\,H_2O$

W 21. Im Äquivalenzpunkt liegt eine wäßrige Lösung von Ammoniumchlorid vor. Diese reagiert schwach sauer. Der Äquivalenzpunkt dieser Titration liegt also im schwach sauren Bereich.

W 22. Nach 90% Neutralisation liegen noch 10% der Säure vor, die Säurekonzentration ist auf 1/10 des Ausgangswertes gesunken. Der Protolysegrad der starken Säure ändert sich nicht wesentlich, so daß auch $c(H_3O^+)$ auf 1/10 sinkt und damit der pH-Wert um eine Einheit steigt.

W 23. Zur vollständigen Neutralisation werden 25 ml der Kalilauge benötigt.

W 24. Eine Oxidation oder eine Reduktion könnte nur dann für sich alleine ablaufen, wenn in gewöhnlicher Materie freie Elektronen existieren würden.

W 25.

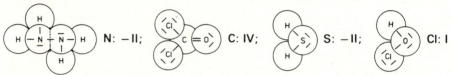

$N: -II$; $C: IV$; $S: -II$; $Cl: I$

W 26.

$Na_2SiF_6: 2\,(I) + x + 6\,(-I) = 0$	$x = IV$
$KBrO_3: (I) + x + 3\,(-II) = 0$	$x = V$
$\underline{N}H_4Cl: x + 4\,(I) + (-I) = 0$	$x = -III$
$\underline{Cl}O_4^-: x + 4\,(-II) = -1$	$x = VII$
$\underline{S}O_3^{2-}: x + 3\,(-II) = -2$	$x = IV$
$\underline{Cr}_2O_7^{2-}: 2x + 7\,(-II) = -2$	$x = VI$

W 27. $Sn^{2+} \longrightarrow Sn^{4+} + 2\,e^-$

$Cl_2 + 2\,e^- \longrightarrow 2\,Cl^-$

W 28. Oxidation: $\overset{-I}{O} \longrightarrow \overset{0}{O}$ Reduktion: $\overset{VII}{Mn} \longrightarrow \overset{II}{Mn}$

H_2O_2 ist das Reduktionsmittel, es wird unter Bildung von O_2 oxidiert.

MnO_4^- ist das Oxidationsmittel, es wird unter Bildung von Mn^{2+} reduziert.

V 1. Wasser-Moleküle haben einen deutlichen Dipolcharakter, deshalb lagern sich freie H^+-Ionen sofort an H_2O-Moleküle zu H_3O^+-Ionen an.

V 2. Aus der konzentrierten („rauchenden") Salzsäure entweicht Hydrogenchlorid-Gas (HCl), aus der konzentrierten Ammoniak-Lösung entweicht Ammoniak-Gas (NH_3).
HCl ist Protonendonator gemäß $HCl \longrightarrow H^+ + Cl^-$.
NH_3 ist Protonenakzeptor gemäß $NH_3 + H^+ \longrightarrow NH_4^+$.
Die Säure-Basen-Reaktion lautet demnach $NH_3 + HCl \longrightarrow NH_4^+ + Cl^-$. In der (trockenen) Luft entsteht aus den Ionen das feste Salz NH_4Cl (Ammoniumchlorid, Salmiaksalz) als Rauch.

V 3. Der Protolysegrad ist in der Lösung mit geringerer Konzentration, also in $c_{0,2}(CH_3COOH)=0,1$ mol/l, größer als in der Lösung höherer Konzentration ($c_{0,1}(CH_3COOH)=1$ mol/l). Vgl. Seite 132 f: $\alpha_{S,1}=0,42\%$, $\alpha_{S,2}=1,32\%$. Wegen $c(H_3O^+)=\alpha_S \cdot c_0(CH_3COOH)$ wird trotzdem $c_2(H_3O^+)<c_1(H_3O^+)$. Die Lösung mit der höheren Essigsäure-Konzentration wirkt also stärker sauer.

V 4. Ja, nur bei ca. 24 °C hat reines Wasser pH = 7. Bei niedrigerer Temperatur ist der pH-Wert größer, bei höheren Temperaturen kleiner.

V 5. Wegen $c(H_3O^+)=c(OH^-)=10^{-7}$ mol/l befinden sich in 1 l Wasser $n(H_3O^+)=n(OH^-)=10^{-7}$ mol. Das sind
$m(H_3O^+)=n(H_3O^+) \cdot M(H_3O^+)=10^{-7}$ mol $\cdot$ 19,023 g/mol $=1,9 \cdot 10^{-6}$ g, also
$m(H_3O^+)=0,001\,9$ mg $=1,9$ µg und $m(OH^-)=10^{-7}$ mol $\cdot$ 17,007 g/mol $=1,7 \cdot 10^{-6}$ g, also $m(OH^-)=0,001\,7$ mg $=1,7$ µg.

V 6. Das Ionenprodukt und damit die Autoprotolyse des Wassers nimmt mit steigender Temperatur zu. Nach dem Gesetz vom kleinsten Zwang ist die Autoprotolyse demnach eine endotherme Reaktion.

V 7. $2NH_3 \longrightarrow NH_4^+ + NH_2^-$. Das Amid-Ion NH_2^- liegt z. B. im (salzartigen) Natriumamid $NaNH_2$ vor, das bei Reaktion zwischen metallischem Natrium und Ammoniak entsteht. Es ist eine sehr starke Base und reagiert mit Wasser sofort:
$NH_2^- + H_2O \longrightarrow NH_3 + OH^-$

V 8. $pH=1,78 \Longrightarrow c(H_3O^+)=0,0166$ mol/l $\longrightarrow \alpha_S - \dfrac{0,0166\ \text{mol/l}}{0,2\ \text{mol/l}} - 0,083 = 8,3\%$

V 9. $CH_3COO^- + H_2SO_4 \longrightarrow CH_3COOH + HSO_4^-$
und $CH_3COO^- + HSO_4^- \longrightarrow CH_3COOH + SO_4^{2-}$
Auf der zweiten Reaktion beruht ein wichtiger Acetat-Nachweis: Die entstandene Essigsäure ist durch ihren typischen Geruch zu erkennen. Die zugegebene Säure darf natürlich keinen Eigengeruch haben und nicht viel Wasser, in dem sich die Essigsäure lösen würde, enthalten. Deshalb verreibt man die auf Acetat zu prüfende Substanz mit (immer etwas feuchtem) Kaliumhydrogensulfat ($KHSO_4$).

V 10. Die Protolysereaktion läuft nur mit einer Säure ab, die stärker als Hydrogenchlorid ist. Das klassische Herstellungsverfahren, das der Salzsäure ihren Namen gab,
$2NaCl + H_2SO_4 \longrightarrow Na_2SO_4 + 2HCl$,
beruht darauf, daß von den vier beteiligten Stoffen nur HCl beim Erwärmen flüchtig ist, das System verläßt (abdestilliert wird) und sich dadurch kein Gleichgewicht einstellt, daß vielmehr die Reaktion solange nach rechts verläuft, wie Hydrogenchlorid entfernt wird.

V 11. Der Umschlagsbereich des Indikators mit $K_{S,1}$ liegt im Bereich eines kleineren pH-Wertes als der des Indikators mit $K_{S,2}$.

V 12. $Ind + H_2O \longrightarrow IndH^+ + OH^-$. Die korrespondierende Säure, also das andere gefärbte Teilchen, hätte die (allgemeine) Formel $IndH^+$.

V 13. Beide Indikatoren sind in stark saurem Gebiet rot gefärbt, in basischem Gebiet gelb(-orange) und gelb. Der Umschlagsbereich von Methylorange liegt in einem kleineren pH-Bereich als der von Methylrot. Der Farbumschlag von rot nach gelb würde sich über einen breiteren Umschlagsbereich erstrecken, ohne daß sich die Zwischenfarben deutlicher unterscheiden.

V 14. Ja. Im Äquivalenzpunkt wäre die zu neutralisierende (starke) Säure vollständig umgesetzt, und es läge neben den Ionen des Salzes dieser starken Säure noch die (schwache) Säure des basisch reagierenden Salzes vor.

Die Reaktionsgleichung wäre allgemein (HX $\longrightarrow$ die zu neutralisierende Säure, $A^- \longrightarrow$ Anion des Salzes): $HX + A^- \longrightarrow X^- + HA$

In der Praxis nimmt man zum Neutralisieren starker Säuren oft Soda (Natriumcarbonat), wobei die Kohlensäure dann durch Zerfall zu Kohlenstoffdioxid und Wasser aus der Lösung verschwindet.

V 15. Die Kurve ist die Spiegelung der Abb. 7.8a (vgl. S. 147). Sie beginnt bei V(HCl-L.) = 0 bei pH = 14 (vollständiger Zerfall des Natriumhydroxid in Ionen angenommen), der Äquivalenzpunkt liegt bei V(HCl-L.) = 25 ml mit pH = 7. Bei V(HCl-L.) = 50 ml wäre ohne Berücksichtigung der Verdünnung pH = 0. In diesem Falle macht sich aber die Verdünnung deutlich bemerkbar, weil beide Lösungen gleiche Konzentration haben. Das Schaubild zeigt die Gegenüberstellung der Werte.

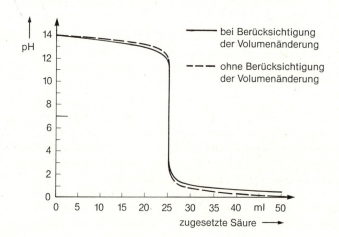

V 16. Reaktionsgleichung: $H_2SO_4 + 2\,KOH \longrightarrow 2\,H_2O + K_2SO_4$

Lösung:

Gegeben: V(KOH) = 18,7 ml   Gesucht: m(H_2SO_4)

c(KOH) = 0,97 mol/l

M(H_2SO_4) = 98,079 g/mol

stöchiometrische Beziehung: $n(H_2SO_4) = \frac{1}{2} \cdot n(KOH)$

V(KOH) $\overbrace{}^{c(KOH)}$ n(KOH) $\overbrace{}^{\text{st. B.}}$ n(H_2SO_4) $\overbrace{}^{M(H_2SO_4)}$ m(H_2SO_4)

$$\frac{V(KOH) \cdot c(KOH) \;\vert\; 1 \;\vert\; M(H_2SO_4)}{\vert\; 2 \;\vert} = m(H_2SO_4)$$

$$m(H_2SO_4) = \frac{18,7 \cdot 0,97 \;\vert\; 1 \;\vert\; 98,079}{\vert\; 2 \;\vert} \cdot \frac{ml \cdot mol \;\vert\; 1 \;\vert\; g}{l \;\vert\;\vert\; mol} = 889,5\ mg$$

V 17. Wegen $n(HCl) = 2n(Na_2CO_3)$ und $M(Na_2CO_3) = 105,99$ g/mol wird $c(HCl) = 0,0923$ mol/l.

V 18. Bei beiden Reaktionen $2Mg + O_2 \longrightarrow 2MgO$ und $Mg + Cl_2 \longrightarrow MgCl_2$ läuft die gleiche Oxidation ab: $Mg \longrightarrow Mg^{2+} + 2e^-$.
Bei der ersten Reaktion ist das Oxidationsmittel Sauerstoff: $O_2 + 4e^- \longrightarrow 2O^{2-}$
Bei der zweiten Reaktion ist das Oxidationsmittel Chlor: $Cl_2 + 2e^- \longrightarrow 2Cl^-$
Sauerstoffaufnahme ist nur der (sehr wichtige) Sonderfall der Oxidation, bei der die abgegebenen Elektronen vom Sauerstoff aufgenommen werden.

V 19.
$$K \longrightarrow K^+ + e^-$$
$$S + 2e^- \longrightarrow S^{2-}$$
$$\overline{2K + S \longrightarrow 2K^+ + S^{2-} \longrightarrow K_2S}$$

V 20. a) Oxidation: $\overset{IV}{S} \longrightarrow \overset{VI}{S}$ Reduktion: $\overset{IV}{N} \longrightarrow \overset{II}{N}$

b) Oxidation: $\overset{-I}{Cl} \longrightarrow \overset{0}{Cl}$ Reduktion: $\overset{IV}{Pb} \longrightarrow \overset{II}{Pb}$

c) Oxidation: $\overset{-III}{N} \longrightarrow \overset{0}{N}$ Reduktion: $\overset{II}{Cu} \longrightarrow \overset{0}{Cu}$

V 21. a) Pb_3O_4: $\quad 3x + 4(-II) = 0 \qquad x = 2\dfrac{2}{3}$

b) $S_4O_6^{2-}$: $\quad 4x + 6(-II) = -2 \qquad x = 2\dfrac{1}{2}$

Die ungewöhnlichen Oxidationszahlen kommen dadurch zustande, daß die Atome des Elements in Wirklichkeit unterschiedliche Oxidationszahlen haben. Im Tribletetraoxid hat ein Pb-Atom IV, die beiden anderen II; im Tetrathionat-Ion haben zwei S-Atome V, die anderen 0 als Oxidationszahl.

V 22. Das Reduktionsmittel ist das Blei: $Pb \longrightarrow Pb^{2+} + 2e^-$

Antworten zu den Übungsaufgaben von Kapitel 8

W 1. Ein Silberstab wird in eine wäßrige Lösung eines Sibersalzes (z.B. Silbernitrat $AgNO_3$) getaucht.

W 2. Eine Kupferelektrode taucht bei 25 °C in einen Elektroyten mit $c\left(\dfrac{1}{2}Cu^{2+}\right) = 1$ mol/l.

W 3. Der Ausbildung des elektrischen Potentials liegt eine dem Massenwirkungsgesetz gehorchende Gleichgewichtsreaktion zugrunde. Solche Gleichgewichtsreaktionen sind stets abhängig von der Temperatur.

W 4. Eine Natriumelektrode müßte bei 25 °C in einen Elektrolyten mit $c(Na^+) = 1$ mol/l getaucht werden. Das ist nicht möglich, weil metallisches Natrium heftig mit Wasser reagiert.

W 5. $c(Zn^{2+})$ wird größer, $c(Cu^{2+})$ wird kleiner.

W 6. Das elektrische Potential ist auch bei der Standard-Wasserstoff-Elektrode die Folge eines Gleichgewichts, welches — wie alle chemischen Gleichgewichte — konzentrations- und temperaturabhängig ist.

W 7. Metalle, welche ein positives Standardpotential haben, werden als edel bezeichnet. Metalle, welche ein negatives Standardpotential haben, werden als unedel bezeichnet. Die unedlen Metalle lösen sich in verdünnten Säuren unter Wasserstoff-Entwicklung.

W 8.
$$Zn \longrightarrow Zn^{2+} + 2e^-$$
$$Cu^{2+} + 2e^- \longrightarrow Cu$$
$$\overline{Zn + Cu^{2+} \longrightarrow Zn^{2+} + Cu}$$

W 9. Die Reaktion Metall/Metall-Ion ist nur ein Sonderfall einer Redox-Reaktion, deshalb liegt es nahe, die Spannungsreihe der Metalle auf alle Redox-Reaktionen auszuweiten. Auch in den meisten praktisch genutzten galvanischen Elementen laufen Redox-Prozesse ab, die keine Reaktionen Metall/Metall-Ion sind.

W 10.
$$Fe \longrightarrow Fe^{2+} + 2e^-$$
$$Ag^+ + e^- \longrightarrow Ag$$
$$\overline{Fe + 2Ag^+ \longrightarrow Fe^{2+} + 2Ag}$$

Eisen-Ionen gehen in Lösung und metallisches Silber scheidet sich ab.

W 11. Oxidationsmittel ist die Anode (nimmt Elektronen auf), Reduktionsmittel ist die Katode (gibt Elektronen ab).

W 12. Der Gesamtvorgang lautet: $Pb^{2+} + 2Cl^- \longrightarrow Pb + Cl_2$

W 13. Überspannungen treten bei der Abscheidung von Gasen auf. Ihre Größe ist stark abhängig von der Art des Gases und vom Elektrodenmaterial.

W 14. Da Wasserstoff je nach Elektrodenmaterial mehr oder weniger große Überspannung hat, wird an der Katode (überwiegend) Nickel abgeschieden: $Ni^{2+} + 2e^- \longrightarrow Ni$

W 15. Es werden H_3O^+- und Cl^--Ionen entladen. Die Redox-Reaktion dafür lautet:
$$2H_3O^+ + 2Cl^- \longrightarrow H_2 + 2H_2O + Cl_2$$

W 16. Schmelze: $Al_2O_3 \longrightarrow 2Al^{3+} + 3O^{2-}$
Katode: $\quad 4Al^{3+} + 12e^- \longrightarrow 4Al$
Anode: $\quad 6O^{2-} \longrightarrow 3O_2 + 12e^-$

W 17. Wenn sich ein unedleres und ein edleres Metall berühren und dabei gleichzeitig in einen Elektrolyten tauchen, entsteht ein Korrosionselement.

W 18. Lokalelemente sind winzig kleine kurzgeschlossene galvanische Elemente an der Oberfläche von Metallen. Als Elektrolyt kann z.B. Feuchte aus der Luft dienen.

W 19. Eisen überzieht sich an trockener Luft mit einer Schutzschicht aus Eisen(II)-oxid.

W 20. In Meeresnähe ist die Luft stets salzhaltig. Dadurch hat die Feuchtigkeit, die als Elektrolyt von Korrosionselementen wirkt, bessere Leitfähigkeit und beschleunigt die Korrosion.

W 21. Das Rosten ist im Prinzip nichts anderes als eine sehr langsam ablaufende Verbrennung des Eisens. Der Vorgang ist also exotherm.

V 1. Eine Veränderung der Elektrodenfläche verändert die Auflösung und Abscheidung gleichermaßen.

V 2. Ja. Das für Eisen typische Lösungsbestreben ist auch in reinem Wasser gegeben. Während Eisen-Ionen an der Oberfläche der Elektrode in Lösung gehen, bleiben im Metallstab Elektronen zurück, so daß eine elektrisch geladene Doppelschicht entsteht.

V 3. Ja. Entsprechend den unterschiedlichen Elektrolyt-Konzentrationen wird die negative Aufladung der beiden Elektroden unterschiedlich sein.

V 4. Alle Metalle, die deutlich unedler als Zink sind, dadurch also eine höhere Spannung liefern können, werden durch die wäßrigen Elektrolytlösungen so schnell angegriffen, daß die Halbelemente keine Haltbarkeit (Lagerbeständigkeit) aufweisen.* Sie können also nur da eingesetzt werden, wo übersehbar ist, wie lange sie benutzt werden können und müssen.

V 5. Von den genannten Ionen ist Cu^{2+} das stärkste Oxidationsmittel, weil das Redox-Paar Cu/Cu^{2+} das größte Standardpotential hat.

V 6. Von den genannten Metallen ist Zink das stärkste Reduktionsmittel, weil das Redox-Paar Zn/Zn^{2+} das kleinste Standardpotential hat.

V 7. Die Elektronen fließen vom Kupfer zum Silber. Die zu erwartende Spannung beträgt etwa $0,8\,V - (+0,3\,V) = 0,5\,V$.

V 8. Die Kupfer-Ionen oxidieren metallisches Blei und scheiden sich als metallisches Kupfer ab: $Pb + Cu^{2+} \longrightarrow Cu + Pb^{2+}$

V 9. Es geschieht nichts. Brom ist nicht in der Lage, Chlorid-Ionen zu oxidieren.

V 10. Unter den genannten Bedingungen beträgt die Polarisationsspannung $1,36\,V - (-0,76\,V) = 2,12\,V$. Daraus ergibt sich eine Überspannung von ca. $0,3\,V$.

V 11. Der Bleiakkumulator kann aufgeladen werden, weil die Abscheidung von Wasserstoff und Sauerstoff wegen der hohen Überspannungen zunächst nicht möglich ist. Die unerwünschte Wasserelektrolyse (das Gasen) wird verhindert, wenn der Aufladevorgang rechtzeitig abgebrochen wird, oder wenn die Ladespannung so präzise begrenzt wird, daß sie unter der Zersetzungsspannung für Wasser bleibt.

V 12. Anodenreaktion: $2\,Cl^- \longrightarrow Cl_2 + 2\,e^-$
Lösung:
Gegeben: $V_n(Cl_2) = 5\,l$ Gesucht: Q
Stöchiometrische Beziehung: $n(Cl_2) : n(e^-) = 1 : 2$ und damit $n(e^-) = 2\,n(Cl_2)$

$$V_n(Cl_2) \longrightarrow n(Cl_2) \longrightarrow n(e^-) \longrightarrow Q$$

$$\frac{V_n(Cl_2) \cdot 2 \cdot F}{V_{m,0}} = Q \qquad Q = \frac{5 \cdot 2 \cdot 96\,500}{22,4} \cdot \frac{l \cdot mol^{-1} \cdot A \cdot s}{l \quad mol} = 43\,080\,A \cdot s$$

V 13. Beide Metalle erzeugen durch Witterungseinflüsse Oxidschichten. Beim Aluminium ist es eine zähe, undurchlässige Al_2O_3-Schicht. Beim Eisen entsteht eine poröse Schicht aus FeOOH, welche ständig abblättert.

---

* In den modernen Lithium-Zellen werden nichtwäßrige Elektrolytlösungen verwendet.

V 14. Edlere Überzüge schützen das Eisen nur, so lange sie selbst unbeschädigt sind. An verletzten Stellen wird das Eisen sogar schneller zerstört als sonst. Unedlere Überzüge schützen dagegen auch noch nach ihrer Beschädigung.

V 15. Ein Oxidationsmittel sind die H_3O^+-Ionen (Wasserstoffkorrosion):
$$Zn + 2H_3O^+ \longrightarrow Zn^{2+} + 2H_2O + H_2$$
Ein weiteres Oxidationsmittel ist der im Elektrolyten gelöste Sauerstoff (Sauerstoffkorrosion):
$$2Zn + O_2 + 2H_2O \longrightarrow 2Zn^{2+} + 4OH^-$$

V 16. Beim Eloxieren wird das Werkstück als Anode geschaltet und vom anodisch gebildeten Sauerstoff oxidiert. Eine Reaktion des Aluminiums mit den H_3O^+-Ionen kann nicht eintreten, weil diese von der Anode abgestoßen werden, also gar nicht an das Werkstück gelangen können.

V 17. Cadmium und Eisen haben fast das gleiche Standardpotential. Die bei einer Verletzung der Cadmiumschicht einsetzende elektrochemische Korrosion läuft deshalb nur sehr langsam ab, während sie bei der großen Potentialdifferenz Eisen/Zink viel schneller verläuft und deshalb dickere Zinkschichten erforderlich macht.

Antworten zu den Übungsaufgaben von Kapitel 9

W 1.

$$CH_3 - \underset{\underset{CH_3}{|}}{\overset{\overset{CH_3}{|}}{C}} - CH_3 \quad (1) \qquad CH_3 - CH_2 - \underset{\underset{CH_3}{|}}{CH} - CH_3 \quad (2)$$

$$CH_3 - CH_2 - CH_2 - CH_2 - CH_3 \quad (3)$$

Geringere Verzweigungen führen zu größeren Moleküloberflächen, damit zu größeren Berührungs- und Polarisationsmöglichkeiten und zu größeren van-der-Waals-Kräften.

W 2.

a) $$CH_3 - CH_2 - \underset{\underset{CH_3}{|}}{\overset{\overset{CH_3}{|}}{C}} - CH_2 - CH_2 - CH_3 \quad (1)$$

$$CH_3 - \underset{\underset{CH_3}{|}}{CH} - CH_2 - CH_2 - CH_2 - CH_3 \quad (2)$$

$$CH_3 - CH_2 - \underset{\underset{C_2H_5}{|}}{CH} - CH_2 - CH_2 - CH_3 \quad (3)$$

$$CH_3 - \underset{\underset{CH_3}{|}}{CH} - \underset{\underset{C_2H_5}{|}}{CH} - CH_2 - CH_3 \quad (4)$$

$$CH_3 - \underset{\underset{CH_3}{|}}{CH} - \underset{\underset{CH_3}{|}}{CH} - \underset{\underset{CH_3}{|}}{CH} - CH_2 - CH_3 \quad (5)$$

b) Substanzen (1), (3) und (4).

W 3. 4-Ethyl-3,5-dimethyloctan

W 4. Kettenstart: $|\overline{Br}-\overline{Br}| \longrightarrow 2\,|\overline{Br}\cdot$

Kettenfortpflanzung: $|\overline{Br}\cdot + R-CH_3 \longrightarrow H-\overline{Br}| + R-\dot{C}H_2$

$\qquad\qquad\qquad R-\dot{C}H_2 + |\overline{Br}-\overline{Br}| \longrightarrow R-CH_2-Br + |\overline{Br}\cdot$ usw.

Kettenabbruch: $\qquad |\overline{Br}\cdot + \cdot\overline{Br}| \longrightarrow |\overline{Br}-\overline{Br}|$

$\qquad\qquad\qquad |\overline{Br}\cdot + \dot{C}H_2-R \longrightarrow R-CH_2-\overline{Br}|$

$\qquad\qquad R-\dot{C}H_2 + \dot{C}H_2-R \longrightarrow R-CH_2-CH_2-R$

W 5. Im Benzol liegt weder eine C—C-Einfach- noch eine C—C-Doppelbindung vor.

W 6. Ja, $4 \cdot 3 + 2 = 14$.

W 7. Für Alkene ist die Additions- und für Aromaten die Substitutionsreaktion typisch.

W 8. 2-Methyl-2-butanol

$$
\begin{array}{c}
\quad\ \ CH_3 \\
\quad\ \ | \\
CH_3\!-\!C\!-\!CH_2\!-\!CH_3 \\
\quad\ \ | \\
\quad\ \ OH
\end{array}
$$

W 9. Zwischen Ethanol-Molekülen wirken größere Kräfte (Wasserstoffbrücken). Zwischen Propan-Molekülen wirken nur van-der-Waals-Kräfte.

W 10. Der Einfluß des unpolaren Molekülteils wird größer, die Alkohole werden zunehmend „alkanähnlicher".

W 11. 1,12 l.

W 12. Butanal bzw. Butanon (Ethyl-methylketon).

W 13. Die Doppelbindung in den Ölsäureresten verursacht einen Knick in den Molekülketten. Durch diese sperrigere Struktur ist die Zusammenlagerung der Triölsäureglycerinester-Moleküle erschwert. Die zwischenmolekularen Kräfte sind dadurch geringer.

W 14. Mit Natronlauge entsteht Natriumphenolat. Dieses besitzt als Ionenverbindung eine größere Wasserlöslichkeit als das Phenol.

W 15. a) Alanin: Amino- und Carboxyl-Gruppe.
b) Threonin: Hydroxyl-, Amino- und Carboxyl-Gruppe.

W 16. In saurer Lösung liegen fast nur Aminosäure-Kationen vor.

W 17. Acht: Gly-Gly-Gly, Gly-Gly-Ala, Gly-Ala-Ala, Ala-Ala-Ala, Ala-Ala-Gly, Ala-Gly-Gly, Ala-Gly-Ala, Gly-Ala-Gly.

W 18. Helix-Struktur: Wasserstoffbrückenbindungen innerhalb einer Kette.
Faltblatt-Struktur: Wasserstoffbrückenbindungen zwischen benachbarten Ketten.

W 19. Das Glucose-Molekül weist eine Hydroxyl- und eine Aldehyd-Gruppe auf, das Fructose-Molekül eine Hydroxyl- und eine Keto-Gruppe.

W 20. Glucose und Fructose.

W 21. Eine Glucose-Lösung wirkt gegenüber einer Fehlingschen Lösung reduzierend, eine Saccharose-Lösung nicht.

W 22. Stärke-Moleküle bestehen aus α-Glucose-Einheiten, die über 1,4-Bindungen bzw. im Amylopektin zusätzlich über 1,6-Bindungen miteinander verknüpft sind. Cellulose-Moleküle bestehen aus β-Glucose-Einheiten, die über 1,4-Bindungen miteinander verknüpft sind, wobei jede zweite Glucose-Einheit um 180° gegen die erste gedreht ist.

W 23. Mit Hilfe des Iod-Stärke-Nachweises.

W 24. Vier.

W 25. Erdgas besteht überwiegend aus Methan. Erdöl ist ein Gemisch aus überwiegend flüssigen Kohlenwasserstoffen. Kohle besteht aus einem Gemisch von überwiegend makromolekularen Verbindungen, die hauptsächlich aus ringförmigen Kohlenwasserstoffbausteinen aufgebaut sind.

W 26. Kleinere Moleküle werden aus größeren Molekülen gewonnen. So kann man aus schwerem Heizöl z. B. leichtes Heizöl gewinnen.

W 27. Koks, Steinkohlenteer, der u. a. Benzol enthält, Ammoniak, Wasserstoff, Methan.

V 1. Addition: $C_2H_4 + Br_2 \longrightarrow C_2H_4Br_2$ Volumenabnahme
Substitution (z. B.): $C_2H_4 + Br_2 \longrightarrow HBr + C_2H_3Br$ Volumenkonstanz
$C_2H_4 + 2\,Br_2 \longrightarrow 2\,HBr + C_2H_2Br_2$ Volumenzunahme

V 2.

1,2,3-Tribrombenzol   1,2,4-Tribrombenzol   1,3,5-Tribrombenzol

V 3. Beispiel für m (männliche Person) $= 75$ kg:
V(Bier) $= 2$ l
V(Ethanol) $= 80$ ml; m (Ethanol) $= 62,8$ g
w(Ethanol i. Blut) $= 1,23 \cdot 10^{-3} = 1,23$‰

V 4. $C_7H_{16} + 11\,O_2 \longrightarrow 7\,CO_2 + 8\,H_2O$
$C_7H_{16} + 44\,N_2 + 11\,O_2 \longrightarrow 7\,CO_2 + 8\,H_2O + 44\,N_2$
Ausdehnung der Reaktionsprodukte durch Erwärmung!

V 5. Bei der Addition entsteht im Gegensatz zur Substitution ein Reinstoff.

V 6. $Zn + 2\,H_3O^+ + 2\,CH_3COO^- \longrightarrow 2\,CH_3COO^- + Zn^{2+} + H_2 + 2\,H_2O$
Zinkacetat, gelöst

V 7. Alanin liegt in Form von Zwitter-Ionen vor; zwischen diesen herrschen starke elektrostatische Anziehungskräfte. Milchsäure besteht aus Molekülen. Zwischen den Milchsäuremolekülen bestehen hauptsächlich Wasserstoffbrückenbindungen, die schwächer als die elektrostatischen Anziehungskräfte zwischen Ionen sind.

V 8. Gly-Ala-Val-Val-Gly-Ser-Thr-Cys-Phe-Phe-Lys.

V 9.

```
    H        O              H
     \      //              |
      C                H —  C — OH
      |                     |
 H —  C — OH                C = O
      |                     |
 H —  C — OH           H —  C — OH
      |                     |
      H                     H
```

V 10. In wäßriger Lösung bildet sich allmählich ein Gleichgewicht zwischen α- und β-Glucose aus.

V 11. Die Verbindungen des Rückstandes würden sich beim Erhitzen über 400 °C zersetzen. Durch die Verminderung des Druckes werden die Siedetemperaturen der Verbindungen gesenkt.

V 12. Das Stoffmengenverhältnis von Kohlenstoffmonooxid zu Wasserstoff beträgt zunächst 3 zu 1. Zur Gewinnung von z. B. Methanol benötigt man aber ein Stoffmengenverhältnis von 1:2.

Antworten zu den Übungsaufgaben von Kapitel 10

W 1. Die Bindung der Atome ist die gleiche wie bei niedermolekularen organischen Stoffen.

W 2. Die Makromoleküle haben überwiegend C—C-Ketten, manchmal mit Fremdatomen (z. B. Sauerstoff, Stickstoff) dazwischen.

W 3. Durch den Polymerisationsgrad und die (relative) Molekülmasse. Der Polymerisationsgrad gibt an, wie viele Monomere das Polymer-Molekül bilden. Beide Größen stellen Durchschnittswerte dar.

W 4. In drei Schritten: Startreaktion, Kettenwachstum und Kettenabbruch.

W 5. Im einfachsten Fall genügt Energiezufuhr (Wärme oder Licht). Der Kettenstart kann durch Radikale ausgelöst werden (radikalische Polymerisation). Eine kationische oder anionische Polymerisation wird durch Kationen oder Anionen in Gang gesetzt. Bewirkt zugeführte Lichtenergie die Polymerisation, so spricht man von Photopolymerisation. Durch Katalysatoren kann die sonst nicht merkbare Eigenpolymerisation bis zur technischen Anwendung beschleunigt werden.

W 6. Nur bei allen Polykondensationen. Das Nebenprodukt ist meistens Wasser, Hydrogenhalogenid oder Ammoniak, evtl. auch ein Alkohol. Bei der Anbindung jedes Kettenglieds entsteht ein Nebenprodukt-Molekül.

W 7. $A^- + H_2C{=}C(CN)H \longrightarrow A{-}CH_2{-}C(CN)H^-$
$A{-}CH_2{-}C(CN)H^- + H_2C{=}C(CN)H \longrightarrow A{-}CH_2{-}C(CN)H{-}CH_2{-}C(CN)H^-$
$A{-}CH_2{-}C(CN)H{-}CH_2{-}C(CN)H^- + H_2C{=}C(CN)H \longrightarrow$
$\quad A{-}CH_2{-}C(CN)H{-}CH_2{-}C(CN)H{-}CH_2{-}C(CN)H^-$
usw. bis zum Kettenabbruch, meist durch Anlagerung eines Kations.

W 8. $[—NH—(CH_2)_6—NH—OC—(CH_2)_8—CO—]_n$

W 9. $m(C_6H_5OH) = 50$ g; $\quad n(HCHO) = n(C_6H_5OH)$; $\quad w(HCHO) = 0,35$
$M(C_6H_5OH) = 94,113$ g/mol; $\quad M(HCHO) = 30,026$ g/mol

$$m(\text{HCHO-L.}) = \frac{m(C_6H_5OH) \cdot 1 \cdot M(HCHO)}{M(C_6H_5OH) \cdot \ w(HCHO)} = 24,2 \text{ g}$$

W 10. Der Kristallinitätsgrad gibt den Anteil, meist in Prozent, eines Kunststoffes an, der sich im kristallinen Zustand befindet. Da sich im nichtkristallinen, dem amorphen Zustand die Molekülketten völlig ungeordnet befinden, ist es verständlich, daß sie nicht völlig geordnet werden können. Auch müßten dafür alle Ketten die gleiche Länge besitzen.

W 11. Es gibt drei Möglichkeiten: Bei unregelmäßiger räumlicher Anordnung der Substituenten liegt die ataktische Anordnung vor. Bei regelmäßiger räumlicher Anordnung gibt es zwei Möglichkeiten; die isotaktische Anordnung beschreibt eine Kette, bei der die Substituenten alle auf einer Seite liegen, während streng regelmäßig abwechselnde räumliche Anordnung der Substituenten die syndiotaktische Anordnung ist.

W 12. Im hartelastischen Zustand sind die Molekülketten gegeneinander nicht beweglich. Die sie zusammenhaltenden Nebenvalenzkräfte sind größer.

W 13. In Duromeren sind die Molekülketten durch Primärbindungen miteinander räumlich vernetzt. Umformung würde also Zerstörung von Molekülen bedeuten.

W 14. Die Sekundärbindungen in dem Kunststoff müssen überwiegend auch durch polare Kräfte verursacht sein.

V 1. Das Monomer ist Ethen C_2H_4 mit $M_r(C_2H_4) = 28$; demnach ist der Polymerisationsgrad $\alpha = \dfrac{M_r(PE)}{M_r(C_2H_4)} = \dfrac{400\,000}{28} \approx 14\,300$.

V 2. $n\,HO—CH_2—CH_2—OH + n\,HOOC—CH{=}CH—COOH \longrightarrow$
$[—O—(CH_2)_2—O—OC—CH{=}CH—CO—]_n + 2\,n\,H_2O$

V 3. Styrol allein polymerisiert zu Polystyrol. Polymerisiert es bei Anwesenheit des ungesättigten Polyesterharzes, so entsteht ein Mischpolymerisat, bei dem an den Doppelbindungen des Polyesters dieser in die Styrolketten mit eingebaut wird. Dadurch entsteht eine Vernetzung der Ketten durch Primärbindungen, die zu einem Duromer führt. Ausgelöst wird diese Polymerisation z.B. durch „Starter", etwa organische Peroxide (vgl. Abschnitt 10.2.1).

V 4. Der glasklare Kunststoff hat einen geringen Kristallinitätsgrad. Der amorphe Zustand bewirkt Sprödigkeit. Mit steigendem Kristallinitätsgrad nehmen Steifigkeit, Härte und Zugfestigkeit zu.

V 5. Die Tatsache, daß es neben dem weichelastischen Zustand auch den hartelastischen Zustand gibt, in dem die Sekundärbindungskräfte sehr groß geworden sind, und der Übergang zwischen diesen beiden Zuständen umkehrbar ist.

V 6. Die genannten Lösemittel sind alle polare Lösemittel. Die Nebenvalenzen der Cellulosederivate müssen demnach überwiegend polare Kräfte sein.

V 7. Behälter für wäßrige Lösungen (Wasser ist ein polares Lösemittel) müssen gegen diese beständig sein, ihre Nebenvalenzen sind demnach überwiegend unpolare Kräfte. Unpolare Lösemittel können daher besser zwischen die Kunststoff-Moleküle dringen. Durch die dünnwandigen Einwegbehälter können sie diffundieren und verdunsten an der Außenfläche. Benzin ist ein Gemisch verschieden großer Kohlenwasserstoffe. Die kleinsten Moleküle davon können am leichtesten durch den Kunststoff hindurch, und sie sind diejenigen, die auch am leichtesten explodieren können!

11.3 Verzeichnis der Tabellen

11.4 Verzeichnis der Versuche

Lange Form des Periodensystems der Elemente

Haupt-
Ia IIa

* beim Elementsymbol: Alle Isotope dieses Elements sind radioaktiv.

Zahl links unten am Elementsymbol: Ordnungszahl (Protonenzahl).

▨ : Energieniveaus, von denen Bindungen ausgehen können.

Neben-
IIIb

Lanthanoide und Actinoide

H 1															

Li 3 · Be 4

Na 11 · Mg 12

K 19 · Ca 20 · Sc 21

Rb 37 · Sr 38 · Y 39

Cs 55 · Ba 56 · La 57 · Ce 58 · Pr 59 · Nd 60 · Pm* 61 · Sm 62 · Eu 63 · Gd 64 · Tb 65 · Dy 66 · Ho 67 · Er 68 · Tm 69 · Yb 70 · Lu 71

Fr* 87 · Ra* 88 · Ac* 89 · Th* 90 · Pa* 91 · U* 92 · Np* 93 · Pu* 94 · Am* 95 · Cm* 96 · Bk* 97 · Cf* 98 · Es* 99 · Fm* 100 · Md* 101 · No* 102 · Lr 103

s p d f

318

			IIIa	IVa	Va	VIa	VIIa	VIIIa	Perioden		
								₂ **He**	**1**		
								2	K-Schale	n=1	

-gruppen

Vb	Vb	VIb	VIIb	VIIIb	Ib	IIb

Periode 2: ₅ **B** ₆ **C** ₇ **N** ₈ **O** ₉ **F** ₁₀ **Ne** — K-Schale n=1, L-Schale 2

Periode 3: ₁₃ **Al** ₁₄ **Si** ₁₅ **P** ₁₆ **S** ₁₇ **Cl** ₁₈ **Ar** — K-Schale n=1, L-Schale 2, M-Schale 3

Periode 4: **Ti** ₂₃ **V** ₂₄ **Cr** ₂₅ **Mn** ₂₆ **Fe** ₂₇ **Co** ₂₈ **Ni** ₂₉ **Cu** ₃₀ **Zn** ₃₁ **Ga** ₃₂ **Ge** ₃₃ **As** ₃₄ **Se** ₃₅ **Br** ₃₆ **Kr** — K-Schale n=1, L-Schale 2, M-Schale 3, N-Schale 4

Periode 5: **Zr** ₄₁ **Nb** ₄₂ **Mo** ₄₃ **Tc*** ₄₄ **Ru** ₄₅ **Rh** ₄₆ **Pd** ₄₇ **Ag** ₄₈ **Cd** ₄₉ **In** ₅₀ **Sn** ₅₁ **Sb** ₅₂ **Te** ₅₃ **I** ₅₄ **Xe** — K-Schale n=1, L-Schale 2, M-Schale 3, N-Schale 4, O-Schale 5

Periode 6: **Hf** ₇₃ **Ta** ₇₄ **W** ₇₅ **Re** ₇₆ **Os** ₇₇ **Ir** ₇₈ **Pt** ₇₉ **Au** ₈₀ **Hg** ₈₁ **Tl** ₈₂ **Pb** ₈₃ **Bi*** ₈₄ **Po*** ₈₅ **Af*** ₈₆ **Rn*** — K-Schale n=1, L-Schale 2, M-Schale 3, N-Schale 4, O-Schale 5, P-Schale 6

Periode 7: (Unq) (Unp) (Unh) (Uns) 105 106 107 108 109 110 111 112 113 114 115 116 117 118 — K-Schale n=1, L-Schale 2, M-Schale 3, N-Schale 4, O-Schale 5, P-Schale 6, Q-Schale 7

s p d f | s p d f | s p d f | s p d f | s p d f | s p d f | s p d f | s p d f | s p d f | s p d f | s p d f | s p d f | s p d f | s p d f | s p d f — **-Zustand**

319

11.6 Weiterführende Literatur

Arbeitsgemeinschaft der deutschen Kunststoffindustrie: Kunststoffe im Alltag; Hanser-Verlag; München.

Arni, A.: Grundwissen Chemie – Allgemeine und Anorganische Chemie; Ernst Klett Verlage; Stuttgart.

Arni, A.: Grundwissen Chemie – Organische Chemie; Ernst Klett Verlage; Stuttgart.

Biederbick, K.: Kunststoffe kurz und bündig; Vogel-Buchverlag; Würzburg.

Braun, D./Cherdron, H./Kern, W.: Praktikum der makromolekularen organischen Chemie; Hüthig Verlag; Heidelberg.

Christen, H. R.: Allgemeine Chemie; Verlag Moritz Diesterweg; Frankfurt.

Christen, H. R.: Einführung in die Chemie; Verlag Moritz Diesterweg; Frankfurt.

Christen, H. R.: Organische Chemie; Verlag Moritz Diesterweg; Frankfurt.

Christen, H. R.: Struktur und Energie; Verlag Moritz Diesterweg; Frankfurt.

Dickerson/Geis: Chemie; Verlag Chemie; Weinheim.

Flörke/Wolff: Allgemeine und physikalische Chemie; Dümmler Verlag; Bonn.

Flügel, R.: Kunststoffe-Chemie; Physik und Technologie; Schulversuchssammlung.

Hildenbrand, G.: Chemie der Kunst- und Farbstoffe; Herder Verlag; Freiburg.

Hollemann, A. F./Wiberg, E.: Lehrbuch der anorganischen Chemie; Walter de Gruyter; Berlin.

Hübschmann, U./Links, E.: Tabellen zur Chemie; Handwerk und Technik; Hamburg.

Hübschmann, U./Links, E.: Einführung in das chemische Rechnen; Handwerk und Technik; Hamburg.

Kemper, A./Fladt, R.: Chemie; Ernst Klett Verlage; Stuttgart.

Küster, F. W./Thiel, A./Ruland, A.: Rechentafeln für die chemische Analytik; Walter de Gruyter; Berlin.

Lindner, E.: Chemie für Ingenieure; Lindner Verlag; Karlsruhe.

Merten, F.: Der Chemielaborant — Teil 2 Anorganische Chemie; Schroedel Schulbuchverlag; Hannover.

Merten, F.: Der Chemielaborant — Teil 3 Organische Chemie; Schroedel Schulbuchverlag; Hannover.

Mortimer, Ch.: Chemie; Georg Thieme Verlag; Stuttgart.

Pauling, L.: Die Natur der chemischen Bindungen; Verlag Chemie GmbH; Weinheim.

Radmacher, W./Ebert, W./Pickert, H. E.: Einführung in die Chemie; W. Girardet Buchverlag GmbH; Essen.

Saechtling, Hj.: Kleine Kunststoffkunde; Hanser-Verlag; München.

Schulz, G.: Die Kunststoffe; Hanser-Verlag; München.

Synowietz/Schäfer: Chemiker-Kalender; Springer; Berlin.

Wolff, R.: Chemische Bindungen; Dümmler Verlag; Bonn.

Wolf, K. A.: Kunststoffe 1. Band; Struktur und physikalisches Verhalten der Kunststoffe; Springer Verlag; Bonn.

Sachregister